suhrkamp taschenbuch 80

Hermann Hesse, am 2. Juli 1877 in Calw/Württ. geboren, Nobelpreisträger für Literatur 1946, starb am 9. 8. 1962 in Montagnola bei Lugano.

Thomas Mann: »Hesses Glasperlenspiel ist ein faszinierendes Alterswerk, versponnen, listig, groß und wunderlich – exemplarisch deutsch mit einem Wort. Ich bewundere es sehr ... Dies keusche, kühne, verträumte und dabei doch hochintellektuelle Werk ist voller Überlieferung, Verbundenheit, Erinnerung, Heimlichkeit – ohne im mindesten epigonenhaft zu sein. Es hebt das Trauliche auf eine neue, geistige, ja revolutionäre Stufe – revolutionär in keinem direkten politischen oder sozialen, aber in einem seelischen, dichterischen Sinn: auf echte und treue Art ist es zukunftssichtig, zukunftempfindlich ... Ich empfinde bei allen Unterschieden den Faustus und das Glasperlenspiel durchaus als Bruderwerke. Viel gibt es heute nicht, außer ihnen, was meinetwegen ohne endgültig groß zu sein, doch eine gewisse Affinität zur Größe hat ... Es gehört zu dem wenigen Wagemutigen und eigensinnig-groß Konzipierten, was unsere verprügelte, verhagelte Zeit zu bieten hat.«

Mit einer Sammlung von meist unpublizierten Selbstzeugnissen und Zeitdokumenten rekonstruiert dieser Band die Entstehungs- und Publikationsgeschichte des Glasperlenspiels und somit ein nahezu unbekannt gebliebenes Stück deutscher Zeitgeschichte der Jahre 1932-1946. An keinem anderen seiner Werke hat Hesse so lange geschrieben, fast 12 Jahre ständig unterbrochen durch unentwegten Einsatz für die Opfer des Nationalsozialismus. Oft hat er gezweifelt, ob es über der aktuellen Arbeit noch je zu einem Abschluß des Manuskripts käme und immer wieder betont, daß einzig die Arbeit an diesem Buch es war, die ihm das Überleben jener Jahre ermöglicht hat: »Es galt für mich zweierlei: einen geistigen Raum aufzubauen, in dem ich atmen und leben konnte, aller Vergiftung der Welt zum Trotz ... und zweitens den Widerstand des Geistes gegen die barbarischen Mächte zum Ausdruck zu bringen.« Mit dem Glasperlenspiel hat Hesse eine Alternative zum unabwendbar Aktuellen geschaffen und in 4, in verschiedenen Jahrhunderten und Kulturkreisen angesiedelten Lebensläufen verschiedene Inkarnationen, Entwicklungs- und Differenzierungsphasen desselben Menschen Josef Knecht dargestellt.

Volker Michels, Jahrgang 1943, studierte, nach der Gymnasialzeit in der Schule Schloß Salem, in Freiburg/Breisgau und Mainz Medizin und Psychologie. Seit 1970 ist er Lektor für deutsche Literatur in Frankfurt am Main und Herausgeber u. a. der »Schriften zur Literatur«, »Lektüre für Minuten«, der Materialienbände zu den Hauptwerken und der dreibändigen Edition der »Gesammelten Briefe« von Hermann Hesse.

Materialien zu Hermann Hesses ›Das Glasperlenspiel‹

Erster Band
Texte von Hermann Hesse

Herausgegeben von
Volker Michels

Suhrkamp

Der Herausgeber dankt Herrn Heiner Hesse für seine unermüdliche Mitarbeit bei der Beschaffung und Datierung des Quellenmaterials, Wertvolle Hinweise verdankt dieser Band auch der 1972 von der Buchhändlervereinigung, Frankfurt a. Main, herausgegebenen Arbeit von Falk Schwarz, »Literarisches Zeitgespräch im Dritten Reich, dargestellt an der Zeitschrift ›Neue Rundschau‹«.

suhrkamp taschenbuch 80
Vierte Auflage, 30.–34. Tausend 1981

Druck: Nomos Verlagsgesellschaft, Baden-Baden. Printed in Germany. Umschlag nach Entwürfen von Willy Fleckhaus und Rolf Staudt.

Inhalt

Hermann Hesse ca. 1930 (Photo: Gret Widmann)

Vom Wesen
und von der Herkunft des
Glasperlenspiels

Die Dichtung, in deren Mitte die Idee des Glasperlen-Spieles steht, hängt mit der »Morgenlandfahrt« zusammen, ihre ersten Anfänge stammen vom Ende des Jahres 1930.
Die Einleitung, die ich als Kuriosität hier zur Aufbewahrung gebe, wurde dreimal geschrieben. Die hier vorliegende ist die dritte Fassung, sie wurde im Frühsommer 1932 vollendet, nahezu ein Jahr vor den deutschen Ereignissen vom März 1933.
Da diese Einleitung heute in Deutschland nicht gedruckt werden könnte, habe ich im Mai und Juni 1934 eine vierte, zum Teil veränderte Fassung vollendet.[1]

Montagnola im Juni 1934 *Hermann Hesse*

1 Auch mit der »vierten« und endgültigen Fassung der Einleitung konnte das Buch in Deutschland nicht erscheinen. Die Erstausgabe erschien 1943 in der Schweiz, die erste deutsche Ausgabe erst nach der Verleihung des Nobelpreises, Ende November 1946. Der Titel der im folgenden erstmals publizierten dritten Fassung »Vom Wesen und von der Herkunft des Glasperlenspiels« ist ein Arbeitstitel. Im Original trägt das Manuskript keine Überschrift.

Um der Geschichte Knechts willen machen wir den Versuch einer kurzen, volkstümlichen Darstellung vom Wesen und der Herkunft des Glasperlenspiels, dessen Name jeder schon oft gehört hat, und über dessen eigentliche Beschaffenheit in nichtgelehrten Kreisen dennoch so sehr widersprechende Meinungen zu hören sind. Man erwarte also von uns nicht eine vollständige Geschichte und Theorie des Glasperlenspieles, wir möchten uns dagegen ausdrücklich verwahren; auch würdigere und geschicktere Autoren wären dazu heute nicht imstande, diese gewaltige Aufgabe wird einem späteren Zeitalter vorbehalten bleiben, falls die Quellen sowie die geistigen Voraussetzungen dazu nicht vorher verlorengehen, und sie wird dann vermutlich viele Kulturhistoriker und Philosophen beschäftigen. Vorerst läßt sich darüber beinahe nur in Andeutungen und Abkürzungen sprechen, denn die große Mehrzahl der Gebildeten hat zwar eine ungefähre Vorstellung vom Wesen des Glasperlenspieles, ist in seine Regeln und Geheimnisse aber nur sehr oberflächlich eingeweiht, und die kleine Zahl der vollkommen Eingeweihten dürfte wenig Lust haben, ihr Wissen auszuplaudern, falls es ihnen nicht sogar verboten ist. Wir beschränken uns daher, was die Geschichte des berühmten Spieles betrifft, auf die Mitteilung jener Tatsachen, welche unbestritten feststehen – und vielleicht ist sogar schon hier Geschichte und Legende nicht mit absoluter Genauigkeit zu trennen. Wir beginnen mit der sehr banalen Vorgeschichte des Spieles, das heute mit seinen Anfängen kaum mehr irgendwelche Verwandtschaft zeigt, und versuchen im Fortgang ungefähr dasjenige über das Glasperlenspiel mitzuteilen, was heute etwa der Vorstellung der höher Gebildeten von dieser Materie entspricht. Wir sind Verehrer des Spieles, aber wir sind Laien und gehören nicht seinem engsten Kreise an. Darum ist es uns auch unbekannt, ob es, wie die Sage geht, eine Geschichte des Spieles und aller seiner Regeln schon gebe, abgefaßt zwar nicht in Worten, sondern in den Formeln des Spieles selbst, welche nur den Eingeweihten lesbar sind. Man hört gelegentlich von einem solchen Codex sprechen, welcher von Generation zu Generation von den jeweiligen Spielleitern und deren Beamten weitergeführt werde und welche dem engsten Kreise der Spieler selbst lesbar und wohlbekannt sei. Wir haben jedoch gute Gründe, dies für eine der vielen Legenden zu halten, mit welchen die Neugierde des

Volkes und der Neid der Nichteingeweihten diesen Gegenstand umwerben.
Eines scheint unumstößlich festzustehen: daß das Glasperlenspiel seine Herkunft und seinen wunderlichen Namen einer längst vergangenen und recht wenig rühmlichen Epoche verdankt, nämlich dem Deutschland der Zeit um 1940, und daß es seit jenen sehr bescheidenen, ja lächerlichen Anfängen eine ungeheure Entwicklung, Verfeinerung und Vertiefung erlebt hat, wie sie ähnlich wohl nur in der griechischen Philosophie bis zu Sokrates, und dann wieder in der Glanzzeit der deutschen Musik, etwa von 1600 bis gegen 1800, vorkommt.
Als »Erfinder« und Begründer des Spieles ist ein Reinhold Klaiber anzusehen, ein Beamter mit dem Titel Oberrechnungsrat in Frankfurt a. Main, seine »Erfindung« läßt sich ziemlich genau auf die Zeit um 1940 datieren. Mag seither aus den harmlosen Anfängen etwas völlig anderes, mit ihnen nicht mehr Vergleichbares geworden sein, das Verdienst, zu einem so erstaunlichen und vielfältigen Phänomen den ersten Anstoß gegeben zu haben, gebührt doch eben jenem Reinhold Klaiber, und wir müssen uns einen Augenblick bei ihm aufhalten, obwohl über seine Person nicht allzu viel bekannt ist, und obwohl diese Person, eine typische Durchschnittsfigur aus dem damaligen Europa und Deutschland, unser Interesse kaum zu verdienen scheint. Es liegen uns aus seinem Sterbejahr, dem Jahr 1959, einige Nekrologe vor, die wir benützen, ohne uns freilich zu wörtlichen Zitaten entschließen zu können, denn jeder Historiker kennt ja das Niveau jener Zeit und ihrer Organe, der Zeitungen. Klaiber stammte aus einer Familie im unteren Neckartal, welcher eine große Zahl von mittleren und höheren Staatsbeamten sowie mehrere angesehene Industrielle entstammten. Als er nach den üblichen Schul- und Studienjahren seine Beamtenlaufbahn begann, war er bereits im Besitz eines mäßigen, wohlangelegten Vermögens, und heiratete etwa zehn Jahre später die einzige Erbin eines Berliner Großkaufmanns. Im Klaiberschen Hause in Frankfurt verkehrte, wenn auch nicht die geistige Elite, so doch ein Teil der dortigen Gelehrten und eine Anzahl gebildeter Bürgerfamilien. Es war ein angesehener Kreis von ausgesprochen bürgerlicher Kultur, mit literarischen und künstlerischen Interessen, der Politik eher fremd und mit den Wissenschaften jener Zeit oberflächlich

bekannt, ein Haus und Kreis wie es im damaligen Deutschland gewiß noch viele gab, dessen Typus für jene Zeit aber nicht mehr eigentlich charakteristisch, ja in manchem Sinne rückständig war. Er wirkt im ganzen eher wie ein harmloses Überbleibsel des mittlern deutschen Bürgertums der Zeit vor dem ersten Weltkrieg. Einer gewissen Rückständigkeit war man sich übrigens in diesem Kreise durchaus bewußt, tat sich aber eher etwas darauf zugute, als daß man sich ihrer geschämt hätte; man legte in diesem Kreis durchaus keinen Wert darauf, in enger Fühlung mit dem Zeitgeist zu stehen, denn man hielt diesen Zeitgeist für höchst verdächtig und gefährlich, für bolschewistisch und für kulturfeindlich, und man war auf den Besitz von etwas Griechisch und Latein, von liberaler Humanität und Sinn für klassische Musik (zu welcher man aber auch noch Wagner, Brahms und andre verschollene Spätromantiker rechnete) ziemlich stolz, man las Goethe und gab musikalische Abende, alles ein wenig mit dem Gefühl und Anspruch, damit eine Insel und Burg inmitten einer entartenden und hinsiechenden Kultur zu bilden. Wie wenig man von dieser angeblich nahezu schon gestorbenen Kultur in Wirklichkeit besaß und ahnte, wußte man weder selbst, noch wußte es der Gegner. Der Politik gegenüber war man in halbwegs ruhigen Tagen von vornehmer Gleichgültigkeit, in stürmischen Zeiten von ängstlicher Ratlosigkeit, einzig gegen den sogenannten Bolschewismus war man seiner Haßgefühle sicher. Es war, man erinnere sich, mitten in jenen Jahrzehnten eines scheinbar unaufhaltsamen Niedergangs, in jenen Jahrzehnten, wo es Sitte war, politische Meinungsdifferenzen mit Schlagringen und Revolvern auszutragen, und wo in Deutschland ein vom Weltkrieg noch erschrecktes, angeblich republikanisch organisiertes Volk von Parteiprogrammen alle paar Monate ernst und angstvoll zur Wahlurne getrieben wurde, im Wahn vor wichtigen Entscheidungen zu stehen, während in Wirklichkeit sich nichts entschied, und nebst den Zeitungen eine Handvoll politischer Amateure den Rahm von dieser trüben Milch schöpfte.
An den Unterhaltungen dieses Kreises nahm auch Klaibers Frau regen Anteil und war bestrebt, in dieser mit verdünnter »Bildung« übersättigten Welt ebenbürtig zu erscheinen, hatte aber doch aus Vaterhaus und Jugend manche anderen Tendenzen und Gewohnheiten mitgebracht. So hatte sie Freude an

komplizierten Kartenspielen und nahm bei einem emigrierten russischen Grafen Unterricht im Bridge, das damals Mode war. Sie suchte auch ihren Mann, seit er sich mit dem Titel Oberrechnungsrat hatte pensionieren lassen, für dieses Kartenspiel und diese Lektionen zu interessieren. Aber Klaiber, sonst Kavalier gegen seine Frau, möchte davon nichts wissen und erklärte oft in ausführlichen und schlechtgelaunten Reden, es scheine ihm ungereimt und recht geschmacklos, wenn erwachsene und gebildete Menschen, statt etwa Englisch zu lesen oder Vorträge zu hören, auf ein bloßes Kartenspiel, einen leeren Zeitvertreib, ein wahres Studium und eine Menge von Zeit, Eifer und Geld verwendeten. »Vorträge« waren zu Klaibers Zeit auf dem Höhepunkt ihrer Beliebtheit angekommen. Wir können uns schwer in die Mentalität jener Zeit zurückversetzen. Es war beispielsweise durchaus nicht etwa unmöglich und absurd, sondern selbstverständlich und kam jeden Tag vor, daß ein Professor oder Redakteur vor einigen Hundert Zuhörern einen »Vortrag« über irgendeinen Dichter, Gelehrten, Forscher, einen Maler oder Musiker hielt, für welchen kein einziger der Zuhörer sich so weit interessierte, daß er dessen Werke und Leben anders als eben durch diesen einstündigen Vortrag kennen zu lernen gewillt war, und der denn auch beim übernächsten Vortrag schon wieder vergessen war. Man hielt und hörte Vorträge über Goethe, in welchen er im blauen Frack aus Postkutschen stieg und Straßburger oder Wetzlarer Mädchen verführte, oder Vorträge über arabische Kultur, in welchen eine Anzahl von intellektuellen Modeworten wie im Würfelbecher durcheinander geworfen wurde und jeder sich freute, so oft er eins von ihnen wiedererkannte. Man stand schon dicht vor jener grauenhaften Entwertung des Wortes, welche dann wenig später die heroisch-asketische Gegenbewegung hervorrief.
Klaiber nun, um seiner Frau das Bridgespiel zu ersetzen und um zugleich zu zeigen, wozu er kraft seiner Bildung befähigt sei, verwendete seine reichliche Mußezeit darauf, ein Gesellschaftsspiel für wahrhaft Gebildete auszudenken und herzustellen.
Dieses Spiel nun war eigentlich nichts Originales, war keine wirkliche Erfindung, sondern es lagen ihm als Vorbilder eine ganze Anzahl schon vorhandener Spiele zugrunde. Klaiber selbst hatte als Knabe im Vaterhaus mit seinen Geschwistern

und der Mutter häufig ein Spiel gespielt, welches »Dichterquartett« geheißen hatte. Bei diesem Spiel hatten je vier Karten mit dem Namen eines Dichters und seiner bekanntesten Werke ein Quartett gebildet, man hatte z. B. beim Verteilen eine Karte mit dem Bildnis Schillers und dem »Tell« erhalten, und mußte nun dazu womöglich die drei andern Schiller-Karten mit den »Räubern«, dem »Wallenstein« und der »Maria Stuart« zu erlangen suchen: gelang dies, so war ein Quartett vollzählig, wurde abgelegt und zählte für den Gewinner einen Punkt. Außerdem gab es in den Zeitungen jener Epoche eine Art von Rätselaufgaben, welche »Kreuzworträtsel« oder ähnlich hießen und von Hunderttausenden allen Ernstes gespielt wurden, und wobei es darauf ankam, einen italienischen Sängernamen mit sechs Buchstaben, einen sibirischen Flußnamen mit zwei Buchstaben usw. zu wissen und in vorgezeichnete Quadrate einzuschreiben.
Spielen solcher Art bildete Klaiber das seinige nach. Es war ein Kartenspiel mit berühmten Namen und Werken, nur waren außer den Dichtern seines Kinderquartetts auch Musiker, Maler und Baumeister aufgenommen, und es gehörten nicht jedesmal vier Karten zusammen, sondern manchmal auch drei, fünf oder sechs. Goethe z. B. und J. S. Bach füllten ein Sextett, während es für Lessing und Gluck nur ein Terzett gab. Jede Karte zeigte oben in großer Schrift und roten Buchstaben den Namen des Künstlers, samt den Daten und Orten seiner Geburt und seines Todes, sodann seine drei oder vier oder mehr »Hauptwerke«, deren eines rot unterstrichen war. Für dieses rot unterstrichene Werk galt die betreffende Karte. Links oben in der Ecke trug jede Karte einen Buchstaben: K bedeutete Komponist, D = Dichter, A = Architekt usw. Das Spiel war sehr umfangreich und konnte von einer ganzen großen Tischrunde gespielt werden. Die Karten waren von Klaiber selbst zweifarbig und in zweierlei Schriften geschrieben und sahen sehr sauber und ordentlich aus. Man kann die Überbleibsel des Klaiber'schen Originalspieles noch heute im Frankfurter Stadtmuseum sich zeigen lassen.

Alles in allem also war Klaibers Spiel eine sehr harmlose Spielerei, ein kleinbürgerliches Allerwelts-Bildungs-Kartenspiel, eine Art in Karten aufgelöstes Künstler- und Gelehrtenlexikon, und es reizt zum Lächeln, wenn man sich vorstellt, wie Herren und Damen um den Tisch herum einander fragten: »Bitte, haben Sie Schuberts Forellenquintett, Gruppe K?« oder »Können Sie mir den Palazzo Barberini von Bernini geben?« Es wurde aber trotzdem den Spielern nicht langweilig, denn einmal war es eine Art von Wahrzeichen und Devise: wer das Bildungsquartett spielte, gehörte zu den Gebildeten, zu den Altmodischen, zu den Trägern und Verteidigern der »Kultur«, der heiligen Tradition. Und dann hatte das Künstlerkartenspiel etwas Hübsches: es war nicht fertig im Laden gekauft, man machte es sich selber, es war unbegrenzt, man konnte es beliebig ausdehnen und einschränken, spezialisieren oder verallgemeinern. Das gefiel den Leuten sehr, und bald hatte in Frankfurt jede Familie, die auf Bildung hielt, ihr eigenes Kartenspiel, oder deren mehrere, und die Mode dehnte sich bald auf andre Städte und über das ganze Deutschland aus, weckte hier Begeisterung, dort Gelächter, entzückte Greise wie Backfische, gab den Witzblättern neuen Stoff für Jahre und lief schließlich als große Mode über ganz Europa. Man lächelt, indem man sich dies vorstellt. Aber in jener Zeit der beginnenden Bürgerkrieg-Epoche scheint es in der Tat so ausgesehen zu haben: während der ganze Erdteil in Krämpfen lag, während alle paar Monate die Politiker, um ihren verrosteten Apparat wieder in Erinnerung zu bringen, ihre Völker zu Abstimmungen lockten, bei welchen »für immer die Geschicke unsrer Nation entschieden« wurden, und während aus den nichtigsten Anlässen jeden Augenblick Straßenkrawalle und Totschlägereien ausbrachen, – während all dieser Vorgänge saß die Hälfte eben dieser Völker feierabends über die Sonntagsbeilagen ihrer Zeitungen gebückt und löste Kreuzworträtsel. Das Klaiber'sche Spiel war also eher ein Fortschritt, eine bescheidene Veredelung. Mag all dies heute wunderlich und wie ein Lügenmärchen anmuten, es war doch so, wenigstens in Deutschland. Um sich eher in die Denkart und Psychologie jener Menschen zurückfühlen zu können, erinnere man sich daran, daß diese Quartettspieler und Kreuzwortfreunde sehr das Bedürfnis hatten zu vergessen, daß unter ihren Füßen der Boden klaffte und das Nichts drohte. Man vergegenwärtige sich: diese Menschen, die sich nicht entschließen konnten, die Politik aus den Händen einiger Streber in die eigenen zu nehmen, und die zuzeiten kaum über die Straße gehen konnten, ohne von Bewaffneten angebrüllt, in den Bauch getreten und häufig auch getötet zu

werden, – diese Menschen, die sich so sehr an ihre Bildung und Kultur klammerten, standen dem Tode, dem Schmerz, dem Hunger vollkommen schutzlos gegenüber; diese merkwürdigen Menschen, welche das Lenken von Automobilen und das Spielen schwieriger Kartenspiele erlernten und äußerst kluge und raffinierte Methoden der Steuerhinterziehung beherrschten und neu erfanden, sie gönnten sich die Mühe und Zeit nicht, sich gegen die Furcht stark zu machen, die Angst vor dem Tod in sich zu bekämpfen, sie lebten zuckend dahin und hatten eigentlich immerwährend Angst. Daraus erklärt sich mancher Zug im öffentlichen und privaten Leben jener Zeit, der uns unglaublich und grotesk erscheint und uns dazu bringen kann, von den Menschen jener Zeit ähnlich zu sprechen, wie diese selbst einst von den Menschen des »Mittelalters« sprachen: als seien es Menschen geringen Grades, ohne Verstand, ohne Ahnung, hoffnungslose Dummköpfe. Nein, jene Menschen waren keineswegs Dummköpfe, sie hatten eine Menge Verstand, wenn sie ihn auch auf Dinge anwendeten, welche uns heute wenig interessieren. Weiß Gott, ob nicht unsre heutige Zeit, die wir als so überlegen und klug empfinden, von späteren Jahrhunderten ebenso belächelt werden wird wie die Klaiberzeit von uns.
Das Hübsche also an Klaibers Kartenspiel war seine Unbegrenztheit und Beweglichkeit: es konnte jede Familie, jeder Freundeskreis, jede kleine oder große Gesellschaft sich ihr eigenes Spiel herstellen und bald darauf ein neues und so fort. Es gab Spiele mit Tausenden von Karten, sie enthielten außer den Künstlern und Philosophen auch noch die Mathematiker, Staatsmänner, Erfinder, Forscher, Sportleute und Schauspieler. Diese sich ins Uferlose verlierenden Massenspiele jedoch hielten sich nicht lange. Desto beliebter wurden die Spezialspiele, deren es bald unzählige gab und deren immer wieder hübsche neue erfunden wurden. Ein musikalischer Kreis in Frankfurt machte den Anfang mit einem Kartenspiel »Deutsche Kammermusik um 1700«. Hier trug jede Karte außer Künstlernamen und Opus auch noch in Notenschrift eines der Hauptmotive des Werkes, und wenn musikalische Menschen dieses Spiel spielten, so fragten sie einander die Karten nicht mit Worten ab, sondern jeder sang, pfiff oder summte das fragliche Motiv, oft antwortete der Befragte, indem er eine Begleitstimme dazu sang, und nicht selten wurden von einem schönen Thema alle

gepackt, vergaßen für eine Weile die Karten und summten mehrstimmig das zitierte Musikstück, soweit sie sich seiner erinnern konnten. Man kann sagen: die Einführung der Notenschrift und der musikalischen Spezialspiele war der Beginn zur Entwicklung des Spieles aus einer Spielerei zum Kult und zum Ausdruck einer Gesinnung.

In anderen Kreisen wurde das Spiel auf andere Gebiete angewandt, auch auf wissenschaftliche, ohne zunächst bemerkenswerte Resultate zu ergeben. Erst zu allerletzt wurde es auf die Mathematik ausgedehnt, und diese letzte Abzweigung war es, welche dem Spiel allmählich ganz neue Unterlagen und Bedeutungen gab. Erst dort beginnt eigentlich das Glasperlenspiel, auf das wir zielen, und zu dessen großen Spielmeistern Knecht gehörte.

Immerhin war also schon in jenen Anfangsjahren Klaibers »Literatur- und Kunstspiel«, wie er selbst es nannte, nicht unbeträchtlicher Sublimierungen fähig: es hätte sich als bloßes Schöntun mit Bildungsbrocken selbst in jener geistig nicht anspruchsvollen Zeit schwerlich solcher Beliebtheit erfreuen können. Plinius Ziegenhalß, der in seiner grundlegenden Schrift »Vorläufige Bemerkungen zu einer geistesgeschichtlichen Betrachtung des Europa ums Jahr 2000« dem Glasperlenspiel ohne Nennung von Klaibers Namen einige beachtenswerte Seiten widmet, sagt u. a.: »Die Volkstümlichkeit dieses Spieles in seiner ursprünglichen, naiven Form mag sich so erklären: Es war in der Generation seit 1900, und in plötzlich vervielfachtem Tempo vom Jahre 1918 an, im gebildeten Bürgertum Europas, oder zumindest Mitteleuropas, ein Gedanke oder vielmehr eine Stimmung zur Vorherrschaft gelangt, die bei einzelnen genialen Vorläufern wie Nietzsche einige Jahrzehnte früher vollkommen unverstanden geblieben war, der Gedanke und die Stimmung nämlich, daß nicht nur unsre Kultur im Greisenalter stehe und keine Blüten mehr treiben könne, sondern daß auch das ganze geistig-moralische Gerüste des abendländischen Lebens morsch und verfault und dem Einsturz nahe sei. Die an sich richtige Einsicht in den Prozeß der Mechanisierung und in die Unwiederbringlichkeit des Schönsten, was diese Kultur einst gewesen war und geschaffen hatte, war beinahe ausschließlich eine pessimistische: man deutete die reichlichen üblen Symptome einer verzweifelten

Gegenwart als notwendige Folgen jenes Prozesses, und hatte bisher vergessen, auch die positiven und angenehmen Seiten dieses Spätzustandes unsrer Kultur wahrzunehmen. Eines der positiven, ja eins der höchsten Güter der Epoche nun drang aus dem Wissen Weniger zu jenen Zeiten in das Bewußtsein Vieler, und daran hatte das Bildungs-Kartenspiel seinen Anteil: es diente wie kaum ein anderes Mittel der Verbreitung des Bewußtseins, daß unser Spätzustand zwar ein seniler und unschöpferischer sei, daß er aber dafür einen Überblick und ein freies intellektuelles Verfügen über sämtliche Schätze der gewesenen eigenen, wie der gewesenen fremden Kulturen ermögliche, wie es ähnlich vielleicht am letzten Ende der antiken Kultur die hellenistisch-alexandrinische Epoche besaß.«
So Ziegenhalß. Und wir müssen ihm recht geben. Das Klaibersche Kartenspiel brachte es Tausenden zum Bewußtsein, daß sie späte Erben eines unausschöpflich reichen Schatzes seien, den sie zwar nicht mehr durch neue Schöpfungen vermehren, dafür aber immerhin spielerisch genießen könnten. Zu diesem Genuß war freilich Klaibers Spiel nur ein roher und kindlicher Anfang, es bedurfte der Hochzüchtung geistiger und technischer Methoden und einer grundlegenden Änderung der Denkmoral, um uns Erben wirklich in den Besitz unsrer Erbschaft zu setzen. Wir haben die Klaiber-Zeit geistig anspruchslos genannt; dennoch war sie ja immerhin im Besitz von höchst verfeinerten Methoden und Kunstgriffen, es hatten Wissenschaft und Technik im Lauf eines Jahrhunderts unerhörte Fortschritte gemacht; nur verfügte gerade die Klaibersche Epoche über diese Güter mit einer gewissen spielerisch-kindischen Sorglosigkeit, ohne daran zu denken, daß auch die besten Methoden der dauernden Kontrolle und Kritik bedürfen, und daß das Fahrenkönnen in einem Flugzeug oder Auto noch lange nicht dasselbe bedeute wie etwa das Erfindenkönnen solch hübscher Maschinen. Während die technische Schulung der damaligen Generation zwar schon im Niedergehen, aber immerhin noch auf einer hohen Stufe war, war ihre geistige Schulung von einer Seichtigkeit und Verwahrlosung, von der jeder sich leicht einen Begriff machen kann, wenn er die Durchschnittsliteratur jener Zeiten durchblättert oder sich der damaligen Programme des amtlichen Rundfunks erinnert, wo unter der Leitung von Redakteuren, »Gelehrten« und Schulmännern ein wahrhaft kannibali-

sches Umsichwerfen mit wahllos durcheinander gemischten Kulturbrocken und Kulturabfällen nicht nur von den Regierungen geduldet und vom Volk ertragen wurde, sondern Genugtuung und Bewunderung erweckte. Die Folgen dieser Zustände erwiesen sich ja denn als verhängnisvoll genug. In der Geistesgeschichte aber ist jenem Zeitalter, dem Klaiber angehörte, der Name des »feuilletonistischen« geblieben, den ihm Plinius Ziegenhalß in mehreren seiner berühmten Arbeiten gegeben hat.
Eben diesem »feuilletonistischen« Zeitalter nun entsprach das Klaibersche Bildungskartenspiel in hohem Maß, darauf beruhte sein rascher Erfolg. Zugleich aber trug das Spiel wesentlich dazu bei, den »gebildeten« Schichten die Augen zu öffnen für die Schatzkammern der Vergangenheit und für die Möglichkeit, mit diesen Schätzen höchst erfreuende, mannigfaltige und sinnvolle Spiele zu spielen, statt sie entweder zu vergessen und verkommen zu lassen oder sich in leidvoller und unfruchtbarer Anstrengung um das Erzeugen neuer Schätze von ähnlicher Art zu bemühen.
Mit dem Ende der Klaiberschen Generation etwa hatte der bürgerlich »feuilletonistische« Geistesbetrieb seinen letzten Tiefstand erreicht: was in Vorträgen, Zeitschriften und Büchern um 1950 geleistet und von der Menge bewundert wurde, unterbietet das gewiß bescheidene Niveau von 1930 noch um ein Erhebliches. Es lebten zwar auch damals einige Gelehrte von hohem Rang, doch war im ganzen die höhere Schule einschließlich der Universität auf einen schlimmen Grad von Verantwortungslosigkeit gesunken, und die einfachsten Gebote intellektueller Redlichkeit schienen vergessen worden zu sein. Als Beispiele für die rührend-lächerliche sowohl wie für die verderbte Seite dieser Zustände an den Hochschulen (deren Schüler damals übrigens nach Belieben streikten, demonstrierten, die Lehrer am Leben bedrohten usw.) nennen wir zwei um 1950 erschienene umfangreiche Bücher deutscher Professoren, welche beide als Kuriosa eine gewisse Berühmtheit behalten haben. Das eine, rührende, ist Professor Lankhaars zweibändiges, über 1500 Seiten Quart umfassendes Werk »Die Kriegsschuldlüge«. In diesem Werk widerlegt Lankhaar gewisse, schon damals von der ganzen Welt vergessene oder belachte Vorwürfe, welche während des Weltkrieges von 1914 gegen das deutsche Volk, seine Führer, seinen Charakter usw. von den

damaligen Feinden erhoben worden waren. Es waren damals Schimpfnamen für die Deutschen, denen man die Schuld am Ausbruch des großen Krieges zuschrieb, in Menge im Umlauf, man nannte sie Hunnen, Vandalen, Kannibalen, wie denn auch die Deutschen selber ihren Feinden keine Schmeichelnamen gaben, man findet sie alle, den »falschen Gallier«, den »feigen Briten«, die »italienische Felonie« usw., übrigens in Lankhaars dickem Werk mit einer gewissen knabenhaften Wonne häufig angewendet. Dieser Gelehrte also beweist einer Welt, in welcher an die Schimpfreden von 1914 kein Mensch mehr dachte, um 35 Jahre zu spät die vollkommene Unschuld des deutschen Volkes, des deutschen Kaisers, der deutschen Generalität und Diplomatie, und wies aufs deutlichste und mit vielen Belegen die beiden einzigen Schuldigen nach, nämlich den vor manchen Jahrhunderten verstorbenen französischen König Ludwig den Elften und einen inzwischen völlig vergessenen französischen Beamten namens Théophile Delcassé. Im hohen Alter von 82 Jahren legte Lankhaar sein Werk der Welt vor, um gleich darauf zu sterben, mit Rührung erzählte man sich, daß einzig das Bewußtsein seiner hohen Aufgabe ihn so lange am Leben erhalten habe. Während dies wunderliche und wirre Werk eines versponnenen Greises im Auslande schwerlich auch nur einen einzigen Leser gefunden hat und von der europäischen Presse mit einem gewissen achtungsvollen Mitleid beschwiegen wurde, erlebte das Werk in Deutschland, obwohl auch hier niemand es las, einen Ruhm, der wohl zwei Jahrzehnte anhielt, denn das Buch wurde von den politischen Condottieri, die einander im Redenhalten und Putschen ablösten, als Fundgrube benutzt.
Weit schlimmer steht es mit einem anderen Buch, das ein Hochschulprofessor Schwentchen damals herausgab, mit dem Titel »Das grüne Blut«. Es lebte damals ein Jugendführer, Verschwörer und Abenteurer namens Litzke, der mehr als zehn Jahre lang als Deutschlands »heimlicher Kaiser« galt und sich selber gern so nennen hörte. Er war es, der die durch Rassenlegenden alles Denkens entwöhnte Jugend durch die neue, von ihm erfundene Legende vom »grünen Blute« beschenkte. Dies grüne Blut, so hieß es, sei die mystische, einem heiligen Stigma gleichzusetzende Auszeichnung weniger, nämlich der aus mindestens dreißig Generationen reinen Germanenstammes ent-

sprossenen echten Führernaturen. Viele der alten deutschen Kaiser hätten es gehabt, und da und dort an ruhmreichen Stellen der deutschen Geschichte wurde nachgewiesen, auch Bismarck solle es besessen haben, und natürlich besaß es auch Litzke, der heimliche Kaiser. Niemand wagte, der Legende öffentlich zu widersprechen, man war an Terror gewohnt und wußte, daß man sein Leben wagte, wenn man den Unwillen der fanatisierten Jugend auf sich zog. Aus Feigheit und Bequemlichkeit hatten die Gelehrten längst darauf verzichtet, irgendwelche Kritik an der Mentalität zu üben, von welcher sie regiert und besoldet wurden. Aber Professor Schwentchen ging weiter, er schrieb sein Buch »Das grüne Blut«, zitierte darin Zoroaster und Manu, entlehnte Worte aus dem Sanskrit, dem Sumerischen, dem Griechischen, Wörter, die er selber gar nicht lesen konnte, denn sein Fach war nicht Philologie, sondern die Wissenschaft des Tennisspiels, für welche es damals Professuren gab; aber er war immerhin Hochschullehrer, er hatte außerdem einen großen Teil der Jugend auf seiner Seite, und er erreichte, was er erstrebt hatte: dafür, daß er dem »grünen Blut« seinen professoralen Segen verlieh, wurde er rasch bis zu hohen Ehrenstellen befördert, eine Zeitlang hörte man ihn jede Woche im Rundfunk sprechen, und verwöhnt durch Titel, Fackelzüge, Berühmtheit und Wohlleben, verlernte er das Tennisspiel, das er eigentlich lehren sollte, so sehr, daß eine andere Professur für ihn geschaffen werden mußte.
Zugleich mit einer gewissen geistigen Entartung der Klaibergeneration erreichte die Produktion an Kunst, an imitierten Dichtungen, an imitierter Musik, imitierter Malerei ungeheure Ziffern; es war, als wolle Europa in einer letzten Anstrengung sich selber beweisen, daß seine Kultur trotz allem noch schöpferisch sei. Überraschend schnell brachte die darauf folgende Generation den Umschwung: einerseits eine in vielen kleinen und kleinsten Kultur-Herden neu beginnende Geisteszucht von oft fanatisch-asketischer Strenge, andrerseits ein beinah völliges Verzichten auf das Produzieren von Kunst, denn Kunst und Feuilleton waren eins geworden.
Inzwischen machte das Klaibersche Spiel manche Wandlungen durch, welche im einzelnen zu verfolgen hier nicht notwendig scheint. Es kam unter andrem auch die Mode auf, die gewonnenen Punkte beim Spiel durch Glasperlen auszudrücken, es

wurden blaue Perlen für die Dichter, rote für die Musiker usw. verwendet, und es gab Perlen von verschiedener Form und Größe, welche den Punktzahlen hundert, tausend usw. entsprachen. Die Gewinner bewahrten ihre Perlen auf, tauschten die niederen Werte allmählich gegen höhere ein und sammelten mit der Zeit ganze Schnüre voll davon. In vielen Städten galt es für eine Ehre, Besitzer der meisten Glasperlen zu sein. Wir konnten nicht feststellen, ob diese nebensächliche Sitte noch in die Zeit Klaibers zurückreicht oder ihn gar noch zum Urheber hat, wahrscheinlich ist, daß er sie nicht mehr erlebt hat. Aber wie so oft, hat auch hier eine langdauernde und bedeutungsvolle Einrichtung ihren Namen von einer vergänglichen Nebensache empfangen. Der Name Klaibers ist seit zwei Jahrhunderten vergessen, und sein »Literatur- und Kunstspiel« auch, aber das, was aus seinem Spiel seither geworden ist, trägt noch heute den volkstümlich gewordenen Namen »Glasperlenspiel«.

War die erste ernstliche Verfeinerung des Spieles bei seiner Spezialisierung auf die Musik entstanden, so war es jener Wissenschaft, welche als letzte und erst nach Jahrzehnten das Spiel in ihre Kreise einließ, vorbehalten, seine Vergeistigung zu vollenden: der Mathematik. Es begann unter Studenten, zunächst noch als reines Gesellschaftsspiel, die Karten trugen dabei die Namen von großen Mathematikern und den von ihnen aufgestellten Formeln oder aber die Namen von Weltkörpern mit ihren Maßen und Umlaufzeiten. Bald aber blieben von alledem nur die Formeln übrig; die Spieler bedienten einander, sie gegenseitig entwickelnd, mit diesen abstrakten Formeln, spielten einander Entwicklungsreihen und Möglichkeiten ihrer Wissenschaft vor, und niemand dachte mehr daran, ein Quartett abzulegen und Glasperlen zu gewinnen. Das Spiel mit den Formeln erforderte eine ganz besondere Aufmerksamkeit, Wachheit und Konzentration, unter den Mathematikern galt schon damals der Ruf eines guten Glasperlenspielers sehr viel, er war gleichbedeutend mit dem eines sehr guten Mathematikers.

Dies war der zweite große Aufschwung in der Geschichte des Spieles. Bei den Mathematikern und Astronomen noch weit mehr als einst bei den Musikliebhabern verlor es seinen ursprünglichen Charakter eines Spieles um des Gewinnens willen und einer leeren Bildungsparade. Zugleich mit der »feuilletonistischen« Epoche war auch Klaibers bürgerliches Bildungsspiel zu Ende oder verlor doch seine Geltung. An seine Stelle trat, jetzt aber nicht mehr als anspruchsloses Spiel ganzer Gesellschaftskreise, sondern gepflegt und fortgebildet von den Auserwählten, geführt von der Königin der Wissenschaften, jenes Spiel der Formelfolgen oder Formeldialoge. Man spielte es eifrig und schon mit der Vorahnung seiner spätern, beinah religiösen Bedeutung in allen mathematischen Seminaren Deutschlands, welche, gleich den Klöstern im frühen Mittelalter, in der Zeit nach dem Zusammenbruch des Feuilletonismus die wichtigsten Pflegestätten des geistigen Lebens wurden. Es hatte ja schon etwa von 1960 an, vorerst im engen Kreis einer geistigen Elite, jene Abwendung vom Feuilleton (und auch von der Kunst) begonnen und zugleich jene Hinwendung zu den exaktesten Übungen des Geistes, der wir die Entstehung einer neuen Zucht von mönchischer Strenge verdanken. Die jungen Menschen, welche sich geistigen Studien widmen wollten, konnten und wollten jetzt nicht mehr an den Hochschulen herumnaschen, wo ihnen von redseligen Professoren ohne Autorität die Reste der einstigen höheren Bildung in angenehmen Dosen dargereicht wurden; sie mußten jetzt ebenso streng und noch weit strenger lernen und sich plagen, als es einst die Ingenieure an den Polytechniken gemußt hatten, sie hatten einen steilen und engen Weg zu gehen, mußten an der Mathematik und an aristotelisch-scholastischen Übungen ihr Denkvermögen reinigen und steigern, und mußten außerdem auf alle die Güter vollkommen verzichten lernen, welche vor ihnen einer Reihe von Gelehrtengenerationen als die erstrebenswertesten gegolten hatten: auf raschen und leichten Gelderwerb, auf Ruhm und Ehrungen in der Öffentlichkeit, auf das Lob der Zeitungen, auf Ehen mit den Töchtern der Bankiers und Fabrikanten, auf Behagen und Luxus im materiellen Leben. Die »Dichter« mit den hohen Auflagen, den Nobelpreisen und hübschen Landhäusern, die großen Mediziner mit den Orden und den Livreedienern, die Akademiker mit den reichen Gattinnen und den glänzenden Salons, die Chemiker mit den Aufsichtsratstellen in der Industrie, die Philosophen mit den Feuilletonfabriken und den hinreißenden Vorträgen in überfüllten Sälen mit Applaus und Blumengaben – alle diese Figuren verschwanden und sind bis heute nicht wiedergekommen. Wohl gab es auch jetzt noch junge Talente in Menge, welchen jene Figuren beneidete Vorbilder waren, aber die Wege zur öffentlichen Ehrung, zum Reichtum und Luxus führten nicht mehr durch Hörsäle und Seminare und Doktortitel, die tief gesunkenen geistigen Berufe hatten in der Welt bankrott gemacht und hatten dafür durch eine büßerisch-fanatische Hingabe den Geist wieder erobert. Jene Talente, welche mehr nach Berühmtheit oder Wohlleben strebten, wandten der unliebenswürdig gewordenen Geistigkeit den Rücken und suchten die Berufe auf, welchen das Wohlergehen und Geldverdienen überlassen worden war.

Es ist hier nicht der Ort, eingehend zu schildern, in welcher Weise der Geist sich nach seiner Reinigung auch im Staate durchsetzte. Es wurde bald die Erfahrung gemacht, daß zwei oder drei Generationen einer oberflächlichen und laxen Geisteszucht genügt hatten, auch das praktische Leben empfindlich zu beeinflussen, daß Können und Verantwortlichkeit in allen Berufen, auch den technischen, immer seltener wurden, und während das Geldverdienen den nach außen gewandten Geistern überlassen blieb, wurde die geistige Grundlage von Volk und Staat, namentlich das ganze Schul- und Erziehungswesen, von den Geistigen vollkommen monopolisiert, wie ja auch heute noch in fast allen Ländern Europas die geistige Schulung der Jugend, soweit sie nicht der römischen Kirche blieb, in den Händen der anonymen Behörde sind, welche vom ersten Schuljahr bis zur letzten Berufsprüfung alle Erziehung und allen Unterricht organisiert und überwacht. Es mag ein Schüler am Ende seiner Schul- oder Hochschuljahre dieser Erziehung entlaufen und sich der Welt in die Arme werfen, der Macht, dem Geld, dem Ruhm, das steht jedem frei. Aber so unbequem zuweilen der Öffentlichkeit die Strenge und der sogenannte Hochmut ihrer geistigen Leiter sein mögen, so oft einzelne gegen sie revoltiert haben – diese Leitung steht unerschüttert, es hält und schützt sie nicht nur ihre Integrität, ihr Verzicht auf andre Vorteile als geistige, sondern es schützt sie auch das längst allgemein gewordene Wissen oder Ahnen um die Notwendigkeit dieser strengen Schule für den Fortbestand der Zivilisation. Man weiß: wenn das Denken nicht rein und wach, und die unbedingte Verehrung des Geistes nicht mehr gültig ist, dann gehen auch die Schiffe und Automobile nicht mehr richtig, dann wackelt für den Rechenschieber des Ingenieurs wie für die Mathematik der Bank und Börse alle Gültigkeit und Autorität, dann kommt das Chaos. Es dauerte immerhin lange genug, bis die Erkenntnis sich Bahn brach, daß auch die Außenseite der Zivilisation, auch die Technik, die Industrie, der Handel usw. der gemeinsamen Grundlage einer geistigen Moral und Redlichkeit bedürfen.

Während, von Deutschland ausgehend und bald von mehreren Nachbarvölkern und Staaten anerkannt und gefördert, diese uns allen aus der Geschichte wohlbekannten Umwälzungen sich vollzogen, erlebte das Glasperlenspiel, von den Mathematikern ins Geistige hinübergerettet, nochmals einen entscheidenden Aufschwung und neuen Antrieb, und zwar durch eine neue Verbindung mit der Musik. Es kam die Etappe, in welcher das inzwischen rein intellektuell gewordene Spiel sich wieder dem Musischen näherte. Ein Schweizer Musikgelehrter, zugleich fanatischer Liebhaber der Mathematik, gab dem Glasperlenspiel, das aus der Gesellschaft längst verschwunden und eine esoterische Übung geworden war, die Möglichkeit zu seiner höchsten Entfaltung. Der bürgerliche Name dieses großen Mannes ist nicht mehr zu ermitteln, seine Zeit kannte den Kult der Person auf den geistigen Gebieten schon nicht mehr, in der Geschichte lebt er als Ignotus Basiliensis fort. Seine Erfindung, wie jede große Erfindung, war zwar durchaus seine persönliche Leistung und Gnade, kam aber keineswegs nur aus seinem privaten Bedürfnis und Streben, sondern war von einem stärkeren Motor getrieben. In den Kreisen der Geistigen seiner Zeit war überall ein leidenschaftliches Verlangen nach einer Ausdrucksmöglichkeit für ihre neuen Denkinhalte lebendig, die Mathematik allein genügte nicht, man sehnte sich nach einem neuen Alphabet, einer neuen Zeichensprache, in welcher es möglich wäre, die neuen geistigen Erlebnisse festzuhalten und mitzuteilen. Zeugnis davon gibt mit besonderer Eindringlichkeit die Schrift eines Gelehrten in Paris aus dem Beginn des 21. Jahrhunderts mit dem Titel »Erinnerung an China«. Der Autor dieser Schrift, zu seiner Zeit von vielen als ein Don Quichote bespöttelt, übrigens ein bedeutender Gelehrter auf seinem Gebiete, der chinesischen Philologie, setzt auseinander, welchen Gefahren die Wissenschaft und Geistespflege trotz allen neuen Aufschwunges entgegengehe, wenn sie darauf verzichte, eine internationale Zeichensprache auszubauen, welche ähnlich der alten chinesischen Schrift es erlaube, das Komplizierteste ohne Ausschaltung der persönlichen Phantasie und Erfinderkraft in einer Weise graphisch auszudrücken, welche allen Gelehrten der Welt verständlich wäre. Den wichtigsten Schritt nun zur Erfüllung dieser Forderung hat Ignotus Basiliensis getan. Er erfand für das Glasperlenspiel eine neue Sprache, eine Zeichen- und Formelsprache, an welcher die Mathematik und die Musik gleichen Anteil hatten, in welcher es möglich wurde, eine astronomische und eine musikalische Formel zu verbinden, Mathematik und Musik gewissermaßen auf einen gemeinsamen Nenner zu bringen. Wenn auch die Entwicklung damit keineswegs abgeschlossen war, wenn auch später die Spielsprache sich noch viele neue Gebiete hinzueroberte – den Grund zu dem allem hat, in der Zeit um 2030, der Baseler Unbekannte gelegt.

Das Glasperlenspiel, einst die seichte Unterhaltung halbgebildeter Rentiers und Beamter, dann eine Zeitlang Spezialsport der Mathematiker, zog nun mehr und mehr alle wahrhaft Geistigen an, die Gelehrten, die Studenten, manche Künstler. Manche alte Akademie, manche Loge wendete sich ihm zu, [zeitweise war es auch bei einigen katholischen Kongregationen sehr beliebt,] [1] und besonders widmete sich ihm der jahrhundertealte Bund der Morgendlandfahrer. Aber auch einige der katholischen Mönchsorden witterten hier eine neue Geistesluft und ließen sich von ihr entzücken, namentlich wurde in manchen Benediktinerabteien dem Spiele so viel Teilnahme gewidmet, daß schon damals gelegentlich die Frage akut wurde, ob eigentlich dies Spiel sich mit Kirche und Christentum vertrage; die Frage ist bis heute weder verstummt, noch hat sie eine entschiedene Beantwortung gefunden.

Seit der Großtat des Baselers hat das Glasperlenspiel sich rasch vollends zu dem entwickelt, was es noch heute ist: zum Inbegriff des Geistigen, zum sublimen Kult und Dienst, zur Verwirklichung der universitas litterarum. Seine Rolle im Geistesleben entspricht etwa der Rolle, welche in früheren Epochen die Kunst gespielt hat. Wenigstens wurde das Spiel nicht selten mit einem Ausdruck bezeichnet, welcher noch aus der

1 Im Manuskript gestrichen.

Dichtung der Klaiberepoche stammt und für jene Zeit das Sehnsuchtsziel manches vorahnenden Geistes benannte mit dem Ausdruck: »magisches Theater«.
War das Spiel nun seit seinen Anfängen an Umfang des Stoffes ins Unendliche gewachsen und, was die geistigen Ansprüche an die Spieler betrifft, zu einer hohen Wissenschaft geworden, so fehlte ihm in den Zeiten des Baslers doch noch etwas Wesentliches. Bis dahin nämlich war jedes Spiel ein Aneinanderreihen, Ordnen, Gegeneinanderstellen von konzentrierten Vorstellungen aus vielen Gebieten des Wissens und Denkens gewesen, ein rasches Sicherinnern an überzeitliche Werte und Formen, eine virtuose Führung durch die Reiche des Geistes. Erst nach 2080 kam allmählich aus dem geistigen Inventar des Erziehungs- und Studienwesens auch der Begriff der Kontemplation mit in das Spiel. Es hatte sich der Übelstand gezeigt, daß Gedächtniskünstler ohne andre Tugenden virtuose Spiele spielen und die Teilnehmer durch das rasche Nacheinander zahlloser Vorstellungen und Anklänge verblüffen und verwirren konnten. Nun fiel allmählich dieses Virtuosentum mehr und mehr unter strenges Verbot, und die Kontemplation wurde zu einem sehr wichtigen Bestandteil des Spieles, ja sie wurde für die Zuschauer und Zuhörer jedes Spieles die Hauptsache. Es war die Wendung gegen das Religiöse. Es kam nicht mehr allein darauf an, den Ideenfolgen und dem ganzen geistigen Mosaik eines Spieles mit rascher Aufmerksamkeit und geübtem Gedächtnis intellektuell zu folgen, sondern es entstand die Forderung nach einer tiefern und persönlichern Hingabe. Nach jedem Zeichen nämlich, das der jeweilige Spieler beschworen hatte, wurde nun über dies Zeichen, über seinen Gehalt, seinen Sinn, seine Herkunft eine stille strenge Betrachtung abgehalten, welche jeden Mitspieler zwang, sich die Inhalte des Zeichens intensiv gegenwärtig zu machen. Die Technik und Übung dieser Kontemplation brachten alle höher Geschulten aus ihren Schulen mit, wo der Kunst des Kontemplierens und Meditierens die größte Sorgfalt gewidmet wurde. Dadurch wurden die Hieroglyphen des Spielens davor bewahrt, zu bloßen Buchstaben oder Arabesken zu entarten.
Bis dahin war übrigens das Glasperlenspiel trotz seiner Beliebtheit unter den Gelehrten eine rein private Übung geblieben, etwa wie das Schachspiel. Man konnte es allein, zu zweien, zu

vielen spielen, und allerdings wurden besonders geistvolle, wohlkomponierte und gelungene Spiele auch aufgezeichnet und von Stadt zu Stadt und Land zu Land bekannt, bewundert oder kritisiert. Aber erst jetzt begann langsam die Funktion des Spieles als einer öffentlichen Feier. Auch heute noch steht einem jeden das private Spiel frei und wird besonders von den Jüngeren fleißig geübt. Bei dem Wort »Glasperlenspiel« aber denkt heute wohl jeder vor allem an die öffentlichen, feierlichen Spiele. Sie finden unter der Führung weniger überlegener Meister statt, unter andächtigem Horchen der Eingeladenen und unter der gespannten Aufmerksamkeit von Zuhörern in allen Teilen der Welt, manche dieser feierlichen Spiele haben eine Dauer von Tagen und Wochen, und während ein solches Spiel zelebriert wird, leben sämtliche Mitspieler und Zuhörer nach strengen Vorschriften ein enthaltsames und selbstloses Leben der Versenkung, vergleichbar dem genau geregelten, büßerischen Leben, welches die Teilnehmer einer der Übungen des heiligen Ignatius führen.

Wir versuchen zum Schluß, das Glasperlenspiel nochmals zusammenfassend zu charakterisieren und zugleich seine Stellung zu jener geistigen Macht zu betrachten, welche nach dem Erlöschen der Künste als einzige neben der anonymen Gelehrtenkaste übrig geblieben war: der Kirche.

Das Spiel der Spiele hatte sich, unter der Führung bald der Mathematik, bald der Musik, bald der Philologie, zu einer Art von Universalsprache ausgebildet, durch welche der Spieler in sinnvollen Abbreviaturen und Hinweisungen Werte auszudrükken und zueinander in Beziehung zu setzen befähigt war. Es konnte ein Spiel etwa ausgehen von einer gegebenen astronomischen Konfiguration, oder vom Thema einer Bach-Fuge, oder von einem Satz des Leibniz oder des Thomas von Aquin, und es konnte von diesem Thema aus, je nach Begabung und Absicht des Spielers, die dadurch wachgerufene Leit-Idee entweder weiterführen und ausbauen oder auch durch Anklänge an verwandte Vorstellungen ihre Stimmung vertiefen. War der Anfänger etwa fähig, durch die Spielzeichen Parallelen zwischen einer klassischen Musik und einem Naturgesetz herzustellen, so führte beim Könner und Meister das Spiel vom Anfangsthema frei bis in unbegrenzte Kombinationen. Beliebt war bei einer gewissen Spielerschule lange Zeit namentlich das Nebeneinanderstellen, Gegeneinanderführen und endliche harmonische Zusammenführen zweier feindlicher Themata oder Ideen, wie Volk und Individuum, Gesetz und Freiheit, und man legte großen Wert darauf, in einem solchen Spiel beide Themata vollkommen gleichwertig und parteilos durchzuführen, aus These und Antithese möglichst rein die Synthese zu entwickeln. Überhaupt waren, von genialen Ausnahmen abgesehen, Spiele mit negativem oder skeptischem, disharmonischem Ausgang unbeliebt und geradezu verboten, und das hing tief mit dem Sinn zusammen, den das Spiel auf seiner Höhe für die Spieler gewonnen hatte: Es bedeutete eine erlesene, symbolhafte Form des Suchens nach dem Vollkommenen, ein Sichannähern an den über allen Bildern und Vielheiten in sich einigen Geist, also: an Gott. So wie die frommen Denker früherer Zeiten etwa das kreatürliche Leben darstellten als zu Gott hin unterwegs und die Mannigfaltigkeit der Erscheinungswelt in der göttlichen Einheit erst vollendet und zu Ende gedacht sahen, so ähnlich bauten, musizierten und philosophierten die Figuren und Formeln des Glasperlenspiels in einer Weltsprache, die aus allen Wissenschaften und Künsten gespeist war, sich spielend und strebend dem Vollkommenen entgegen, dem reinen Sein, der voll erfüllten Wirklichkeit. »Realisieren« war ein beliebter Ausdruck bei den Spielern, und als Weg vom Werden zum Sein, vom Möglichen zum Wirklichen empfanden sie ihr Tun. [Es erinnert dies an manche Gedanken des Mittelalters und der spätern katholischen Theologen, uns erinnert es z. B. an manche Gedankenfolgen des Nicolaus Cusanus. Wir denken etwa an Sätze von ihm wie diesen: »Der Geist formt sich der Potentialität an, um alles in der Weise der Potentialität zu messen, und der absoluten Notwendigkeit, damit er alles in der Weise der Einheit und Einfachheit messe, wie es Gott tut, und der Notwendigkeit der Verknüpfung, um so alles in Hinsicht auf seine Eigentümlichkeit zu messen, endlich formt er sich der determinierten Potentialität an, um alles hinsichtlich seiner Existenz zu messen. Ferner mißt aber der Geist auch symbolisch, durch Vergleich, wie wenn er sich der Zahl und der geometrischen Figuren bedient und sich auf sie als Gleichnisse bezieht.«

Übrigens scheint nicht nur dieser eine Gedanke des Cusaners

beinahe schon auf das Glasperlenspiel hinzuweisen, oder entspricht und entspringt einer ähnlichen Richtung der Einbildungskraft wie dessen Gedankenspiele; es ließen sich mehrere, ja viele ähnliche Anklänge bei ihm zeigen. Auch seine Freude an der Mathematik und seine Fähigkeit und Freude, Figuren und Axiome der euklidischen Geometrie auf theologisch-philosophische Begriffe als verdeutlichende Gleichnisse anzuwenden, scheint der Mentalität des Glasperlenspieles sehr nahe zu stehen, und zuweilen erinnert sogar seine Art von Latein (dessen Vokabeln nicht selten seine freien Erfindungen sind, ohne doch von irgendeinem Lateinleser mißverstanden werden zu können) an die frei spielende Plastizität der Spielsprache.] [1]

Übrigens waren die termini der christlichen Theologie, soweit sie zum allgemeinen Kulturgut zu gehören schienen, natürlich mit in die Zeichensprache des Spieles aufgenommen, und es konnte etwa einer der Hauptbegriffe des Glaubens, oder der Wortlaut einer Bibelstelle, oder ein Satz aus einem Kirchenvater oder aus dem Wortlaut der lateinischen Messe ebenso leicht und exakt ausgedrückt und in das Spiel mit aufgenommen werden wie ein mathematischer Lehrsatz oder eine Mozartmelodie. Es ist vielleicht kaum übertrieben, wenn wir zu sagen wagen: für den engen Kreis der echten Glasperlenspieler, soweit sie nicht gläubige Katholiken waren, war das Spiel nahezu gleichbedeutend mit Gottesdienst, während es sich jeder eigenen Theologie vollkommen enthielt.

Eben nun weil das Spiel der Religion so nahe stand, ohne sich doch zu einer Kirche zu bekennen, war sein Verhältnis zu Rom ein heikles und ist kaum zu beschreiben. Einerseits waren – und dies war beiden Parteien voll bewußt – die Kirche und die hinter dem Glasperlenspiel stehende anonyme Gemeinschaft der Geistigen die beiden einzigen ernst zu nehmenden Mächte, und inmitten einer nicht allzu gebildeten und oft von politischen Leidenschaften aufgeregten Volksmenge waren diese beiden Mächte Bewahrerinnen und Zuflucht des Geistes auf Erden, in manchem Sinne aufeinander angewiesen, und es empfahl sich gegenseitige Freundschaft, Duldung und Schonung. Andrerseits drängte gerade die intellektuelle Red-

1 Im Manuskript gestrichen.

lichkeit und der echte Drang nach scharfer, eindeutiger Formulierung jede der beiden Mächte zu einer Scheidung. Nun verhielt es sich in der Praxis so, daß die Kirche zwar nach wie vor ihre eigenen theologischen Lehranstalten und in einigen Ländern auch einen Einfluß auf die Volksschulen besaß, auf dem Gebiet aller andern Wissenschaften aber sehr häufig bei der Gegenpartei zu Gast sein mußte, und daß außerordentlich viele von den feineren Geistern unter den Klerikern und in den Kongregationen offen oder heimlich Anhänger des Spieles waren. Dagegen fehlte es auch nicht an Gegnern und scharfen Kritikern des Spiels unter dem hohen Klerus, und Papst Pius XIII., der noch als Kardinal ein guter Spieler gewesen sein soll, nahm als Papst nicht nur für immer vom Spiele Abschied, sondern versuchte auch, ihm den Prozeß zu machen, und wenig hätte gefehlt, so wäre den Katholiken das Spiel überhaupt verboten worden. Aber Pius starb, ehe er dies Ziel erreicht hatte, und eine vielgelesene Biographie dieses bedeutenden Papstes stellte sein Verhältnis zum Glasperlenspiel als das einer tiefen Leidenschaft dar, welcher er als Papst nur noch in feindseliger Form Herr zu werden wußte. Nach wie vor gehörten manche hohe und höchste Geistliche sowie die gelehrteren Mitglieder mehrerer Orden zu den Glasperlenspielern, noch immer vermieden die öffentlichen Glasperlenspiele sorgfältig jede Formulierung eines Glaubens, welche Rom hätte angreifen können, und so standen mit kleinen Schwankungen die Dinge bis heute.

Im letzten Jahrhundert erfuhr nun das Spiel, das bis dahin von Einzelnen und Kameradschaften frei betrieben, wenn auch von der offiziellen Erziehungsbehörde freundlich gefördert worden war, in Deutschland und bald in fast allen Ländern eine straffere Organisation, die sich hauptsächlich in zwei neuen Einrichtungen ausdrückte. Es wurde ein oberster Spiel-Leiter bestellt, mit dem Titel Ludi Magister, und es wurden offizielle, unter der Leitung des Magisters durchgeführte Spiele zu geistigen Festlichkeiten erhoben. Der Ludi Magister blieb natürlich, wie alle Leiter der Geistespflege, anonym, außer den Nächsten kannte niemand ihn mit seinem persönlichem Namen. Es gab bald in jedem Lande der Welt einen Magister Ludi, der deutsche galt in den seltenen Streitfällen als Autorität, und einzig den offiziellen festlichen Spielen, an deren Spitze ein Ludi

Magister stand, dienten die öffentlichen Verbreitungsmittel wie Rundfunk usw. Außer der Leitung oder doch Überwachung der öffentlichen Spiele hatten die magistri den Spielern und Spielschulen Vorschub zu leisten, vor allem aber über die Weiterbildung des Spieles zu wachen. An der Spitze der Spielkommissionen ihrer Länder entschieden sie über die Aufnahme neuer Zeichen und Formeln in den Bestand, über Erweiterungen der Spielregeln, über die Wünschbarkeit oder Entbehrlichkeit neu einzubeziehender Gebiete. Bei ihnen holten junge Spieler Rat und Belehrung, sie entschieden über etwaige technische Neuerungen. Man konnte das Spiel als eine eigene Wissenschaft, als eine eigene Weltsprache betrachten, und diese wurde von den Magistern und ihren Spielkommissionen wie von einer Akademie überwacht. Jede Landeskommission war im Besitz des Spielarchives, d. h. einer Abschrift sämtlicher, bis dahin offiziell geprüfter und zugelassener Zeichen und Schlüssel, deren Zahl längst eine sehr viel höhere geworden war als die Zahl der alten chinesischen Schriftzeichen. Im allgemeinen galt als genügende Vorbildung für einen Glasperlenspieler das Schlußexamen der gelehrten Mittelschulen, doch wurde stillschweigend die überdurchschnittliche Beherrschung einer der führenden Wissenschaften oder der Musik vorausgesetzt. Es einmal bis zum Ludi Magister zu bringen, war der Traum beinahe jedes Fünfzehnjährigen in den höheren Schulen. Aber schon unter den Studenten der letzten Semester und den Doktoranden war es nur noch ein winziger Teil, welcher noch ernstlich an dem Ehrgeiz festhielt, dem Glasperlenspiel und seiner Weiterbildung aktiv dienen zu dürfen.

(Frühsommer 1932)

Die Entstehungsjahre des Glasperlenspiels. Eine biographische Chronik.

1931

April	*Die Morgenlandfahrt* beendet (in Zürich).
17. 4.	Deutschlandreise mit seinem Sohn Bruno u. a. nach Calw.
Juli-10. 8.	Umzug von der Casa Camuzzi in das neue, von H. C. Bodmer erbaute und Hesse auf Lebzeiten zur Verfügung gestellte Haus.
	Vorabdruck der *Morgenlandfahrt* (I) in der Zeitschrift Corona.
26. 8.	Besuch von Romain Rolland.
September	Vorabdruck der *Morgenlandfahrt* (II) in der Corona.
14. 11.	Heirat mit Ninon Dolbin (geb. Ausländer).
Anfang Dez.	Hesse lehnt Thomas Manns Bitte um Wiedereintritt in die Preußische Akademie, Sektion für Sprache und Dichtkunst, ab.

1932

Januar	Hesse in Zürich und Chantarella, wo er sich mit Thomas Mann, Jakob Wassermann und S. Fischer trifft.
Februar	Plan zum *Glasperlenspiel*
März	*Die Morgenlandfahrt* erscheint bei S. Fischer.
April	*Dank an Goethe* erscheint in der Zeitschrift Die Neue Rundschau.
18. 4.	Hesse verläßt endgültig sein Züricher Winterquartier am Schanzengraben, wo

	er von 1925-1931 die Wintermonate verbracht hat, und arbeitet bis Ende April in Baden bei Zürich am *Glasperlenspiel.*
Juni	Hesse beginnt mit der Niederschrift der Einleitung zum *Glasperlenspiel.*
	Ein Stückchen Theologie erscheint in der Neuen Rundschau.
	Besuch des Indologen Professor Heinrich Zimmer in Montagnola.
August	Hans Carossa zu Besuch.
September	*Tessiner Herbsttag* erscheint in der Neuen Rundschau.
29. 11.	Franz Schall schickt das latinisierte Motto der Einleitung zum *Glasperlenspiel.*
Dez.	*Aus einem Tagebuch des Jahres 1920* erscheint in der Corona.
	Jesus und die Armen u. a. Gedichte erscheinen in der Neuen Rundschau.
	Entstehung des Gedichts *Doch heimlich dürsten wir.*

1933

1. 1.	Peter Suhrkamp wird als Nachfolger von Rudolf Kayser Redakteur der Neuen Rundschau und tritt als Lektor in die S. Fischer Verlag AG ein.
	Hesse schickt eine Kopie der 2. Fassung seiner Einleitung zum *Glasperlenspiel* an Gottfried Bermann Fischer ([Vom Wesen und von der Herkunft des Glasperlenspiels]).
	Dr. J. B. Lang zu Besuch in Montagnola.
30. 1.	Hindenburg ernennt Hitler zum Reichskanzler.
März	Entstehung des Gedichtfragmentes *Lie-*

	ber von den Faschisten erschlagen sein.
	Als erster Emigrant trifft Heinrich Wiegand bei Hesse ein (vom 20. 3.-2. 4.).
ab 24. 3.	Thomas Mann – auf der Flucht aus Deutschland – mehrfach bei Hesse zu Besuch.
30. 3.	Bertolt Brecht besucht Hesse in Montagnola.
April	Besuche von Kurt Wolff, Bertolt Brecht, Kurt Kläber und Thomas Mann.
	Der Maler und Graphiker Gunter Böhmer läßt sich in Montagnola nieder.
Mai	*Beim Lesen eines Romans* erscheint in der Neuen Rundschau.
	Hesse schreibt das Märchen *Vogel.*
10. 5.	Bücherverbrennung in Berlin.
9. 6.	Besuch von S. Fischer.
	Hesse kündigt sein Abonnement der Neuen Zürcher Zeitung wegen ihrer damaligen politischen Tendenz.
Juli	*Das Tagebuch vom Juli 1933* entsteht.
	Besuch von Hesses Neffen Carlo Isenberg (Carlo Ferromonte).
	Vogel erscheint in der Corona.
1. 8.	Das Gedicht *Das Glasperlenspiel* entsteht.
14. 8.	Der Indologe Prof. Heinrich Zimmer zu Besuch bei Hesse.
September	Peter Suhrkamp wird in den Vorstand der S. Fischer Verlag AG berufen.
	Karl Hofer besucht Hesse.
17. 9.	Besuch von Romain Rolland und Frau.
Oktober	Erster Besuch von Otto Basler.
20. 11.	Niederschrift des Gedichtes *Besinnung* nach einem Gespräch mit Otto Basler.
Dezember	Das Gedicht *Schmerz* entsteht.
	Kur in Baden, Besuch von Thomas Mann.
	Gedichte des Sommers 1933 erscheinen in der Neuen Rundschau.

12. 1. »Das kleine Stückchen Rahmen, das zum *Regenmacher* existiert, mußt Du auch kennenlernen, es erklärt einiges im Ton der Erzählung. Damit hast Du nun alles gesehen, was vom *Glasperlenspiel* bisher aufgezeichnet wurde. Fortsetzung ungewiß.« (Notiz an Ninon)

Entstehung des Gedichts *Klage.*

Hesse wird Mitglied des Schweizerischen Schriftstellervereins, um sich effektiver für die Emigranten einsetzen zu können.

28. 1. Heinrich Wiegand stirbt in Lerici/Italien. Bis Mitte März ist Frau Wiegand bei Hesse.

29. 1. Augenbehandlung bei Dr. Wiser in Egern am Tegernsee. In München Treffen mit Reinhold Geheeb, Olaf Gulbransson und Annette Kolb.

Lektüre pietistischer Biographien des 18. Jahrhunderts, z. B. A. G. Spangenbergs »Leben des Grafen N. L. von Zinzendorf«.

Februar Das Gedicht *Besinnung* erscheint in der Neuen Rundschau.

20. 2. *Der Regenmacher* an Die Neue Rundschau geschickt.

31. 3. Die Redaktion der »Propyläen« (München) – deren Mitarbeiter Hesse seit 1904 war – verzichtet auf Hesses Rezensententätigkeit.

April *Erinnerung an ein paar Bücher* erscheint in der Neuen Rundschau.

Mai *Der Regenmacher* erscheint in der Neuen Rundschau.

Studien zum *Vierten Lebenslauf Josef Knechts.*

Hesse beginnt mit der vierten und letzten

	Fassung der Einführung zum *Glasperlenspiel,* die er im Juni beendet.
Juni-Juli	Hesse schreibt am *Vierten Lebenslauf Josef Knechts.*
Juni	*Vom Baum des Lebens,* Ausgewählte Gedichte, erscheinen in der Insel-Bücherei
	Besuch von Hermann Kasack.
19. 6.	Das Gedicht *Dreistimmige Musik* entsteht.
14. 8.	Hesse beendet die 4. und letzte Fassung des Gedichts *Das Leben einer Blume.*
	Carlo Isenberg ist 14 Tage in Montagnola, wo er Hesse mit Hilfe eines gemieteten Klaviers alte Musik »von Bach rückwärts bis ins 16. Jahrhundert« erläutert und ihn über Formgesetze und Kontrapunktik unterrichtet.
19. 8.	Volksabstimmung im Deutschen Reich; Hitler wird mit 90% Ja-Stimmen »Führer und Reichskanzler«.
	Martin Buber zu Besuch.
	Petition Hesses für den des Landes verwiesenen Arthur Holitscher.
8. 9.	Abschluß der vierten Fassung der Einführung zum Glasperlenspiel. Niederschrift des Gedichtes *Das Glasperlenspiel.*
Oktober	Die Neue Rundschau soll verboten werden.
ab 14. 10.	Kur in Baden; mehrfacher Besuch von Thomas Mann, der Hesse an drei Nachmittagen Neues aus seinem Josefs-Roman vorliest.
15. 10.	S. Fischer stirbt.
16. 10.	Hesse betrachtet den *Vierten Lebenslauf Josef Knechts* als »vorerst gescheitert« und schreibt an dem Manuskript nicht weiter.
Dezember	*Das Glasperlenspiel, Versuch einer allgemeinverständlichen Einführung in seine Geschichte von Hermann Hesse*

erscheint in der Neuen Rundschau, sowie seine *Erinnerung an S. Fischer.*

13. 12. Hesse lehnt es ab, »zeitgemäße Änderungen« in seiner in Reclams Universalbibliothek erschienenen Schrift *Eine Bibliothek der Weltliteratur* vorzunehmen.

24. 12. Weihnachten mit Anni Carlsson und Gunter Böhmer; Tutti und Gottfried Bermann Fischer schenken Hesse das »Deutsche Wörterbuch« der Brüder Grimm.

1935

Januar Josef Feinhals (Collofino) schickt nochmals eine Korrektur des latinisierten *Glasperlenspiel*-Mottos.

Da das Rezensieren in deutschen Blättern unmöglich wird, sagt Hesse der schwedischen Zeitschrift »Bonniers Litterära Magasin« zu, regelmäßig Bücherberichte zu liefern.

Februar *Das Fabulierbuch* erscheint.

8. 2. Das Gedicht *Hieroglyphen* entsteht.

Besuch von Hans Carossa.

Gottfried Bermann Fischer versucht den Teil des S. Fischer Verlages, der die im Reich verfemten Autoren umfaßt, in der Schweiz zu eröffnen.

März *Notizen zu neuen Büchern* erscheint in der Neuen Rundschau, worin Hesse Olaf Gulbranssons Unterzeichnung des »Protests der Wagner-Stadt München« (gegen Thomas Mann) verurteilt.

In »Bonniers Litterära Magasin« erscheint der erste von Hesses zeitkritischen Berichten über zeitgenössische deutschsprachige Literatur.

10. 4. Das Gedicht *Dienst* entsteht.

19. 4.	Hesse hört in Zürich zweimal Bachs h-Moll-Messe.
20. 4.	Treffen mit Tutti und Gottfried Bermann Fischer in Zürich.
ab 21. 4.	Christoph Schrempf zu Besuch in Montagnola.
Mai	*Die Gedichte des jungen Josef Knecht* erscheinen in der Zeitschrift Corona.
	Christoph Schrempf (zu seinem 75. Geburtstag) erscheint in der Neuen Rundschau.
10. 5.	Entstehung des Gedichts *Zu einer Toccata von Bach.*
	Bemerkungen zu neuen Büchern erscheinen in der Neuen Rundschau.
	Hesse liest C. J. Burckhardts »Richelieu«.
10. 6.	Entstehung des Gedichts *Nach dem Lesen in der Summa contra Gentiles.*
19.-23. 7.	Niederschrift von *Stunden im Garten.*
September	Vorabdruck der *Stunden im Garten* in der Neuen Rundschau.
	2. Literaturbericht in »Bonniers Litterära Magasin«.
November	*Anmerkungen zu Büchern* erscheinen in der Neuen Rundschau.
ab Mitte November	Kur in Baden.
	Besuch von Gottfried Bermann Fischer.
	3. Literaturbericht in »Bonniers Litterära Magasin«.
	In der Zeitschrift »Die Neue Literatur« wird Hesse wegen seiner schwedischen Literaturberichte angegriffen.
	Entstehung des Hexametergedichts *Der lahme Knabe.*
27. 11.	Hesses Bruder Hans nimmt sich das Leben.
Dezember	*Notizen zu neuen Büchern* erscheinen in der Neuen Rundschau.
	»Anfang Winter erhält die Familie Fischer vom Propagandaministerium

die Aufforderung, aus dem Besitz und der Leitung des Verlages auszuscheiden.« (Peter Suhrkamp)

1936

Januar *Der lahme Knabe* erscheint in der Corona.

4. Literaturbericht in »Bonniers Litterära Magasin«.

18. 1. Gemeinsam mit Thomas Mann und Annette Kolb unterzeichnet Hesse einen »Protest« zugunsten Gottfried Bermann-Fischers in der »Neuen Zürcher Zeitung«.

19. 1. In seinem Leitartikel »Der Fall S. Fischer« im Pariser Tageblatt (dem Organ der deutschen Emigranten in Frankreich) wirft Georg Bernhard Annette Kolb und Hesse vor, durch Mitarbeit in der Frankfurter Zeitung, »dem Feigenblatt des 3. Reiches«, Goebbels »zum Zweck der Auslandstäuschung« und »deren wirksamer Durchführung« zu unterstützen.

Februar *Anmerkungen zu neuen Büchern* erscheinen in der Neuen Rundschau.

Joachim Maass besucht Hesse.

März *Nach einem Begräbnis* erscheint in der Neuen Rundschau.

Erinnerung an Hans erscheint in der Corona.

Auf Empfehlung der schweizerischen Verleger-Vereinigung verhindert die Fremdenpolizei eine Niederlassung des Bermann Fischer Verlags in der Schweiz, nachdem Peter Suhrkamp die Genehmigung zur Auswanderung des Verlagsteils mit den im 3. Reich unerwünschten Autoren erreicht hat.

28. 3.	Hesse erhält den Gottfried-Keller-Preis der Martin-Bodmer-Stiftung, Zürich.
April	Angriff Will Vespers in der Zeitschrift »Die Neue Literatur«.
	5. Literaturbericht Hesses in »Bonniers Litterära Magasin«.
23. 4.	Gottfried Bermann Fischer übersiedelt nach Wien; Peter Suhrkamp übernimmt treuhänderisch den im Reich verbliebenen Teil des S. Fischer Verlages.
1. 5.	Gründung des Bermann Fischer Verlages für die im Reich verfemten ehemaligen S. Fischer-Autoren in Wien.
28. 5.	Hesse sendet das Kapitel *Der Beichtvater* an Die Neue Rundschau.
8. 6.	Franz Schall schickt die nochmals überarbeitete Fassung des latinisierten Mottos zur *Glasperlenspiel*-Einleitung.
16. 6.	Hesses Freund Emil Molt stirbt.
	Lektüre von Heinrich Zimmer, »Maya«.
Juli	*Der Beichtvater* erscheint in der Neuen Rundschau.
	Das Gedicht *Ein Traum* entsteht.
22. 8.	Besuch von Karl Kerényi.
25. 8.-4. 9.	Hesse fliegt nach Bad Eilsen zur Augenbehandlung bei Graf Wiser,
31. 8.	dort erste Begegnung mit Peter Suhrkamp.
5. 9.	In Eckenweiler besucht Hesse seine Schwestern Adele und Marulla.
8. 9.	Treffen mit Franz Schall, Carlo Isenberg u. a.
September	*Anmerkungen zu Büchern,* Hesses letzter Bücherbericht während des 3. Reiches, erscheint in der Neuen Rundschau.
	Sein 6. und letzter Literaturbericht in »Bonniers Litterära Magasin« erscheint.
Mitte September	*Stunden im Garten* erscheint im Bermann Fischer Verlag, Wien.
	Begegnung mit Gerhart Hauptmann,

	vermittelt durch Martin Bodmer.
Oktober	Das Gedicht *Ein Traum Josef Knechts* erscheint in der Neuen Rundschau.
	Herr Claassen erscheint in der Corona.
	Suhrkamp bespricht in Wien mit Gottfried Bermann Fischer den Verkauf des deutschen S. Fischer Verlags.
20. 11.	Das Gedicht *Entgegenkommen* entsteht.
24. 11.	Das Gedicht *Beim Lesen eines alten Philosophen* entsteht.
Dezember	*Ein paar Erinnerungen an Othmar Schoeck* erscheinen in der Neuen Rundschau.
2. 12.	Thomas Mann verliert die deutsche Staatsangehörigkeit.
18. 12.	Der in Deutschland verbleibende Teil des S. Fischer Verlags wird verkauft und in eine Kommanditgesellschaft umgewandelt (»weil die Nazis ein so großes Unternehmen mit jüdischen Besitzern nicht mehr duldeten«. Hesse an seinen Sohn Bruno). Peter Suhrkamp ist persönlich haftender Gesellschafter.
	Manuskript zu dem Gedichtband *Neue Gedichte* abgeschlossen.

1937

Januar	Ab 1937 erscheinen in Deutschland keine Bücher von Thomas Mann mehr.
14. 1.	Entstehung des Gedichts *Seifenblasen.*
Februar	*Zwei Gedichte Josef Knechts* (»Entgegenkommen« und »Beim Lesen eines alten Philosophen«) erscheinen in der Neuen Rundschau.
26. 2.	*Neue Gedichte* erscheint im S. Fischer Verlag.
25. 3.	In Zürich hört Hesse Bachs Johannes-Passion.

28. 3.	(Karfreitag), Hesse beginnt mit der Niederschrift des Gedichts *Orgelspiel,* das er Himmelfahrt (16. 5. 37) beendet.
29. 3.	Hesses Halbbruder Karl Isenberg stirbt.
	Hesse schreibt am *Indischen Lebenslauf.*
ab 10. 4.	Besuch von Peter Suhrkamp.
28. 4.	*Indischer Lebenslauf* an Die Neue Rundschau geschickt.
16. 5.	*Orgelspiel* beendet.
Juni	*Gedenkblätter* erscheinen im S. Fischer Verlag. Erster Besuch von Peter Weiss.
Juli	*Indischer Lebenslauf* erscheint in der Neuen Rundschau.
	Hesse beendet ein neues Kapitel des *Glasperlenspiels.*
August	Besuch von Carlo Isenberg.
Ende August	Das Gedicht *Kriegerisches Zeitalter* entsteht.
September	Besuch von Max Herrmann-Neiße.
	Besuch von Stefan Zweig und Wilhelm Haecker.
27. 9.	Das Gedicht *Chinesisch* entsteht.
9. 10.	Rudolf G. Binding zu Besuch.
23. oder 24. 10	Besuch von Max Picard und Ernst Wiechert, dem Hesse empfiehlt, nicht nach Deutschland zurückzukehren.
November	Das Gedicht *Der letzte Glasperlenspieler* entsteht.
	Hesse bemüht sich um Unterstützung für Robert Walser.
1. 12.	Nach der Kur in Baden besucht Hesse Thomas Mann in Küsnacht.
	Orgelspiel erscheint in der Corona.
	Das Gedicht *Chinesisch* erscheint in der Neuen Rundschau.
	1938
Januar	Hesse schreibt bis zum Februar an dem Kapitel *Die Berufung.*

Februar	Das Gedicht *Der letzte Glasperlenspieler* erscheint in der Neuen Rundschau.
12./13. 3.	Einmarsch der deutschen Truppen in Österreich.
	Gottfried Bermann Fischer muß fliehen.
	Erste Flüchtlinge aus Wien in Montagnola.
	Beantragung einer Ehrengabe für Robert Walser beim Schweizerischen Schriftstellerverein.
April	Das Gedicht *Föhnige Nacht* erscheint in der Neuen Rundschau.
Mai	Gottfried Bermann Fischer eröffnet seinen Verlag in Stockholm mit Hilfe des schwedischen Verlages Bonnier.
	Die Gedichte *In einem alten Tessiner Park* erscheinen in der Neuen Rundschau.
Juni	*Die Berufung* erscheint in der Corona.
August	*Waldzell* erscheint in der Corona.
	Erfolglose Interventionen Hesses zugunsten der Emigranten bei der schweizerischen Fremdenpolizei.
	Albert Ehrenstein einige Tage als Gast bei Hesse.
August-November	Peter Weiss kommt nach Montagnola und wohnt in der Casa Camuzzi, Hesses ehemaliger Wohnung.
September	Hesse schickt das Kapitel *Die Berufung* und *Das Schreiben des Magister Ludi an die Erziehungsbehörde* an Peter Suhrkamp.
29. 11.	Das Gedicht *Nachtgedanken* entsteht.
Dezember	Hesse hört in Zürich Mozarts Zauberflöte und schreibt das Gedicht *Mit der Eintrittskarte zur Zauberflöte.*
	Hesse liest den Briefwechsel Mörike/Hartlaub.

	1939
Januar	*Zwei Orden* erscheint in der Corona.
	Reinschrift des Kapitels *Magister Ludi.*
	Das Gedicht *Mit der Eintrittskarte zur Zauberflöte* erscheint in der Neuen Rundschau.
14. 1.	»Von Knecht ist dem Umfang nach wohl zwei Drittel fertig.«
	Beginn der Niederschrift des Kapitels *Studienjahre.*
20. 2.-1. 3.	Joachim Maass zu Besuch.
Mai	Hermann Kasack mehrere Tage zu Besuch.
Juli	Peter Suhrkamp bei Hesse.
	Der Bermann Fischer Verlag, Wien, wird liquidiert.
	Hesse übernimmt als Entgelt für das fällige Honorar von dort 1900 Rohexemplare seiner *Stunden im Garten.*
August	*Tagebuchblatt* erscheint in der Neuen Rundschau.
24. 8.	Der Gedichtzyklus *Kriegerisches Zeitalter* entsteht.
29. 8.	Hesse schickt das Kapitel *Studienjahre* an die Neue Rundschau, nachdem die *Corona* es abgelehnt hatte.
1. 9.	Ausbruch des 2. Weltkrieges.
25. 9.	Hesse verlängert seinen Verlagsvertrag mit Peter Suhrkamp (S. Fischer Verlag KG).
29. 9.	Empfehlungsschreiben Hesses für Robert Musil.
Oktober	*Studienjahre* erscheint in der Neuen Rundschau.
	Die Papierzuteilung für »Die Neue Rundschau« wird reduziert, was Peter Suhrkamp durch eine Verkleinerung des Schriftgrades aufzufangen versucht.

1940

Januar	Hesse liest Sigmund Freud.
21./22.	Das Gedicht *Müßige Gedanken eines Soldaten* entsteht; erster Abdruck am 4. 2. in der »National-Zeitung«, Basel.
März	Die erste Fassung des Gedichts *Flötenspiel* entsteht, das am 3. 4. beendet wurde.
15. 3.	Kurt Kläber zu Besuch.
17. 3.	Besuch von Dr. J. B. Lang.
April	Karl Korn wird »wegkommandiert« (Peter Suhrkamp) und in der Redaktionsleitung der Neuen Rundschau durch Hans Paeschke abgelöst.
16. 4.	Hesse schickt das Kapitel *Die Mission* an Die Neue Rundschau.
Mai	Das Gedicht *Flötenspiel* erscheint in der Neuen Rundschau.
	Besuche von Dr. J. B. Lang.
Juli	Das Kapitel *Die Mission* in der Neuen Rundschau.
	Nach monatelanger Unterbrechung schreibt Hesse wieder am *Glasperlenspiel* und beendet das Kapitel *Magister Ludi.*
12. 9.	Hesse sendet das Kapitel *Magister Ludi* an Die Neue Rundschau.
November	Hesse liest »Homo ludens« von Johan Huizinga.
13. 11.	An Thomas Mann: »Jetzt sind, der Quantität nach, wohl drei Viertel [des Glasperlenspiels] fertig.«
21. 11.	Entstehung des Gedichts *Der Heiland.*
Dezember	Das Kapitel *Magister Ludi* erscheint in der Neuen Rundschau.

1941

Februar	Carlo Isenberg (Carlo Ferromonte) muß einrücken.
	Hesse wird aufgefordert, in seinem Gedichtband *Trost der Nacht* die Widmungen an Juden und an Romain Rolland zu streichen.
24. 2.	Oskar Loerke stirbt. Hermann Kasack wird sein Nachfolger (ab April 1941).
2. 3.	Hesses Halbbruder Theo Isenberg stirbt.
7. 3.	Hesse beendet ein weiteres Kapitel des *Glasperlenspiels.*
5. 5.	Entstehung des Gedichts *Stufen.*
30. 5.	Hesse beginnt die Niederschrift des Gedichts *An einem Grabe.*
25. 6.	Entstehung des Gedichts *Sommertag auf einem alten Landsitz.*
Juli	Das Gedicht *Der Heiland* erscheint in der Corona.
August	Karl und Magda Kerényi zu Besuch.
September	Hesse schreibt wieder am *Glasperlenspiel.*
Oktober	Peter Suhrkamp verhindert durch Verhandlungen mit dem Propagandaministerium ein Verbot der Neuen Rundschau.
	Besuch von Othmar Schoeck.
12. 10.	Das Gedicht *Kranken-Nacht* entsteht.
28. 11.	Entstehung des Gedichts *Bericht des Schülers.*
Dezember	Hesse schreibt das Gedicht *Prosa.*

1942

16. 3.	Die ersten 7 Kapitel des *Glasperlenspiel*-Manuskripts treffen beim Verlag ein.

20. 3.- Mitte April	Kur in Baden, wo Hesse mit Ninon das Manuskript der ersten Gesamtausgabe *Die Gedichte* vorbereitet.
29. 4.	Die Arbeit am *Glasperlenspiel*-Manuskript wird abgeschlossen.
Mai	Zweiter Teil des *Glasperlenspiel*-Manuskripts an den S. Fischer Verlag abgeschickt, wo es sieben Monate liegenbleibt.
28. 5.	Hesse lehnt eine – durch John Knittel überbrachte – »Berufung« in die geplante »Europäische Autorenvereinigung« ab, wo ihm »die Ehre zugedacht war, neben Hamsun und den übrigen Kollaborationisten Europas in Hitlers tausendjähriges Reich einzugehen«. (Autobiographisches Fragment ca. Januar 1946).
Juni	*Zwei Gedichte* erscheinen in der Neuen Rundschau.
Juli	Das Kapitel *Die Legende (I)* erscheint in der Neuen Rundschau.
1. 7.	Zwangsweise Umbenennung der S. Fischer Verlag KG in »Suhrkamp Verlag, vormals S. Fischer«.
	Peter Suhrkamp beginnt mit seiner oppositionellen Artikelserie »Der Zuschauer« in der Neuen Rundschau.
August	*Die Legende (II)* erscheint in der Neuen Rundschau.
	Besuch von Othmar Schoeck.
Oktober	Das Gedicht *Prosa* erscheint in der Neuen Rundschau.
ab 16. 11.	Kur in Baden.
ca. 20.-26. 11.	Peter Suhrkamp kommt nach Baden und bringt das in Berlin abgelehnte Manuskript des *Glasperlenspiels* zurück.
Dezember	*Die Gedichte* erscheinen bei Fretz & Wasmuth, Zürich.

1943

Januar	Peter Suhrkamp wird vom Sicherheitsdienst »beschattet«.
März	Der »Suhrkamp Verlag, vormals S. Fischer« soll »aus Rache wegen Hesse, Flake u. Kellermann« (Tagebuchnotiz vom 5. 3. 1943 von Hermann J. Abs) unter Kriegsgesetz geschlossen werden. Es gelingt Peter Suhrkamp, dies abzuwenden.
20. 3.	Verlagsvertrag mit Fretz & Wasmuth, Zürich, über die Publikation des *Glasperlenspiels.*
April	Hesse liest Korrekturen zum *Glasperlenspiel.*
15. 5.	Korrekturlesen beendet.
Ende Mai	Peter Suhrkamp 3 Tage zu Besuch in Montagnola.
Anfang Juni	Die Neue Rundschau kann nur noch vierteljährlich erscheinen.
1. 7.	Franz Schall stirbt.
Mitte Oktober	Peter Suhrkamp wird durch einen NSDAP-Spitzel vorgeschlagen, den Verlag als geheime Verbindungsstelle für eine nachfolgende Regierung unter dem in der Schweiz lebenden Reichskanzler Wirth zu benutzen. Suhrkamp weist ihn als »Phantasten« ab. Später wird Peter Suhrkamp inhaftiert mit der Begründung, den Besuch jenes Spitzels nicht sofort angezeigt zu haben und dadurch »an hochverräterischen Umtrieben« mitschuldig geworden zu sein. (Vgl. 11. 4. 1944)
November	Kur Hesses in Baden.
18. 11.	*Das Glasperlenspiel* erscheint bei Fretz & Wasmuth, Zürich. Hesse verschickt ca. 90 Exemplare nach Deutschland.
22. 11.	Peter Suhrkamps Wohnung in der Gust-

	loffstraße am Bahnhof Westkreuz, Berlin, wird ausgebombt.
Dezember	Die letzte Folge von Peter Suhrkamps Artikelserie »Der Zuschauer« erscheint in der Neuen Rundschau.

1944

11. 4.	Peter Suhrkamp wird wegen »dringenden Verdachts der Vorbereitung zum Hochverrat« von der Gestapo verhaftet und nach Ravensbrück gebracht. Hermann Kasack übernimmt die Verlagsleitung.
Mai	*Nachruf auf Christoph Schrempf* erscheint in der Neuen Rundschau.
Ende Juni	Auf unmittelbare Anweisung von Goebbels wird Hermann Kasack durch einen »kommissarischen Verlagsleiter« überwacht.
20. 7.	Attentat des Grafen Schenk v. Stauffenberg auf Hitler.
September	Hermann Kasack wird von der Partei zu Schanzarbeiten einberufen.
30. 9.	Die Neue Rundschau wird »für die Dauer des Krieges« eingestellt.
Dezember	Wilhelm Ahlmann, der zur Einstellung des gegen Suhrkamp schwebenden Verfahrens vor dem Volksgerichtshof beigetragen hat und in Verbindung mit Graf Schenk v. Stauffenberg stand, nimmt sich vor seiner Verhaftung das Leben.

1945

25. 1.	Peter Suhrkamp wird vom Gestapogefängnis Lehrter Straße 3 in das Konzentrationslager Sachsenhausen gebracht.

	Dort zieht er sich durch Mißhandlungen eine Wirbelsäulenverletzung zu und erkrankt an doppelseitiger Rippenfellentzündung.
8. 2.	Auf dem Höhepunkt der Krankheit (40 Grad Fieber), spät abends, wird Suhrkamp überraschend entlassen.
April	Das Gedicht *Dem Frieden entgegen* entsteht.
9. 5.	Kapitulation Deutschlands.
10. 5.	Im Verlauf der russischen Besetzung wird das S. Fischer KG Verlagshaus in der Lützowstraße, Berlin, in Brand geschossen und zerstört.
17. 10.	Peter Suhrkamp erhält als erster Verleger die Lizenz zur Weiterführung seines Verlags »Suhrkamp Verlag, vormals S. Fischer«.
	Theodor Heuss besucht Hesse.
November	Hesse erhält die erste direkte Nachricht von Peter Suhrkamp seit dessen Verhaftung im April 1944.

1946

1. 1.	*Ansprache in der ersten Stunde des Jahres* (Radio Beromünster)
1. 3.	Landesbischof Wurm besucht Hesse.
26. 4.	*Ein Brief nach Deutschland* in der »National-Zeitung«.
28. 8.	Hesse erhält den Goethepreis der Stadt Frankfurt.
Oktober	Hesse zieht sich in ein Sanatorium zurück.
Anfang Nov.	Hesse erhält den Nobelpreis für Literatur.
Ende Nov.	Die erste deutsche Ausgabe des *Glasperlenspiels* erscheint im Suhrkamp Verlag (Aufl. 20 000).

Hermann Hesse Mitte Juni 1935 (Photo: Martin Hesse)

Das Glasperlenspiel in Briefen, Selbstzeugnissen und Dokumenten

Die im folgenden zusammengestellten Texte verstehen sich als autobiographische Dokumentation der Entstehungsjahre des Glasperlenspiels. Darüber hinaus dokumentieren sie die wichtigsten späteren Äußerungen Hermann Hesses über sein Buch. Alles, was einen direkten, einen zeitgeschichtlichen oder unmittelbar atmosphärischen Bezug zur Konzeption des Glasperlenspiels erkennen ließ und uns bis Redaktionsschluß zugänglich wurde, findet sich hier in chronologischer Reihenfolge belegt. Dabei waren – wie sich im Verlauf der Arbeit rasch herausstellte – die ausschließlich das Glasperlenspiel betreffenden Selbstzeugnisse unmöglich aus ihrem Kontext zu isolieren. Die politischen Ereignisse der Jahre 1932-1943, die Lage der Emigranten und nicht zuletzt die halsbrecherische Widerstandstaktik des um die Erhaltung des deutschen S. Fischer Verlags und der Neuen Rundschau kämpfenden Peter Suhrkamp haben die Niederschrift und Konzeption des Glasperlenspiels ganz entscheidend beeinflußt. »Ich mußte«, *schrieb Hesse 1955 an Rudolf Pannwitz,* »der grinsenden Gegenwart zum Trotz, das Reich des Geistes und der Seele als existent und unüberwindlich sichtbar machen. So wurde meine Dichtung zur Utopie, das Bild wurde in die Zukunft projiziert, die üble Gegenwart in eine überstandene Vergangenheit gebannt.«

Die meisten Texte der nachfolgenden Dokumentation entstammen der Korrespondenz Hermann Hesses. Die Selbstzeugnisse wurden angereichert und illustriert durch Dokumente, Bildmaterial und Schilderungen von Augenzeugen (im Unterschied zu den Texten Hesses: kursiv gedruckt). Doch war es aus Gründen des Umfangs nicht möglich, die gleichfalls in diesen Zusammenhang gehörige Erzählung »Die Morgenlandfahrt« (den »Morgenlandfahrern« ist das Glasperlenspiel gewidmet) und die beiden Fassungen des von Ninon Hesse herausgegebenen und als »Der vierte Lebenslauf Josef Knechts« bezeichneten Textes in unseren Band aufzunehmen. Hier muß auf andere Ausgaben verwiesen werden. Eigens für das Glasperlenspiel konzipierte, bzw. andere, autonome Texte zum Glasperlenspiel, oder solche, die während der Entstehungszeit des Buches geschrieben wurden, sind in den nachfolgenden Kontext nicht einbezogen worden. Sie finden sich anschließend in einem separaten Kapitel »Texte zum Glasperlenspiel« gesammelt. Die in den Kommentaren vermerkte Abkürzung WA bezieht sich auf die 1970 im Suhrkamp Verlag Frankfurt am Main erschienene zwölfbändige Hermann Hesse-Werkausgabe.

Seit 4 Wochen sieht mir, dem alten Moralisten, jeder Wunsch nach etwas Freundlichem und Gutem verdächtig wie ein Wunsch nach Flucht aus, und es ist auch etwas Richtiges dran, weil seit einigen Wochen ein literarischer Plan in mir aufgetaucht ist, zu dessen Ausführung und Bewältigung ich zwar noch gar keinen Weg sehe, der aber eben doch da ist, als Forderung und Ausrufezeichen und Damoklesschwert. Ich möchte es gern einmal wieder so gut haben wie die andern Unterhaltungsschriftsteller, und wie ich selber es etwa bis zum Jahre 1914 gehabt habe: daß die Pläne, die einem einfallen, immer dem Leser so angenehm und dem Dichter so in die Hand passend, so bequem und leicht auszuführen sind. Seither hat es sich immer so getroffen, daß gerade das, was auszuführen mir ganz unmöglich schien, mir zum Problem wurde, es begann mit einigen der Märchen und dann dem Demian, und das Schwierigste waren Siddhartha und Steppenwolf. Jedesmal war es entweder fast unmöglich, die Form dafür zu finden (z. B. beim Steppenwolf und der Morgenlandfahrt), oder es wurde, um wirklich ins Innere des Stoffes zu kommen, so viel Erleben, so viel Hingabe, so viel Opfer erfordert (am stärksten in den vielen Monaten, die zwischen dem 1. und 2. Teil des Siddhartha liegen), daß ich unendlich oft Lust hatte, davonzulaufen und den schönen Stoff liegen zu lassen. So ist es auch jetzt wieder, und bis ich wirklich die erste Zeile an dem Neuen zu schreiben versuche, können Monate, und auch ein Jahr und mehr vergehen, und obwohl ich in dieser Zeit nichts tue, komme ich mir doch höchst beschäftigt und okkupiert vor. So war es besonders beim Goldmund, dessen Problem (d. h. der Kern seines Stoffes) mich schon volle 1½ Jahre, noch während der Arbeit am Steppenwolf, im Innern beschäftigte, ehe die erste, mißglückte und später vernichtete Niederschrift anfing.

(Brief, 3. 4. 1932, an Helene Welti)

Es schwebt mir eine große und wunderliche, sehr komplizierte Dichtung vor, an der ich seit einigen Wochen herumsinne, ohne heute noch zu wissen, ob es mir glücken wird, im Lauf der Zeit etwas davon fertigzubringen.

(Brief, Mitte April 1932, an Alice u. Fritz Leuthold)

Dieser Tage habe ich eine Arbeit begonnen, ein Manuskript, das mich vermutlich sehr lange Zeit, vielleicht manche Jahre, beschäftigen wird. Ich habe die erste Niederschrift auf dem linierten Papier begonnen, das ich Ihnen hier als Muster beilege, leider aber habe ich davon, wie ich eben sehe, nur noch einige Dutzend Bogen.
Ich bitte Sie, mir womöglich von diesem Papier einen tüchtigen Vorrat, mindestens 500 Bogen, zu verschaffen. Es macht nichts, wenn etwa die Lineatur nicht ganz gleich ist, aber Art und Format sollte stimmen.

(Brief, 7. 6. 1932, an Olga Klöti)

Sie fanden einen Widerspruch darin, daß das Leben ein Spiel sein soll, und daß doch dieser Nachdruck aufs Dienen gelegt wird. Ich glaube solche Widersprüche sind unvermeidlich und eigentlich nicht aufzulösen, übrigens auch nicht wichtig, da sie lediglich von der subjektiven Bewertung der einzelnen Worte abhängen. In diesem Fall z. B. haben Sie das Wort »Dienen« weit ernster genommen als das Wort »Spiel«, während ich beide gleich ernst nehme. Das Spiel, wie das Kind es übt und wie Leo[1] es meint, ist am besten zu vergleichen etwa mit dem »Spielen« von Musik – das ist für Welt- und Geschäftsleute auch nichts Ernstes, für den echten Musikanten aber ist es ein Zelebrieren des unbedingt Heiligen. Und denken Sie, wie wichtig sogar bei jedem Gesellschafts- oder Kartenspiel das strikte Einhalten der Spielregeln ist. Sich ihnen unterwerfen, das Spiel ernst nehmen, das Spiel mit Hingabe treiben, ist sogar für das oberflächliche »Spiel« der Gesellschaft Grundregel und conditio sine qua non. Also da kann ich keinen Widerspruch finden.

(Brief, Mitte Juni 1932, an Paul Schottky)

[Ich habe] leider gar keine Lust und keinen Mut zum Arbeiten. An einem Plan würde es nicht fehlen, der ist schon etwa ein halbes Jahr alt oder mehr, ein schöner, großer und komplizierter Plan zu einem Buch, aber ich bringe mich nicht dazu,

1 Hauptfigur der Erzählung »Morgenlandfahrt«.

eine Zeile zu schreiben; wenn ich es einmal probiere, so fällt mir kein Detail ein, fehlt jede Arbeitslust, ich lege das Papier wieder weg und lege mich wieder in eine Ecke.

(Brief, 10. 7. 1932, an Heinrich Wiegand)

Daß der Geist direkt »ins Leben« wirken und direkte Folgen haben müsse, in einer gewissen Besserung, Erziehung oder Erhellung der Menschen und ihres Lebens, ist ja doch wohl eine jugendliche Forderung, und je länger desto mehr glaube ich an ein Reich außerhalb der Materie und der Zeit, vielmehr ich glaube nicht bloß daran, sondern lebe in ihm, leider nicht zu jeder Stunde, sondern nur in den paar guten Stunden. Da bin ich auch wieder mit recht märchenhaften und komplizierten Dichtungsplänen beschäftigt, an denen ein Junger und Gesunder Jahre zu tun hätte, und die für einen Kranken und Abgearbeiteten eigentlich ein Luxus sind. Aber Luxus scheint mir das Notwendigste zu sein, was wir brauchen.

(Brief, 24. 7. 32, an Wilhelm Stämpfli)

Wichtiger aber als alles andre sind die Phasen der Produktivität in meinem Leben. In diesem Sinne nämlich: Sobald ich in eine Arbeit verbissen und produktiv bin, schert alles andere mich nicht. Aber diese Zeiten sind selten und kurz, im Durchschnitt kommt auf ein Jahr nur eine kleine Zahl von Tagen, höchstens Wochen, die wirklich produktiv sind. Im übrigen heißt es warten, Geduld haben, reifen, sammeln, stillhalten: das allein macht die Moral und Zucht des Künstlers aus, und unterscheidet ihn vom Dilettanten oder vom Routinier. Und in diesen langen Zeiten der Vorbereitung, des Reifens, des Wartens, welche wohl fünf Sechstel des Lebens ausmachen mögen, sind die äußeren Leiden spürbarer und werden wichtiger [...] Die Zustände in Deutschland, nicht nur die politischen und wirtschaftlichen, sondern noch mehr die moralischen und intellektuellen, erschweren mir das Leben und Arbeiten sehr, dies Volk scheint vollkommen im Finstern zu stecken, voll von wunderbaren Eigenschaften und unfähig, sie vernünftig und menschlich anzuwenden. Ich sehe eine lange Periode der Bürgerkriege voraus, wir werden im Reich Zustände von langer

Dauer erleben, die bloß für die paar Condottieri profitabel sein werden. Hitler, so gemein und dumm er scheint, ist vielleicht noch lange nicht das Übelste. Von alledem zu abstrahieren, und sich eine geistige Atmosphäre zu erhalten, in welcher sinnvolle Arbeit und sinnvolle Betrachtung der Dinge möglich ist, fällt mir oft schwer, aber es muß sein, es ist die Basis meiner Arbeit. Manchmal wird man müde und denkt: »Wie hübsch wäre das Arbeiten und wie Schönes könnte man machen, wenn man nicht Tag für Tag dreiviertel seiner Kräfte brauchen würde, nur um das Bleigewicht von Ungeistigkeit und Unmenschlichkeit zu überwinden, mit dem unsre Zeit uns belädt.« Aber im Grunde ist das falsch gedacht, man darf diesen Regungen nicht nachgeben. Wie lähmend sie wirken, sieht man an der jungen Generation, deren geistige Frische und Leistung so sehr bescheiden ist. Unsereiner darf nicht nachgeben, sondern muß weiterarbeiten, und zwar nicht den Wünschen der Menge angepaßt, sondern er muß gerade jetzt seine Ansprüche an sich selbst und an die Leser noch steigern, einerlei ob man damit die Rolle des Helden oder die des Don Quichote spielt!

(Brief, 26. 8. 1932, an Arthur Stoll)

Die neue Arbeit habe ich noch nicht begonnen, auch keine Lust dazu, es wird viel Verzweiflung brauchen, bis ich sie anfange. Notizen dazu habe ich je und je gemacht, nur Stichworte.

(Brief, 15. 10. 1932, an Heinrich Wiegand)

In meinem nächsten Buch, falls ich es noch erlebe, sollen einige fiktive Zitate vorkommen, d. h. also von mir ad hoc erfundene Zitate aus einer imaginären Literatur. Einige davon, und zwar gerade die verzwickteren, sollen lateinisch sein. Ich lege Dir eins davon, das mir wichtigste, hier bei mit der Bitte, das Deutsch in Latein zu übersetzen. Wenn Du nicht kannst und magst, werde ich nicht böse sein. Tue es nur, wenn du's gern tust.

(Brief, November 1932, an Franz Schall)

Was du über die Lage im Reich sagst, wird wohl stimmen, und ich verstehe auch deine Stimmung dabei, aber der jetzt drohende faschistische Terror ist die genaue und von der deutschen Politik mit Sorgfalt emporgehätschelte Konsequenz von allem, was im Reich seit 1914, und schon lang vorher, Offizielles geschehen ist. Irgendeinmal muß auch der Deutsche, so unbequem es ihm ist, sich für sein Reich und dessen Regierung und Politik mitverantwortlich fühlen lernen, muß einsehen, daß man Politik weder mit Gedichten macht noch mit bloßer patriotischer Besoffenheit, daß man für geführte und verlorene Kriege, für gemachte und unterlassene Revolutionen etc. verantwortlich ist. Bis dahin kann es nicht die Pflicht des deutschen Geistes sein, patriotische Romantik zu pflegen, obwohl das ja viel Hübsches hat, sondern das Vaterland und jeden Nationalismus mit dem äußersten Mißtrauen zu kontrollieren. Die Welt läuft vorwärts, nicht rückwärts, und irgendwann und irgendwo muß auch Deutschland sich der Weltentwicklung wieder anschließen, statt nach Autarkie zu streben und sich aus der Welt auszuschließen. Vielleicht führt der Weg dazu über das Rindvieh Hitler.
Ich kann mit dir fühlen, Freund, und ich begreife bei dir ebenso wie etwa bei E. B. das Hängen am Vaterland, an Idealen und mütterlichen Erinnerungen, sehr wohl. Es ist kalt in der Welt, wenn man kein Vaterland hat und keine Macht, zu der man steht und mit der zu siegen oder zu leiden man sich berufen fühlt. Aber es müssen einige von uns in dieser Kälte leben, um neue Atmosphären vorzubereiten.
Auch mir wäre es leichter und lieber, wenn ich irgendwo mitsingen und mitmarschieren könnte. Hätte Deutschland einen halbwegs anständigen echten Kommunismus, so stünde ich ihm zur Verfügung. Aber woher sollte er kommen? Ob Kommunismus oder Hitlerismus oder was immer, das Denken und das Wollen ist falsch, ist sentimental und unfruchtbar. Es muß noch viel kaputtgehen, ehe da wieder Gras wächst. Aber auch das kommt einmal wieder. Ich sehe die Welt und das Reich heute sehr viel positiver, als ich sie etwa in den Jahren 1916 bis 18 sehen konnte.

(Brief, 1932, an Ludwig Finckh)

Seit anderthalb Jahren habe ich den Plan zu einer Dichtung und bin noch nicht soweit gekommen, eine Zeile zu schreiben, weil ich alt werde, weil es mir zu gut und bequem geht, weil ich jeden Tag durch die Post etc. etc. gezwungen werde, den vielbeschäftigten berühmten Mann zu spielen. Ähnlich war es dem alten Tolstoi, der ging dann im Moment vor dem Tode weg und verschaffte sich wenigstens für die letzten Atemzüge das Gefühl von Landstraße, Freiheit, Luft und Weite.
Wahrscheinlich werde ich es anders machen, werde vielleicht sogar das geplante Buch wirklich noch schreiben. Es macht mir nur keinen rechten Spaß mehr. Es sind so sehr Wenige da, welche die Pointen merken.

(Brief, ca. Januar 1933, an Hermann Hubacher)

Ich bin in meinen Sorgen und Hemmungen verwickelt, und meine seelische Schulung reicht aus, sie zu ertragen, nicht aber zu überwinden, denn ich bin über das Überwinden und Siegen und alle Verherrlichung des Willens und der Energie seit 1914 äußerst skeptisch. So steht zwischen mir und meiner Arbeit, außer den andern Schwierigkeiten eine gewisse Interesselosigkeit, ein Wissen um den Unwert alles Tuns und Schreibens, und das wäre ja in Ordnung und schön, wenn ich mit dem Nichttun und der Weisheit des Lao Tse zufrieden wäre, aber ich bin ein heißhungriger und egoistischer Europäer wie wir alle, wenn auch wissender als die Menge, und sehne mich doch nach dem naiven Glück des Schaffens, Zeugens, Produzierens.
So muß ich warten, und es bringt mich in Verlegenheit, Fragen darüber zu hören. Ich kann dir über das, was mit dem Glasperlenspiel gemeint ist, nichts sagen als was du jetzt schon aus dem Vorwort weißt, und etwa noch dies: im Sinn habe ich einfach, die Geschichte eines Glasperlenspielmeisters zu schreiben, er heißt Knecht und lebt etwa um die Zeit, wo das Vorwort aufhört.[1]
Mehr weiß ich nicht. Die Schaffung einer gereinigten Atmosphäre war mir nötig, ich ging diesmal nicht in die Vergangenheit oder ins märchenhafte Zeitlose, sondern baute die Fiktion einer datierten Zukunft. Die weltliche Kultur jener Zeit wird die

1 Hesse schickte seinem Verleger die zweite Fassung der ›Einleitung‹.

gleiche sein wie heute, dagegen wird eine geistige Kultur da sein, in der zu leben und deren Diener zu sein sich lohnt – dies ist das Wunschbild, das ich mir da malen möchte. Reden wir aber nicht mehr davon, sonst ist der Keim tot. Ich hätte nichts davon mitteilen sollen, aber ich bereue es doch nicht, denn mir lag daran, daß Du eine Ahnung habest von der Art meines Lebens und Tuns, von der latenten Produktivität oder wie man das nennen will.

Auf Deutsch und kürzer gesagt: ich schäme mich im Grund meiner langen Unfruchtbarkeit und wollte Dir zeigen, daß dahinter doch wenigstens irgendetwas steckt.

Aber eine Abschrift an Fischer zu schicken usw., wie Du vorschlägst, das wäre schon darum unmöglich, weil gar keine existiert. Es existiert ein einziger Durchschlag, der, den Du lasest, das Original ist bei mir, und wird gewiß seine jetzige Form nicht behalten. Es ist ja in diesem Vorwort nur das Terrain abgesteckt, und der Leser gezwungen, das Buch wegzulegen oder in die saubere aber dünne Luft mitzugehn, in der es spielt.

Hinzugekommen sind seit der Niederschrift des Vorworts einige Details zu eben diesem Vorwort, sowie die lateinische Wendung des Mottos, das natürlich eine Fiktion ist – ich habe den Mann gefunden, der mir dies von mir erfundene Motto aus einem fiktiven Autor in ein schönes stilgerechtes Latein übertragen hat, er ist ein Schulkamerad von mir, und anno 1890 waren wir zwei die besten Lateiner unserer Klasse, deren Latein sich sehen lassen konnte, aber heute kann bloß er es noch, ich habe neun Zehntel vergessen [...] Wunderlich war es mir, die verschiedenen Aussprüche der deutschen Prominenten über die besten Bücher des Jahres zu sehen. Es scheinen da drei bis vier erfolgreiche, rein intellektuelle Autoren (obenan St [efan] Zweig und Joseph Roth) einen Ring zu bilden, an dem niemand vorbei kann, ohne Kotao zu machen. Ich finde sowohl Zweig wie Roth anständig aber zweiten Ranges, und zwar nicht bloß weil beide Intellektuelle und nicht Dichter sind, sondern es reicht mir bei beiden auch das Intellektuelle nicht tief genug. »Feuilleton« würde Ziegenhalß sagen. Übrigens ist R [udolf] Kayser auch so, ich mag ihn sonst gern und versuche seit Wochen seinen Spinoza zu lesen, aber jeder Satz hat Löcher, wenn man ihn fest in die Hand nimmt. Es ist ein Mosaikspiel mit Worten und

Bildungswerten, ohne die festen und schwierigen Regeln des Glasperlenspiels.

(Brief, 28. 1. 1933, an Gottfried Bermann Fischer)

Absage[1]

(1933 als Antwort an Freunde auf Anfragen, warum ich mich nicht auf die Seite der Kommunisten stelle)

Lieber von den Faschisten erschlagen werden
Als selbst Faschist sein!
Lieber von den Kommunisten erschlagen werden
Als selbst Kommunist sein!
Wir haben den Krieg nicht vergessen. Wir wissen,
Wie das berauscht, wenn man Trommel und Pauke rührt.
Wir sind taub, wir werden nicht mitgerissen,
Wenn ihr das Volk mit dem alten Rauschgift verführt.
Wir sind weder Soldaten noch Weltverbesserer mehr,
Wir glauben nicht, daß ›an unserem Wesen
Die Welt müsse genesen‹.
Wir sind arm, wir haben Schiffbruch gelitten,
Wir glauben alle die hübschen Phrasen nicht mehr,
Mit denen man uns in den Krieg gepeitscht und geritten. –
Auch die Euren, rote Brüder, sind Zauber und führen zu Krieg und Gas!
Auch Eure Führer sind Generäle,
Kommandieren, schreien und organisieren.
Wir aber, wir hassen das,
Wir trinken den Fusel nicht mehr,
Wir wollen Herz und Vernunft nicht verlieren,
Nicht unter roten noch weißen Fahnen marschieren.
Lieber wollen wir einsam als ›Träumer‹ verderben
Oder unter Euren blutigen Bruderhänden sterben,
Als irgend ein Partei- und Machtglück genießen
Und im Namen der Menschheit auf unsre Brüder schießen!

Unser Gastzimmer beherbergt seit einigen Tagen den ersten Flüchtling aus Deutschland, einen mir seit Jahren befreundeten

1 Anmerkung Hesses: »Geschrieben Anfang März in schlafloser Nacht auf einer Reise. In dieser Form nicht brauchbar, nur einigen Freunden mitgeteilt.«

sozialistischen Schriftsteller[1], andre kommen nach ihm, und leider ist es gar nicht unmöglich, daß der Schweizer Bundesrat, der sich nie durch Großzügigkeit ausgezeichnet hat, bald mit dem Asylrecht für Leute sparsam umgehen wird, die nicht Schieber sind und Geld mitbringen. Wunderlich, wie alles wiederkommt, und alles so furchtbar folgerichtig! Wie z. B. die deutsche Sozialdemokratie, die anno 1914 auf ihre ganze Macht verzichtete, indem sie vor dem Kaiser und seinem Krieg Kotao machte, jetzt dafür vernichtet wird. Was nicht vernichtet, sondern gestärkt wird, ist dafür der deutsche Bolschewismus, der seinerzeit an den Faschisten grausame Rache nehmen wird für die unsinnigen, mehr als dummen, vom Reich und dem alten Esel Hindenburg feierlich geschützten Mordtaten, Einkerkerungen, Verprügelungen, Folterungen, die in diesen furchtbaren Tagen geschehen sind. Dies Blut wird alles zehnfach zurückgefordert werden, leider.

Für mich ist es ein Glück, daß ich die unheilbare Tragik des Geistes, und speziell des deutschen Geistes, damals in den Kriegsjahren nicht nur entdeckt, sondern gründlich geschmeckt habe, es waren anno 33 bei mir keinerlei angenehme Illusionen mehr zu zerstören, und auch die teuflischsten Verbrechen in Hitlers Reich können mich und meinen Blick nicht mehr verwirren. Nur hatte ich freilich, wie jeder, so leise gehofft, es sei vielleicht mit dem einen Krieg genug.

(Brief, 22. 3. 1933, an Helene Welti)

Gestern kam auch Thomas Mann (der aber nicht bei mir wohnt). In Deutschland sind etwa 30 bis 40 Tausend Menschen zur Zeit, lediglich ihrer Gesinnung wegen, gefangen gesetzt, viele werden gefoltert, viele sind totgeschlagen, fast alle roh und zum Teil schwer mißhandelt worden. Das deutsche Pogrom gegen den Geist ist heftiger, brutaler und säuischer als alles das Schlimme, was im faschistischen Italien geschah. Dazu die Judenverfolgung, das Unwürdigste, was diese blutigen Tiger sich noch extra ausdenken konnten. Für mich ist es wieder genau wie anno 1914: die gesamte öffentliche Meinung des Landes, auf

1 Heinrich Wiegand (1895–1934). In sein Tagebuch notierte Wiegand am 20. 3. 1933: »Mit Hesse über das ›Glasperlenspiel‹ gesprochen. Er: ›Ich kann nicht mehr. Ich gehöre nicht in das Haus hier. An die Wand und erschossen. In den Wald . . .‹«

das ich in jeder Hinsicht angewiesen bin, schlägt allem ins Gesicht und verflucht und verfolgt alles, woran ich glaube und was mir heilig ist. Und welche Saat von Haß! Der Gegenaufstand, den (wahrscheinlich erst in vielen Jahren) der deutsche Kommunismus (der jetzt Märtyrer ist) einmal machen wird, wird doppelt wild, roh und blutig sein. Es fehlen bloß noch die Scheiterhaufen.
Gestern kam Thomas Mann mit seiner Frau. Er kann natürlich nicht nach Deutschland zurück, er steht zuoberst auf der schwarzen Liste der auszurottenden Schriftsteller. In einer Stunde erwarte ich sie zum Mittagessen wieder.

(Brief, Ende März 1933, an Hermann Hubacher)

Ich glaube, seit jener Zeit vor 12 Jahren, wo die große Pause im »Siddhartha« zu überdauern war, habe ich kein Tagebuch mehr geführt, und wenn ich jetzt wieder das Bedürfnis zu ähnlichen Notizen habe, so kommt es wohl vor allem von der sehr ähnlichen Situation: einer großen Stockung in meiner Produktion. Im übrigen freilich ist die Lage von heute anders. Aber vielleicht redet man sich alle »sachlichen«, allgemeinen und vernünftigen Gründe nur ein, und folgt in Wirklichkeit einzig den privaten, egoistischen Antrieben. Und wenn es mir heut so scheint, als sei es die Weltgeschichte, die mich an der Arbeit hindert, oder als sei das Nachdenken über die jetzigen Vorgänge in Deutschland für mich so sehr nötig, so verbirgt sich dahinter doch wohl das Unbehagen, ja die Qual des Zustandes, in dem ich seit zwei Jahren bin, und der Unfruchtbarkeit ist. Ich hatte mir die Geschichte Josef Knechts und des Glasperlenspieles ausgedacht, habe vor einem Jahr auch die einleitenden Seiten dazu aufgeschrieben (dreimal umgearbeitet), die Herkunft des Glasperlenspiels betreffend. Damals dachte ich mir die Entstehung des Ganzen schön und angenehm, mir schien: da ich den Inhalt in den Hauptsachen voraus erfunden und konstruiert hatte, müsse das Ausarbeiten, das Füllen der Schemata mit Blut, das Ausfüllen und Bemalen der Vorzeichnung eine freudige Arbeit sein. Statt dessen machte die Arbeit mir so wenig Spaß, daß es nicht einmal die Widerstände überwog, die mir von den Augenschmerzen etc. her kommen, ich empfand diese Arbeit als lustlos und mich als unfruchtbar,

und habe nur wenige Seiten schreiben können. Lange schob ich es auf das Schlechterbefinden der Augen, auch auf die Ungunst der Zeit, auf das feindliche Entgegenstehen des ganzen Zeitgeistes, und manchmal schien es mir, ich sei nun eben zu alt und es sei zu Ende mit meiner Produktion. Es ist nutzlos, darüber zu grübeln, statt dessen will ich es dahingestellt sein lassen, wo denn die wirklichen Gründe meines Tuns und Lassens liegen, und will versuchen, zur Übung der Finger und Gedanken je und je wenigstens etwas über meine jetzigen Erlebnisse und Gedanken aufzuschreiben.
Vorgestern bat ich, als Böhmer[1] da war, Ninon[2] uns jene Einleitung zu Knecht vorzulesen, die Geschichte des Glasperlenspiels, ich hatte sie seit mehr als einem halben Jahr nicht mehr angesehen. Da erschrak ich nun zunächst über die paar Seiten des Vorworts, die von heute handeln: der geistige Zustand Deutschlands ist darin beinah haargenau vorausgeschildert, es liest sich wie eine soeben geschriebene Parodie auf heute. Das bedeutet nicht nur, daß mein dreimal umgearbeitetes Vorwort jetzt und vielleicht für sehr lange Zeit nicht gedruckt und in Deutschland nicht gelesen werden kann: es bedeutet auch, daß das Vorwort, das doch die Distanz der Knecht-Zeit zum Heute schaffen sollte, noch viel zu sehr zeitbestimmt und zeitbeeinflußt ist. Es muß neu gemacht werden.
Die Nachrichten aus Deutschland (zuletzt die neuen Gesetzentwürfe über Reichsangehörigkeit etc., die Ehrung der Mörder Rathenaus und andre ziemlich derbe Berserkereien) erschrekken einen manchmal, man hat sich aber schon daran gewöhnt, und es kommt ja auch auf ein wenig mehr oder weniger an Geschrei und Grausamkeit nicht mehr an. Was mich dauernd beunruhigt, ist nicht meine Kritik am deutschen Regime, die unterscheidet sich wohl wenig von dem der meisten Ausländer, sondern mich beunruhigt mein Mangel an Verständnis für das Positive, für das Lebendige, was in den gutgesinnten Deutschen vorgeht, für ihr Eingehen auf die ihnen zunächst erschreckende »Revolution«, kurz für die heutige Form der Vaterlandsliebe im Reich. Es interessiert und quält mich, zu wissen warum stille, ernste, parteilose Männer (ich denke an H. und manche andre) diese Revolution jetzt bejahen, warum sie sie als Kriegs-

1 Gunter Böhmer, Maler und Graphiker, Freund Hermann Hesses.
2 Ninon Dolbin geb. Ausländer, Hesses dritte Frau.

und Ausnahmezustand anerkennen und sich, sei es als Mitarbeiter oder auch als Opfer, ihr zur Verfügung stellen. Wenn die »Revolution« nur Reaktion und weißer Terror ist, wenn sie wirklich, wie man aus vielen Zeichen schließen muß, nicht bloß von einer naiven, sondern von einer krankhaft verbohrten Blindheit und Scheu vor Kritik ist, also im Innern falsch, dem Organischen und Lebendigen feindlich, dann hat es keinen Sinn mehr zu sagen wie etwa H. mir schrieb: »wenn auch diese ungeheure Anstrengung und Zusammenraffung unsres Volkes erlahmt und scheitert, dann kracht alles zusammen, das darf nicht geschehen.« Nein, dann kracht ja nur etwas zusammen, worum es nicht schade ist, und wenn auch viel gutes Blut, viel redliche deutsche Liebe und Idealität diesen Schiffbruch mit erleidet und untergeht – es ist besser, sie gehen unter, als sie stützen eine Organisation, die im Grunde bös und teuflisch ist. Und als bös und teuflisch erscheint mir, der ich gar kein Politiker bin, diese ganze Gesinnung des Dritten Reichs, wobei ich jedem Einzelnen das Recht der bona fides und des Verblendetseins zugestehe, auch den Führern. Es scheint mir sehr wichtig und kennzeichnend, daß die protestantische Kirche diese Bewegung sich sofort zu eigen gemacht hat und im Begriff scheint, sich als eine deutsche, germanische, nicht mehr römische, auch nicht mehr christliche Organisation bedingungslos den Männern mit den hohen Titeln und den schönen Uniformen zur Verfügung zu stellen. Alles Anrüchige des Protestantismus, vom Fürstendienertum Luthers bis zur Vergötzung des rein Dynamischen in der jüngern Theologie, vereinigt sich hier und wird Ausdruck für eine bestimmte, eben für die deutsche und protestantische Form des blinden Nationalismus. Dazu paßt die Selbstanbetung des heutigen Deutschen, der tiefe Ehrfurcht vor seiner »tragischen« und »faustischen« Natur hat und darunter versteht, daß er, Auserwählter und zugleich Gezeichneter unter den Völkern, nun einmal dazu bestimmt sei, über die kleinlichen Schranken der bloßen Vernunft und bloßen Moral hinweg das Große und Ungeheure zu tun, nämlich seine Triebe auszuleben und seine Gelüste zu befriedigen. Die Theologie der protestantischen Reichspfarrer hat dafür dann eine Dogmatik des »Peccandum est« zur Verfügung, die eher noch geistvoller aussieht als die, mit der sie anno 14 den Krieg verherrlichte.

Also zweierlei beunruhigt mich: Warum auch die sauberen, zuverlässigen, anständigen und unbedingt nicht feigen Leute im Reich zu einem sehr großen Teil den Hurrah- und Kriegspatriotismus, dessen Schiffbruch sie kaum erst erlebt haben, in dieser neuen Form bejahen und mitmachen und zweitens: ob nicht vielleicht diese vernunftlose aber starke Art von organisiertem Triebleben, diese Methode des Schreiertums und Führertums, diese starke Dampfwalze der Uniformierung einer bedingungslos verpflichteten Untertanenschaft – ob nicht diese Maschinerie (einerlei ob in faschistischer oder sozialistischer oder andrer Form) eben die Methode ist, nach welcher im jetzigen Weltaugenblick die Völker regiert werden wollen und müssen. Denn so weit bin ich immerhin Denker und auch Christ, daß ich einsehe: es ist jede, ausnahmslos jede Form von Gewalt eine Angelegenheit der »Welt«, das Streben nach ihr und ihrer Ausübung vollzieht sich immer und unter allen denkbaren Formen im Diesseitigen, ist Sache der Triebe und nie des Geistes, auch wenn sie tausend »geistige« Argumente zu ihrer Rechtfertigung benutzt. Es werden stets und immer die Napoleone regieren und die Christusse umgebracht werden – aber wenn das »dritte« Reich auf tausendjährige europäische und christliche Gewohnheiten, Formen, Bändigungen verzichtet und unter dünner Ideologie nahezu hemmungslos der Macht huldigt, so hat das, ebenso wie das Regime bei den Sowjets, eben doch etwas Neues, etwas, was von unsrer Zeit ist, etwas, was mit brüchig gewordenen Begriffen gebrochen hat und darum stark ist. Das nun, womit Sowjet und Hitler gebrochen haben, ist vor allem die christliche Konvention, darin sind sie gleich. Nicht daß die Leiter des Dritten Reichs Antichristen wären, und Bismarck oder Metternich wirklich Christen gewesen wären! Aber es wird heute gebrochen mit Konventionen der Menschlichkeit, des Rechts, der Völkermoral, welche zwar längst faul waren, die man aber bisher immer noch zu schonen suchte. Man könnte sich z. B. recht wohl denken: wenn die Deutschen anno 14, statt mit der alten brüchig gewordenen, mit dieser neuen, rohen aber starken, alle Christlichkeit etc. als dumme Sentimentalität abwerfenden Ideologie in den Krieg gezogen wären, gegen Völker, in denen die alte Moral zwar auch faul war aber doch noch galt – dann hätten sie trotz aller Übermacht vielleicht die Welt besiegen können. Nun aber

haben sie das nicht getan, sondern haben den Krieg verloren, und würden ihn sofort wieder verlieren, wenn er sich heut wiederholte. Es scheint also mit dem Wert der neuen Ideologie, auch rein biologisch betrachtet, flau zu stehen. Man hat ein Stück Geschichte, nämlich den Krieg und seine politische Vorgeschichte, durch primitive Magie im Gedächtnis des Volks ausgelöscht, und man hat vom Bolschewismus eine neue Methode der Macht und Massenlenkung gelernt, das ist beides nicht so originell wie es für viele aussieht. Als geistiges Gerüst für einen so großen Bau wird es nicht genügen, auch wenn man von einer Ideologie nicht zuviel erwartet. Schließlich hat weder die deutsche Geschichte damit begonnen, daß in dem schuldlosen Paradies Germaniens plötzlich der Versailler Vertrag als Teufel einbrach, noch kann, rein vernunftgemäß betrachtet, das Blut- und Rassengeschwärme sich mit dem Marxismus vergleichen. Ich liebe, weiß Gott, diesen Marxismus nicht und seine dünne Vernünftigkeit, aber um sich mit den Sowjets vergleichen zu können, müßte das Dritte Reich doch etwas mehr haben als das Hakenkreuz und die blauen Augen.
Indessen: wenn diese Vernunftgründe mir genügen würden, so wäre die Sache ja abgetan. Weit hinter ihnen rieche ich aber im Hakenkreuz und der fanatischen Pogromstimmung des Reichs Mächte, die sich mit Vernunft nicht widerlegen lassen, und da ich sie wohl fühlen, nicht aber bejahen und annehmen kann, machen sie mir Qual.

Merkwürdig: unter den Dichtern, deren Namen durch das Dritte Reich plötzlich wieder berühmt geworden sind, sind bloß zwei wirkliche Dichter, [Paul] Ernst und [Emil] Strauß, und Ernst ist im Augenblick des kommenden Ruhms gestorben (was wunderbar zu ihm paßt), und Strauß scheint alt, verbraucht und erloschen. Wenigstens hat er seit mehr als 10 Jahren nichts publiziert, und das einzige von ihm, was ich über seinen politischen Glauben zu lesen bekam, war eine große Enttäuschung: im »Völkischen Beobachter« stand ein Aufsatz von ihm, darin will er erzählen, wie er zu seinem Glauben an Hitler kam, aber man erfährt nur, daß er seit dem Kriege viel zu traurig und verdrossen gewesen sei, um sich politisch zu betätigen, er habe sich darauf beschränkt, die Erde zu bestellen und Brot zu bauen. Gut, ich verstehe das, aber wie kam er auf diesem Weg zu Hitler? So: er fährt eines Tages in der Bahn, weil er Saatkorn einkaufen muß. In der Bahn sitzt ihm eine sympathisch aussehende Frau gegenüber, er kommt mit ihr ins Gespräch, sie entdecken, daß sie beide das Vaterland lieben und die jetzigen Zustände unerträglich finden, und nun erzählt ihm die Dame, sie komme von München, und da sei einer, der halte Versammlungen und bereite das neue Deutschland vor, er heiße Hitler. Und so also hat Strauß Hitler kennengelernt, man erfährt kein Wort weiter. Eine liebe, nette Dame hat ihm erzählt, in München halte einer Volksreden, und siehe, das wurde der große Moment in Straußens Leben. Es ist mir furchtbar gewesen, das zu lesen, das Ganze war ein mäßiges, flaues Feuilleton, müde, ohne Spannung, sprachlich beinahe reizlos, es war das schwache müde Lächeln eines verbitterten alten Mannes. Wie liebte ich diesen Strauß, und wie liebe ich ihn noch heut! Und ich werfe ihm nicht vor, daß er Patriot ist, daß auch für ihn die Weltgeschichte mit Versailles beginnt, daß er für Hitler schwärmt, auf dem Umweg über eine angenehme Reisebekanntschaft – nein, was ich ihm trotz aller Liebe nicht verzeihe, was ich nicht begreife ist: dieser Strauß hat seit sehr vielen Jahren geschwiegen, er war bekannt und war vorbildlich durch seine Strenge gegen sich, er gab keine Feuilletons und schlecht formulierte Tagesbekenntnisse von sich, er lebte einsam, streng, asketisch, er wog jedes Wort, das er schrieb, er hat in den vielen schweren Jahren seit dem Krieg z. B. darauf verzichtet, jemals sich auszusprechen, sein Volk anzurufen, seine politischen Gegner zu stellen, nein, er hat Brot gebaut und Not gelitten, sauber und anständig. Aber kaum wird er von Hitlers Zeitung aufgefordert, da schreibt der alte Mann fahrig und ungekonnt diesen mäßigen, diesen törichten Aufsatz! Aber ich glaube Strauß besser zu kennen als seine jetzigen Anpreiser ihn kennen: ich glaube und weiß, daß er an diesem heutigen Ruhm, daß er an diesem so laut und schreierisch gewordenen Land und Volk trotz allem keine Freude hat, daß er im Herzen leidet, daß er sich darauf freut, bald zu sterben, denn die Erfüllung, das Dritte Reich, sieht so sehr anders aus als was dieser treue Deutsche mag geträumt haben.

Anders und einfacher steht es mit Finckh. Der liebe Finckh steht natürlich bei Kaiser und Reich, wie immer, und meint es im Herzen so treu und gut wie möglich, aber es kommt bei ihm manches hinzu, sein altes, trotz allem noch herzliches Verhältnis zu mir, sein schweres Leben, der Niedergang seines einstigen Ruhms und Erfolgs, die ewige Sorge, das ewige Zusehenmüssen, wie andre gepriesen werden und Erfolg haben. Trotz alledem hat er gegen mich seine Liebe und Anerkennung bewahrt, er anerkannte nicht bloß, daß ich literarisch ihm vielleicht über sei, er anerkannte sogar die Ehrlichkeit meiner politischen und moralischen Gesinnungen, obwohl sie nicht seine waren. Jetzt, im Reich der Lautsprecher, hat er mich plötzlich verraten. Nicht schlimm, und für mich nicht schädigend, vielleicht sogar ganz ohne es zu wissen. Er erließ soeben einen Aufruf an die »Hitlerjugend« Badens, die deutschen Dichter betreffend, worin er ihr rät, sie möge bei der Wahl ihrer Dichter nur brav dem eigenen Gefühl und Herzensinstinkt folgen, ihr dann aber doch eine Liste von Böcken und Schafen vorlegt. Und (was bis vorgestern noch ganz unmöglich gewesen wäre), Finckh überblickt den Bestand der heutigen deutschen Dichtung, das Gute und das Schlechte, und den verehrten Hesse läßt er dabei weg. Wahrscheinlich kaum bewußt. Aber er witterte bei mir Gefahr, er müßte mich dem Gefühl und der Überzeugung nach zu den wirklichen deutschen Dichtern stellen, er hat mich, wenn von deutscher Dichtung je die Rede war, stets beinahe allzu laut unter den Vordersten genannt und muß mich doch, meines Schweizertums und meiner politischen Auffassungen wegen, heute für verdächtig halten, und Konflikte liebt er nicht, er kann weder den Hesse zu den deutschen Dichtern stellen, noch bringt er es über sich, ihn zum Geschmeiß, zu den Juden, Asphaltdichtern etc. zu stellen, und so verschluckt er halt den Namen. Und dann empfiehlt er der Hitlerjugend eine Reihe von Dichtern, die keine sind und die er selber bisher gar nicht heftig geliebt und gelesen hat. Außer Strauß und Ernst enthält seine Liste keinen echten Dichter, den Carossa vergißt er oder kennt er nicht, den Billinger ebenso, obwohl beide seiner Absicht sehr gedient hätten. Er nennt gerade die paar Namen, die heut von der Hitlerpresse am lautesten propagiert werden, und meint, damit der Jugend ein Beispiel für selbständige Wahl ihrer Dichter zu geben. Er schreibt ein klischiertes, unter Durchschnitt schlechtes Feuilleton, begeht nebenbei, halbwissentlich, den kleinen Verrat an mir und an der stärksten Freundschaft und dem stärksten geistigen Einfluß seines

Lebens, und steht höchstwahrscheinlich vor dieser Jugend doch nur als ein uninteressanter älterer Herr da, auf den keiner hört. Für mich folgt persönlich daraus keine Änderung im Verhalten zu ihm, ich halte ihm die Treue und anerkenne seine Tugenden, ich bin ja nicht Partei. Aber er ist mir ein besonders klares Beispiel für die Verbiegung, welche Denken, Geschmack, Herzenstakt durch die Massenpsychose erleiden, er zeigt mir besonders deutlich diese Deformierungen, diese gut gemeinten, nicht ins Bewußtsein der Erkrankten kommenden Verrohungen und Verzerrungen.
Und nun ist das Fatale und wieder Beunruhigende auch hier nicht leicht aufzudecken. Was ich da Logisches über Finckh und Strauß sage, über ihre Entgleisungen, über meine trotzdem fortbestehende Liebe zu ihnen, das trifft mein Problem noch gar nicht. Es quält mich nicht, daß geliebte und geachtete Männer Dummheiten machen, und daß ich dabei einige Spritzer wegkriege. Es quält mich etwas ganz andres. Ich sehe nämlich das, was ich bei Leuten wie Strauß und Finckh etc. als »Tugenden« bezeichne (es sind wertvolle Eigenschaften, die ich an ihnen deshalb besonders achte, weil ich selber sie nicht oder nur viel schwächer besitze) – ich sehe diese »Tugenden« aufs Unlöslichste vermischt und verwachsen gerade mit dem für mich Unbegreiflichen und Abstoßenden und vermutlich ginge es ihnen, wenn sie in gleicher Art über mich nachdächten, ganz gleich. Ich sehe vor allem in der Art, wie sie »ihr« Volk und Vaterland lieben können, in der starken, blinden, bluthaften, unausrottbaren Art ihrer Liebe, die durch kein Leid, keine Macht, auch keine Vernunft zu beeinträchtigen ist, eine große Stärke und Tugend, obwohl sie zu sehr üblen Folgen führen kann. Ich neige dazu, jede starke Liebesfähigkeit zu bewundern, beinah zu beneiden, so wie ich auch bei den Frauen, die mich geliebt haben, immer der mit fast schlechtem Gewissen Bewundernde war, denn immer schien mir ihre Fähigkeit zur Hingabe an einen einzigen etwas unsäglich Starkes und auch Schönes, was mir aber fehlt, was ich bewundern, aber nicht nachahmen kann. Ich habe diese Gewalt der Hingabe an ein geliebtes Objekt nicht, vielmehr für mich ist dies Objekt nie ein materielles gewesen, nie eine Person oder ein Volk, sondern immer etwas ganz Überpersönliches, Gott, oder das All, oder die Menschheit, oder der Geist, oder die Tugend, oder der

Begriff »Vollkommenheit«. Ich weiß, daß auch mein Vater, und vielleicht auch Großvater Gundert, etwas davon in sich hatte. Wenn nun ein Finckh oder sonstwer sich ganz nur als einen Teil seines Volkes empfindet, wenn er auf Gedeih und Verderb an diesem Volk hängt, lieber mit ihm Elend leidet und verdirbt, als es losläßt, dann sehe ich darin dieselbe gewaltige, blinde, tödliche Kraft, mit der z. B. Finckh auch an seinen Kindern hängt. Auch der verstorbne Vater Wenger[1] z. B., ein urkräftiger und nicht ungefährlicher Mann, hatte das: für die Rettung seiner Familie hätte er sich Stück um Stück zerhacken lassen. Diese Liebe ist natürlich nicht in einem allgemeinen Sinne »Tugend«, sie verträgt sich mit tausend Sünden, sie kann zu jedem Fanatismus und jeder Art von Töterei führen. Aber sie macht die Liebenden stark, blind und zu Heldentaten fähig, sie springt in Wasser und Feuer, sie löscht das Ich aus und gibt ihm zugleich Riesenkraft. Und zu dieser Art von Liebe fühle ich mich wenig begabt, es fehlt mir da, schon vom Körperlichen her, eine gewisse Ungebrochenheit und Saftigkeit des Wesens, ich bin dafür allzu schwach und zart, allzu »geistig«, alles ohne Ironie gemeint. Auch ich, glaube ich, kann mich im äußersten Fall opfern, kann den Tod erleiden, um nicht meinen Idealen untreu zu werden. Aber so für ein sichtbares Objekt zu jeder Stunde Egoismus und Bequemlichkeit, Ruhe und Arbeit, Kritik und Besinnung zu opfern, jederzeit zum Töten und Sterben bereit sein wie eine Tiermutter in der Wüste, dazu fühle ich nicht die Fähigkeit in mir, und will gar nicht versuchen, diesen Mangel als Tugend erscheinen zu lassen. So wie ich im täglichen Leben zur Absonderung, zum vielen Alleinsein, zur Meditation etc. neige, so neige ich dem Volk gegenüber (das ich, etwa im Sinn Dostojewskis, sehr liebe) auch zur Absonderung etc. Das ist nichts Politisches, läßt sich also nicht daraus herleiten, daß ich eine eigentliche politische Zugehörigkeit nie erlebt und gefühlt habe. Sondern, wenn man mich nicht von außen nötigt, gleite ich immer ganz von selber abseits und in ein stilles Leben der Versunkenheit. Ich habe z. B. unser Dorf und die Bauern durchaus gern, ich übe viel weniger Kritik daran als etwa Ninon, aber ich komme doch nie mit ihm in Berührung. Kurz, ich bin theoretisch ein Heiliger, der alle Menschen liebt,

1 Theo Wenger, Vater von Hesses zweiter Frau, Ruth Wenger.

und praktisch ein Egoist, der nie gestört sein mag. Ich ziehe mich von Volk und Menschen zurück, und glaube so halb und halb daran, daß das ein wenig gerechtfertigt wird durch meine Arbeit, die in der Einsamkeit und Stille geschieht und doch am Ende allen gehört. Aber vielleicht sind die Leser meiner Bücher, die mir Briefe schreiben, auch nur solche Abgesonderte wie ich, und finden bei mir nur eine Bestätigung ihres Wesens, eine Entschuldigung mehr für ihren Mangel an Liebesdynamik, an Hingabe, an Besessensein. Ich diene mit meinem Leben und meiner Arbeit einer kleinen Minorität von Sonderlingen, und die Patrioten mögen recht haben, wenn sie finden, daß ich ein liebloser Verstandesmensch und Egoist sei. Jedenfalls aber scheint es so zu stehen, daß die Patrioten und Besessenen ein besseres Gewissen haben als ich, wenigstens glaube ich nicht, daß auch sie des öfteren so dasitzen und sich mit solchen Skrupeln abplagen wie ich.
Wenn nun also den über- und unterrationalen Vorgängen im Volk gegenüber meine Natur sich wieder ähnlich beengt und auch unsicher fühlt wie im Jahr 1914, so bin ich dennoch diesmal der »großen Zeit« weniger preisgegeben und habe sehr viel mehr Distanz als damals. Das damals Vollzogene an Kritik meiner selbst sowie an Kritik meines Volkes ist nicht vergessen, in allem Rationalen ist mein Wissen und mein Gewissen sicher und seiner selbst gewiß. Eben darum habe ich diesmal gar kein Bedürfnis, mitzureden, öffentlich mitzutun, Kritik zu üben oder Opposition zu machen. Ich habe mir zwar vorzuwerfen, daß meine Natur die Seelenregungen meines Volkes nicht mitmacht, aber darüber, ob diese Regungen gute oder böse seien, bin ich ohne Zweifel. Darum kann ich den Wunsch von vielen Wohlmeinenden auch nicht teilen, Deutschland möchte in seiner jetzigen Bewegung von einem Bankrott bewahrt bleiben, ich halte einen frühen Bankrott für viel besser als einen späten. Sowohl die Verlogenheit der Geschichte gegenüber, die diese Führer auszeichnet, wie auch ihre wilden Methoden im Ausradieren, Verbieten und Unterdrücken alles dessen, vor dem sie Angst haben, vor allem jeder Wahrheit und Selbstkritik, verurteilt das Ganze ja ohne weiteres – aber eben nur für den, der sie »von außen« und »objektiv« betrachtet. Für den, der sie rein biologisch als einen Anlauf und Rausch miterlebt, ist es anders. Viele der Briefe, die ich von dort bekomme, sind wie im höch-

sten Fieber geschrieben, ganz wie Briefe aus dem August 1914, brennend, berauscht, besoffen, Haßlieder, Amoklieder. Die andern Stimmen sind seltener, weil niemand aus dem Reich offen zu schreiben wagt, alles zittert ja vor Spionage, Geheimpolizei, Denunziantentum. Aber wenn je und je doch ein Brief offener redet, oder einer der Nichtberauschten in die Schweiz zu uns kommt, dann hört man Töne des Leidens, der Entrüstung oder der Resignation, auf die mein ganzes Wesen sofort ohne jede Hemmung reagiert. Auch jetzt wieder stehe ich mit dem Herzen dort, wo die Unterdrückten und Gemaßregelten stehn: die Mißhandelten, Gefangenen, die Juden, die Vertriebenen. Nur heißt das nicht, daß ich so unbedingt mit der Emigranten-Mentalität einig wäre! Ich kann dieser Partei so wenig beitreten wie einer andern. Übrigens hat das dritte Reich mich bis jetzt ganz und gar in Ruhe gelassen, keins meiner Bücher ist angeprangert, keine Zeitung hat sich verschlossen, ich bekomme bisher auch meine Einkünfte weiter, die freilich sehr klein geworden sind, da fast niemand mehr ein Buch kauft [...] Ich empfinde eine Art von Verpflichtung zur Opposition, kann diese aber nicht anders realisieren als indem ich mich und meine Arbeit noch intensiver neutralisiere. Zur aktiven Opposition sehe ich keinen Weg, da ich ja im Grunde an den Sozialismus nicht glaube. Ich habe also gegen das dritte Reich keine andre Ablehnung und Opposition als ich sie gegen jedes Reich, jeden Staat und jede Gewaltausübung habe, die des Einzelnen gegen die Masse, der Qualität gegen die Quantität, der Seele gegen die Materie. *(Aus einem Tagebuch vom Juli 1933)*

Leid tut es mir ein wenig, daß ich bei Ihrem Hiersein meine Scheu nicht überwand und Sie mit dem Vorwort meines seit zwei Jahren geplanten Buches bekannt machte. Es ist vor mehr als einem Jahr geschrieben und schildert den heutigen geistigen Zustand Deutschlands so genau voraus, daß ich dieser Tage beim Wiederlesen beinah erschrak.

(Brief, Mitte Juli 1933, an Thomas Mann)

In der Woge nationaler Begeisterung fehlt es nicht an geschäftstüchtigen Versuchen zur Verbreitung minderwertiger Kunst und Dichtung, in welcher der dick aufgetragene Patriotismus für Seichtigkeiten und Nichtkönnen entschädigen soll. Wir wollen uns diese Gefahr recht klar machen und den Fabrikanten und Anpreisern solcher Waren keinerlei Vorschub leisten. Desto wärmer treten wir für Werke ein, deren Herkunft aus deutscher Geschichte und deutschem Wesen sie zu Volksbüchern besonders geeignet macht [...] Es kann heute, wo Volkstum, Urwüchsigkeit, Volksseele wieder Schlagworte und zum Teil Gegenstand der Spekulation geworden sind, nicht deutlich genug auf die wenigen echten, unverfälschten Quellen unseres Wissens vom »Volk« hingewiesen werden.[1]

(Aus »Bücher der Kultur und Kunst«, »Propyläen«, München vom 28. 7. 1933)

Soweit Kultur nur Lebensform der Massen, und soweit sie nur Mode ist, mag man ihr Prognosen stellen, soweit sie aber Schöpfung und Geist ist, vollzieht sie sich innerhalb einer ganz kleinen Minderheit und wird sich erst, wenn Spätere auf sie zurückblicken, scheinbar in ein Kausalsystem einreihen lassen.

(»Der Bücherwurm«, 18, 1933, Rezension von Ludwig Bauer, »Welt im Sturz«)

Dieser Tage kam die Halbjahresabrechnung von meinem Verleger. Ich hatte, nach Abzug dessen, was ich schon als Vorschuß bezogen, ein Resultat von etwa 2000 Mark erwartet. Es waren aber nicht einmal 500. Man braucht Bücher nicht einmal zu verbieten oder zu verbrennen, sie erledigen sich heute von selbst.

(Brief, 25. 8. 1933, an Wilhelm Stämpfli)

Was Sie über Deutschland sagen, deckt sich fast ganz mit meiner eigenen Auffassung. Ich habe seit dem Frühling hunderte von Deutschen bei mir gesehen, Flüchtlinge sowohl wie Feriengäste, Anhänger wie Gegner des deutschen Faschismus,

1 Im März 1934 wurde Hesse nach 30jähriger Rezensententätigkeit an der Zeitschrift »Propyläen« gekündigt.

Leute beinahe jeden Standes, und ich selbst hänge mit Deutschland so eng zusammen (wirtschaftlich ganz und gar, es ist ja mein Markt, und seelisch sowohl durch die Sprache und Literatur wie durch meine nahen Verwandten und Freunde, die dort leben und zuhaus sind), daß ich im Wesentlichen orientiert bin. Nur ist meine persönliche Anschauungsweise und auch meine Ausdrucksweise eine etwas andre als die Ihre. Ich habe, als Dichter und als ein sehr stark »introvertierter« Mensch, von frühester Jugend an in einer gewissen Einsamkeit und Weltabgewandtheit gelebt, und daraus ist auch meine Aufgabe, mein Beruf und Pflichtenkreis entstanden: Anwalt und Sprecher für die Menschen meinesgleichen, für die Vereinsamten, Insichgekehrten, von der »Welt« Verspotteten zu sein. Darum ist auch heute meine Stellung zu den deutschen Vorgängen die: ich versuche mit aller Ruhe, solange meine Funktion weiter auszuüben als es mir erlaubt wird. Einer Opposition gegen Hitler mich anzuschließen, hätte nur dann einen Sinn, wenn ich mich einer Partei, einer organisierten Macht anschlösse, das wären die Kommunisten, aber die Teilnahme an ihrem Kampf ist mir ebenso verboten wie die Teilnahme am militaristischen Faschismus, denn ich lehne jede Macht und jedes Erreichenwollen von Macht mit materiellen Mitteln ab. Meines Standpunktes bin ich geistig nahezu vollkommen sicher, und das ist diesmal mein Vorzug im Gegensatz zum Jahr 1914: ich habe damals eine Reihe von Selbstprüfungen und inneren Aufräumearbeiten bis zur Grenze der Selbstvernichtung tun müssen, und die meisten davon brauchte ich diesmal, wo aufs neue Politik und brutale Nötigung mich zum Blick nach außen zwingen, nicht wieder zu tun.

(Brief, 29. 9. 1933, an Josef Englert)

Ich lese seit einiger Zeit in den winzigen Rationen, die mir noch möglich sind, (es sind eigentlich bloß jeden Abend zehn bis zwanzig Minuten vor dem Schlafen) einige alte Calwer Schmöker, namentlich die Beschreibungen vom Leben frommer Schwaben: Bengel, Oetinger etc. Dabei entdecke ich, daß einige von ihnen, wie Oetinger, mich schon in der Jugend angezogen, daß ich aber damals von ihrem biblisch-pietistischen Jargon so angewidert war, von dieser Missionszöglings-Spra-

Johann Albrecht Bengel (1687-1752) Vgl. »Der vierte Lebenslauf Josef Knechts«. Friedrich Christoph Oetinger (1702-1782)

che und dem Gesäusel, das dazu gehört, daß ich noch nichts damit anfangen konnte. Die Pietistensprache schmeckt mir auch heut noch nicht, aber sie regt mich auch nicht mehr auf, und ich entdecke hinter diesen Schmökern allerlei, was mich freut, einige Typen, wie Bengel, sind echte Weise und Verwandelte gewesen. Dabei ist es mir eine gewisse Freude zu sehen, wie diese dickköpfigen Schwabenchristen damals aller Glätte und Vernünftigkeit der Aufklärungszeit widerstanden haben, sie sind die einzigen Theologen jener Zeit, die man noch lesen kann.[1]

(Brief, Oktober 1933, an Fanny Schiler)

Mit höchstem Interesse erfüllt mich jede Ihrer Mitteilungen über die zarte und weitläufige, kühne und hochprekäre Arbeitsidee, mit der Sie sich tragen, – es ist eine Mischung von Neid, Neugier und Besorgnis, die ich dabei empfinde. Das Werdende zeigt offenbar gegenwärtig die Tendenz, im Stadium selbstgenügsamen Traumes zu verharren und sich grenzenlos darin auszuleben. Aber die alte Gewohnheit der Gestaltgebung und Objektivierung, der soziale Trieb zur Verwirklichung und Mitteilung wird sich auch in diesem diffizilen Falle schon durchsetzen, und wenn dabei nicht alle Blütenträume reifen, so wird das notdürftig hinübergerettete Produkt doch die beglückenden Spuren seiner unendlichen Vorgeschichte tragen. Zuletzt besteht das Schöne überhaupt in einigen solchen Spuren von Traum-Verwegenheit, die ein Kunstwerk aus seiner geistigen Heimat mitbringt. –

(Aus einem Brief Thomas Manns an Hesse vom 3. 1. 1934)

Da fällt mir eine Bitte ein: Falls Du noch genug freie Zeit hast, so schaue gelegentlich für mich bei Antiquaren nach. Ich hätte gern noch ein paar Biographien (möglichst alte) dieser Schwabenväter, namentlich die von Bengel, auch z. B. das Zün-

1 Vorstudien zu den beiden Fassungen des »Vierten Lebenslauf Josef Knechts«. Vgl. den gleichnamigen Band Nr. 181 der Bibliothek Suhrkamp bzw. Hermann Hesse, »Prosa aus dem Nachlaß«, herausgegeben von Ninon Hesse, Suhrkamp Verlag, Frankfurt am Main, 1965.

del'sche Werk über Blumhardt[1], die Biographie Dr. Barths etc. [...] Ich will keine Bibliothek anhäufen, so sehr viel werde ich in meinem Leben nicht mehr lesen können, es wird immer knapper, aber zur Zeit interessiert mich das, und ein paar dieser Bücher hätte ich gern. Ferner, falls dieser »Auftrag« Dich überhaupt interessiert, hätte ich gern ein paar unsrer religiösen Schulbücher, ich besitze von damals außer meiner Schülerbibel nichts mehr. In Betracht käme (möglichst in den Ausgaben um 1880 und 1900) das Kirchengesangbuch, der Katechismus, das Konfirmandenbüchlein. Ferner irgend eine kleine Geschichte Württembergs.

(Brief, 3. 1. 1934, an Otto Hartmann)

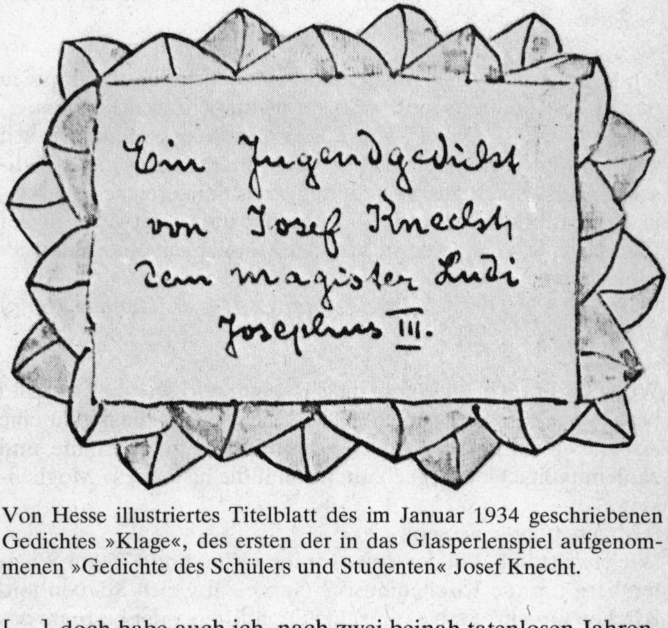

Von Hesse illustriertes Titelblatt des im Januar 1934 geschriebenen Gedichtes »Klage«, des ersten der in das Glasperlenspiel aufgenommenen »Gedichte des Schülers und Studenten« Josef Knecht.

[...] doch habe auch ich, nach zwei beinah tatenlosen Jahren, ein paar Fäden zu spinnen angefangen, deren Plan und künftiges Gewebe mir seit mehreren Jahren wie ein Traum

1 Friedrich Zündel, »Johann Christoph Blumhardt, Ein Lebensbild«, Heilbronn, 1880.

vorschwebt. Diese geplante Dichtung sollte, wenn sie gelänge, gleichzeitig in verschiedenen Zeitaltern, gewesenen und künftigen, spielen, zugleich Utopie und Rückblick, und die Unzerstörbarkeit des Geistes lobpreisen. Fertig ist eine Einleitung, schon vor 2 Jahren geschrieben, die aber heute aus verschiedenen Gründen nicht mehr gedruckt werden könnte und ersetzt werden muß. Ferner ist ein Stück Erzählung fertig, das in einer prähistorischen Epoche spielt und nächstens in der Neuen Rundschau erscheint.[1] Und zur Zeit bereite ich ein andres Stück desselben Werkes vor, da ist der Held ein schwäbischer Theologe und lebt in der Zeit um 1720. Ich habe die Bude voll von Literatur, meist theologischer, aus jener Zeit.

(Brief, Frühjahr 1934, an Alfred Kubin)

Ich lese, soweit es die Augen erlauben, pietistische Biographien des 18. Jahrhunderts, und weiß gar nicht mehr, was Produktivität eigentlich ist. Dabei wächst die Vorstellung von meinem seit zwei Jahren vorhandenen Plan (dem mathematisch-musikalischen Geist-Spiel) zur Vorstellung eines bändereichen Werkes, ja einer Bibliothek an, desto hübscher und kompletter in der Phantasie, je weiter weg sie von der Möglichkeit einer Realisierung rückt.

(Brief, Anfang 1934, an Thomas Mann)

Wenn es dir nicht zu dumm ist, sei so gut und setz dich hin und beantworte mir ein paar Fragen. Es sind Dinge, die ich für eine Arbeit wissen sollte, und es kommt nicht auf absolute und zahlenmäßige Genauigkeit an, nur auf die historische Möglichkeit.
Also ich möchte wissen:
Wie etwa stand es in der Zeit zwischen 1700 und 1750 in Württemberg um die Kirchenmusik? Gab es in vielen Städten und Kirchen Orgeln? Gab es einzelne Organisten, oder besorgte das ein Schulmeister? Wurde da, wo keine Orgel war, vom Pfarrer oder Lehrer vorgesungen?
Ferner bitte ich dich um Angabe einiger Daten über

1 »Der Regenmacher« erschien im Mai 1934 in der Neuen Rundschau.

Joh. Seb. Bach. Ich besitze keine Biographie mehr von ihm, leider. Ich brauche nur einige Werke mit Angabe der Entstehungszeit, womöglich auch der ersten Aufführungen.
Ferner: Gab es vor 1750 in Württemberg eine Bekanntschaft mit Werken von Bach? Wurden Choräle von ihm schon gesungen, Orgelmusiken etc. gelegentlich aufgeführt? Wenn nicht: waren wohl wenigstens einzelne Musikfreunde mit Bach etwas bekannt?
Ferner: Was etwa hat damals, so um 1730, in Württemberg ein Musikfreund an Musik gekannt und gespielt?
Du wirst fragen, wozu ich das brauche. Ich kann es nicht ganz erklären, es hängt mit dem literarischen Plan zusammen, über dem ich seit mehr als 2 Jahren brüte.
Eine Nebenfrage, aber nur falls du leicht was darüber finden kannst, wäre die: Was war in Herrnhut etc. zur Zeit Zinzendorfs an Musik vorhanden? Nur Gemeindegesang? Oder auch Orgel- und Instrumentalmusik? [...]
Du siehst, es geht mir darum ungefähr zu wissen, wie es damals etwa in irgend einem Calw oder Besigheim mit der Musik und Kirchenmusik stand. Es braucht nicht viele Details. Aber wie stand es z. B. für einen musikalisch begabten und interessierten Jungen, der gern Musikant geworden wäre, dem aber wegen Frömmigkeit der Eltern etc. der Weg zum Tanz- und Hochzeitsgeiger versperrt war? Konnte er Organist werden, und wie und wo, oder ging das nur auf dem Umweg über den Schullehrerberuf?

(Brief, Februar/März 1934, an Carlo Isenberg)

Die Daten über Bach vergiß bitte nicht. Es wäre mir jetzt unmöglich, neben allem (mein Thema ist komplex) auch noch ein Bachwerk zu lesen.
Von dem Burney[1] (den ich in Zürich suchen lassen werde) weiß ich durch Schubart, der erwähnt ihn oft und schimpft etwas über ihn, weil Burney nicht so enthusiastisch geschwellten Busens wie Schubart jeden Musikanten ans biedre Herz gedrückt hat. *(Brief, 1934, an Carlo Isenberg)*

1 Charles Burney (1726-1814), englischer Musikhistoriker und Komponist, der neben Biographien über Händel und Metastasio eine »General history of music from the earliest ages to the present period« (4 Bde. 1776-1789) publizierte.

Daß ich meinem letzten Brief an Sie jene Zeitung mit dem Bericht über die Leipziger Wagner-Orgie beilegte, war zunächst einfach Zufall – sie war grade am selben Morgen angekommen, an dem ich Ihnen schrieb, und da ich selbst nur sehr selten deutsche Zeitungen zu sehen kriege, vergaß ich für einen Moment, daß Sie ja viel mehr Gelegenheit haben als ich, solche Dokumente der Zeit zu sehen. Aber wenn ich mich genauer prüfe, war leider auch etwas Bosheit oder Schadenfreude dabei: Sie wissen ja, daß ich in dem, was Sie Abschätziges und Kritisches über Wagners Theatralik und Großmannssucht sagen, sehr mit Ihnen übereinstimme, während Ihre Dennoch-Liebe zu Wagner mir zwar ehrwürdig und auch rührend, aber doch nur halb verständlich ist. Ich kann ihn, offen gesagt, nicht ausstehen. Und vermutlich empfand ich beim Blick auf jene Zeitung mit Hitlers Superlativen über Wagner Ihnen gegenüber etwas wie »Da haben Sie Ihren Wagner! Dieser gerissene und gewissenlose Erfolgmacher ist genau der Götze, der ins jetzige Deutschland paßt, und daß er doch wohl Jude ist, paßt erst recht dazu!« Irgend so etwas war wohl mit im Spiel.
Daß Sie nicht in Deutschland leben könnten, ist auch mir ganz klar. Wenn es auch ganz hübsch ist, daß dort allmählich alles irgendwie Geistige in Konflikt mit der Macht gerät und in die Christenverfolgung mit einbezogen wird (sogar ein recht harmloser Vortrag von Kolbenheyer wurde polizeilich verboten) – so sieht das Ganze doch wohl sehr ernst aus, denn es ist kein Zweifel, daß drüben ganz gewaltig gerüstet wird. Ich weiß nicht recht, was ich wünschen oder anordnen würde, wenn ich für eine Minute Weltgeschichte machen müßte – ich glaube beinahe, ich würde Frankreich über den Rhein marschieren und Deutschland jetzt einen Krieg verlieren lassen, den es in ein paar Jahren vielleicht gewinnt.

(Brief, März 1934, an Thomas Mann)

Sehr freut es mich, daß Carlo bei deinem Buch[1] mithilft. Auch ich habe ihn mit Fragen belästigt, erwarte noch einige Auskünfte von ihm über Fragen, die den Plan zu meinem Buch angehen. Denn wenn auch die Einleitung zum Glasperlenspiel

1 Adele Gundert: »Marie Hesse, Ein Lebensbild in Briefen und Tagebüchern«, D. Gundert Verlag, Stuttgart, 1934.

»Geistliche Seelen-Harpffe«. Vgl. »Der vierte Lebenslauf Josef Knechts«.

unmöglich und wertlos geworden und noch durch keine andre ersetzt ist, so sind die Gedanken dran doch weitergegangen, und ein Bruchstück ist auch geschrieben worden, das ich dir einmal zeigen werde. Unter anderem soll das Buch mehrere Lebensläufe des selben Mannes enthalten, der zu verschiedenen Zeiten auf Erden lebte oder doch solche Existenzen gehabt zu haben glaubt. Das erste Stück davon ist geschrieben, da ist er Regen- und Wettermacher vor etwa 20 000 Jahren bei einem primitiven Menschenstamm. Eine der späteren Existenzen wird die eines schwäbischen Theologen aus der Zeit Bengels und Oetingers sein, daran bin ich seit Monaten, d. h. erst an Vorbereitungen, zur Zeit habe ich aus einer Zürcher Bibliothek sämtliche Bände von Spangenbergs Leben des Grafen Zinzendorf bei mir und viele andre solche Sachen, auch ein württ. Gesangbuch vom Jahr 1700 mit dem Titel:

Geistliche Seelen-Harpffe oder Württembergisches Gesangbüchlein, darinnen enthalten etc. etc. etc. nebst einer Vorrede Weyland D. Andr. Adam Hochstetter.
Falls du einmal Gelegenheit hast, erkundige dich darüber, ob eine Möglichkeit besteht, daß die Tübinger Bibliothek mir zeitweise Bücher leiht. Ich weiß noch nicht, ob ich's brauche, es könnte aber wohl sein, Zürich ist ärmer auf diesem Gebiet als ich dachte. Vielleicht weiß Carlo[1] oder Karl[2] oder sonst jemand was. Es müßte jemand in Tübingen, der sich für mich interessiert, mir den Gefallen tun, gelegentlich dort nach meinen Angaben ältere Literatur für mich zu suchen, und dann müßte er entweder den Bibliothekar dafür gewinnen, daß er mir, mit Rücksicht auf meinen Namen etc. ins Ausland Bücher anvertraut, oder es müßte mein Tübinger Vertrauensmann selber es auf sich nehmen, Bücher zu entlehnen, die er dann mir schickt und für die ich natürlich alle Garantie leiste. Du sollst dir nicht eine Sorge draus machen, vielleicht brauche ichs überhaupt nicht, diese ganze Arbeit wird ohnehin durch meine Augen furchtbar erschwert und beschnitten.
Nur so einmal herumhorchen, meine ich.

(Brief, März 1934, an Adele Gundert)

Den Burney[3] habe ich von einer Schweizer Bibliothek soeben bekommen. Wegen einzelner Daten werde ich Dich noch um Auskunft bitten, lieb wären mir (falls Du das ohne Überanstrengung machen kannst) ein paar Notizen und Daten über Jommelli[4] (geboren? Gestorben? Von wann bis wann in Württemberg? etc.) sowie über den Organisten und Kapellmeister J. G. Chr. Störl[5], auch Komponist (von ihm erschien 1710 in Stuttgart eine Choralsammlung).

1 Hesses Neffe Carlo Isenberg. ›Carlo Ferromonte‹ im Glasperlenspiel.
2 Hesses Halbbruder Karl Isenberg, Vater von Carlo.
3 Vgl. Anmerkung 1, S. 81.
4 Niccolò Jommelli, italienischer Komponist (1714-1774) (Opern, Oratorien u. a. kirchliche Werke). War Direktor des Konservatoriums von Venedig, 2. Kapellmeister der Peterskirche in Rom und von 1753-69 Hofkapellmeister in Stuttgart.
5 J. G. Christian Störl, Komponist und Kapellmeister in Stuttgart (1675-1719).

Sind aus der fraglichen Zeit (bis spätestens 1700) andre Organisten oder Komponisten in Schwaben besonders bekannt gewesen? Nur wenn Du leicht was finden kannst! [...]
Übrigens fehlt nicht mehr viel. Ich habe so ziemlich was ich brauche. Aber vielleicht mußt Du mir dann später einmal, wenn ich am Schluß bin, bei einem Besuch noch allerlei rein musikalische Formulierungen bauen helfen oder einfach einflüstern. Es geht um ein Stück Glasperlenspiel. Leider beschwert die Suche in so vielen Büchern die Augen sehr lästig, es wird bald genug sein. Wunderlich ist es mir wieder einmal zu sehen, wie sehr anders eine vergangene Zeit aussieht, wenn man genötigt ist, sich wirklich in sie zu versetzen! So von weitem her wäre das Deutschland um 1730 ja einfach das Land von Sebastian Bach etc. etc. In Wirklichkeit haben 99 Prozent der damaligen Leute keineswegs in der Luft von Bach etc. gelebt, sondern waren geistig und kulturell um ein bis zwei Generationen früher beheimatet. Alte Geschichte, fällt einem aber jedesmal wieder auf.

(Brief, Frühjahr 1934, an Carlo Isenberg)

Ich bin schon wieder von Besuchen überlaufen, wie soll das erst im Sommer werden! Ich freue mich auf den Tag, wo ich zur Ruhe eingehen darf. Daß ich vorher noch einmal leidlich frisch und ausgeruht an meine eigene Arbeit werde gehen dürfen, glaube ich nicht. Den Morgen nimmt die Post, dann bin ich mit den Augen fertig, und den größern Teil des Jahrs sind Gäste und Besuche da, oft mehrere an einem Tag, im Sommer bis zu 8 und 10, und hängt man einen Zettel an die Tür und bittet um Schonung, dann bleiben die Feinern weg und die Üblen kommen doch, die Mehrzahl davon ist ja auch in Not, Emigranten, arme Kollegen etc. oder Reichsdeutsche, die zuhause in der Hölle leben und ein Trostwort suchen.

(Brief, Frühjahr 1934, an Carl Seelig)

Ich danke Dir sehr dafür, obwohl ich im Augenblick, mit Büchern aus Zürcher Bibliotheken sehr überstopft und durch die Augen am raschen Arbeiten gehindert, eine Pause machen muß. In Zürich bekam ich auch zwei der Werke, die ich glaubte

in Tübingen suchen zu müssen, ein Leben Bengels und die musikalische Reise von Burney in vier Bändchen von 1771.
Es ist nun noch gar nicht gewiß, ob ich Tübingen für diese Arbeit noch in Anspruch nehmen muß. In Betracht käme etwa noch ein Werk über die Geschichte der religiösen (pietistischen) Gemeinschaften in Württemberg, ferner etwa Aufzufindendes über württembergische Musikgeschichte, speziell Kirchenmusik, im 18. Jahrhundert. Vielleicht schaust Du ganz gelegentlich einmal in der Bibliothek dort die Schlagwortkataloge etwas durch nach Stichworten wie (württembergischer Pietismus und Gemeinschaften – Orgel und Organistenwesen – etc.) und meldest mir, falls Du etwas findest, aber verlangst es noch nicht für mich. Die beiden Hauptwerke über schwäbischen Pietismus sind, glaube ich, von Grüneisen und von Palmer. Aber sehr wahrscheinlich wird mir das, was ich schon habe, vollauf genügen.
Dann ist noch eine Frage: Bengel war Lehrer an der Klosterschule Denkendorf (so um 1720 ff.). Nun weiß ich nicht genau: war jede Promotion in Denkendorf bloß 2 Jahre, oder länger, und welches andre Seminar folgte, vor Tübingen, auf Denkendorf? Die Angaben in diversen Biographien sind mir da nicht klar, z. B. las ich mehrmals von Schülern, die zwischen Denkendorf und Tübingen noch in Maulbronn waren. Falls Du darüber in Tübingen etwas erfahren kannst, so melde es mir bitte, etwaige Kosten ersetze ich, nur müßte ich gerade diese Denkendorfer Auskunft schon bald haben, während es mit andrem noch Zeit hat [...]
Für den Fall, daß Du uns einmal besuchen kannst, was mich sehr freuen würde, weißt Du ja, daß wir stark beschäftigt sind und sehr viel Gäste haben, so daß der einzelne Gast in der Hauptsache sich selber die Zeit vertreiben muß. [...] Ich teile meinen Tag zwischen Studio und Gartenarbeit, letztere dient der Meditation und geistigen Verdauung, und wird darum meist einsam betrieben. Dagegen gibt es jeden Tag 1 bis 2 Stunden, wo ich für den Gast auch da bin.

(Brief, 15. 4. 1934, an Karl Isenberg)

Oft habe ich Ninon erzählt, wenn sie mich fragte, was ich denn vor 20 000 Jahren gewesen sei, daß ich damals Wettermacher war. Um es ihr noch klarer zu machen, und auch aus anderen Gründen, habe ich im letzten Jahr die Sache aufgeschrieben und jetzt ist sie gedruckt worden und ich kann sie Ihnen hier schicken.

(Brief, Mai 1934, an H. C. Bodmer)

Ich sandte Dir diesen Winter mein Gedicht »Besinnung«[1], dort habe ich genau und mit peinlicher Prüfung jedes Wortes meinen Glauben zu formulieren versucht, soweit er dessen fähig ist. Du siehst daraus eindeutig, daß ich an die Herkunft des Menschen aus dem Geist, nicht aus dem Blut glaube, und so kann ich als höchste und letzte Bestimmung des Menschen auch nicht sein Rotieren um den »Stamm« erkennen, was eine natürliche-egoistische Angelegenheit des Materiellen und Tierischen ist, sondern sein »Rotieren« um Gott, das einzige, was mir am Menschenleben beachtenswert und liebenswert scheint, denn im Tierischen ist der Mensch, eben weil er auch noch den Geist dazu mißbrauchen kann, sehr viel wilder und böser als jedes Tier. Dem Wiederausbruch dieser Triebe, unter Vorantragung schöner (und wirklich geglaubter und verehrter) Ideale gehen wir wieder entgegen. Ich sehe diese zwangsläufigen Entwicklungen verhältnismäßig ruhig an, aber ich möchte keinen Zweifel darüber lassen, daß diese Ideale, so aufrichtig die Jungen ihnen glauben mögen, mir keineswegs genügen. Sie genügen zum Kriegführen, zu sonst nichts.

(Brief, Anfang Mai 1934, an Alfred Schlenker)

Besinnung[1]

Göttlich ist und ewig der Geist.
Ihm entgegen, dessen wir Bild und Werkzeug sind,

1 Das Gedicht »Besinnung« entstand am 20. 11. 1933 in Baden bei Zürich im Anschluß an ein Gespräch mit Otto Basler. Es erschien am 23. 11. 1933 in der »National-Zeitung«, Basel, und im Februar 1934 in der Neuen Rundschau.

Führt unser Weg; unsre innerste Sehnsucht ist:
Werden wie Er, leuchten in Seinem Licht.
Aber irden und sterblich sind wir geschaffen,
Träge lastet auf uns Kreaturen die Schwere.
Hold zwar und mütterlich warm umhegt uns Natur,
Säugt uns Erde, bettet uns Wiege und Grab;
Doch befriedet Natur uns nicht,
Ihren Mutterzauber durchstößt
Des unsterblichen Geistes Funke
Väterlich, macht zum Manne das Kind,
Löscht die Unschuld und weckt uns zu Kampf und Gewissen.

So zwischen Mutter und Vater,
So zwischen Leib und Geist
Zögert der Schöpfung gebrechlichstes Kind,
Zitternde Seele Mensch, des Leidens fähig
Wie kein andres Wesen, und fähig des Höchsten:
Gläubiger, hoffender Liebe.

Schwer ist sein Weg, Sünde und Tod seine Speise,
Oft verirrt er ins Finstre, oft wär ihm
Besser, niemals erschaffen zu sein.
Ewig aber strahlt über ihm seine Sehnsucht,
Seine Bestimmung: das Licht, der Geist.
Und wir fühlen: ihn, den Gefährdeten,
Liebt der Ewige mit besonderer Liebe.

Darum ist uns irrenden Brüdern
Liebe möglich noch in der Entzweiung,
Und nicht Richten und Haß,
Sondern geduldige Liebe,
Liebendes Dulden führt
Uns dem heiligen Ziele näher.

Den Regenmacher schicke ich dir hier, muß ihn dann aber (ohne Eile) wieder zurückhaben. Bitte zerbrich dir nicht den Kopf darüber, wie der Regenmacher mit dem Stück Glasperlenspiel, das du kennst, zusammenhängen soll. Das ist ganz Nebensache, für mich ist sie technisch längst gelöst, es handelte sich nur darum, gegenüber den heute herrschenden Tendenzen nicht bloß eine Utopie nach vorn, in die Zukunft, zu bauen, sondern sie auch nach hinten, in die Jahrhunderte zurück, einigermaßen zu verankern. Es gibt zwei, drei Dutzend Menschen, denen meine Idee nicht bloß Spaß und Genuß, sondern eine Art Lebensluft, Trost und Religiönchen ist, und für die paar Leute ist es geschrieben, und vor allem für mich selber. Diesmal bin ich vor einer Annektierung durch die Vielen, vor einem Mißverständniserfolg wie etwa beim Steppenwolf und Goldmund, weit sicherer.

(Brief, Mai 1934, an Ernst Morgenthaler)

Dies Kartenbild[1]*, lieber Meister Hesse, hat etwas von der klaren und auch zarten Poesie Ihrer wundervollen Geschichte in der Rundschau*[2]*, darum schicke ich es Ihnen. Wie schön ist die Novelle gearbeitet – das gibt es sonst in Deutschland gar nicht mehr. Und auf wie humane Art betreut sie das Primitive, ohne nach modisch albernem Brauch davor auf dem Bauch zu liegen. Es wird ein herrliches Werk, das »viel größere Ganze«, aus dem dies stammt!*

(Postkarte Thomas Manns an Hesse vom 16. 5. 1934)

Inzwischen hast du den Regenmacher erhalten, und wirst dich freilich wundern, wie diese Geschichte mit jenen Studien aus dem 18. Jahrhundert zusammenhängen soll. Sie tut es aber doch. Bis in ein paar Jahren, wenn wir nicht vorher wieder Krieg haben, wird es sich zeigen.

(Brief, Mai 1934, an Karl Isenberg)

Ich habe nun vorerst genug Material, weiß Gott, ob ich es je werde bewältigen. Mit dem Pietismus ging es leichter, aber mit der Musik wird es hapern. – Im Ganzen war das 18. Jahrhundert, trotz Bach, für die deutsche Kirchenmusik eine Zeit großen Niedergangs, und in Württemberg speziell auch, die allgemeine musikalische Bildung sank, während es für Spezialisten allerdings hohe Möglichkeiten gab, und die Kantoren und

1 Ferdinand Hodler, »Genfersee« (Kunstsammlung Basel).
2 »Der Regenmacher«.

»Der Regenmacher« nannte Hesse diese Aufnahme (Photo: Martin Hesse, 1935)

ihre Chöre, zu Bachs Zeit in Leipzig noch vorhanden, spielten in Süddeutschland damals kaum eine Rolle mehr.

(Brief, 20. 5. 1934, an Karl Isenberg)

Ich sehe uns und unsere Welt untergehen, nichts ist mir sicherer als dieser Untergang, den ich bejahe, ja wünsche, denn ich sehe ihn nur als Sterben erkalteter Formen, ohne an die Mitvernichtung des Lebens zu glauben. Wir werden bald wieder Kriege haben, große Kriege, und den Todeskampf ein Stück weiter führen. Nicht ihn zu verhindern, zu verzögern oder zu beschleunigen halte ich für meine und unsere Aufgabe, sondern ihn zu sehen, den Blick ins Chaos zu ertragen, dem Chaos den Geist entgegenzustellen und den Glauben an den Geist, als Creator wie als Logos, den Späteren weiterzugeben.
Ihr Brief hat mich sehr gefreut, weil wir ja sehr wenig gute Leser finden, und jedes Verstandenwerden wohltut. Ob das Verstehen eines Lesers sich mit dem deckt, was ich selbst als Absicht oder Sinn meiner Arbeit empfinde, halte ich für ganz belanglos. So ist mir z. B. im Regenmacher nur die Beziehung der Menschenwelt zur »Ordnung« wichtig gewesen und das Problem Lehrer-Schüler; aber daß dabei für Sie ein Eindruck von Landschaft als Nachhall blieb, ist mir ebenso willkommen, und wenn ich zurückdenke, so habe ich beim Schreiben zwar mich nie um das Darstellen von Landschaft bemüht, habe aber fast immer das Dorf Turus und die Umgebung als Ganzes, als Bild in mir gespürt.

(Brief, Mai 1934, an Friedrich Michael)

Ich erzählte Ihnen einst von einem seit Jahren bebrüteten Plan, einem utopischen Buch, zu dem ich damals schon dreimal die Vorrede umgearbeitet hatte, sie war noch vor der Hitlerzeit geschrieben, aber voll von Anspielungen, zum Teil Vorahnungen. Diese Vorrede ist nun ein viertesmal neu geschrieben, ganz umgearbeitet, vielleicht bringe ich sie einmal in der Rundschau[1]. Sonst aber existiert bis heute von dem geplanten Buch nichts als das kleine Stück »Der Regenmacher«.

(Brief, 4. 8. 1934, an Thomas Mann)

1 Diese letzte und (bis auf geringfügige spätere Korrekturen) endgültige Fassung der »Vorrede« wurde im Dezemberheft 1934 der Neuen Rundschau vorabge-

Ich wäre froh, einmal mit dir reden zu können wegen des Musikalischen im Glasperlenspiel etc. Es handelt sich darum, ob du mir durch einige Einschiebsel bei der Darstellung des Musikalischen helfen kannst oder ob das alles wegfallen muß. Wahrscheinlich wird deine Beihilfe erst dann möglich sein, wenn mein ganzes Manuskript (d. h. vorerst die Biographie Knechts als Organist etc.) so weit fertig ist, daß du's lesen kannst. *(Brief, 1934, an Carlo Isenberg)*

Wir stellen, denke ich, ein gemietetes Klavierchen bei uns auf, und ich werde dich bitten, gelegentlich mit mir etwas über Musik zu sprechen. Ich möchte nicht Bestimmtes hören, sondern womöglich ein Schrittchen weiterkommen in dem Problem, ob und wie Musik, oder doch Erinnerung an Musik, auf intellektuellem oder dichterischem Weg reproduzierbar ist. Also z. B.: wie weit die Analyse einer klassischen Musik in Worten heute möglich ist. Ich habe nicht im Sinn, gelehrt zu werden, aber ich komme vielleicht dem Verständnis der Wirkung näher, die einzelne Musiken auf mich tun, und werde die Grenze besser sehen, zwischen einem völlig freien dichterischen Phantasieren über Musik und einer Analyse mit den heutigen Mitteln. Wenn ich z. B. von dir erfahren würde, daß das Strahlende, zugleich Süße und Männliche, was Händel immer für mich hat, auf der Bevorzugung ganz bestimmter Akkorde etc. beruhte, so wäre das ein Schrittchen. Viel werde ich dich nicht damit plagen [...]
Bringe was von Bach mit, und von denen kurz vor Bach, Pachelbel, Schütz oder so, und womöglich etwas Händel.
(Brief, Anfang August 1934, an Carlo Isenberg)

Es gibt auch unter den Menschen solche, die diesseits von Gut und Böse leben, in der Unschuld, und den Geist weder als

druckt mit dem Titel: »*Das Glasperlenspiel,* Versuch einer allgemeinverständlichen Einführung in seine Geschichte von Hermann Hesse.« In einer Fußnote kommentierte der Autor: »Diese Abhandlung ist das Vorwort zu einer utopischen Dichtung, man hat sie sich etwa um das Jahr 2400 geschrieben zu denken. Von dieser Dichtung sind bisher nur zwei Teilstücke fertiggeschrieben: die vorliegende Abhandlung und die Erzählung vom Regenmacher, welche im Maiheft der Neuen Rundschau stand.« Vgl. Anm. S. 80.

Glück noch als Sündenfall kennen. Aber inmitten unsrer ganzen Menschenwelt ist die Geistmüdigkeit nur eben als [eine] biologische Reaktion erlaubt. Der Geist ist ja nicht, wie Ihr Brief es nennt, da, um uns zu »trösten«, er hat mit unsrem Befinden und Glück überhaupt nichts zu tun. Er hat aber zu tun mit dem Leben und Gewissen aller Menschen, und darf nicht fliehen und schlafengehen im Augenblick, wo Gut und Böse durcheinander geworfen werden und die Welt Besinnung nötiger braucht als die verlockendste Flucht. Aber jedes zu seiner Zeit, lassen Sie nur erst die Woge auslaufen! Ich habe die paar noch fehlenden Zeilen an der letzten, vierten Fassung des Vorworts zum »Glasperlenspiel« geschrieben, zum Teil sind es nur Zitate, ich brauchte viele Wochen, eh ich daran kam, sie zu suchen, auch die aus Lü Bu We über Musik sind dabei. Ich hoffe nur noch, das Gerüst des Glasperlenspieles zu retten, das geträumte und einst gewollte Ganze übersteigt meine Kräfte, nicht geistig aber physisch, eine so vielfältige, komplizierte und kultur- und geschichtsbezogene Sache braucht beständiges Vergleichen, Wiederlesen etc. etc., und das verbieten mir die Augen für immer. Ein andrer kann da auch nicht helfen, sonst täte es Ninon. Schmerzen Tag und Nacht und jeden Tag Besuche!

(Brief, August 1934, an eine Leserin)

Seit einigen Tagen ist mein Neffe hier, Organist, Musiklehrer und einer der gründlichsten Kenner des Volkslieds, er war fast in allen Gegenden Europas, wo noch Reste eines lebendigen Volkslieds existieren, und hatte dort Melodien etc. etc. aufgezeichnet, namentlich im Balkan, Serbien, Bosnien, Mazedonien etc. Er spielt mir jeden Tag ein wenig alte Musik vor, und ich habe häufige Unterredungen mit ihm sowohl über Struktur und Technik der klassischen Musik wie auch über deren geistige, kulturelle Funktion und Bedeutung. Am Sonntag kommt ein kurzer Besuch, Martin Buber mit seiner Frau (die unter dem Pseudonym Georg Munk früher im Insel Verlag ganz meisterhafte legendenhafte Erzählungen publiziert hat).[1] Sie ist nicht

1 Von Georg Munk (= Paula Buber) erschienen bis 1934 im Insel Verlag u. a. »Die unechten Kinder Adams«, Ein Geschichtenkreis (1912), »Die Gäste«, Sieben Geschichten (1927).

Jüdin, und hat bis heute das jüdische Schicksal ihres Mannes aufs tapferste mitgetragen.

(Brief, 18. 8. 1934, an Hans Popp)

Was bei uns am meisten fehlt, ist die Vertiefung im Sinn der Kontemplation. Außer einer kleinen Elite bei den Katholiken ist die versunkene, kontemplative, ehrfürchtig an ein Thema hingegebene Haltung dem Europäer heute kaum noch bekannt [...] Aber wie das nun auch sei, wir wollen uns freuen, daß trotz der Leidenschaften und Wildheiten der kindlichen politischen Welt überall in den Völkern Brüder unseres kleinen Ordens vorhanden sind, der nicht Geschichte machen und erobern, sondern denken, kontemplieren, musizieren will.

(Aus einem Brief, August 1934, an Toshihiko Katayama)

Mein theoretisches Interesse für Musik ist sehr beschränkt, hätte auch wenig Wert, da ich nicht ausübend bin. Es interessiert mich die Kontrapunktik, die Fuge, der Wechsel der Harmonik-Moden, aber hinter diesen bloß ästhetischen Fragen sind mit die andern lebendig, der eigentliche Geist der echten Musik, ihre Moral. Darüber wissen und sagen die alten Chinesen mehr als unsere Musiktheoretiker. Bei Lü Bu We (»Frühling und Herbst«, Kapitel 2) heißt es unter anderem: »Die vollkommene Musik hat ihre Ursache. Sie entsteht aus dem Gleichgewicht. Das Gleichgewicht entsteht aus dem Rechten, das Rechte entsteht aus dem Sinn der Welt. Darum vermag man nur mit einem, der den Weltsinn erkannt hat, über die Musik zu reden.« Auch über Wagner, den Rattenfänger und Leibmusikanten des zweiten und noch mehr des dritten deutschen Reiches weiß Lü Bu We schon genau Bescheid. Es heißt bei ihm: »Je rauschender die Musik, desto melancholischer werden die Menschen, desto gefährlicher wird das Land, desto tiefer sinkt der Fürst« etc. Oder: »Rauschend ist ja eine solche Musik, aber sie hat sich vom Wesen der eigentlichen Musik entfernt. Darum ist diese Musik nicht heiter. Ist die Musik nicht heiter, so murrt das Volk, und das Leben wird geschädigt« und »Die Musik eines wohlgeordneten Zeitalters ist ruhig und heiter und die Regierung gleichmäßig. Die Musik eines unruhigen

Zeitalters ist aufgeregt und grimmig, und seine Regierung ist verkehrt. Die Musik eines verfallenden Staates ist sentimental und traurig, und seine Regierung ist gefährdet.«[1]

(Brief, 25. 8. 1934, an Otto Basler)

Ich neige im ganzen weniger zum Unterscheiden und Analysieren als zum Zusammensehen, zur Harmonik.
Was Sie über die Sublimierung sagen, trifft nun wirklich unser Problem ins Zentrum, und legt für mich auch das Unterscheidende zwischen Ihrer und meiner Auffassung klar. Es beginnt mit der heute üblichen Sprachverwirrung, wobei jeder jede Bezeichnung anders verwendet. So halten Sie das Wort sublimatio der Chymie reserviert, während Freud etwas anderes, ich wieder etwas andres damit meine. Vielleicht ist sublimatio tatsächlich ein Sprachprodukt der Chymie, ich weiß es nicht, aber sublimis (und auch schon sublimare) gehören nicht einer esoterischen Sprache an, sondern dem klassischen Latein.
Aber darüber wäre man ja schnell verständigt. Diesmal steht hinter der Sprachfrage Reales. Ich teile und billige Ihre Auffassung der Freudschen Sublimierung, ich habe auch nicht Freuds Sublimierung gegen Sie verteidigt, sondern den Begriff an sich, er ist für mich ein wichtiger Begriff in der ganzen Kulturfrage. Und hier sind wir allerdings verschiedener Gesinnung. Für Sie, den Arzt, ist Sublimieren etwas Gewolltes, Überführung eines Triebs in ein uneigentliches Gebiet der Anwendung. Für mich ist Sublimierung zwar letzten Endes auch »Verdrängung«, aber ich wende das hohe Wort nur an, wo es mir erlaubt scheint von »geglückter« Verdrängung zu reden, also von Auswirkung eines Triebs auf einem zwar uneigentlichen, aber kulturell hochrangigen Gebiet, zum Beispiel dem der Kunst. Ich halte zum Beispiel die Geschichte der klassischen Musik für die Geschichte einer Ausdrucks- und Haltungstechnik, in welcher ganze Reihen und Generationen von Meistern, fast immer ohne es irgend zu ahnen, Triebe auf ein Gebiet überführt haben, das dadurch, auf Grund dieser echten »Opfer« zu einer Vollendung kam, zu einer Klassik. Eine solche Klassik ist mir jedes Opfer

1 Ähnliches schrieb Hesse bereits 1929 in einer Rezension des »Lü Bu We«, »Kölnische Zeitung« v. 15. 6. 1929.

wert, und wenn zum Beispiel die klassische europäische Musik auf dem raschen Weg ihrer Vollendung von 1500 bis ins 18. Jahrhundert ihre Meister, vielmehr Diener, als Opfer verschlungen hat, so strahlt sie dafür seither ununterbrochen Licht, Trost, Mut, Freude aus, ist für Tausende, ebenfalls ohne daß sie es richtig wußten, eine Schule der Weisheit, der Tapferkeit, der Lebenskunst gewesen und wird es noch lange sein.
Und wo ein begabter Mensch mit einem Teil seiner Triebkräfte solche Dinge fördert, finde ich seine Existenz und sein Tun von höchstem Wert, auch wenn er vielleicht als Individuum pathologisch ist. Was mir also während einer Psychoanalyse unerlaubt scheint: das Ausbiegen in ein Scheinsublimieren, das scheint mir erlaubt, ja höchst wertvoll und erwünscht, wo es gelingt, wo das Opfer Frucht trägt.
Eben darum ist ja die Psychoanalyse für Künstler so sehr schwierig und gefährlich, weil sie dem, der es ernst nimmt, leicht das ganze Künstlertum zeitlebens verbieten kann. Geschieht das bei einem Dilettanten, dann ist es gut – geschähe es bei einem Händel oder Bach, so wäre es mir lieber, es gäbe gar keine Analyse und wir behielten dafür den Bach.
Innerhalb unserer Kategorie, innerhalb der Kunst, treiben wir Künstler echte sublimatio, und nicht aus Willen und Ehrgeiz, sondern aus Gnade, – nur freilich ist damit nicht der »Künstler« gemeint, wie das Volk und der Dilettant ihn sich denkt, sondern der dienende, und Don Quichote, der noch im Verrückten Ritter ist, ist Opfer.
Nun, ich will aufhören. Ich bin kein Analytiker und kein Kritiker: wenn Sie zum Beispiel den Bücheraufsatz ansehen, den ich Ihnen schickte, so finden Sie, daß ich nur ganz selten und nebenher mich kritisch äußere, und nie aburteile, das heißt, ein Buch, das ich nicht ernst nehmen und schätzen kann, lege ich weg, ohne mich je darüber zu äußern.
Bei Ihnen habe ich, instinktiv, immer das Gefühl gehabt, daß Ihr eigentlicher Glaube ein echter, ein Geheimnis ist. Ihr Brief bestätigt es mir, und das freut mich. Für Ihr Geheimnis haben Sie das Gleichnis der Chymie, so wie ich für meines das Gleichnis der Musik habe, und zwar nicht irgendeiner Musik, sondern eher das der klassischen. Im Lü Bu We, Kapitel 2, steht darüber alles Aussagbare merkwürdig scharf formuliert. Ich spinne seit Jahren, unter vielen Abhaltungen von außen

und innen, an einem Traumfaden mich diesem Musikgleichnis näher, und hoffe es noch zu erleben, daß ich Ihnen etwas davon zeigen und vorlegen kann.

(Brief, September 1934, an C. G. Jung)

Sie fragen: Wie ich mir mein Leben, falls ich Drucker geworden wäre, vorstelle. Nun, ich glaube nicht, daß ich dann in irgend einer Hinsicht anders wäre, als ich es jetzt bin. Ich würde auch keineswegs den Druckerei-Apparat bloß für meine eignen Schriften benutzen, sondern würde je und je von irgend welchen bedeutsamen Worten, auf die ich stoße, Abzüge machen und sie einigen Dutzend oder auch mehr Freunden und Bekannten schicken, als Samenkörner, von denen viele verloren gehen, einige aber Frucht bringen können. Zum Beispiel hätte ich längst auf einen schönen Bogen die Sätze über Musik und ihre Gesetze zusammengestellt, die man bei den alten Chinesen findet. Als Ersatz dafür habe ich die wichtigsten Sätze über Musik aus dem »Frühling« des Lü Bu We herausgeschrieben, und nehme sie in das Vorwort meines nächsten Buches auf, das ich kürzlich in vierter, sehr veränderter Fassung zu Ende konzipiert habe.

(Brief, 25. September 1934, an Wilhelm Stämpfli)

Man steckt seine Arbeit da in eine Welt hinein (ich meine die deutsche Literatur und öffentliche Meinung), in eine Welt, die lauter Fäulnis ist, und an der nichts zu bessern ist. Vielleicht glückt mir eines Tages der Rückzug aus dieser Welt und aus der Sorge und Mitverantwortlichkeit um sie. Wenn es dazu käme, dann würde ich mich auf das Werk zurückziehen, das mich seit mehr als drei Jahren beschäftigt (im Dezember wird die Rundschau wieder eine Probe bringen)[1] und mich um das Aktuelle und die Außenwelt überhaupt nicht mehr kümmern. Heute ist mir das nicht möglich, ich fühle mich (vielleicht sehr irrtümlich!) dazu verpflichtet, dieses versaute und brutalisierte Deutschland nicht zu verlassen, sondern in meiner Sphäre die Tradition der Anständigkeit und Gerechtigkeit zu wahren. Unter andrem bin ich heut der einzige deutsche Kritiker, der

1 Vgl. Anmerkung zum Brief vom 4. 8. 1934, S. 91 f.

Bücher von Juden anzeigt. Wie gesagt, vorläufig liegt die Entscheidung, ob ich diesen Pflichten dienen oder mich auf eine fruchtbare Arbeit zurückziehen soll, gar nicht bei mir. Es ist ganz wohl möglich, daß meine Gewissenhaftigkeit nur Schein ist, d. h. ein Ausweichen vor meinem Werk, zu dem die Kraft nicht reicht. Da hilft Klugheit gar nichts; es entscheidet sich, wie alles Vitale, nicht über sondern unter der Schwelle.

(Brief, Herbst 1934, an Emil Molt)

Etwas betroffen und verlegen machen mich Deine Vermutungen über die Dichtung von Knecht etc! Du erwartest, zum Teil durch meine Schuld, viel zu viel. An eine Art Gang durch die Weltgeschichte etc. habe ich nie gedacht, das hätte für mich auch keinen Sinn, da ich an Entwicklung und Fortschritt ja eigentlich nicht glaube. Woran ich stattdessen glaube, dies allerdings soll der »Knecht« noch etwas ausführlicher zeigen als es die Morgenlandfahrt tat.
Mit dem Stück aus dem 18. Jahrhundert[1] bin ich vorerst gescheitert, teils weil es mir nicht eben gut geht und ich dies Jahr noch mehr als je mit Besuchen etc. etc. belastet war, hauptsächlich aber weil ich diesmal mich überstudiert hatte. Ich hatte mich auf Pietismus, Zinzendorf, Bengel, Oetinger, sowie auf andere Stücke Kulturgeschichte des 18. Jahrhunderts zu umfänglich und detailliert eingelassen, größtenteils einfach weil die Lektüre mich als Revision unseres religiösen Erbes mit fortzog und ich von einem ins andere kam, bis auf das Durchstöbern damaliger Gesangbücher etc., etc. Darüber ging die Dichtung flöten (wird aber wohl doch noch einmal gemacht, sie soll Knecht als Menschen und Schwaben des 18. Jahrh. zeigen). Fertig ist außer dem Regenmacher bloß die Vorrede zum Ganzen, und die wirst Du wohl bald kennenlernen, ich lasse sie vorerst in der Neuen Rundschau erscheinen (deren Verleger, mein guter alter Verleger Fischer, vorgestern gestorben ist). Etwa zu Neujahr bekommst Du sie, und es wäre mir lieb, wenn Du sie ernsthaft lesen würdest, ich meine: wenn Du die paar Ironien darin nur als Rosinen, nicht als den Kuchen betrachten wolltest. Dies Vorwort hat bloß den Zweck, meine utopische Dichtung vom Heute zu distanzieren, ihr ihren Raum anzuweisen.

(Brief, 17. 10. 1934, an Wilhelm Gundert)

1 »Der vierte Lebenslauf Josef Knechts«, erste Fassung.

Daß die Juden keine Engel sind und der Selbstkritik ebenso bedürfen wie jede andre Nation, ist mir nicht unbekannt. Aber es ist heute nicht die Sache eines Nichtjuden, dies öffentlich auszusprechen [...]
Bei der heutigen neuen Welle von dümmstem Antisemitismus, die in Deutschland und Österreich, zum Teil sogar in der Schweiz besteht, ist es meine Sache nicht, die Juden zu kritisieren oder ihnen ins Gewissen zu reden, sondern denen, die mich als einen der Repräsentanten der deutschen Völker empfinden.

(Brief o. D. an Frau Braham)

Ich habe Ihren Brief, die Neuausgabe meines Bändchens in Ihrer Universalbibliothek betreffend, erhalten und überdacht, und kann Ihnen leider keine Erfüllung Ihrer Wünsche versprechen [...] Sie wissen ja, daß mein Büchlein keineswegs ein objektiver und schulmäßiger Führer durch die Literaturen ist und sein will, sondern ein ganz persönliches Bekenntnis zu dem, was mir in meinen siebenundfünfzig Jahren an Lese-Erlebnis und Lese-Erfahrung zugewachsen ist. An diesen Erfahrungen und an diesem Bekenntnis nun möchte ich nicht das Geringste ändern. Ich halte nicht heute Bücher und Autoren für minderwertig, weil der Zeitgeschmack es tut, und streiche aus meinem Essay nicht Dinge weg, die mir lieb und wichtig sind – bloß weil die Konjunktur das nahelegt.
Ich sehe aus dieser Schwierigkeit nur zwei Auswege. Der einfachste, zu dem ich auch gern bereit bin, ist der: daß Sie mir nach Verkauf der jetzigen Auflage das Werkchen wieder freigeben, und es vorerst nicht wieder erscheint.
Der zweite wäre der: daß Sie meinen alten Text, abgesehen von einigen zu korrigierenden Druckfehlern, unverändert neu drukken. Ich wäre dann damit einverstanden, daß Sie diejenigen Ausgaben der Bibliographie, welche nicht mehr käuflich sind oder welche durch ebenso gute Ausgaben Ihres Verlags ersetzt werden können, in der Bücherliste meines Büchleins ändern.
Ausdrücklich aber müßte ich mir in diesem Fall ausbedingen, daß weitere Änderungen an der Bücherliste, zum Beispiel Weglassung jüdischer Autoren etc. nicht vorgenommen werden dürfen. Sie deuten eine ganze Reihe solcher Weglassungen als

wünschenswert an, und ich verstehe Ihren Standpunkt, er ist aber nicht der meinige. In diesem Punkte sind Konzessionen mir unmöglich.
Vielleicht überlegen Sie die ganze Frage nochmals. Wenn Sie mein Anerbieten annehmen, auf eine neue Auflage zu verzichten, und mir das Autorrecht zurückgeben, dann haben Sie ja die Möglichkeit, mit einem Literaturhistoriker, der objektiver und zugleich zeitgemäßer ist als ich, einen Führer durch die Literatur auszuarbeiten, der meinen subjektiven Versuch künftig ersetzt.
(Brief, 13. 12. 1934, an den Verlag Philipp Reclam, Leipzig, der Hesse einige »zeitgemäße« Änderungen in seiner »Bibliothek der Weltliteratur« nahelegte)

Ich weiß, daß dieses Stück, die Einleitung meiner neuen Dichtung, nur sehr wenige erreichen wird, aber auf diese wenigen kommt es für mich diesmal an, und ich war gar nicht sicher, ob sie sich wirklich finden würden, ob nicht der Boden meiner Dichtung und Idee eine romantische Mentalität sei, wie sie zu Zeiten des Novalis, Schellings und Baaders sich von selbst verstand, heute aber ausgestorben ist. Nun zeigt sich aber, daß nicht bloß die meisten Leser mit Befremdung und Ablehnung reagieren (das hatte ich erwartet), sondern daß gerade die paar Köpfe sich finden, die genau das in meiner Idee sehen und finden, was ich selber drin finde.
(Brief, 28. 12. 1934, an Helene Welti)

Daß Du, wie ich es hoffte, zu den wenigen gehörst, die das Glasperlenspiel in seiner eigentlichen Intention verstehen und lieben, das freut mich sehr. Es sind wenige, aber mit mehr hatte ich nicht gerechnet, sie genügen. Im übrigen wird die ganze Dichtung, falls ich sie je fertigbringe, weniger Ansprüche machen und weit einfacher sein als diese Einleitung. Zweck dieser Einleitung war es, die Distanz zum Heute abzustecken, und teilweise scheint das gelungen zu sein. Weiterhin steht natürlich jedem jede Art der Aneignung und Deutung frei.
(Brief, 2. 1. 1935, an Alfred Schlenker)

Auch sollte und könnte er wissen[1], daß der Verlag Fischer, samt seiner Neuen Rundschau, in Deutschland heute einen der paar Orte bildet, an welchem Verstand und menschliche Gesittung mitten im Chaos noch eine Zuflucht haben. Unter andrem besteht ein Hauptteil meiner Arbeit seit 2 Jahren darin, in meinen Bücherberichten in der Rundschau gerade diejenigen Bücher anzuzeigen, die kein einziges Blatt des Reichs mit dem gleichen Freimut anzuzeigen wagt: die Bücher von Juden, Katholiken und Protestanten, deren Gesinnung und Geist dem herrschenden System entgegen ist, und die gute Tradition und intellektuelle Ehrlichkeit zu wahren bemüht sind. Sie sollten, scheint mir, unsre ehrlichen Bemühungen, die oft nicht ohne Gefahr sind, nicht nur nicht durch so törichte Anwürfe sabotieren, sondern sich ihrer freuen. Die Rundschau ist z. B. von sämtlichen deutschen Blättern, deren Mitarbeiter ich früher war, heut das einzige, das meine Aufsätze über Juden, Katholiken etc., soweit sie geistig dem Gewaltregime Widerstand leisten, noch zu drucken wagt. Alle andern haben versagt. Und der alte, nicht »jüdische« Verlag Reclam in Leipzig hat mir kürzlich zugemutet, in meinem Büchlein über Weltliteratur, das bei ihm erschienen ist, für die nächste Auflage alles umzuarbeiten, fast alle Juden zu streichen etc. Natürlich habe ich das abgelehnt [...]
Ich mache mir, mitten in meiner großen Überlastung, die Mühe dieser Mitteilungen wirklich nicht, weil Fischer auch mein Verleger ist, sondern weil offenbar bei Ihnen wenig Ahnung besteht von den Bedingungen der geistigen und kulturellen Arbeit im jetzigen Deutschland. Ich selber stehe mitten in dieser Arbeit, deren Ziel es ist, über das Schlimmste hinweg mitten im Terror bei einer Minderheit ein reinliches Denken zu unterstützen und womöglich in eine andre Epoche hinüber zu retten. Der von Ihrem Mann bewitzelte Judenverlag Fischer, der es sehr schwer hat, hat sich in dieser Arbeit mir als ein treuer und anständiger Genosse erwiesen.
(Brief, 17. 1. 1935, an Otto Kleiber, Redakteur der »National-Zeitung«, Basel)

1 Betrifft eine Glosse im »Kulturspiegel« der National-Zeitung vom 13. 1. 1935, worin der Verfasser, wegen einer eliminierten Fußnote in Annette Kolbs Roman »Die Schaukel«, dem S. Fischer Verlag Opportunismus gegenüber den NS-Machthabern vorwirft. Vgl. nachfolgender Text.

[. . .] Dann wieder passiert es der Basler National-Zeitung, daß sie an auffallender Stelle eine hämische, gemeine Bemerkung über meinen Verleger S. Fischer bringt: dieser »jüdische Verlag« habe aus Feigheit eine judenfreundliche Fußnote in einem Buch von Annette Kolb in der neuen Auflage weggelassen. Ich kenne nun die Geschichte dieser Fußnote, kenne Annette Kolb und ihr Buch etc. sehr genau, das alles ist ja ein kleines Stückchen in dem stillen Kampf, den wir um das geistige Deutschland führen, wo ich z. B. in Fischer's Rundschau heut der einzige deutsche Kritiker bin, der jüdische Bücher bespricht und angelegentlich empfiehlt. Um dies noch weiter tun zu können, habe ich soeben auch noch es übernommen, dem Haupt-Literaturblatt von Schweden zweimal jährlich einen Bericht über den Stand der deutschen Literatur zu machen. Mit der Fußnote nun ist es so: sie blieb in der ersten Auflage vorerst unbeachtet – es war schon sehr mutig vom Verlag gewesen, daß er sie zuließ, er brachte sich damit in Gefahr. Dann entdeckte, womöglich durch Denunziation, ein deutsches Gericht die Stelle im Buch, und unser Verlag wurde amtlich vor die Wahl gestellt, entweder müsse er die Fußnote in den künftigen Auflagen weglassen, oder das Buch werde verboten und die noch vorhandenen Vorräte davon sofort konfisziert. Auch dann noch sagte der Verlag nicht gleich Ja, was wohl jeder andre deutsche Verleger heut getan hätte, sondern nahm Bedenkzeit, reiste nach Paris und besprach es mit Annette Kolb, natürlich willigte sie ein, daß die Stelle gestrichen werde. Und nun wird der Verlag für sein nobles und tapfres Verhalten ausgerechnet von der National-Zeitung als feiger, kriecherischer Judenverlag verhöhnt! Dagegen könnte man sich ja nun in einem normalen Fall wehren, man könnte die Tatsachen feststellen, und die Zeitung zwingen, ihre Beleidigung zurückzunehmen. Aber gerade das kann der Verlag nicht. Wenn die Öffentlichkeit erfährt, was da gegangen ist, bekommt er sofort, und zwar auf seine eigenen Kosten, einen Nazi-Spion in seine Firma gesteckt, und endet vielleicht im Konzentrationslager.
Alle diese Fälle, oder viele davon, landen auch bei mir und müssen von mir aufgeklärt werden, alles unter der Hand und ohne Öffentlichkeit, weil ich nun einmal jetzt diese Rolle habe, in und für Deutschland zu arbeiten, aber Schweizer und Europäer zu sein. Ich denke dabei an Wirkungen ins Große über-

haupt nicht. Ich denke lediglich an die Erhaltung einer winzig kleinen Schicht von Köpfen, denkenden und lesenden, die sich sauber halten und eine Erbschaft von geistiger Redlichkeit über das heutige Chaos hinaus retten sollen. Und auch hier noch braucht es Mühe, den Streit und Haß sogar unter den scheinbar Gleichgesinnten zu besänftigen! Der Mann z. B., der die gemeine Bemerkung in der National-Zeitung schrieb, ist, wie ich vermute, zwar ein glühender Demokrat und Nazifeind, aber im Herzen eben doch Judenhasser. Dreck überall! Und mitten drin steht man und möchte sauber bleiben.

(Brief, 19. 1. 1935, an seinen Sohn Heiner)

Ich bin bereit, die fragliche Korrespondenz zu übernehmen, und Ihnen den ersten Aufsatz zum gewünschten Termin zu senden [. . .]
Der Titel »Brief aus Deutschland« kann nicht bleiben. Wir können statt dessen »Deutscher Literaturbrief« sagen. Der von Ihnen vorgeschlagene Titel würde den Schein erwecken, als lebe ich in Deutschland, ich lebe aber in der Schweiz und bin auch politisch Schweizer. Und zur »deutschen Literatur« rechne ich natürlich nicht bloß die reichsdeutsche, sondern die Literatur aller Deutsch schreibenden Völker, dazu gehört außer der deutschen Schweiz auch Österreich, und je und je werde ich wohl auch Bücher der Emigrantenpresse anzeigen. Meine Stellung zur aktuellen deutschen Lage und Politik ist die jedes Schweizers und Europäers, ich bin aber deutscher Autor, und mein Wirkungsfeld ist Deutschland, darum suche ich dort, soweit das ohne jede Konzession an die Macht möglich ist, meine Arbeit fortzusetzen. Es gibt ein geistiges Deutschland, das zur Zeit beinahe ganz schweigen muß, das aber fortlebt, und an dessen Bestand ich mitarbeite.

(Brief, 25. 1. 1935, an »Bonniers Litterära Magasin«, Stockholm)

Herzlichen Dank für Deine Intervention bei der Basler National-Zeitung. Dein Interesse an der Sache und Dein Wille mir beizuspringen hat mich – ich war doch recht erregt und niedergeschlagen über diese Entstellung meiner tatsächlichen, nicht

ganz ungefährlichen Bemühungen – beruhigt und mir große Freude bereitet und Mut gemacht. Manchmal komme ich mir auf meinem Posten recht verlassen vor. Du kamst gerade zur rechten Zeit. Das Schlimme an der Emigrantenpresse ist, daß sie kein Gefühl dafür hat, mit uns zusammen kämpfen zu müssen – und nicht gegen uns. Wir empfinden ja genau das gleiche Gefühl des Ekels, wie sie, wir sind ja Gesinnungsgenossen. Ebenso gilt das Gleiche auch für die Ausländerpresse.
(Aus einem Brief Gottfried Bermann Fischers an Hesse vom 26. 1. 1935)

Ehe ich meinen ersten Bericht über deutsche Bücher an dieser Stelle beginne, erlaube man mir, die Grundsätze kurz darzulegen, die mich bei dieser Arbeit leiten. Es braucht kaum eigens gesagt zu werden, daß das deutsche Geistesleben, und damit die deutsche Literatur, zur Zeit in gewaltigen Krisen und Kämpfen liegt. Diese Kämpfe hier mitzukämpfen oder auch nur genauer zu verfolgen, wäre im Rahmen meiner kurzen Literaturberichte gar nicht möglich; außerdem fehlt es zur Zeit an einem neutralen Podium, von welchem aus sie zu betrachten wären. Ich soll und will hier nicht von den Programmen, Idealen und Forderungen sprechen, von denen die deutsche Literatur im Augenblick so sehr erfüllt scheint – es soll hier nicht von Programmen die Rede sein, sondern von Leistungen. Es sollen hier jeweils eine Anzahl besonders guter oder interessanter Bücher besprochen werden, und zwar durchaus im Sinn einer positiven Kritik, einer Kritik aus Liebe also. Und ich glaube und hoffe, es werde sich dabei zeigen, daß es auch heute, inmitten der Kämpfe und Programme, eine deutsche Literatur gibt, welche unsres Interesses und unsrer Liebe würdig ist. Es wird in unsern Berichten selbstverständlich die Literatur des deutschen Reichs vorherrschen, aber wir wollen nicht vergessen, daß es ohne Rücksicht auf die nationalen und politischen Grenzen eine Einheit der deutschen Sprache, der deutschen Geistestradition und der deutschen Dichtung gibt. An dieser Einheit haben alle in deutscher Sprache denkenden und schreibenden Autoren teil, also außer den Reichsdeutschen auch die Österreicher, die Deutschböhmen, die Deutsch-Schweizer, die Deutsch-Elsässer usw., und es haben an dieser

Einheit auch teil die emigrierten deutschen Autoren; diese letzte Gruppe freilich ist zu jung und ist im Moment allzusehr teils durch Polemik, teils auch einfach durch die primitive Lebensnot in Anspruch genommen, als daß wir von ihr allzuviel verlangen und erwarten dürften. Die Polemik wird uns hier nicht interessieren, dichterische Leistungen aber werden uns stets zur Anerkennung willig finden, einerlei von welcher Gruppe sie kommen.

(Vorbemerkung zum ersten »Literaturbrief« Hesses in »Bonniers Litterära Magasin«, März 1935)

Ich halte es trotz allem noch für möglich, gelegentlich von Dir ein Wort über Deinen Eindruck vom Glasperlenspiel zu bekommen. Es wird mich natürlich nicht beeinflussen, aber interessieren sehr, denn diese Dichtung wäre im Deutschland von etwa 1810, im Kreis von Schlegel und Novalis, weit besser und leichter kapiert worden als heute. Es ist auch merkwürdig, wie in den Urteilen, die ich höre, sich die beiden Pole so sehr scharf ausdrücken! Die einen, oft treue und alte Freunde von mir, lehnen das Glasperlenspiel (z. Teil auch schon die Morgenlandfahrt) mit einem gewissen Eifer ab, als eine Entgleisung ins Intellektuelle, so als dürfe in der Dichtung alles eine Rolle spielen, nur der Geist nicht! Andre wieder, obgleich ihre tatsächliche Bildung, Belesenheit etc. nicht ganz ausreicht, um ihnen die feinern Nuancen des Glasperlenspiels zu öffnen, sind von der Zentral-Idee so gepackt, daß sie alles fast unbesehen schlucken.

(Brief, Anfang 1935, an Hermann Hubacher)

Ich bin seit langer Zeit, Tag um Tag, so bis zur Erschöpfung mit Arbeit, Sorgen (eigenen und fremden) etc. beladen, daß ich nicht zu einem Gruß an Dich käme, wenn nicht heute wegen Glatteis unser Post-Auto ausgeblieben wäre, ich bin also einen Tag ohne Post. Ich sollte das ja benutzen, um nach einem halben Jahr einmal wieder mein Josef Knecht-Manuskript aus dem verstaubten Umschlag zu nehmen und hineinzusehen, aber dazu wird es noch lang nicht kommen, ich bin wieder einmal ganz von »laufenden«, d. h. täglichen Pflichten gefressen

[...] Also ich wollte Dir danken und Dich bitten: behalte das Glasperlenspiel und etwaige Korrekturen etc. im Auge, bitte! Wir kommen schon wieder einmal dran, das miteinander vorzunehmen.

(Brief, Januar 1935, an Carlo Isenberg)

Selten hat mich etwas Dichterisch-Denkendes so berührt wie Ihr Glasperlenspiel, und ich wollte es Ihnen sagen, aber die Zeit strömte über mich her. Nichts ist wichtiger als der Gedanke, wie das Individuelle sich gegenüber der Mechanisierung (wie sie Amerika schon optisch zeigt) entfalten wird, und daß Sie dieses Problem nun bejahen, den Sinn lösen und nicht in der üblichen Form des flachen Resignierens, hat mir wohlgetan. Lieber Hermann Hesse, wie schön ist Ihr Weg, wie wissen Sie immer nach einer inneren Phase eine neue, höhere anzufangen im Sinne von Goethes Spirale: Wiederkehr zum Ausgangspunkt auf erhobener Fläche! Wie weit ist es vom Camenzind zu dem Manne in Ihnen, und wie sicher stehen Sie dadurch in diesen Zeitläuften! Ich achte und liebe sehr Ihre Haltung, die innerlich entschieden, nicht auf die peripheren Bewegungen reagiert; ich habe gelernt die Politik, die immer überdimensionieren muß, das Wort an das Schlagwort verraten, das Dogma an seine Übertreibung, redlich zu hassen als den Widerpol der Gerechtigkeit. Ich habe sie jetzt in zu vielen Ländern gesehen, um zu wissen, daß sie nicht, wie Napoleon meinte, das moderne Schicksal ist, sondern nur der unsichere Schatten von Bewegungen, die zu erkennen uns selbst nicht gegeben ist, aber wirklich nur ein Spiel und umso zufälliger, je gesetzmäßiger und theoretischer es sich nach außen gebärdet. Ich glaube fest, daß gerade diese Veräußerlichung bei den Besten eine Verinnerlichung erzwingen muß, je mehr sich die andern zusammenrotten, umso hartnäckiger werden die Einzelgänger ihr Recht behaupten.

(Aus einem Brief Stefan Zweigs an Hermann Hesse vom 30. 1. 1935)

In dem Stück, das Du kennst, handelt es sich ja hauptsächlich um eine Kritik des geistigen Lebens von heute, und dazu kann man ja auch dann Stellung nehmen, wenn man sich in das imaginäre Glasperlenspiel nicht hineindenken kann. Aber unsereiner macht leicht den Fehler, daß er meint, das was ihn selber jahrelang und intensiv beschäftigt hat, müsse auch andre interessieren. Wichtig ist es nicht, und gefreut und interessiert hat mich, was Karl über die daran anklingenden Ideen Vaters sagte. Ich fühle mich Papa in allen diesen Sachen, auch bei meinen Bücherkritiken, oft ziemlich nahe, allerdings immer mit einem Einschlag von der Seite Großvater Gunderts her, hinter dessen Pietismus und Philologie eine ganze Menge Musikliebe und illegal geschulte Denkkraft und Freude am geistigen Spekulieren vorhanden war, wie ich glaube.

(Brief, Januar 1935, an seine Schwester Marulla)

Ich höre über das Glasperlenspiel viel Mißverständnis, aber auch, von einigen wenigen, ein größeres Maß von Verstehen und von Wirkung als ich erwartete. Einige merken sogar das Innerste, und erleben das Symbol wirklich in der echten und magischen Weise, wie es mit meinen Hieroglyphen gemeint ist. Collofino (sein Name steht unter dem latein. Zitat) schickte mir zwei lange Abhandlungen über Albertus Secundus, und erwägenswerte, zum Teil raffinierte Verbesserungsvorschläge für jenen lateinischen Text.

(Brief, Februar 1935, an Gottfried Bermann Fischer)

Amicum tuum, hominem quendam in compositione Latini sermonis diligentissimum, cuius emendationem peccati illius, quod et ipsi et mihi in verbi »appropinquare« coniugatione evenit, libenter probo, malae Latinitatis auctorem appellare non audeo, verumtamen nonnunquam errare videtur – denn ich finde keinen Grund dafür, daß er zum Schluß nunmehr »provehantur« sagt. Warum der Konjunktiv? Meiner Ansicht nach kann es nur »provehuntur« heißen. Aber warum soll man nicht das Wort appropinquare beibehalten und einfach »paululum appropinquant« sagen, das trifft den Sinn »einen Schritt näher geführt werden« auf das genaueste, auch scheint es mir wohllautender als »provehuntur«. Letzteres kommt nur seiner Passivform wegen einer Übersetzung aus dem Deutschen näher.

Zigarrenwerbung der Firma Josef Feinhals, deren Inhaber (in »Klingsors letzter Sommer«, in der »Morgenlandfahrt« und im »Glasperlenspiel« vorkommend) mit Hesse befreundet war und seit 1910 mit ihm korrespondierte. Die Briefe Hesses an »Collofino« sind 1943 dem Brand seines Hauses in Köln zum Opfer gefallen.

Aber die Urschrift des Albertus Secundus ist doch lateinisch! Der deutsche Übersetzer hat die Freiheit, den Text zu wenden und zu drehen, wie er will, wenn er nur seinen Sinn genau trifft. Es soll hier doch gewiß der Eindruck erweckt werden, daß das Lateinische den Urtext und das Deutsche die Übersetzung darstellt.
Dann noch eins. Das Ursprüngliche: »enti et nascendi facultati« halte ich stilistisch für weit schöner als den neuen Vorschlag: »ad entis naturam nascendique statum«. Natura und nasci entspringen dem gleichen Stamm, eine Nebeneinanderstellung bedeutet eine Häufung der Begriffe und sollte vermieden werden.
Das »non entia« kann ohne jede Schwierigkeit an den Anfang gesetzt werden. Daß es an eine andere Stelle gerückt wurde, bringt mich auf die Vermutung, daß mein Archivar beim Abschreiben der Handschrift sich überhaupt einige Eigenwilligkeiten erlaubt hat. Es heißt nämlich tatsächlich im Manuskript des A. S. gleich zu Anfang: »non entia licet enim certo modo . . . verbis reddere«. Die Konstruktion »non entia licet . . . demonstrari posse« ist kaum klassisch zu nennen, da die

Wörter »licet« und »posse« das gleiche ausdrücken und denselben Sinn doppelt wiedergeben. Das zweimalige »certus« kann leicht vermieden werden. Der Vorschlag lautet, am Anfang »certo modo« und weiter hinten: »quaedam res« statt »certae res« zu setzen. Der arme Albertus Secundus! wenn der wüßte, wie er nach 600 Jahren zerpflückt wird!
Neue Abschrift des apokryphen Textes anbei, einmal mit »appropinquant« (A), einmal mit »provehuntur« (B).

Viele liebe Grüße
von Ihrem

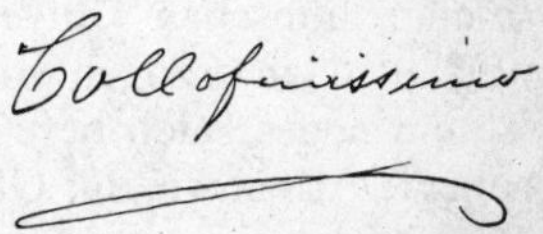

P. S.
Ich nehme an, daß mein Brief vom 24. Januar mit der schönen Originalstelle aus A. S.: »nihil tantum repugnat quo minus verbis illustretur« und den genibus albis der Knörzelfinger Hexen auch in Ihren Besitz gelangt ist.
(Brief von Joseph Feinhals an Hermann Hesse vom 8. 2. 1935)

Mit dem, was Sie über meine dichterischen Versuche und über Sie selber sagen, haben Sie im ganzen wohl recht. Nur ist auch bei mir die Angst, die Weltangst, der dunkle Grund von allem, und Gespinste wie das Glasperlenspiel sind Sublimierungsversuche, die natürlich nicht restlos gelingen. Ich lege Ihnen heut ein neues Gedicht bei, es war gerade vor Carossas Besuch entstanden und ich habe es ihm auch gezeigt.[1]
An manchen neuen Büchern habe ich inmitten dieser beängstigenden Welt Freude. Die Gesamtausgabe der Werke von F. Kafka hat zu erscheinen begonnen, und von dem Franzosen Julien Green ist der »Geisterseher« erschienen, diese beiden Dichter müssen auch Ihnen etwas bedeuten.

(Brief, Februar 1935, an Alfred Kubin)

1 »Hieroglyphen«.

Ich erfahre von Dir, daß Du das Glasperlenspiel[1] nicht bloß empfangen, sondern auch gelesen, daß Du es gern hast und etwas damit anfangen kannst – das ist viel und mehr habe ich nicht zu hören gehofft. Aber Du mußt Dir einen Augenblick, um mich zu verstehen, meine Lage vorstellen, die vollkommene, lautlose Einsamkeit einer Stube im Tessin, wo ich lebe und arbeite, während alle, die auf meine Arbeit reagieren könnten, weit weg sind, nicht nur durch Entfernung, auch durch Landes- und politische Grenzen getrennt. Ich finde mich leidlich damit ab, daß der heutige Deutsche von Dichtung, Buch, Geist, und solchen hübschen Dingen nichts mehr wissen will und ganz offiziell dazu erzogen wird, sie zu mißachten. Dagegen wenn ich ein neues Buch herausgebe, oder eine jahrelang im Stillen gehegte Arbeit wie das Glasperlenspiel extra in Separatabzügen meinen Freunden versende – dann erscheint mir, Schwächling, der ich bin, es als klägliches Ergebnis, wenn ein Teil der Empfänger überhaupt nicht, ein anderer nur mit der Postkartenzeile reagiert: er habe das Ding erhalten und werde es gelegentlich lesen. Von noch schlechteren Resultaten nicht zu reden, so hat z. B. mein einstiger lieber Freund F., der noch besondere Gründe hätte, nett gegen mich zu sein, nicht bloß das Glasperlenspiel nicht gelesen, sondern als ich ihn bat, es mir wenigstens zurückzuschicken, da ich großen Mangel an Abzügen habe, ließ er mich wissen, daß er ein vielbeschäftigter Mann sei (des Hohenstoffeln wegen) und es ihm nicht möglich sei, unter Briefstapeln mein Zeug herauszusuchen.

Ohrfeigen dieser Art bestätigen mir zwar den heroischen männlichen, unsentimentalen Geist dieser großen Zeit, da ich jedoch mich für diesen Geist nie interessiert habe und Freundschaft und Artigkeit zwischen Menschen nicht bloß für erlaubt, sondern für notwendig halte, zeigen solche Ohrfeigen (abgesehen vom Wehtun) mir wo ich stehe und was meine Arbeit gilt und für lange hinaus ist Untertemperatur. Darum, dilecte amice, um ein paar Kubikzoll Atemluft in der Ätherleere um mich zu erobern, darum schreibe ich Gedichte ab, male Bildchen, verschenke Bücher und Separatdrucke, was ich mir längst nicht mehr leisten dürfte. Und darum ist jedes Ausbleiben einer Antwort auf einen meiner Rufe ein kleiner Tod. Und darum

1 Dezemberheft 1934 der Neuen Rundschau mit der vierten und letzten Fassung der Einführung.

danke ich Dir für Deinen Brief. Zu Deinen Fragen nur dies: Albertus II. und sein Zitat sind fingiert, das deutsche Zitat ist durch Franz Schall ins Latein gebracht, die Fassung wird aber noch an mehreren Stellen korrigiert und umstilisiert, dabei tut der unter jenem Zitat genannte Collofino in Köln mit, der auch in anderen Schriften von mir vorkommt. Thomas Mann hat den Albertus für historisch, die chinesischen Stellen über Musik aber für meine Erfindung gehalten, und es ist gerade umgekehrt.
So spielt dies und das mit und für jeden befreundeten Leser sind wieder andere Teile und Bezirke des Werkchens beziehungsreich. –
Anthroposophische, Steinersche Quellen habe ich nie benützt, sie sind für mich ungenießbar, die Welt und Literatur ist reich an echten, sauberen guten und authentischen Quellen, es bedarf für den, der Mut und Geduld hat, selber zu suchen, der »okkulten« und dabei meist elend getrübten Quellen nicht. Ich kenne sehr liebe Leute, die Steinerverehrer sind, aber für mich hat dieser krampfhafte Magier und überanstrengte Willensmensch nie einen Moment etwas vom Begnadeten gehabt, im Gegenteil. Es hat immer Leute gegeben, die im Besitz des 6. und 7. Buches Mosis waren, aber die ersten 5 sind doch bewährter. Das was heute bei Euch an Geschichtsfälschung betrieben wird, bedurfte, um möglich zu sein, einer langen Auflockerung und vorbereitenden Hypnotisierung, sie geschah von vielen Seiten, seit Jahrzehnten, und Steiner war tüchtig mittätig.
Verzeih, ich werde nur ungern aktuell, es war nur gerade hier kaum zu vermeiden.

(Brief, 22. Februar 1935, an Otto Hartmann)

Es hat sich ja in jüngster Zeit so entwickelt, daß unsereiner, schon zuvor sehr isoliert, nun auch noch von den eigentlichen Gesinnungsgenossen gehaßt oder bespuckt wird, nur weil man sich nicht zum bloßen politischen Kampfmittel hergibt. Irgendwo müssen ja doch ein paar Existenzen übrig bleiben, welche in dünnem Faden gewisse Traditionen weiterleiten, ich denke dabei weniger an hübsche idyllische Dinge als an solche alte und ehrwürdige Konventionen wie die der intellektuellen Redlichkeit usw. Vor allem rechne ich zu den Traditionen,

deren Schutz uns obliegt, den Sinn für die Qualität und das Sichnichtbeugen vor der Quantität. Darum freut mich das Wissen um einige Kameraden und stützt meinen Glauben [...]
A. Ehrenstein schrieb mir in sichtlich gehobener Stimmung aus Rußland. Ich beneide beinah die, die an das kommunistische Ideal glauben können, – ginge es ohne Hekatomben von Menschen und stieße ich bei den aktuellen Vertretern der Idee häufiger auf vollwertige Menschen, oder auf so feine und gutgeschulte Denker wie etwa Ernst Bloch, so wäre das schön. Es ist aber vorerst nicht so.

(Brief, Februar 1935, an Stefan Zweig)

Sehr fein und lieb ist der Gedichtdruck, dessen Vorlage Sie mir da sandten; es würde mich sehr freuen, wenn Sie davon Abzüge machen und auch mir einige Dutzend senden könnten. Nur frage ich mich, ob es nicht besser wäre, dem Gedicht einen anderen Titel für diesen Zweck zu geben. Solang das Glasperlenspiel nur für meinen engsten kleinen Freundeskreis existiert, und Josef Knecht nur so sehr wenigen mit Namen bekannt ist, würden die meisten Empfänger des Gedichts bei mir anfragen, wer denn Knecht sei, und was das Auffinden seiner Gedichte bedeute etc. etc. Kurz, ich schlage vor, dem Gedicht für diesen Druck den Titel zu geben, den ich ihm privatim für mich schon gab, den Titel: Hieroglyphen.

(Brief, 27. 2. 1935, an Hans Popp)

Du schriebst mir damals über den Regenmacher anerkennend, aber ohne weiter ein Wort von Deinem Eindruck zu sagen. Stattdessen war Dir die Frage wichtig, welchen Platz diese Erzählung in der geplanten größeren Dichtung einnehmen werde – im Grund eine nur technische Frage (denn der Regenmacher ist ja eine vollkommen abgeschlossene kleine Dichtung, es kann sich also nur um ihre Einfügung ins größere Ganze handeln). Aber obwohl es eine bloß technische Frage war, konnte ich sie Dir doch nicht beantworten, weil mir das Sprechen über noch Unvollbrachtes, das vorherige Darlegen des Planes einer begonnenen Dichtung unmöglich und unerlaubt ist. Es gibt Künstler, die müssen ihre Pläne mit andern durchsprechen, und andre, die das nicht können und dürfen. (Ganz zu schweigen von jenen nicht seltenen »Kollegen«, die uns ihr Leben lang von ihren jeweiligen wunderbaren Plänen erzählen, aber nie etwas fertigbringen.)

(Brief, 5. 3. 1935, an Hermann Hubacher)

Burckhardt [ist] nach unsrer Meinung der denkbar edelste Vertreter einer Geisteshaltung, der wir Heutigen viel tiefer verpflichtet und verschuldet sind, als wir meistens wissen und zugeben. Wenn es auch heute noch unter den Lehrern und Autoren inmitten der großen Kulturdämmerung Geister gibt, welche ihre Mission und Pflicht darin sehen, eine unbestechliche, vom Aktuellen her unbeeinflußbare, lediglich von der eigenen Verantwortung abhängige Geistigkeit als vorbildliche Haltung über die Erschütterungen und Verführungen des Tages hinweg den Nachkommen zu vererben – wenn die Unabhängigkeit, die Nichtkäuflichkeit und das Gewissen auch heute noch gültige Ideale für die geistige Leistung sind, so verdankt unsre Zeit das vorbildlichen Geistern wie Burckhardt. Gewiß, seine herrlichen Werke wären undenkbar ohne sein gewaltiges Wissen, seine riesige Belesenheit, und ohne den starken Einschuß von Künstlertum in seinem ganzen Wesen und Werk; aber die Grundlage von allem ist doch sein Charakter, die strenge, beinah asketische Form seiner intellektuellen Sittlichkeit. Darum wünschen wir jenen unter seinen Werken, welche auch von Nichtgelehrten verstanden werden können, und in erster Linie seinen »Weltgeschichtlichen Betrachtungen« und seiner »Kultur der Renaissance« die größte Verbreitung. Mögen diese schönen Ausgaben, die man heute halb geschenkt bekommt, für sehr viele bloß Bilderbücher sein, es wird sich doch immer wieder da und dort ein suchender junger Mensch zu ihnen finden, sich durch sie belehren, sich an ihnen Vorbilder und Richtlinien suchen, und das Gute in sich durch sie bestätigt und gefördert sehen.

(Rezension, im »Schweizer Journal« 2, Ostern 1935)

Was den Pater Jakobus und die Historie betrifft, so hat der Pater aus alter Anhänglichkeit und Verehrung den Vornamen

Jakob Burckhardt, »Pater Jakobus« im Glasperlenspiel.

von J. Burckhardt bekommen, des Historikers, den ich vor allen anderen liebe; er wußte zu seiner Zeit viel, auch viel voraus, mehr als z. B. Nietzsche.

(Brief, 17. 2. 1944, an Ludwig Renner)

Ich habe in jenem Gedicht (»Besinnung«) im Dezember 1933 versucht, zunächst für mich selber, möglichst genau die Fundamente meines Glaubens zu skizzieren. Sie haben offenbar das Gedicht weniger wörtlich genommen, als ich es meinte, wenigstens ist im Gedicht der Geist ausdrücklich als »väterlich« bezeichnet, während Sie »mütterlich« gelesen haben.
Sie vermuten richtig, daß dem Gedicht eine Wandlung zugrund liegt, nämlich eine beginnende »Besinnung« auf meine Herkunft, welche christlich ist. Das Bedürfnis zur Formulierung aber entstand aus dem aktuellen Streit um »biozentrische« oder »logozentrische« Anschauungsart, und ich wollte mich deutlich zu »logozentrisch« bekennen.

(Brief, 3. 3. 1935, an D. Z. Fehrbellin)

Diese Buchberichte[1] für Schweden sind, von mir aus gesehen, der Ast, auf den ich meine Tätigkeit retten werde, wenn die Rundschau uns früher oder später weggenommen wird. Allerdings sind sie vielleicht auch das Pulver, das mich einmal in die Luft sprengen wird: da ich dort je und je auch antideutsche Bücher, oder Bücher verbotener und exilierter Autoren anzeige und lobe, ist es wohl möglich, daß das dazu führt, mich auf die schwarze Liste zu bringen. Ich habe dabei den Grundsatz, mich weder zu exponieren noch zu schonen, d. h. den Standpunkt einer neutralen Gerechtigkeit, so fiktiv er sein mag, einzuhalten, und weder vor dem Teutonischen Kotao zu machen noch dem Vergnügen eines gelegentlichen Wutausbruches nachzugeben.

(Brief, 10. 5. 1935, an Thomas Mann)

1 Hesse hatte Thomas Mann eine Manuskriptkopie seiner Besprechung von Thomas Manns »Leiden und Größe der Meister« zugeschickt, die erst im September 1935 in Bonniers Litterära Magasin veröffentlicht wurde. Vgl. S. 126.

Wäre ich nicht Schweizer Bürger, so wäre natürlich eine zwangsweise Auseinandersetzung längst erfolgt.

(Brief, 18. 7. 1935, an Wilhelm Stämpfli)

Das letzte Gedicht, das vom »Aquinaten«[1] ist auch mir viel lieber als das von der Toccata[2]. Das letzte gehört eben in einem ganz bestimmten Sinn zu Josef Knecht, dem Glasperlenmeister, und zwar nicht zum älteren, sondern zum jungen Knecht; Sinn und Tonfall werden dem Leser erst dann recht klar werden, wenn er einmal diesen Knecht und seine Welt besser kennen wird.

[...] natürlich kann man eine Musik nicht in einem Gedicht nachzeichnen, höchstens ihren »Inhalt«, das heißt: das, was der Hörer sich vorgestellt hat, und bei einer Toccata (wir haben sie als Platte) sehe ich beim Hören jedesmal ein Bild, unter das man schreiben könnte »Es werde Licht«, d. h. also einen Moment der Weltschöpfung, wo aus dem finsteren Chaos die gestaltete Welt anfängt, sichtbar zu werden [...]

Das Glasperlenspiel scheint ein richtiges Alterswerk zu werden, ich kannte diese Arbeitsweise früher gar nicht, dieses tropfenweise Destillieren und dieses monatelange Überdenken und Meditieren, bis eine Zeile geschrieben wird. Ich sitze jetzt schon das dritte Jahr an diesem Werk, und noch ist von dem, was ich mir darunter vorstelle, kaum ein Viertel oder Drittel notiert.

(Brief, 1935, an Alice Leuthold)

Zur Toccata wäre etwa zu sagen: Das Gedicht gehört zu Josef Knecht und dem Glasperlenspiel, ist also nur halb von mir. An sich ist es mir zu pathetisch, ich habe die großen Töne nicht so gern, aber es glückte eben diesmal nicht anders. Natürlich kann man Musik nicht in Versen wiedergeben. Sondern, was in den Versen steht, ist nicht die Toccata, sondern mein subjektives Erlebnis, meine Assoziation beim Hören dieser speziellen Musik, die sich seit Jahren bei jedem Wiederhören wiederholt hat. Ich sehe oder fühle bei dieser Musik den Vorgang der

1 »Nach dem Lesen in der Summa contra Gentiles«.
2 »Zu einer Toccata von Bach«.

Schöpfung, und zwar den Moment der Lichtwerdung. Das ist wiederzugeben versucht, nicht mehr.

(Brief, 22. 7. 1935, an C. Clarus)

Von jenen Gedichten, die zum »Glasperlenspiel« gehören und von denen Sie schon mehrere haben, sende ich Ihnen hier ein neues, an Pfingsten entstanden. Das Glasperlenspiel und der Sagenkreis rings darum ist die Welt, in der ich geistig lebe, schon seit drei Jahren und länger, es hat sich im Anschluß an die Sage von der Morgenlandfahrt allmählich dieser Vorstellungskreis in mir gebildet, und ich lebe oft in ihm, als sei er eine echte Sage oder gar Religion, und nicht meine eigene Erfindung. Aber wenn ich auch drin lebe, so geschieht es doch äußerst selten, daß ich ein paar Worte dran schreibe, die Lust am Spinnen und vor mich hin Träumen ist nicht kleiner geworden, wohl aber der Trieb zum Produzieren. Oft schreibe ich in Monaten nichts als 1 oder 2 Gedichte. Allerdings geht daneben ja noch eine andre literarische Arbeit her, meine Bücherberichte, aber das rechne ich nicht mit, das ist eine rein intellektuelle Arbeit, keine dichterische.

(Brief, Sommer 1935, an Alfred Kubin)

Wieder einmal sitze ich allein, ein stiller Träumer, zwischen den Parteien und Organisationen, und da ich keiner dienen mag, werde ich von allen angespuckt, heut von den Patrioten, morgen von den Internationalen, bald von den Heldenjünglingen, bald von den Emigranten, jeder haut mir gern eins auf den Kopf, und zum Glück tut es mir in den meisten Fällen nicht weh. Außerdem zeigt mir so ein Geburtstag sehr deutlich, wie alt ich bin, und wie meine Stellung im Weltall längst fixiert und angenagelt ist. Da kommen Gratulationsbriefe von einigen Lesern, die mir seit 15, seit 20, seit 25 Jahren jedes Jahr zum 2. Juli schreiben, und mir immer die gleichen Sachen wünschen, die ich nie gehabt habe: daß ich auch fernerhin in voller Rüstigkeit und Lebensfreude meinen edlen Beruf ausüben und recht viel Freude dran haben möge etc.

Dagegen entdecke ich hie und da, daß man beim Altwerden doch etwas lernt, oder wenigstens daß einem manches

anwächst, was man brauchen kann. Z. B. lebe ich seit drei bis vier Jahren immer stiller und immer fester eingebaut in jener Dichtung oder jenem Bilder- und Sagenkreis, der zum Glasperlenspiel gehört, an manchen Tagen hocke ich ganze Stunden an einem Grasfeuer im Garten, verbrenne Gras, mache Asche, gebe sie den Blumen, und bin dabei nicht hier und nicht Hesse, sondern bin bei Josef Knecht oder bin er (die Schweizer sagen: ihn), spreche mit ihm, atme mit seiner Lunge, und phantasiere auf eine Art vor mich hin, die Weisheit oder Vertrottelung sein kann, und habe nicht das mindeste Bedürfnis, aus diesen Träumen Gedichte und Bücher zu machen [...]
Mit einem klugen Mann, von dem ich viel halte und der eben nach langem Aufenthalt aus Rußland zurückkam, sprach ich dieser Tage ein paar Stunden über die Weltgeschichte, d. h. ich hörte mehr zu, und es schien uns beiden, als werde früher oder später das deutsche Volk seine Tüchtigkeit, seinen Drill und seinen Idealismus anwenden und verbluten, und werde gar nicht merken, daß es nicht für Hitler und die *gloire* in die Weltgeschichte, sondern für England und den Kapitalismus in den Untergang marschiere.

(Brief, Juli 1935, an Ernst Morgenthaler)

Tuschzeichnung von Gunter Böhmer

Mancherlei Herkunft und Wurzel hat wohl
diese Neigung zum Feuern,
Von der knäbischen Lust am Zündeln
bis rückwärts zum Opfer
Abels oder des Abraham, denn jede Gewohnheit,
sei's Tugend,
Sei es Laster, ist ja bis tief
in die Vorwelt verwurzelt,
Hat aber jedem Einzelnen
ihren besonderen Sinn doch.
Mir zum Beispiel bedeutet das Feuer
(nebst Vielem, das es bedeutet)
Auch einen chymisch-symbolischen Kult
im Dienste der Gottheit,
Heißt mir Rückverwandlung der Vielfalt ins Eine,
und ich bin
Priester dabei und Diener, vollziehe
und werde vollzogen,

Wandle das Holz und Kraut zu Asche,
helfe dem Toten
Rascher entwerden und sich entsühnen,
und geh in mir selber
Oftmals dabei meditierend
dieselben sühnenden Schritte
Rückwärts vom Vielen ins Eine,
der Gottesbetrachtung ergeben.
So vollzog Alchymie die Prozesse und Opfer
des Läuterns
Einst am Metall überm Feuer, erhitzte es,
ließ es erkalten,
Gab Chemikalien zu und harrte
auf Neumond und Vollmond,
Und indes am Metall sich vollzog
die göttliche Wandlung,
Die es zum edelsten Gute,
zum Stein der Weisen veredelt,
Tat der fromme Adept im eigenen Herzen
dasselbe,
Sublimierte und läuterte sich,
vollzog die Prozesse
Chemischer Wandlung in sich, meditierend,
wachend und fastend,
Bis am Ende der Übung, nach Tagen
oder nach Wochen,
Gleich dem Metalle im Tiegel
auch seine Seele entgiftet,
Seine Sinne geläutert und er bereit war
zur mystischen Einung.
Nun, ich sehe euch lächeln, o Freunde,
und wohl mögt ihr lächeln,
Daß mein Kauern und Schüren am Boden,
mein Zündeln und Köhlern,
Meine kindliche Lust am einsamen Träumen
und Brüten
So sich mit Gleichnissen schmücke, ja brüste.
Indessen, ihr Lieben,
Wisset ihr, wie es gemeint ist,
und wie ich ja all mein Dichten verstehe,

Als Beschönigung nicht, als Bekenntnis nur,
                und ihr duldet
Also mein Phantasieren [. . .]
Noch einen Köhlerglauben, noch einen von vielen,
                bekenn ich:
Daß ich vom Erdebrennen viel halte:
                man übt es, so scheint mir,
Heute nicht mehr, die Chemie
                hat andere Mittel gefunden,
Erde zu bessern, zu läutern,
                zu fetten oder entsäuern,
Auch hat niemand mehr Zeit in unsern Tagen,
                zu sitzen
Und sich Erden zu brennen am Feuer
                – wer zahlte den Taglohn?
Ich aber bin ein Dichter
                und zahl es mit mancher Entbehrung,
Manchem Opfer vielleicht,
                dafür hat Gott mir gestattet,
Nicht bloß in unseren Tagen zu leben,
                sondern der Zeit mich
Oft zu entschlagen und zeitlos zu atmen im Raume,
                einst galt das
Viel und wurde Entrückung genannt
                oder göttlicher Wahnsinn.
Heute gilt es nichts mehr,
                weil heute so kostbar die Zeit scheint,
Zeitverachtung aber ein Laster sei.
                »Introversion« heißt
Bei den Spezialisten der Zustand,
                von dem ich hier spreche,
Und bezeichnet das Tun eines Schwächlings,
                der sich den Pflichten
Seines Lebens entzieht
                und im Selbstgenuß seiner Träume
Sich verliert und verspielt
                und den kein Erwachsener ernst nimmt.
Nun, so werden von Menschen und Zeiten
                die Güter verschieden
Eingeschätzt, und es sei mit dem Seinen

ein jeder zufrieden.
Aber zurück zur Erde! Ich sprach
vom Brennen und Köhlern,
Das ich so gern betreibe
und das heut nicht mehr modern ist.
Einstmals herrschte der Glaube,
man könne durch Brennen die Erde
Heilsam erneuern und fruchtbar machen,
zum Beispiel bei Stifter,
Einem Dichter, von dem ich viel halte,
»brennen« die Gärtner
Sich verschiedene Erden,
und so versuche auch ich es.
Aus dem Abfall, dem Grünzeug, den Wurzeln,
die ich verbrenne,
Alle mit Erde gemischt, entstehet teils dunkle,
teils helle,
Rötliche teils, teils graue Asche,
sie lagert am Grunde
Meiner Feuerstelle, so fein
wie das feinste Mehl oder Pulver.
Diese dann, peinlich gesiebt,
bedeutet den Stein mir der Weisen,
Ist mir Ertrag und köstliche Frucht
der verköhlerten Stunden,
Die ich in kleinem Kessel wegtrage
und sparsam im Garten verteile,
Nur die geliebteren Blumen
und etwa das Gärtchen der Gattin
Würdige ich eines Anteils
an diesem sublimen Erträgnis
Meditativer Feuer und Opfer.
Auch heute bedeck ich,
Kauernd wie ein Chinese,
den Strohhut tief über den Augen,
Sorgsam die schwelende Glut
abwechselnd mit Trocknem und Feuchtem,
Und es geht mir noch einmal das ganze Zeug
durch die Hände,
Das ich hier angesammelt auf großem Haufen.

Da liegen
Alle Arten von Kraut und Unkraut,
Schmarotzer der Beete,
Liegt geschoßner Salat und Gurkengrün
und dazwischen
Oft noch ein Stäbchen aus Holz
mit drein geklemmtem Papierchen,
Zeichen einst, daß ein Beet in Hoffnung
mit Samen bestellt sei,
Unnütz längst, überholt,
so wie die Weisheit der Alten
Und der Heiligen Schrift heut überholt ist
und mancher
Sie mit den Füßen tritt und belacht
gleich diesem Haufen von Abfall.
Dem Besinnlichen aber,
dem Müßiggänger und Träumer,
Dem Empfindsamen sind sie wertvoll,
ja heilig, wie alles,
Was das Menschengemüt in Betrachtung
und Denken beruhigt,
Daß es der Leidenschaften und Triebe
besonnener Herr wird.
Aber auch jene Leidenschaft, jene heftige Lust
muß man zähmen,
Welche die andern verbessern, die Welt erziehen,
Geschichte
Aus Ideen gestalten will,
denn es ist leider die Welt nun
So beschaffen, daß dieser Trieb edlerer Geister,
wie alle
Andern Triebe am Ende zu Blut und Gewalttat
und Krieg führt,
Und das Weisesein bleibt Alchymie und Spiel
für die Weisen,
Während die Welt von rohern,
doch heftigern Trieben regiert wird.
Also bescheiden wir uns,
und setzen wir möglichst dem Weltlauf
Auch in drangvoller Zeit

jene Ruhe der Seele entgegen,
Welche die Alten gerühmt und erstrebt,
und tun wir das Gute.
Ohne an Ändrung der Welt gleich zu denken;
auch so wird sich's lohnen [...]
Ruhend, doch nie ganz müßig,
knie ich am Boden und fülle
Sanft mit den Händen das schön gerundete Sieb
mit der Asche,
Die noch von früheren Feuern stammt,
und mische Erde dazwischen,
Alte, warmfeuchte, vom Grund des Haufens,
durchzogen
Leise von Gärung und Moder,
und schüttle das lockre Gemische
Sachte, daß unter dem Siebe ein kleiner Kegel
heranwächst
Feinster aschiger Erde. Und ohne zu wollen,
verfall ich
So beim Schütteln in feste,
einander gleichende Takte.
Aus dem Takt wiederum erschafft
die nie müde Erinnrung
Eine Musik, ich summe sie mit,
noch ohne mit Namen
Sie und mit Autor zu kennen,
dann weiß ich es plötzlich: von Mozart
Ist's ein Quartett mit Oboe ...
Und nun beginnt im Gemüt mir
Ein Gedankenspiel, dessen ich mich schon
seit Jahren befleiße,
Glasperlenspiel genannt,
eine hübsche Erfindung,
Deren Gerüst die Musik
und deren Grund Meditation ist.
Josef Knecht ist der Meister,
dem ich das Wissen um diese
Schöne Imagination verdanke.
In Zeiten der Freude
Ist sie mir Spiel und Glück,

in Zeiten des Leids und der Wirren
Ist sie mir Trost und Besinnung,
und hier am Feuer, beim Siebe,
Spiel ich es oft, das Glasperlenspiel,
wenn auch längst noch wie Knecht nicht.
Während der Kegel sich türmt
und vom Siebe das Erdmehl herabrinnt,
Während mechanisch dazwischen, sobald es nötig,
die Rechte
Meinen rauchenden Meiler bedient
oder neu mit Erde das Sieb füllt,
Während vom Stall her die großen Blumensonnen
mich anschaun
Und hinterm Rebengezweig
die Ferne mittagsblau duftet,
Hör ich Musik und sehe vergangne
und künftige Menschen,
Sehe Weise und Dichter und Forscher
und Künstler einmütig
Bauen am hunderttorigen Dom des Geistes
– ich will es
Einmal später beschreiben,
noch ist der Tag nicht gekommen.
Aber er komme nun früh oder spät
oder komme auch niemals,
Immer wird mich, so oft ich des Trostes bedarf,
Josef Knechtens
Freundlich sinnvolles Spiel,
den alten Morgendlandfahrer,
Aus den Zeiten und Zahlen entrücken
zu göttlichen Brüdern,
Deren harmonischer Chor
auch meine Stimme mit aufnimmt.

(Aus dem Hexametergedicht »Stunden im Garten«, geschrieben vom 19.-23. 7. 1935)

Man wundere sich nicht, daß in meinen Berichten die intellektuellen Bücher mindestens ebenso zahlreich vertreten sind wie die dichterischen. Die philosophische wie die historische Besin-

nung ist heute ebenso notwendig wie die dichterische Entspannung. Und ein großer Teil der jetzigen »dichterischen« Produktion in Deutschland steht unter dem Zeichen der Konjunktur und darf nicht ernst genommen werden. Die Konjunktur ist allerdings trügerisch, die Verleger der allzuvielen Bauernromane z. B. machen alle keine Geschäfte. Mit der neuen Parole von »Blut und Boden« wäre, so schien es, die Zeit für einige Dichter von Wert gekommen, welche bisher tatsächlich ungerecht waren vernachlässigt worden, es seien nur Namen genannt wie Paul Ernst und Emil Strauß – aber die öffentliche Meinung erwies sich als durchaus verwirrt und instinktlos, und die Werke und Dichter, welchen die Umwälzung nach aller Voraussicht hätte förderlich sein müssen, kamen nicht an die Reihe [...]
Mit Freude begrüße ich den neuen Essay-Band »Leiden und Größe der ›Meister‹« von Thomas Mann (S. Fischer Verlag). Jede Wiederbegegnung mit diesem elastischen, aber energischen Geist läßt uns fühlen, daß er nicht nur ein glänzender Schriftsteller und sehr kluger, geistreicher Mensch, sondern nicht minder ein treuer, fester, sich bewährender Charakter ist, ein Mann, der sich treu bleibt. Nie wollte er das antibürgerliche »Genie« sein, er will sich nicht aufspielen, er will nicht überkommene Wertungen zertrümmern, er ist ein dankbarer und vollwertiger Erbe und Sohn der bürgerlichen deutschen Kultur, einer vormodernen und zur Zeit von einem Teil der Jugend belächelten Kultur also – aber immerhin jener Kultur, aus der nicht bloß Goethe und Humboldt, Schiller und Hölderlin, Keller, Storm und Fontane, sondern auch Nietzsche und Marx hervorgegangen sind. Wir mögen ihn wohl jenen Meistern zurechnen und anreihen, deren »Leiden und Größe« er, ihr jüngerer Bruder, kennt und deutet. Das im schönen und würdigen Sinne »Bürgerliche« bei Thomas Mann kommt wohl in den Essays über Goethe, über Wagner und Storm besonders rein zum Ausdruck. Ein merkwürdig anpackender und wirksamer Aufsatz ist der über August v. Platen, auch er vermutlich nicht aus dem Ärmel geschüttelt, sondern treu erarbeitet, aber er wirkt wie der Blitz eines glücklichen Einfalls. Wegen des Wagner-Aufsatzes ist Thomas Mann seinerzeit in München von seinen vormaligen Kollegen und Freunden, den dortigen »Intellektuellen«, in ebenso häßlicher wie törichter Weise angegrif-

fen und denunziert worden, weil trotz seiner lebenslangen tiefen Liebe zu Wagner sein Verständnis für das Fragwürdige und Pathologische in diesem Genie etwas tiefer reicht als das der Kapellmeister. Ich teile Manns tiefe Liebe zu Wagner nicht, aber ich muß diesen Wagner-Aufsatz ganz besonders rühmen.

Es sei übrigens, um nicht einem Irrtum Vorschub zu leisten, den die Gegner Manns gern verbreiten – es sei noch ein Wort über das »Bürgerliche« bei Thomas Mann gesagt. Er ist ein Bürger im positiven und edlen Sinne, aber er ist wahrlich kein Spießbürger. Junge Enthusiasten lehnen ihn gelegentlich ab als allzu verständig, allzu intellektuell und ironisch und übersehen dabei ganz und gar, wie sehr dieser Geist auch »Genie« ist, wie sehr individualisiert und gefährdet, wie sehr um das »Leiden« der Meister wissend, wieviel vom Heroismus und auch von der Dämonie des von seinem Werk Besessenen und sich ihm Opfernden er in sich hat. Wer das nicht aus seinen Dichtungen erkannt hat, der könnte es aus vielen herrlichen und verräterischen Sätzen dieser Essays erkennen [...]

Hohes Interesse verdient das Buch »Erbschaft dieser Zeit« von Ernst Bloch (Verlag Oprecht und Helbling). Bloch, ein entschiedener Kommunist, gehört nicht zu den populären Autoren, die im Tageskampf viel zitiert werden, er steht im Gegenteil dem »Vulgär-Marxismus« sehr kritisch, ja skeptisch gegenüber und gehört zu den wenigen Esoterikern des Marxismus, d. h. zu jenen paar Autoren, welchen die Zucht und Geschmeidigkeit der echten Hegelschen Dialektik nicht verloren gegangen ist. Obwohl ich nicht Marxist bin und es nie war, schätze ich diesen Autor hoch. In seinem überlegenen und doch leidenschaftlichen Buch zieht er die Bilanz der »Erbschaft dieser Zeit«, d. h. er klopft von seinem kommunistischen Standpunkt aus unsre ganze bürgerlich-kapitalistische Kultur untersuchend ab, um festzustellen, welche Teile und Reste dieser Kultur auch für die Zukunft, für den klassenlosen Staat wichtig sein und weiterleben könnten. Es zeigt sich dabei, daß der unerbittliche Feind und Richter des Bürgertums die Spätkultur dieses Bürgertums, seine Kunst, seine Dichtung, seine Geschichtsphilosophien, seine Illusionen und seine Pessimismen nicht nur sehr genau studiert hat, sondern manches in ihr auch liebt; z. B. spürt man es bei seinen vernichtenden Abrechnungen mit Spengler überall durch, wie er dessen positive Leistungen, namentlich gewisse kulturmorphologische Kapitel, nicht nur sorgfältig, sondern mit einer gewissen grimmigen Zärtlichkeit studiert hat. Auf lebendige und zum Teil ganz originelle Weise bezieht er Architektur und Musik, Kino etc. mit ein. Für wache und kritische Leser ein mehr als nur anregendes Buch.

Stefan Zweig hat ein Buch »Triumph und Tragik des Erasmus v. Rotterdam« geschrieben (Verlag Herb. Reichner, Wien). In seiner geschmeidigen Art, aber mit großer Herzenswärme zeichnet er nicht so sehr die private Biographie als vielmehr die geistige Stellung und das geistige Schicksal des großen Humanisten in seiner Zeit. Seinem Endkampf mit Luther, dem kraftvollen und zornigen Kämpfer, hat er ein wahrhaft aufregendes Kapitel gewidmet, ohne dabei Luthers Größe zu verkennen. Der eigentliche Gegenpart des klugen Gelehrten aber, des Freundes der Vernunft und Gerechtigkeit, des Verkünders einer Lehre des Friedens und der Menschlichkeit, war nicht Luther, sondern der nicht minder kluge Machiavelli, der Rationalist und Theoretiker der Machtpolitik. Ihn stellt Zweig im letzten Kapitel dem Humanisten gegenüber und kommt zu dem Schluß, daß allen Kriegen und allen Triumphen der Machtpolitik zum Trotz das Ideal einer übernationalen Gerechtigkeit und einer »Vermenschlichung der Menschheit« immer wieder lebendig ist und als geistige Gegenkraft an der Erziehung der Menschheit mitwirkt. Der berühmte, aber kaum mehr gelesene Erasmus, der Freund des großen Thomas Morus, in dessen Hause er anno 1509 seine »Laus stultitiae« schrieb, gewinnt in dieser Darstellung eine merkwürdige Aktualität, und indem der Leser diese vorbildliche Gestalt eines geistigen Helden neu sehen lernt, wird auch der Autor des Buches ihm von neuem lieb.

(Aus dem 2. Literaturbericht in »Bonniers Litterära Magasin«, September 1935)

Die vielen historischen und biographischen Romane und Halbromane unserer Literatur sind am Ende mehr als nur eine Mode: es wäre von Interesse, ihre so aufdringliche Existenz einmal etwas tiefer zu erklären als üblich, nämlich aus dem zweifelhaft und fragwürdig gewordenen Rang der Geschichtswissenschaft. Diese Wissenschaft hat, je mehr sie sich dem wissenschaftlichen Ideal des 19. Jahrhunderts zu nähern suchte, dem Vorbild der »exakten« Forschung nämlich, desto mehr sich zu einsamen Vergnügungen unter Fachgenossen auf die Quellenforschung zurückgezogen. Die eigentliche Geschichtsschreibung aber galt mehr und mehr für fragwürdig, ja anrüchig, und so überließ man es immer mehr teils den Dichtern, teils auch den politischen und weltanschaulichen Feuilletonisten, Geschichte zu schreiben. Es gibt glücklicherweise Ausnahmen, sogar so schöne wie Burckhardts »Richelieu«[1], aber sie bleiben Ausnahmen. Das große Publikum aber, das am Geschichtlichen und besonders am Biographischen mit Recht immer stark interessiert ist, hat es gar nicht ungern, sich über Gegenstände der Geschichtsschreibung auf diese bequeme, spannende, oft amüsante Weise zu unterrichten, und liebt heute wie immer ganz besonders die sentimentale und die pathetische Biographie, in welcher der Autor seinen Helden lobpreisend oder ermahnend direkt anredet, etwa so: »schöner unseliger Prinz, wie viel tiefer noch wäre dein Leiden, könntest du ahnen, welche Erschütterungen die folgenden Jahre dir bringen werden« etc. Der große Haufe dieser Literatur befindet sich in einem Tiefstand, den zu leugnen keinen Sinn hätte, es ist da eine gewaltige Kitschfabrik im Gang, eine kleinere aber rührige Schwester der Filmindustrie.

(Aus einer Rezension in der »National-Zeitung« vom 20. 10. 1935)

Ja, mit dem Glasperlenspiel haben wir kein Glück. Ich weiß es schon seit der Morgenlandfahrt, wie sehr die Zeit und die vorherrschende Stimmung alledem entgegensteht, und die Formen, in denen sich das äußert, sind ja um nichts hübscher geworden. Ich kann daran nichts ändern, aber auch nicht an mir und an dem, woran ich glaube, insofern trifft die Ablehnung mich kaum, denn auf die Zahl der etwa Zustimmenden kommt es mir gar nicht an [. . .]
Am Josef Knecht habe ich nur wenige Seiten geschrieben, seit

1 Carl Jacob Burckhardt »Richelieu, Der Aufstieg zur Macht«, Callwey, München, 1935.

Sie hier waren; das Stück von ihm, an dem ich damals arbeitete, ist mir mißglückt oder doch steckengeblieben, das Ganze aber steht mir ziemlich fest.

(Brief, 1935, an Walter Lochmüller)

Es gibt ja heute auch eine, sogar von Autoren und Verlegern oft gepredigte Auffassung, als käme es bei einem Buch auf das »Literarische« garnicht an, als genüge es, eine gute Absicht, eine anständige Gesinnung und das Herz auf dem rechten Fleck zu haben, um vorzügliche Bücher schreiben zu können. Wir teilen diese ebenso törichte wie verderbliche Lehre nicht. Es gehört recht viel dazu, ein gutes Buch schreiben zu können, und wenn die Gesinnung und der gute Wille dazu genügten, dann wäre die Welt voll von Autoren ersten Ranges. Die deutsche Romanliteratur hat trotz hoher einzelner Leistungen im Durchschnitt kein sehr hohes Niveau; es wird eben auf die Gesinnung (die man übrigens leichter vortäuschen kann als das Können) mehr Wert gelegt als auf das literarische Handwerk. Es besteht die Tendenz, sogenannte »Lebensbücher« höher zu bewerten als »literarische« Bücher – aber wenn das »Literarische« wirklich bei einem Buch nebensächlich sein soll, so ist das nicht anders, als wenn man bei einem Gemälde das Malerische, bei einem Gebäude das Architektonische für nebensächlich erklären wollte. Gewiß gibt es ein Zuviel des Literarischen, ein Artistentum, das keinen Kontakt mehr mit dem Leben hat. Aber daß ein gekonntes, ein »literarisches« Buch mit hohem künstlerischen Niveau eben doch etwas ganz anderes sei als die schlechtgeschriebenen »Lebensbücher«, das zeigt gerade ein Beispiel wie der Roman von Maass[1]. Seine Technik ist, wenn man so will, eine impressionistische oder malerische, und wenn man irgend einen beliebigen Satz aus seinem Roman mit einem beliebigen Satz aus einem bloßen Gesinnungsroman vergleicht, so sieht man deutlich, wo das Leben und wo der Wirklichkeitssinn größer ist. Bei J. Maass gibt jeder Satz eine Anschauung, Bild an Bild, eindringlich geschaut und künstlerisch verdichtet, von erlebtem Leben, von genau gesehener Wirklichkeit ganz gesättigt. Und die Gesinnung? Sie ist über der Treue und

1 Joachim Maass, »Die unwiederbringliche Zeit«, S. Fischer Verlag, Berlin 1935.

Gewissenhaftigkeit des literarischen Handwerks keineswegs verkümmert: es steht hinter dem dichten, soliden Gewebe dieser Bilderreihe ein überall spürbarer, aber nirgends predigend sich äußernder Sinn für das Moralische. Dieser Erzähler hat das Herz mindestens ebenso richtig auf dem Fleck wie irgend ein Mann der wohlfeilen Volkstümlichkeit, und außerdem kann er sein Handwerk, übt die lebendige Moral seiner Kunst und entzückt uns durch sie auf eine Art, welche den Predigern nie gelingt und die eben die Art echter Dichtung ist. Dieser Roman wird die Mehrzahl der antiliterarischen und antiintellektuellen Bücher überdauern, die im Augenblick die Oberfläche der deutschen Literatur bevölkern.

(Rezension in der »National-Zeitung« vom 10. 11. 1935)

Ich habe selber seit mehr als einem Jahr an meiner künstlerischen Arbeit (Glasperlenspiel etc.) nicht den kleinsten Strich tun können und muß Tag für Tag durch die Niederungen des Aktuellen waten. Aber die Rückkehr zur Kunst scheint mir dennoch möglich und notwendig. Wir dürfen uns den Nöten und Problemen des Tages nur dann hingeben, wenn wir gewillt sind, in ihnen Partei zu ergreifen und uns ganz einzusetzen. Da ich die Partei nicht kenne, deren Ziel ich ganz bejahen könnte, gibt es diesen Weg für mich nicht.

(Postkarte, 16. 11. 1935, an Gunter Böhmer)

Aus »Die Neue Literatur«, Heft 11/November 1935

Nach 1900 ist es mit der Berichterstattung über deutsche Literatur nicht besser geworden. Nach dem Weltkrieg vollends, als das Pressejudentum allmächtig war und sich gegen alles, was nicht jüdischen Ideen diente, ungestraft austoben konnte, als es wirklich deutschen Dichtern sogar im eigenen Land das Wirken fast unmöglich machte, da hören wir jenseits der Grenzen, wenn von deutscher Literatur die Rede ist, nur die Namen: Schnitzler, Wassermann, Feuchtwanger, Stefan und Arnold Zweig usw. usw. Die Folgen dieser Abschnürung alles volkhaft deutschen Schrifttums waren fürchterlich: unsern nächsten nördlichen Nachbarn wurden wir dadurch fremder als jedes

andere Volk der Welt, sie konnten *uns einfach nicht kennenlernen.*
Ich höre die Leser aufatmen und sagen: Gott sei Dank, das ist ja jetzt anders geworden. Wir haben uns von dem Geschmeiß, das uns ersticken wollte, befreit! Heute können unsere deutschen Schriftsteller und Dichter wirken und unsere Presse unterrichtet das Ausland wahrheitsgetreu über deutsche Kultur. Es gibt höchstens noch ein paar Kläffer aus Emigrantenkreisen, aber diese werden selbst im Ausland nicht mehr ernst genommen.
Wie das aber in Wirklichkeit aussieht, möge folgender Fall dartun:
In »Bonniers Litterära Magasin«, der führenden kritischen Zeitschrift Schwedens, die selbstverständlich in jüdischen Händen ist, schrieb unlängst Hermann Hesse, *ein, wie ich betonen möchte, wirklicher Dichter und ein Arier, über neue deutsche Bücher. Wir wollen uns nun einmal ansehen, in welcher Art sich Hesse in diesem Aufsatz der Pflicht entledigt, über die neue Literatur seines Landes zu berichten:*
Er beginnt den Artikel mit einem Dithyrambus auf Thomas Mann, *nennt ihn »einen dankbaren und echten Sohn und Erben der bürgerlichen deutschen Kultur, einer unmodernen und gegenwärtig von vielen Jungen verlachten Kultur«, die aber immerhin nicht nur Goethe und Humboldt, Schiller und Hölderlin, Keller, Storm und Fontane, sondern auch Nietzsche und Marx (!) hervorgebracht habe. – Er schreibt weiter: »Wegen seines Aufsatzes über Wagner wurde Thomas Mann Gegenstand ungewöhnlich gehässiger und dummer Angriffe seiner früheren Kollegen und Freunde in München, der bayrischen ›Intellektuellen‹«. Hesse kommt zum Schluß: »Th. Mann ist ein Bürger in hohem und positivem Sinn, aber wahrlich kein Spießbürger.«*
Dann erklärt Hesse, daß »S. Fischers Verlag noch immer der vornehmste Verlag der deutschen Bücherwelt« sei. Was einen eigentlich in einem Artikel, der von einem S. Fischer-Autor stammt und viele S. Fischer-Bücher bespricht, nicht wundernehmen kann.
Aber nun geht's weiter: Gelobt werden der Prager jüdische Dichter Kafka ... *der Jude* Alfred Polgar ... *ein malaiisches Pseudonym* Koran Trang *(zu deutsch etwa: Zu wenig Licht),*

Verfasser eines in der Schweiz erschienenen, deutlich kommunistisch tendierten Romans aus den indonesischen Kolonien. Hesse findet in diesem Buch folgenden Satz besonders geistreich: »Europa macht sich überall breit, denn es ist kein Weltteil, sondern eine Psychose.«
Dem malaiischen »Deutschen« oder deutschen Malaien folgt die Katholikin Gertrud von le Fort. *Dann finden wir in diesem Aufsatz über* deutsche *Literatur noch den kommunistischen Juden* Ernst Bloch, *zu dem Hesse sich freimütig bekennt: »Wiewohl ich nicht Marxist bin und es auch nie war, schätze ich diesen Schriftsteller sehr hoch ein.« ... Dann folgt wieder einmal ein Wiener Jude* Emil Lucka. Stefan Zweig *ist zumindest unter bibliophilen Ausgaben genannt.* Rudolf Wahls *Buch »Karl der Große« wird von Hesse gerade an jenen Stellen angegriffen, wo es sich gegen die blutigen Christianisierungsmethoden Karls und gegen die Verquickung von Geld und Kirche wendet. Den Kampf gegen die politisierende Kirche nennt Hesse dabei eine »Modetendenz«. Dagegen ist* Th. Steinbüchels *»Christliches Mittelalter« für Hesse etwas ganz anderes. Es ist, nach Hesse, »nicht nur das Bekenntnis eines Katholiken, sondern auch eines guten Europäers«. Dann folgt die Besprechung zweier Werke über den* jüdischen Scholastiker Maimonides *(Die Linie, die zu diesen Werken führt, ist an sich interessant) ...*
Halt, halt, höre ich den Leser rufen. Was hat denn Hesse, der deutsche Dichter Hesse, zur neuen deutschen *Literatur zu sagen?*
Das: »Die nächstfolgende Generation (– das ist unsere –) zeigt dagegen einen Hang zu primitiver Dogmatik und pathetischen Glaubenssätzen.«
Und das: »Ein Großteil der gegenwärtigen ›schönliterarischen‹ Produktion in Deutschland trägt das Gepräge zufälliger Konjunkturen und kann nicht ernst genommen werden. Konjunkturen sind übrigens trügerisch; die Verleger, die z. B. alle unsere Bauernromane herausgeben, machen durchaus keine guten Geschäfte ... aber die offizielle Kritik erwies sich als vollkommen verwirrt und ohne gesunde Instinkte ...«
Das sagt der deutsche Dichter Hermann Hesse. Er beschimpft die ganze neue deutsche Dichtung und verdächtigt die deutschen Dichter, auch die Dichter, die lange vor der Wende deutsch schrieben und schufen, der Konjunkturmache. Mehr

noch, er verschweigt sie alle, die jungen wie die alten. Er tut, als habe Deutschland, das neue Deutschland, keine Dichter, als wäre das neue deutsche Schrifttum nur von Konjunkturschmierern geschrieben. Er verrät die deutsche Dichtung der Gegenwart an die Feinde Deutschlands und an das Judentum. Hier sieht man, wohin einer sinkt, wenn er sich daran gewöhnt hat, an den Tischen der Juden zu sitzen und ihr Brot zu essen. Der deutsche Dichter Hermann Hesse übernimmt die volksverräterische Rolle der jüdischen Kritik von gestern. Den Juden und Kulturbolschewiken zuliebe hilft er im Auslande falsche, sein Vaterland schädigende Vorstellungen verbreiten. Hermann Hesse mag seine persönlichen Freundschaften und Sympathien haben, die schon lange nicht mehr die des deutschen Volkes sind. Aber wenn er als Berichterstatter zu anderen Völkern spricht, so hat er zu seinem Volk zu stehen und zu helfen, die Wahrheit über sein Volk in der Welt zu Ehren zu bringen. *Kann er und will er dabei nicht helfen, so schweige er wenigstens, wie er von jeher geschwiegen hat, wenn er hätte seine Stimme für Deutschland erheben sollen.*

Daß jemand meine Bücherberichte, oder doch ein Stück daraus, gelesen hat, ist ja schon viel. Ich habe seit anderthalb Jahren an meiner eigenen Dichtung – es sollte mein »Alterswerk« werden – keinen Strich mehr tun können, ich mußte Briefe schreiben, Bücher lesen und besprechen, hungernde Kollegen unterstützen, Besuche empfangen und lauter solche Dinge, und währenddessen sind meine Ersparnisse an Geld und ist mein Rest von Gesundheit und Lebenskraft weggeschmolzen, dies Jahr kam Schlag auf Schlag, der letzte war der Selbstmord meines Bruders[1], wir haben ihn eben erst begraben.

(Brief, Ende November 1935, an Henriette Kühne)

Das ist ein schlechtes Jahr gewesen, fast nichts als Krankheit, Enttäuschungen und Sorgen, Tod von Freunden, dazu Verlust meiner Ersparnisse, weil sie in deutschen Papieren angelegt waren. Schließlich kam ich vor 3 Wochen wieder zur Kur nach

1 am 28. 11. 1935. Vgl. »Erinnerung an Hans«, S. 341 ff.

Baden. Hier lebte seit vielen Jahren mein jüngerer Bruder Hans. Ich besuchte ihn, hatte ihn auch einen Abend bei mir im Hotel, er war sehr in Sorgen, meinte, er werde bald seine Stelle und damit das Brot für seine Familie verlieren, aber nach einer Aussprache mit mir schien er doch getröstet. Nach einigen Tagen meldete man mir mittags, er sei morgens zuhaus fortgegangen, aber nicht in sein Büro gekommen. Sein Sohn suchte nach ihm, abends sagten wir es der Polizei. Nach anderthalb Tagen Suchen und Warten fand man ihn im Feld. Er hatte sich mit seinem Taschenmesser umgebracht [...] In Euren Literaturblättern bezeichnet man mich jetzt als Volksverräter und Kulturbolschewist. Merkwürdige Welt!

(Brief, Dezember 1935, an Ludwig Finckh)

Ich habe im Laufe der letzten Jahre eingesehen, daß es mir nie möglich sein wird, meinen Glauben und mein Bekenntnis anders auszusprechen als in den Gleichnissen der Dichtung, die direkte Lehre ist nicht mein Gebiet.

Dies hängt damit zusammen, daß ich zu dem wichtigsten Problem des geistigen Lebens von heute eigentlich nichts beizutragen habe, zum Problem des Gemeinschafts- und Kollektiv-Lebens. Die Welt und Jugend strebt heute unbeirrbar und unaufhaltsam zum Kollektiven, ist ja oft auch, auf faschistischer wie kommunistischer Seite, mit einer sehr rohen und geistfeindlichen Art von Gemeinschaft zufrieden.

Umgekehrt war ich lebenslänglich ein Einzelner, und habe meine Einordnung ins Ganze des geistigen Lebens mehr in der Vergangenheit und Geschichte suchen müssen, als im aktuellen Leben, ich war vollkommen unfähig, mich irgendeiner der primitiven Formen von Gemeinschaft auch nur versuchsweise anzuschließen, und desto mehr auf die Auseinandersetzung mit den Religionen und Philosophien der Vergangenheit angewiesen, um schließlich doch den Glauben zu gewinnen, daß auch ich trotz meines Einzelgängertums mit dem Ganzen der Menschheit innig zusammenhänge.

Darum kommen zu mir seit vielen Jahren als Frager und Ratsucher jene jungen Menschen, denen es beschieden ist, sich über das alltägliche Maß hinaus individualisieren und differenzieren zu müssen, und die dann unter dem Zwiespalt mit den Forderungen der Gemeinschaft leiden. Dem Einzelnen konnte ich zuweilen helfen, Prinzipielles aber habe ich nicht zu sagen.

(Brief, 10. 12. 1935, an G. Rutishauser)

Der Gedanke an das Ende und das Verlassen dieser Welt wird eher tröstlich, zumindest verliert er seine Schrecken.

Nun, es hält mich dennoch dies und jenes zurück. Vor allem der Wunsch, noch meine Arbeit, den Josef Knecht, zu Ende zu bringen. Die physischen Kräfte würden dafür noch reichlich reichen, aber ob es auch die seelischen tun werden? Sie fragen mich, ob in der Corona noch mehr Stücke von der Geschichte J. Knechts erscheinen werden. Leider kann ich das nicht mit Bestimmtheit sagen. Es ist fraglich, ob die Corona noch weiter dafür Raum haben wird; wenigstens hatte sie nichts dagegen, daß auch in der Neuen Rundschau, also direkt bei der Konkurrenz, ein Kapitel erschien [. . .] Und darüber hinaus ist heute die Existenz dieser Blätter, Corona wie Rundschau, etwas so Labiles und Gefährdetes, daß es jeden Tag damit sein Ende haben kann. Jedenfalls würde ich Ihnen zum Einbinden der bisher gedruckten Stücke nicht raten, ein Fragment werden sie auf jeden Fall bleiben. Dagegen besteht ja noch immer die Möglichkeit, daß das Ganze, wenn wirs erleben, noch als Buch herauskommt.

(Brief, Dezember 1935, an Franz Xaver Münzel)

Es tut mir bloß leid, daß Sie diese Abneigung gegen das was Sie »philosophisch« nennen, haben – denn das Buch, an dem ich seit drei Jahren arbeite, wird z. T. dieser Art sein, außer der »Philosophie« wird aber auch die alte Musik darin eine Hauptrolle spielen.

(Brief, 1935/36, an Wilhelm Stämpfli)

Zu der Glosse im Novemberheft 1935 (S. 685) sendet uns Hermann Hesse *durch den Sekretär des »Schweizerischen Schriftsteller-Verein/Société des Ecrivains Suisses« in Zürich folgenden Brief:*

»z. Zeit Baden (sonst Montagnola), 3. Dezember 1935

An die Schriftleitung der Zeitschrift ›Die Neue Literatur‹.

Auf Umwegen, durch den Brief eines Bekannten erfahre ich, daß ich jüngst in Ihrer Zeitschrift angepöbelt worden bin, und man zitiert mir aus dem fraglichen Artikel einige Sätze, z. B.: ›der deutsche Dichter H. Hesse übernimmt die volksverräterische Rolle‹ und ›den Juden usw. zuliebe hilft er im Auslande falsche, sein Vaterland schädigende Vorstellungen verbreiten‹.
Ich möchte diese schändlichen Worte, unterstützt vom Schweizerischen Schriftstellerverein, dessen Mitglied ich bin, mir energisch verbitten und möchte die Schriftleitung ersuchen, bei künftigen Einsendungen, in welchen ein bisher angesehener Kollege in den Dreck gezogen wird, sich wenigstens die Mühe zu geben, offenkundige Lügen und Verleumdungen auszumerzen.
Sie mögen meine Urteile und Meinungen nicht teilen, Sie mögen auch beliebig gegen mich polemisieren, das ist Ihr Recht. Aber Sie dürfen nicht Lügen über mich verbreiten. Sie schädigen damit den ohnehin jetzt im Auslande tief stehenden Ruf Deutschlands und seiner Literatur – für die ich, der Ausländer, sowohl in meinen Berichten für die Neue Rundschau wie in denen für Bonniers Lit. Magasin alle meine Kräfte einsetze, weil ich, trotz ihres jetzigen Zustandes, die deutsche Literatur ernst genug nehme, um auch im eher feindlich gesinnten Ausland für sie einzutreten und zu werben.
Das Schlimmste an Ihrem Artikel gegen mich ist aber nicht die vollständige Verkennung meines Wollens sowie des tatsächlichen Dienstes, den ich durch meine Berichte der deutschen Literatur leiste. Sondern das Schlimme ist, daß Ihr Referent die Sache so hinstellt, als sei ich Reichsdeutscher und ›Volksverräter‹. Diesen Behauptungen gegenüber stelle ich fest, daß ich nicht Reichsdeutscher, sondern Schweizer bin, und seit vollen 23 Jahren ununterbrochen in der Schweiz lebe.
Wenn Sie etwas auf Ihre Ehre halten, so korrigieren Sie wenigstens das, was in jenem Referat tatsächlich der Wahrheit widerspricht. Wenn der Schweizer Hesse Don Quichote genug ist, in einem angesehenen schwedischen Blatt (von dessen Judentum mir übrigens nichts bekannt war) die in Schweden schwer in Verruf gekommene deutsche Literatur zu verteidigen, so begeht er damit keinen ›Volksverrat‹, sondern er tut etwas, wozu er das volle Recht hat.

Die Art und Weise, wie Hermann Hesse sich bemüht hat, »im eher feindlich gesinnten Ausland für die deutsche Literatur einzutreten und zu werben«, ist in unserer Glosse genau belegt worden. Hermann Hesse kann davon nichts ableugnen. Von den Schlüssen aber, die wir aus dieser seiner »Werbung« zogen, haben wir vor anständigen Leuten nichts zurückzunehmen. Allerdings müssen wir uns entschuldigen, daß wir nicht ahnten und es nicht für möglich hielten, daß der deutsche Dichter Hermann Hesse, der sich freilich schon 1914 von seinem Volk in die sichere Schweiz zurückzog, nun wirklich »emigriert« ist, die deutsche Staatsangehörigkeit aufgegeben und die schweizer Staatsangehörigkeit erworben hat. Lange kann es noch nicht her sein, sonst würde er den Zeitpunkt deutlicher angeben. Von Geburt und Herkunft aber ist er Reichsdeutscher. Als Reichsdeutscher hat er früher unter uns gelebt und Erfolg gehabt. Deutschland ist sein Nest, mag er auch jetzt auf anderem Aste sitzen. In der Schweiz geborene Dichter werden wir stets in ihrer besonderen Art, Aufgabe und Einstellung achten. Aber auch die Schweizer werden verstehen, daß es für uns in diesem Falle etwas ganz anderes ist, ob ein Dichter ein geborener Schweizer ist oder – ein Emigrant; ganz gleich, ob er erst jetzt oder schon länger sein Volk in seinem schweren Ringen verlassen hat, um sich hinter sein gekauftes Schweizer Bürgertum verschanzen zu können. Jedenfalls ist uns Deutschen, und ich glaube nicht nur denen im Reich, das Bild dieses merkwürdigen »Ausländers« für immer geklärt.

(Aus »Die Neue Literatur«, Heft 1/Januar 1936)

Ein Protest[1]

»Die Unterfertigten fühlen sich verpflichtet, Einspruch gegen einen Artikel zu erheben, der in der Ausgabe vom 11. Januar der Wochenschrift ›Das Neue Tage-Buch‹ erschienen ist und sich mit der Person Dr. Gottfried Bermann Fischers, des Erben und gegenwärtigen Leiters des S. Fischer Verlages, beschäftigt. Dr. Bermann hat sich während dreier Jahre nach besten Kräften und unter den schwierigsten Umständen bemüht, den Verlag an der Stelle, wo er groß geworden ist, im Geiste des

1 Aus »Neue Zürcher Zeitung« vom 18. 1. 1936.

Begründers weiterzuführen. Er verzichtet jetzt auf die Fortsetzung dieses Versuches und ist im Begriffe, dem S. Fischer Verlag im deutschsprachigen Ausland eine neue Wirkungsstätte zu schaffen. In diese Bemühungen bricht der erwähnte Artikel ein, indem er sie nicht nur bereits als gescheitert hinstellt, sondern auch, direkt und zwischen den Zeilen, an der Haltung und Gesinnung Bermanns eine sehr bösartige Kritik übt. Die Unterzeichneten, die zu dem Verlage stehen und ihm auch in Zukunft ihre Werke anvertrauen wollen, erklären hiermit, daß nach ihrem besseren Wissen die in dem ›Tage-Buch‹-Artikel ausgesprochenen und angedeuteten Vorwürfe und Unterstellungen durchaus ungerechtfertigt sind und dem Betroffenen schweres Unrecht zufügen.

Thomas Mann – Hermann Hesse – Annette Kolb.«

Im Moment hält mich eine doppelte Hetze in Atem, die wieder einmal gegen mich im Gang ist. Ich werde von 2 Seiten beschossen: von meinen Kollegen in Deutschland, die mich immer heftiger denunzieren und den Behörden empfehlen, mich endlich zu verbieten – weil ich Juden und Emigranten auch für Menschen halte und zuweilen ihre Bücher empfehle. Und zugleich schießen, vielmehr spucken, von der andern Seite diese selben Emigranten, die zum Teil ein Saupack sind, und suchen mir den Hals abzudrehen. Alte gerissene Konjunktur- Journalisten wie z. B. G [eorg] Bernhard, die während des Kriegs preußischer taten als der Kaiser, wollen mich jetzt als einen heimlichen Schrittmacher des Dr. Goebbels denunzieren[1] – desselben Goebbels, den meine deutschen Kollegen anflehen, er möge meine Bücher verbieten. Es wäre zum Lachen, und

1 Außer in Schweizer Zeitungen publizierte Hesse während des NS-Regimes einzig in der von Peter Suhrkamp geleiteten ›Neuen Rundschau‹ und in der führenden schwedischen Literaturzeitschrift ›Bonniers Litterära Magasin‹ seine zeitkritischen Literaturberichte. Das trug ihm Angriffe und Denunziationen mit gefälschten Daten sowohl der Nationalsozialisten als auch der Emigranten ein. Nach einer Attacke Georg Bernhards im ›Pariser Tageblatt‹ vom 19. 1. 1936 (dem Organ der deutschen Emigranten in Frankreich), worin er Hesse und Annette Kolb vorwarf, durch Mitarbeit an der ›Frankfurter Zeitung‹, »dem Feigenblatt des Dritten Reiches, Dr. Goebbels zum Zweck der Auslandstäuschung« und »deren wirksamer Durchführung« zu unterstützen, gab Hesse seine Literaturberichte in ›Bonniers Litterära Magasin‹ auf.

geht vermutlich vorüber, aber es kann auch meinem Verleger und mir den Hals kosten.

(Brief, Januar 1936, an Hermann Hubacher)

Fürs neue Jahr möchte ich mir wünschen, daß sich die Frage über die weitere Existenz meines Verlages und Werkes einigermaßen günstig entscheide, und daß ich vielleicht einmal wieder Kraft, Zeit und Courage finde, zu meiner Dichtung, dem Glasperlenspiel, zurückzukehren. Im vergangenen Jahr ist nicht ein Buchstabe hinzugekommen. Ohne die paar Tage einer kräftigen Konzentration im Juli, wo ich die Idylle schrieb, wäre das Jahr ganz negativ geblieben.

(Brief, Januar 1936, an Georg Alter)

Ich danke Dir von Herzen für die Verteidigung gegen den gemeinen Angriff Schwarzschilds. Er hat mich mehr aufgeregt, als es sich wohl verlohnte. Um so mehr freute mich die Rechtfertigung, die in dem kurzen Gegenartikel zum Ausdruck kam. Er hat seine Wirkung voll und ganz getan.[1]
Meine Niederlassungsangelegenheit steht im Augenblick günstig. Ich glaube, daß die Stadt Zürich meinen Antrag befürworten wird. Inzwischen hat sich in Berlin herausgestellt, daß man Dich nicht freigeben will. Mit Gewalt kann ich Dich nicht herausbekommen. Ich bin nach wie vor der Meinung, Du solltest nun in Ruhe abwarten, wie sich die Dinge in dem Berliner S. Fischer Verlag entwickeln, und die erste Gelegenheit, die einen triftigen *Kündigungsgrund bietet, benützen um zu kündigen. Einen Verlagswechsel innerhalb Deutschlands halte ich für ganz falsch. Besser als der Fischer Verlag, mit seinen Dir treu ergebenen Angestellten und Suhrkamp an der Spitze, wird kein anderer Verlag in Deutschland Deine Interessen vertreten, zumal man bei den meisten deutschen Verlagen, auch der Deutschen Verlagsanstalt, nicht mehr weiß oder nicht mehr wis-*

1 Betrifft einen Angriff Leopold Schwarzschilds in »Das neue Tage-Buch«, Paris, vom 11. 1. 1936, »S. Fischers Erbe«, worin er Gottfried Bermann Fischer als »Schutzjuden des nationalsozialistischen Verlagsbuchhandels« bezeichnet und ihn »der stillen Teilhaberschaft des Berliner Propagandaministeriums dringend verdächtigt«.

sen wird, wem sie eigentlich gehören. Durch einen Verlagswechsel innerhalb Deutschlands kommst Du zudem in die Gefahr, überhaupt nicht mehr herauszukönnen. Wenn erst einmal ein neuer Verlag in Deutschland die Vorräte übernommen hat, läßt er Dich doch nicht mehr los. Ich meine also, Du solltest abwarten, solange die Verpflichtungen erfüllt werden. Ist das nicht mehr der Fall, so stehe ich bereit. Ich glaube, das ist das Vernünftigste und Richtigste.

(Aus einem Brief von Gottfried Bermann Fischer an Hesse vom 23. 1. 1936)

Deutsche Literatur im Emigrantenspiegel

E. K.[1] *Es ist Herrn Leopold Schwarzschild in Paris vorbehalten, in seinem »Neuen Tagebuch« zu entdecken, daß das gesamte Vermögen der deutschen Literatur rechtzeitig ins Ausland verschoben worden ist. Der Verfasser, dem Literatur Ware ist, schreibt in dem angemessen merkantilen Stile wörtlich:*

»Im Hintergrund steht das einzige deutsche Vermögen, das – merkwürdigerweise – aus der Falle des Dritten Reichs fast komplett nach draußen gerettet werden konnte: die Literatur. Man mag es für mehr oder weniger erheblich halten: Tatsache ist jedenfalls, daß dies Vermögen nahezu komplett ins Ausland ›transferiert‹ werden konnte, nahezu nichts von Bedeutung ist drüben geblieben; Tatsache ist ferner, daß von allen ins Ausland geretteten Werten nur eben die Literatur komplett geblieben ist. Als einziger aller materiellen und kulturellen Werte kann also die deutsche Literatur in ihrer Gänze, nicht nur in Splittern und Partikeln, außerhalb des Reiches und außerhalb seines zerrüttenden Einflusses erhalten und für einen besseren Tag ›einsatzbereit‹ überwintert werden. Ich glaube nicht, daß das geschichtlich ein Beispiel hat. Ich glaube nicht, daß schon einmal fast die ganze Literatur eines Landes, en gros und total, dem Zugriff eines Regimes, das sie teils zu vernichten, teils zu deformieren drohte, entwichen und ins Ausland abgewandert ist.«

Wem trägt Herr Schwarzschild solchen Aberwitz vor? Ausge-

1 E. K. = Eduard Korrodi.

rechnet Herrn Thomas Mann, weil seine Werke bisher noch in Deutschland erscheinen konnten und der Dichter der »Buddenbrooks« doch wohl diese Emigrantensprache als eine Unverschämtheit empfindet. Ein feiner deutscher Literaturkenner, den das Schicksal ebenfalls ins Ausland verschlagen hat, hat wohl das Recht, solche Äußerungen »Ghetto-Wahnsinn« zu nennen. Hier hat man es schwarz auf weiß, daß ein Teil der Emigranten – wir hüten uns zu verallgemeinern – die deutsche Literatur mit derjenigen jüdischer Autoren identifiziert. Es gibt für sie keinen Gerhart Hauptmann, der ein Dichter war, keinen Hans Carossa, keinen Rud. Alexander Schröder, keinen Max Mell, keinen Waggerl, keinen Jakob Schaffner, keinen Emil Strauß, keinen Ernst Wiechert, keinen Fr. G. Jünger, keinen Ernst Jünger, keine Ricarda Huch, keine Gertrud von le Fort – um nur auf gut Glück ein paar Namen zu nennen. Es gibt für sie keine Schweiz *und* kein Österreich – *es gibt für sie nur den Querido-Verlag und De Lange-Verlag in Amsterdam. Nun werden die Nationalsozialisten triumphieren: Seht, wenn wir behaupteten, die Juden hätten vor 1933 die deutsche Literatur gepachtet und alles, was nicht ihres Stammes war, als nicht existent betrachtet – so wurden wir der Lüge bezichtigt. Heute bestätigt uns Herr Schwarzschild, daß die komplette deutsche Literatur ins Ausland transferiert worden ist. – Was ist denn ins Ausland transferiert worden? Etwa die deutsche Lyrik, die Herrlichkeiten der Gedichte Rud. A. Schröders? Wir wüßten nicht* einen *Dichter zu nennen. Ausgewandert ist doch vor allem die Romanindustrie und ein paar wirkliche Könner und Gestalter von Romanen. Betrachten sich diese als das Nationalvermögen der deutschen Literatur, dann ist es allerdings erschreckend zusammengeschrumpft.*
Wir begreifen, wenn in Frankreich die Zahl derer wächst, die der Emigranten-Literatur eine ausgesprochene Skepsis entgegenbringen, und wir begreifen vor allem, daß es angesehene Schriftsteller in der Emigration gibt, die lieber nicht zu dieser deutschen Literatur gehören möchten, der der Haß lieber ist als das Streben nach Wahrheit und Gerechtigkeit.

Diese Bemerkungen lagen schon im Druck, als uns die folgende Erklärung zuging, die sich jedoch auf das »Pariser Tageblatt« bezieht.

Erklärung:

Die Presse der deutschen Emigranten im Ausland hat bei Gelegenheit eines Feldzugs, den sie gegen den alten, verdienstvollen Verlag S. Fischer führt, auch meine Person mit hereingezogen, vor allem in einem Artikel G. Bernhards im Pariser Tageblatt. Da leider dieser Kampf unter anderm auch mit dem Mittel der Verleumdung geführt wird, sehe ich mich genötigt, gegenüber den Behauptungen jenes Artikels das Folgende festzustellen:
1. Ich bin nicht, wie die Emigrantenpresse es darstellt, deutscher Emigrant, sondern bin Schweizer, und lebe seit vollen vierundzwanzig Jahren ununterbrochen in der Schweiz.
2. Ich bin nicht, wie Herr Bernhard behauptet, Mitarbeiter der Frankfurter Zeitung.

Hermann Hesse.

(Aus »Neue Zürcher Zeitung« vom 26. 1. 1936)

Das Kämpfen ist eine hübsche Sache, aber es verdirbt leicht den Charakter. Wir wissen es vom Weltkrieg her, daß die Heeresberichte aller Mächte immer gleich sehr gelogen sind. Es wäre der deutschen Emigration unwürdig, wenn sie sich dieser Kampfmethoden auch bedienen würde. Wofür kämpft sie denn dann noch?

(Brief, 24. 1. 1936, an Georg Bernhard)

Meine Erfahrung in diesen Sachen ist nicht mehr jung. Ich habe im Krieg, während Herr Bernhard glühende Konjunkturartikel schrieb, einige wenige Literaten nicht bloß schwatzen hören, sondern sich bewähren sehen, dazu gehörte die jetzt von Bernhard verdächtigte Annette Kolb, und Romain Rolland, die Freundschaft mit den beiden war das einzige Gute, was die schauerlichen Kriegsjahre mir gebracht haben. Später, nach dem Krieg, kam Ihr Vater hinzu, das sind drei Kollegen, auf die ich stolz bin, die ich liebe und hochschätze und die mir sehr viel mehr bedeuten als ganze Parteien und Cliquen. Es wird uns stets die Rolle zufallen, als Don Quichotes belächelt oder vom Gegner im Kampf der Meinungen mit der Waffe der Lüge und Brutalität zum Schweigen gebracht zu werden [...] Der

Kampf der Herren Bernhard und Schwarzschild gegen Bermann ist der Kampf von erbitterten Gegnern gegen eine gefürchtete Konkurrenz, ein Kampf um Geld und Existenz, und er wird von diesen Herren mit Mitteln geführt, gegen die ein anständiger Mensch keine Gegenmittel hat.

(Brief, Januar 1936, an Klaus Mann)

Die Schwarzschild- und Korrodikampagne war eigentlich kein würdiger Anlaß, indessen begreife ich, daß Sie einmal den Schnitt durchs Tafeltuch haben tun müssen[1]. Nun es getan ist und in so würdiger Form, sollte man Ihnen eigentlich nur gratulieren. Ich kann es dennoch nicht tun. Ohne mir, auch nur in Gedanken, die geringste abfällige Kritik an Ihrem Schritt zu erlauben, bedaure ich im Grunde doch, daß Sie ihn taten. Es war ein Bekenntnis – aber wo Sie stehen, war längst jedermann bekannt. Für die Herren in Prag und Paris, die Sie auf so banditenhafte Art bedrängten, ist es Genugtuung zu sehen, daß der Druck gewirkt hat.
Wenn ein Lager da wäre, dem man sich zuwenden und anschließen könnte, wäre ja alles gut. Aber daran fehlt es ja. Wir haben aus der Giftgasatmosphäre zwischen den Fronten keine andere Zuflucht als zu unserer Arbeit. Und die, gewissermaßen illegale Wirkung des Trostes und der Stärkung, die Sie auf die reichsdeutschen Leser hatten, wird Ihnen nun wohl verlorengehen – das ist ein Verlust für beide Teile. Auch ich bin mitbetroffen, ich verliere einen Kameraden, und ich beklage das ganz egoistisch. So wie ich während des Weltkriegs einen Kollegen in Romain Rolland hatte, so hatte ich ihn seit 1933 in Ihnen. Ich denke Sie zwar keineswegs zu verlieren, ich werde nicht leicht untreu, aber drüben in Deutschland stehe ich, als Autor, nun sehr allein. Ich möchte aber den Posten halten, solang es von mir abhängt.

(Brief, 5. 2. 1936, an Thomas Mann)

1 In seiner Entgegnung auf den am 26. 1. 1936 in der »Neuen Zürcher Zeitung« publizierten Artikel »Deutsche Literatur im Emigrantenspiegel« von Eduard Korrodi, vgl. S. 141, hatte sich Thomas Mann in einem offenen Brief »An Eduard Korrodi« (NZZ vom 3. 2. 1936) erstmals vorbehaltlos mit der Emigration solidarisiert. – Vgl. Thomas Mann, ›Briefe 1889-1936‹, S. Fischer Verlag, Frankfurt am Main 1962, S. 409 ff.

Die dreckige Hetze der Emigrantenpresse galt nicht mir, sondern Bermann, aber sie verletzte mich schon darum, weil kein anderer Literat seit 1933 so für die Emigranten und Juden eingetreten ist wie ich. Ich habe, in Deutschland als einziger Kritiker, der jüdische Bücher zu empfehlen wagte, und in meinen schwedischen Literaturberichten, wo ich ohne jede Zensur war, noch kräftiger den Emigranten die Stange gehalten, einfach weil sie mir leid taten, ich habe meine Existenz in Deutschland dadurch exponiert und fraglich gemacht – um am Ende von Affen wie Bernhard und Revolverleuten wie Schwarzschild mit Dreck beworfen zu werden. Noch am selben Tag, an dem Bernhards Artikel erschien, hatte ich hier im Haus eine lange Sitzung zur Aufrechterhaltung eines Heims für Emigrantenkinder – die Details von Elend und Not waren so grausig, daß ich, etwas leichtsinnig, alles Geld, das ich im Haus hatte, für den Zweck hergab. Gleichzeitig erschien in Paris das Blatt, in dem die Emigranten mir mitteilten, was sie von mir halten. So habe ich mich denn gefreut zu sehen, daß es auch andre Meinungen gibt.

Das Geschrei der Emigrantenpresse wird mir vermutlich nicht sehr viel schaden. Zugleich ist aber in Deutschland eine Hetze gegen mich in Gang wegen meiner schwedischen Literaturberichte (in Bonniers Magasin). Sie wird geleitet von W. Vesper, der vor 30 Jahren durch seine Gedichtsammlung berühmt wurde, in der er ungewöhnlich viele Gedichte des Emigranten Heine aufnahm. Er versucht, mich den Behörden als einen Mann zu denunzieren, den man nun endlich ausradieren und verbieten solle. Ob er Erfolg hat, wird sich zeigen. Vorläufig beruht die halbe Duldung der Berliner Behörde gegen den Verlag, gegen Thomas Mann und mich auf der einfachen Erwägung, daß unsre Bücher Devisen bringen, da sie zu den wenigen deutschen Büchern gehören, die auch im Ausland noch gekauft werden.

Sehr leid täte es mir, wenn Bermann wirklich geschädigt oder gar zu Fall gebracht würde. Ich halte zu ihm, auch wenn er da oder dort vielleicht ungeschickt war. Aber vorläufig bin ich, wenn der Verlag Fischer verkauft wird, dennoch noch weiter an ihn gebunden, juristisch, da der neue Besitzer die Verträge mit übernimmt.

(Brief, 1936, an Kurt Kläber)

Da Sie schon so lange im Zeitungsleben stehen, war ich erstaunt darüber, daß Ihr momentanes Exponiertstehen Sie so stark erregt. Mir ist diese Reaktion sympathisch, ich selbst bin sehr empfindlich gegen Anrempelungen etc., d. h. ich bin mit dem Herzen und den Nerven sehr viel empfindlicher als mit dem Verstande. Eben darum habe ich mich in den Tageszeitungen, zu deren Atmosphäre der Kampf und das rasche Sichwehren gehört, stets nur als Gast bewegt, und in die politischen Kämpfe seit dem Weltkrieg niemals mehr, in die kulturpolitischen nur sehr selten ein Wort hineingeredet.
Als Reaktion auf eine augenblickliche Situation nun verstehe ich Ihren Brief sehr gut, und ich glaube auch nicht ganz fehl zu raten, wenn ich annehme, daß Ihr jetziger Bruch mit Thomas Mann, den Sie einst sehr verehrten, stark mit daran schuld ist. Ich kenne diese Art von Abschieden – mit Emil Strauß ging es mir ähnlich, ich habe ihm zwar die Treue gehalten, wie Sie wissen, aber persönlich hat er in seiner Verbitterung der ersten Nachkriegszeit mit mir gebrochen, und so habe ich noch manchen einstigen Freund in Deutschland, dem ich die Stange halte, wenn es nötig scheint, und zu dem ich stehe, von dem ich aber nie einen gleichen Gegendienst erwarten darf, denn sie sind politisiert, und bekanntlich hat im Zeichen der Politik und Partei der Mensch keine Verpflichtung mehr zu menschlichen, sondern nur noch zu parteilichen und kriegerischen Gefühlen und Methoden. So werde ich zur Zeit nicht bloß von der Emigrantenpresse in der Ihnen bekannten schmutzigen Art angegriffen, bloß weil ich für sie mit zu dem roten Tuch »S. Fischer Verlag« gehöre, – nein, ich werde zur selben Zeit, seit November systematisch und mit immer breiterem Nachhall in der Tagespresse im 3. Reich als Verräter und Emigrant denunziert, Leiter dieser Aktion ist ein Will Vesper, und es ist ganz wohl möglich, daß er sein Ziel erreicht, mich in Deutschland verboten zu sehen.
Ich kenne also die peinliche Situation des mit skrupellos gewählten Mitteln öffentlich Angegriffenen, auch wenn ich sie nicht schon aus der Kriegszeit her kennte, aus ganz aktuellem Erleben und leide erheblich darunter. Meine eigentliche Arbeit ist seit langem gestört und lahmgelegt – darum habe ich mich auch, um nicht leer zu laufen, längere Zeit so reichlich mit lite-

rarischer Kritik etc. befaßt, was für mich ja nur ein Nebenberuf ist [...]
Wenn ich richtig verstehe, so haben Sie an mir zu tadeln, daß ich meinem alten Verleger, dem ich seit dem Peter Camenzind (1904) bis heut treu geblieben bin, auch morgen und weiter treu bleiben möchte. Ferner nehmen Sie offenbar an, ich habe Dr. Bermann irgendwelche besonderen Dienste getan bei seinem Versuch, sich hier niederzulassen. Ich habe aber nichts getan als jene Erklärung gegen die lächerlichen Behauptungen Schwarzschilds mit unterzeichnet, was ich heute sofort wieder täte; außerdem habe ich meinem Freunde Bermann in Zürich Empfehlungen an zwei oder drei Privatpersonen ohne politische Bedeutung gegeben, wie ich es jedem Freunde, dem ich wohl will, sonst auch täte. Daß Bermann in der Schweiz einen Verlag auftäte, würde mir nicht wie Ihnen als ein Unglück erscheinen. Ich teile die Auffassung nicht, daß ein Verlag ein Handel wie ein andrer sei. Auch wenn der Schweizer Buchverlag wirklich auf internationaler Höhe stünde, und auch wenn Bermann vom alten Fischer gar keine überdurchschnittlichen Verleger-Fähigkeiten mitbrächte, so wäre es für die Schweiz kein Verlust sondern ein Gewinn, wenn der Verlag von Thomas Mann, Schickele und andren guten Autoren sich hier im Lande, statt in Böhmen oder Wien oder Holland befände. Es würde in der Schweiz ein Plus an Arbeit und Umsatz geben. Reüssierte der neue Verlag nicht, so ginge er eben kaputt, die Schweiz verlöre nichts dabei. Reüssierte er aber, so wäre dadurch nur ein Gewinn erzielt, auch an Renommée.
Was nun mich selber als Autor des Fischer Verlags betrifft, so steht die Wahl, ob ich bei der alten Firma in Berlin bleiben oder mit zu Bermanns neuem Verlag übergehen will, gar nicht bei mir. Ebenso hat Bermann keineswegs selbst darüber zu befinden, welche Autoren er in einen neuen Verlag mit hinübernehmen will. Sondern der alte Verlag Fischer wird und muß (dafür gibt es keine andre Lösung) in Berlin weiter existieren, nachdem Bermann ihn verkauft hat. Nach deutschem Recht erwirbt der Käufer des Verlags auch die Autorenverträge. Ich z. B. würde mit meinen Autorenrechten für die Jahre, die mein Vertrag mit Fischer noch läuft, an den neuen Besitzer mit übergehen, ohne irgend etwas dagegen tun zu können. Dagegen war ich allerdings gesonnen, meinem Freund Bermann wenigstens

das zuzuwenden, was ich dem alten Verlag gegenüber als erlaubte Eskapade verantworten kann.
Ohne weiteres also hätte Bermann bloß die Autoren für einen neuen Verlag freibekommen, die in Deutschland zur Zeit verboten oder unten durch sind. Über jede solche Erlaubnis entscheidet einzig das Handelsamt oder Gericht in Berlin [...]
Sie erwarten von mir, ich als Dichter möge nun endlich auch einmal ein Minimum an Heroismus zeigen und Farbe bekennen. Aber lieber Kollege: dies habe ich seit dem Jahre 1914, wo mein erster Aufsatz zur Kriegspsychologie mir die Freundschaft Romain Rollands eingebracht hat, ununterbrochen getan. Ich habe nun seit 1914 fast ununterbrochen die Mächte gegen mich gehabt, die ein religiöses und ethisches (statt politisches) Verhalten zu den Zeitfragen nicht erlauben wollen, ich habe hunderte von Zeitungsangriffen und tausende von erbitterten Haßbriefen seit meinem Erwachen in der Kriegszeit zu schlukken bekommen, und ich habe sie geschluckt, habe mein Leben davon verbittern, meine Arbeit erschweren und komplizieren, mein Privatleben flöten gehen lassen, und immer war ich nicht etwa, wie es üblich ist, von einer Front her bekämpft, um dafür von der andern beschützt zu werden, sondern immer haben beide Fronten mich, den zu keiner Partei Gehörenden, gern zum Objekt ihrer Entladungen gewählt, es war ja nichts dabei zu riskieren. Und ich bin der Meinung, das Stehen auf diesem Posten des Outsiders und Parteilosen, wo man von beiden Fronten, von rechts und links beschossen oder bespöttelt wird, sei mein Platz, wo ich mein bißchen Menschentum und Christentum zu zeigen habe.
Sie erwarten, so scheint es beinah, von mir, daß ich mich zu Ihrem Standpunkt, zu einem schweizerischen Antisemitismus und Antisozialismus bekenne. Nun, Sozialist bin ich nie gewesen, ich bin ja auch gleich Ihnen nicht zum erstenmal Zielscheibe von Dreckwürfen aus jenem Lager. Dagegen bin ich ebensowenig Anhänger des Kapitalismus und Befürworter der besitzenden Klasse – auch dies ist ein Stück Politik, und meine Stellung ist bis zum Fanatismus a-politisch. Und was die Juden betrifft, so bin ich nie Antisemit gewesen, obwohl auch ich gegen manches »Jüdische« gelegentlich Ariergefühle habe. Ich halte es nicht für die Aufgabe des Geistes, dem Blut den Vorrang zu lassen, und wenn Juden wie Schwarzschild oder G. Bernhard

widerliche Kerle sind, so sind es Arier und Germanen wie Julius Streicher, oder Herr Will Vesper und hundert andre genauso. Ich bin hier nicht zu belehren; dem Antisemitismus bin ich seit frühen Tagen begegnet, und den rassebegründenden Imperiumsansprüchen auch. Ich wollte, ich wäre in allen Lebensfragen so absolut sicher wie in dieser, wo ich zu stehen habe. Geht es den Juden gut, so kann ich recht wohl einen Witz über sie ertragen. Geht es ihnen schlecht – und den jüdischen Emigranten geht es, ebenso wie den Juden im 3. Reich, zum Teil höllisch schlecht –, dann ist für mich die Frage, wer meiner eher bedürfe, die Opfer oder die Verfolger, sofort entschieden. Dies ist der Grund, warum ich meine schwedischen Berichte über deutsche Literatur schrieb, die ich jetzt so teuer bezahle.
Nein, ich bin weder für Antisemitismus noch für eine politische Partei zu gewinnen, ich wäre auch keine wertvolle Akquisition. Das hindert nicht, daß ich Schweizer und Republikaner bin mit all meinen Sympathien. Wenn ich unsre Demokratie recht verstehe, so verlangt sie nicht, daß die Parteien sich totschlagen, sondern daß sie sich zur Beratung und Verständigung treffen. Das tun weder die Sozi noch tun es die Besitzenden. Ich lasse sie streiten, aber das sind Fronten, in denen ich nichts zu suchen habe. Wenn ich in den 24 Jahren, die ich in der Schweiz lebe, fast nie von meinem Schweizertum gesprochen habe, so braucht Sie das nicht zu wundern. Von meinen Vorfahren war nur eine Seite schweizerisch, und mein eigenes Bürgerrecht ist gekauft. Nun, Sie wissen, wie gern man im Lande die Eingekauften hat, die jeden Satz mit »Wir Schweizer« beginnen. Ich selber finde das widerlich, und in manchen Fällen, z. B. bei dem Seiltänzer W., war es mir zum Kotzen [...]
Ich gehe auf Ihre Worte über Thomas Mann, namentlich über seinen Josef, nicht ein. Sie sind in der Erregung gesagt.

(Brief, 12. 2. 1936, an Eduard Korrodi)

Ich habe die Angriffe und Verleumdungen, mit denen in jüngster Zeit mich sowohl die Emigrantenpresse wie ein Teil der reichsdeutschen Presse bedacht hat, nicht gut ertragen, wenn ich auch nicht, wie Thomas Mann, nachgegeben habe. Er hat damit Eseln wie Georg Bernhard und Intriganten wie Schwarzschild einen Dienst getan und hat sich und seine ganze Leser-

schaft in Deutschland um etwas Unwiederbringliches beraubt. Ich begreife ihn sehr gut, man will nicht ewig im Zwielicht stehen und von beiden Fronten her beschossen werden. Aber das Beschossenwerden von beiden Fronten ist heut genau die Situation, durch die jeder Geistige gehen und in der er, wenn es sein soll, umkommen muß. Das ›Bekennen‹ hätte einen Sinn, wenn ein Lager, eine Front, eine Gemeinschaft da wäre, an die man glauben könnte. Die mittelländisch-demokratisch-liberale Kultur, an die Th. Mann appelliert, ist ihm heilig, aber das hindert nicht, daß ihre offiziellen Vertreter, vom Schweizer Bundesrat bis zum Pariser Deputierten, teils feig teils käuflich sind und keines Opfers fähig. Das Fundament eines zukünftigen Glaubens und einer kommenden Ordnung wird aber genauso groß sein wie die Opfer, die wir heut bringen.
›Fertig‹ bin ich auch, schon lang. Meine Dichtung, mit der ich den Schritt über die Morgenlandfahrt hinaus tun wollte, liegt seit anderthalb Jahren, ohne daß mehr ein Wort hinzukam. Die Tage vergehen mit Kranksein, die paar übrigbleibenden Arbeitsstunden sind ausgefüllt mit Briefen, Hilfeleistung an Emigranten (eben ist Ehrenstein in Zürich von Ausweisung bedroht etc. etc.) und mit dem Inempfangnehmen von wütenden Beleidigungen von seiten eben dieser Emigranten, etc. etc.

(Brief, Anfang 1936, an einen unbekannten Empfänger)

Wenn ich es beklagte, Sie als »Kameraden« verloren zu haben, so dachte ich natürlich nur an meine Position in Deutschland, wo ich für die unpolitischen Leser, wenn auch nicht genau für die gleiche Schicht wie Sie, ein Stück noch erhaltenes Deutschtum war. Ich bin nach wie vor nicht der Meinung, daß das ganze Leben und die ganze Menschheit politisiert werden müsse, und werde mich bis zum Tod dagegen wehren, mich selber politisieren zu lassen. Es müssen doch auch Leute da sein, die unbewaffnet sind und die man totschlagen kann. Diesem Bestand der Menschheit gehöre ich an, und gebe darum den Schwarzschilden niemals zu, daß die Poesie weniger wichtig und nötig sein könnte als das Parteiwesen und Kriegführen.

(Brief, 13. 2. 1936, an Thomas Mann)

Ich will auch noch einige Erinnerungen an meinen Bruder aufschreiben.[1] Nur läßt die Welt einen ja zu nichts mehr kommen. Es ist schon beinah komisch zu sehen, wie leidenschaftlich eine Zeit wie unsre den Dichter ablehnt und haßt, oder beneidet, wie ihm von allen Seiten auf den Kopf gehauen und zugerufen wird: Laß dein dummes Dichten, mach die Augen auf und ergreife Partei, denn es ist Krieg! Ich bin seit Monaten einmal wieder Zielscheibe gehässiger Presseangriffe, und zwar natürlich von beiden Lagern her. Daß das Reich Hitlers mich nicht unbelästigt lassen würde, war vorauszusehen – aber daß auch die Emigranten, für die ich persönlich und öffentlich in diesen 3 Jahren beinah unverantwortlich viel getan und deretwegen ich mich in Deutschland so sehr exponiert habe – daß auch sie plötzlich auf mich einhauen, und mich sogar als verkappten Hitlerianer denunzieren würden, war immerhin ein starkes Stück und tut weh.
Ich werde versuchen, nun den größern Teil meiner bisherigen Arbeit, vor allem die Literaturberichte, abzubauen und bald ganz aufzugeben[2], und dann werde ich probieren, ob ich noch einmal den Weg zu meiner Dichtung zurückfinde, dem Glasperlenspiel, es ist bald zwei Jahre, seit kein Strich mehr dran getan wurde.

(Brief, 14. 2. 1936, an Olga Diener)

Da Sie etwas Erzählendes von mir wünschen, sende ich Ihnen als Drucksache den »Regenmacher«, das ist die wichtigste Erzählung, die ich in den letzten Jahren geschrieben habe. Ich bleibe gerne Ihr Mitarbeiter.
Will Vesper behauptet, er habe seinerzeit nur einen einzigen Bericht für Sie geschrieben und die Mitarbeit dann sofort niedergelegt, als er erfuhr, der Verlag sei in jüdischem Besitz. Sollte das nicht den Tatsachen entsprechen, so bitte ich um Auskunft; jener Herr führt den Kampf gegen mich mit so üblen Mitteln, daß ich immerhin die Augen offen behalte.

(Brief, 9. 3. 1936, an die Redaktion von »Bonniers Litterära Magasin«)

1 »Erinnerung an Hans«, vgl. S. 341 ff.
2 Die letzten Literaturberichte Hesses in der Neuen Rundschau und in »Bonniers Litterära Magasin« erschienen im September 1936.

Daß man Sie drüben im Reich in Ruhe läßt, freut mich. Sollten Sie verboten werden, so wäre es mir ein sehr unlieber Gedanke, dort allein meinen kleinen Markt weiter zu haben. Aber das muß sich entwickeln, es ist noch immer möglich, daß wir eines Tages beide zusammen verboten werden, und das würde mich freuen, obwohl ich es nicht provozieren darf. Unsre Arbeit ist heut eine illegale, sie dient Tendenzen, die allen Fronten und Parteien lästig sind.

(Brief, 12. 3. 1936, an Thomas Mann)

Eine Bitte: wenn Haecker einmal sich wieder zeigt, wäre es mir lieb, wenn du mit ihm das lateinische Motto zum Glasperlenspiel durchsehen wolltest, er fand noch einen Haken darin, er soll mir dann kurz miteilen, ob etwas zu ändern sei.
Denn wenn auch die Arbeit an dieser Dichtung seit zwei Jahren kaum mehr einen Schritt vorwärts getan hat, weil ich von andrem zu belagert und zu krank und verzagt war, so hoffe ich doch, zu ihr zurückzukehren. Während unser Abendland vollends in Trümmer geht, wäre es für unsereinen ja nicht die schlechteste Beschäftigung, noch einmal die Geister der Morgenlandfahrt und des Glasperlenspiels zu beschwören.

(Brief, Frühling 1936, an Franz Schall)

Endlich scheint ein ernstlicher Käufer für meinen Verlag Fischer in Aussicht zu sein; dann gehören meine Werke dem neuen Mann, den ich nicht kenne und der vermutlich aus dem ganzen Verlag das Gegenteil von früher macht.[1] Der bisherige Besitzer fängt im Ausland neu an, und hat dafür das Werk von Thomas Mann freibekommen, aber meines nicht, das lassen sie drüben nicht los. Sprich aber mit niemand drüber, es schadet nur.

(Brief, März 1936, an Hermann Hubacher)

Der Verlag Fischer scheint einen Käufer zu finden, mit tausend Nöten, doch ist's noch nicht abgeschlossen. Bermann verläßt

1 Vgl. Gottfried Bermann Fischer »Bedroht, Bewahrt«, S. Fischer Verlag, Frankfurt a. Main, 1967, S. 115 ff.

Berlin und darf die Werke von Thomas Mann mitnehmen, aber meine nicht, ich bleibe also beim Käufer des Verlages gebunden. Man nimmt das Zeug schon fast nimmer ernst, soviel ist man schon damit geplagt worden. Sollte ich auch noch die Rundschau verlieren, dann wäre es freilich traurig.

(Brief, März 1936, an seine Schwester Adele)

Mit Ihrem Honorarangebot von 200 Schweizer Fr. für den »Regenmacher« bin ich einverstanden. Doch möchte ich bitten, sich bei etwaigen Kürzungen auf das Äußerste zu beschränken. Die Erzählung, ein Stück des Werkes, mit dem ich mein Leben zu beschließen denke, ist so komprimiert, daß sie kaum noch Kürzungen erträgt.

(Brief, 28. 3. 1936, an die Redaktion von »Bonniers Litterära Magasin«)

Ihr Eindruck, daß Ihr Preis[1] mich »im richtigen Augenblick« erreicht habe, stimmt genau. Ich stehe in einer Krise, die keinem »Intellektuellen« meines Alters erspart bleibt, und da für mich jede kollektive Lösung (etwa durch ein Bekenntnis zu einer der modischen Kollektiv-Weltanschauungen wie Faschismus, Kommunismus etc.) unmöglich ist, komme ich mir inmitten dieser Zeit mit meiner Lebens- und Denkart wirklich vor wie ein Tier der Urwelt, das durch eine Sündflut mitten in die mechanisierte Welt einer heutigen Großstadt geschwemmt worden wäre. Zusammen mit dem körperlichen Altern ist dies keine hübsche Situation, und so war Ihr Preis mir eine willkommene Bestätigung dafür, daß trotz allem Anschein mein Dasein und Tun doch nicht ganz vergeblich und ohne Echo war.

(Brief, 5. 4. 1936, an Martin Bodmer)

Aus »Die Neue Literatur«, Heft 4/April 1936

Im Novemberheft 1935 brachten wir die Glosse eines Auslandsdeutschen über die Art, wie Hermann Hesse in der

1 Am 28. 3. 1936 erhielt Hesse den Gottfried-Keller-Preis der Martin-Bodmer-Stiftung, Zürich.

jüdisch-schwedischen Literaturzeitschrift »Bonniers Litterära Magasin« über die deutsche Dichtung der Gegenwart berichtete. Die Glosse belegte mit genauen Beispielen die Tatsache, daß Hesse in der oberflächlichsten und gewissenlosesten Weise ein irreführendes und verfälschtes Bild gab, die wichtigsten deutschen Dichter verschwieg, sie in Bausch und Bogen der Konjunkturmache beschuldigte und dafür Juden und Judengenossen in liebevollster Besorgtheit den Schweden anpries. Hermann Hesse sandte uns dann einen wütenden Brief, den wir im Februarheft [sic!] *wörtlich veröffentlichten. Ich betone nochmals, daß er in diesem Brief nichts von dem ableugnen und widerlegen konnte, was unsere erste Glosse über seine verfälschende Darstellung behauptet. Er begründete nur seine einseitige Darstellung damit, daß er gar nicht Reichsdeutscher, sondern Schweizer sei. Das war uns neu und überraschend genug, obgleich wir keineswegs erst jetzt Hesses Reichsfeindlichkeit bemerkten und obgleich ja auch die Schweizer Staatsangehörigkeit Hesse nicht davon entbinden kann, über die deutsche Dichtung ehrlich und nicht im Emigrantengeist zu schreiben. Er vergleiche dazu die Ausführungen von Korrodi in der »Neuen Zürcher Zeitung«*[1].

Wie immer Hesse aber auch schreiben mag, wir haben das Recht und die Pflicht, einen deutschen Dichter, ganz gleich welcher Staatsangehörigkeit, als einen Verräter an unserem Volkstum zu empfinden, wenn er die geistigen Leistungen unseres Volkes vor der Welt verleugnet und herabsetzt. Ich möchte sehen, was die Schweden sagen würden, wenn einer der ihren im Ausland über schwedische Literatur berichtete und dabei höchstens Strindberg und ein paar jüdische Literaten gelten ließe und weder Heidenstam noch Selma Lagerlöf noch sonstige wesentliche Erscheinungen der schwedischen Dichtung erwähnte. Hermann Hesse ist klug genug, um zu wissen, daß gerade heute das Verschweigen der großen geistigen Schöpfungen deutscher Dichter der Gegenwart, das Verkleinern deutscher Leistungen und das Hochloben jüdischer Literatur mehr ist als eine nur literarische Angelegenheit!

Bei unserer Abwehr ging und geht es uns selbstverständlich ganz allein um die Sache, um den Widerspruch dagegen, daß

1 Vgl. Anmerkung 1 zum Brief v. 5. 2. 1936 an Thomas Mann, S. 144.

ein deutscher Dichter von Namen dabei hilft, das von jüdischer Seite im Ausland bewußt gefälschte Bild der deutschen Dichtung der Gegenwart noch mehr zu verfälschen. Es geht nicht um Hermann Hesses Lebensdaten und Familienverhältnisse. Da wir aber hier über Einzelheiten, die für den Kern der Sache belanglos sind, nicht genau unterrichtet waren, geben wir im folgenden wörtlich die Erklärung eines Verwandten von Hermann Hesse, eines Herrn Aegidius Hunnius (Prien am Chiemsee) wieder. Er schreibt: »Hermann Hesse ist 1877 in Calw geboren, sein Vater war als Balte russischer Staatsangehörigkeit. Hesse ist also nicht als Reichsdeutscher geboren. 1880 wurde sein Vater, der Theologe war, nach Basel berufen und erwarb anfangs der 80er Jahre, weil er voraussichtlich immer in der Baseler Mission bleiben wollte, das Schweizer Bürgerrecht, für sich und seine Familie. Hermann Hesse wurde also damals schon Schweizer nb. ohne Reichsdeutscher gewesen zu sein. Im Jahre 1886 oder 87 zog die Familie Hesse wieder nach Calw, wohin der Vater als Leiter des Calwer-Missionsverlages, einer Baseler Gründung, berufen war. Dort besuchten die Kinder die Schule und, als der begabte Lateinschüler Hermann Hesse im Alter von kaum 14 Jahren das sog. Landesexamen zur Aufnahme in das Seminar Maulbronn machen sollte, wurde er Württemberger, *weil nur solchen die Zulassung zum Landesexamen gewährt wurde. Diese Einbürgerung war bei der Internationalität der Missionsfamilien damals eine Kleinigkeit. H. H. machte aber von den Vorteilen, die das Seminar Maulbronn bringen sollte, keinen Gebrauch, weil er das Seminar nach kurzer Zeit wieder verließ. Wenige Jahre darauf ging Hesse wieder in die Schweiz, lebte mehrere Jahre in Basel und heiratete 1904 eine Schweizerin (aus der alten Baseler Familie Bernoulli). Dann lebte er bis 1912 an der badisch-schweizerischen Grenze in Gaienhofen am Bodensee und da sich seine Beziehungen zur Schweiz von dort aus allmählich stärker entwickelten als die deutschen, siedelte er im Jahre 1912 nach Bern über und hat seitdem bis auf den heutigen Tag ununterbrochen in der Schweiz gelebt. Dort in Bern lebte Hesse auch bei Kriegsausbruch und hatte damals sehr leicht die Möglichkeit, seine Wiedereinbürgerung in der Schweiz zu verlangen, ja er hatte sogar Anspruch auf unentgeltliche Wiedereinbürgerung lt. Bundesgesetz. Aber gerade, weil er ein anständiger, geradliniger Deutscher ist, machte er keinen Gebrauch davon, sondern stellte sich im Sommer 1914 beim Deutschen Konsulat in Bern als Freiwilliger, wurde aber vorerst nicht verwendet. 1915 wurde er durch Professor Woltereck (bei der deutschen Gesandtschaft in Bern) in die Kriegsgefangenenfürsorge eingeführt und war dort bis zum Frühjahr 1919 tätig und zwar zuerst als Freiwilliger, dann als Beamtenstellvertreter. Dort war er als Halbschweizer, der die Schweizer kannte und ihre Mundart sprach, ein sehr geschätzter Mitarbeiter und redigierte in enger Fühlung mit dem Schweizer Roten Kreuz ein Sonntagsblatt für die Deutschen Kriegsgefangenen, welches dann unter Schweizer Flagge leichter an die Deutschen Kriegsgefangenen nach Frankreich eingeführt werden konnte. Aus dieser Tätigkeit wurde er ebenso wie Professor Woltereck Ehrenmitglied des Vereins ehem. Kriegsgefangener. Als der Krieg zu Ende war, im Reich Revolution und alles schlecht stand, schien es Hesse erst recht unmöglich, das sinkende Schiff zu verlassen und nach verlorenem Krieg gewissermaßen davonzulaufen. Er blieb also vorerst Deutscher, ließ seine Bücher weiter in Deutschland erscheinen, trotzdem er bei seinen Abrechnungen in Papiermark, trotz des enormen Umsatzes, von seinen Verlegern nur noch ein paar lumpige Franken bekam, von denen er nicht leben konnte. Um diese Zeit am Ende der deutschen Inflation besuchte ich H. Hesse in Montagnola bei Lugano, und da hörte ich alles eingehend, auch daß er jetzt im Jahre 1923 die Etikette der deutschen Staatsangehörigkeit nicht mehr aufrechterhalten könne, weil auch seine 3 Söhne, die, wie er, in Sitten und Sprache Schweizer waren, in der Schweizer Armee ihren Dienst getan haben. So hat er offiziell 1923 erst wieder seine Einbürgerung in der Schweiz veranlaßt.«*

Zu den Einzelheiten dieses »internationalen« Lebenslaufes eines »geradlinigen Deutschen« wäre allerlei Peinliches zu sagen. Es geht uns aber nicht um das Persönliche. Notwendig aber ist es, festzustellen, daß Hermann Hesse trotz aller goldenen Brücken, die man ihm damals von Deutschland aus baute, bereits 1914 – also noch als Reichsdeutscher, »Freiwilliger« und »Beamtenstellvertreter« im Dienst der deutschen Gesandtschaft – den Verrat an Deutschland und die Fahnenflucht in die Schweiz in seinem Herzen für empfehlenswert hielt: In einem Aufsatz über den Vorkriegs-»Simplicissimus«,

den er am 9. 4. 1926 in der »Neuen Zürcher Zeitung« veröffentlichte, bedauert er ausdrücklich dieses Witzblattes »verhängnisvolle Anpassung an den Krieg« und nimmt ihm übel, daß »bei Kriegsausbruch Thoma siegte gegen die ursprünglichen und besten Tendenzen des Blattes, seinen internationalen Geist«, von dem Hesse selber sagt: »Der Geist dieses Blattes war eigentlich nicht deutsch, er kam aus Paris.« Trotzdem schreibt er: »Ich habe diesen Sieg vom ersten Augenblick an bedauert. Im Sommer 1914 hätte der Simplicissimus entweder sein Erscheinen einstellen sollen oder mit allen möglichen Mitteln (auch eine Verlegung in die Schweiz wäre in Frage gekommen) seinen alten Kampf gegen den Kaiser, gegen den Unteroffiziersgeist und gegen die Klassenjustiz fortsetzen müssen.« – Das waren also die wahren Gedanken des Beamtenstellvertreters in der deutschen Gesandtschaft zu Bern zu der Zeit, wo Deutschland um sein Leben kämpfte!
Hermann Hesse schickt jetzt, wie ich höre, hinter meinem Rücken ein Rundschreiben gegen mich herum, angeblich, weil er sich öffentlich in der deutschen Presse nicht verteidigen könnte. Ich habe seinen ersten Brief in der »Neuen Literatur« sofort vollständig abgedruckt und hätte auch weitere Erklärungen ruhig gebracht. Aber man muß doch den Anschein erwekken, als wäre man ein Märtyrer! Aus dem Schreiben des Herrn Verwandten Hunnius und einer Glosse im »Deutschen Volkstum« geht nun hervor, daß Hesse in seinem Rundschreiben mich verdächtigt, ihn deshalb anzugreifen, weil er mein Nachfolger in der Besprechung deutscher Dichter in der schwedischen Judenzeitschrift geworden sei. »Gerade dieser Umstand«, schreibt mir der Herr Verwandte, »bringt Sie doch in den Verdacht, daß Sie böswillig gegen Hermann Hesse polemisieren.«
Die Wahrheit sieht so aus: Am 20. April 1932 forderte mich der mir bis dahin unbekannte Verlag Bonnier in Stockholm auf, ihm für seine Zeitschrift »Litterära Magasin« laufend deutsche Literaturbriefe zu schreiben. Selbstverständlich übernahm ich diesen Auftrag gern, um im Ausland für die wirkliche deutsche Dichtung gegen das herrschende Literatentum zu zeugen. Ich erhielt aber gleich meinen ersten Aufsatz mit einem sehr betretenen Brief zurück: man könne den Aufsatz nicht bringen! »Und seit wir eine nähere Bekanntschaft mit Ihrer Zeitschrift

gemacht haben, sind wir überzeugt, daß Sie vielleicht nicht ganz geeignet sind, deutsche Literaturbriefe für unsere Zeitschrift zu schreiben... Es ist ganz offenbar, daß Sie von unserem Standpunkt aus zu viel Partei für eine gewisse Strömung der heutigen deutschen Literatur nehmen... Es würde nur unsere Leser verbrüllen, Ihre Umwertung der Produktion hervorragender deutscher Dichter wie Thomas Mann und die großen Juden zu lesen.« Das vereinbarte Honorar schickte man mir. Ich bestand darauf, daß man dafür auch einen Aufsatz brächte und schrieb einen sachlichen Bericht über die Wartburgtagung und die Dichter, die sich 1932 dort gegen Berlin versammelt hatten. Ich wies dabei besonders auf Paul Ernst, Hans Grimm, Kolbenheyer und Stehr hin und betonte, daß die Wartburg-Dichter nach dem Wort Kolbenheyers »das verleugnete, verlästerte, drangsalierte deutsche Wesen in der Dichtkunst unbekümmert weitergetragen« hätten. Dieser Aufsatz erschien in »Litterära Magasin« im September 1932 schwedisch. Nur das vorstehende Zitat blieb vorsichtigerweise deutsch.
Inzwischen erfuhr ich, daß der Verlag Bonniers in jüdischen Händen sei und damit war meine Mitarbeit dort selbstverständlich zu Ende. Mein »Nachfolger« wurde dann übrigens nicht Hermann Hesse, sondern der Jude Arthur Eloesser, der in der angeblich so neutralen Zeitschrift sofort mit Hymnen auf Stefan Zweig, Wassermann, Werfel usw. begann. Als Eloesser selbst in Schweden zu anrüchig wurde, gab man ihm als Nachfolger Hermann Hesse, von dem ja wirklich keine »Umwertung der großen Juden« zu fürchten war. Er setzt durchaus ebenbürtig Eloessers Berichte in jüdischem und judenfreundlichem Geist fort. Und hierum allein geht es uns heute! Mag Hermann Hesse inzwischen Botokude geworden sein; wenn er über deutsche Dichtung schreibt, so hat er überall und besonders im Ausland, ehrlich und wohlunterrichtet und nicht hinterhältig oder – meinetwegen ahnungslos zu schreiben. Aber an diese Ahnungslosigkeit glaube ich nicht! Hermann Hesse ist als Schriftsteller in tiefe Abhängigkeit von der Psychoanalyse des Wiener Juden Freud geraten. Ein bekannter schwäbischer Maler und früherer Verehrer Hesses schreibt daher in einem Brief mit Recht: »Das sollte einmal öffentlich gesagt werden, daß Hesse ein Schulbeispiel dafür ist, wie der Jude die deutsche

Volksseele zu vergiften vermag. *Denn wäre er damals, als er keine Freude am Kriege hatte, – wir auch nicht, sind aber keine Pazifisten geworden – nicht dem Juden Freud und seiner Psychoanalyse in die Klauen geraten, so wäre er der deutsche Dichter geblieben, den wir alle so liebten. Nur diesem jüdischen Einfluß ist die Verbiegung seiner Seele zuzuschreiben. Wenn er sich als Schweizer fühlt, so soll er doch so handeln, wie viele anständige Schweizer handeln, das heißt, er soll als Schweizer sich nicht um deutsche Angelegenheiten und um die deutschen Dichter kümmern. In der Schweiz gibt es sicherlich auch manches, worüber er sich aufzuregen hätte. Er kann dort im Sinne seines früheren Lieblingsheiligen Franz von Assisi wirken und Liebe predigen und Versöhnung statt Zwietracht säen.«*

W [*ill*] *V* [*esper*]

Die große, eigentliche Arbeit stockt seit zwei Jahren ganz, es fehlt die Freude und der Glaube, und von außen her habe ich seit zwei Jahren soviel schwer Erträgliches erlebt, daß der Zürcher Preis mich neulich mitten in einem Tiefstand überraschte und wirklich wie vom Himmel kam; er macht mich nicht wieder jung, und auch nicht vergnügt, aber er hilft mir, und ist eine Bestätigung von außen her, während ich seit zwei Jahren nur an das Gegenteil gewöhnt war, denn in Deutschland werde ich systematisch und in den häßlichsten Formen abgebaut und ausradiert, mein lieber und bewährter alter Verlag Fischer ist in der Auflösung begriffen, und viele einstige Freunde wagen mir schon nicht mehr zu schreiben, weil es sie kompromittiert – nicht zu reden von jenen alten Freunden, die im feindlichen Lager stehen und mit auf mich einhauen.

(Brief, Mitte April 1936, an Fritz Brun)

In diesem Zusammenhang muß ich etwas über Suhrkamp sagen. Suhrkamp hat sich in meiner Angelegenheit und der der Familie sowie des Verlages über alle Maßen bewährt. Es gibt gar keine Worte dafür, mit welchem persönlichen Mut er sich für uns eingesetzt hat. Ich habe ihm zu verdanken, daß die Abwicklung dieser Loslösung von Deutschland in einer einigermaßen

erträglichen Weise erfolgt. In der heutigen Zeit ist diese Treue und Kameradschaft bis zum letzten unter diesen in Deutschland herrschenden Zuständen eine solche Rarität, daß sie gar nicht hoch genug eingeschätzt werden kann. Er hat nun die schwere Aufgabe übernommen, den Verlag weiterzuführen, vorläufig bis zum Verkauf, und dann unter dem neuen Besitzer, solange es eben geht. Ich beneide ihn nicht darum.
(Aus einem Brief Gottfried Bermann Fischers an Hesse vom 25. 4. 1936)

Das Schreiben jener Blätter[1] fiel mir sehr schwer – immerhin nicht so schwer wie die Fortsetzung des Glasperlenspiels, das nun seit vollen zwei Jahren begraben liegt, obwohl ich beinahe jeden Tag daran denke, sogar auch in Gedanken daran spinne. Mein aus Berlin verjagter Verleger ist jetzt in Wien. Aber der Verlag Fischer ist nach wie vor in Berlin, soll verkauft werden, aber nichts kommt zustande, das dauert nun schon dreiviertel Jahre. Möglich, daß höhere Mächte dahinter stehen; es ist schon manches ähnliche Unternehmen seit 1933 so an die Wand gedrückt worden, daß es dann von Nationalsozialisten umsonst oder beinah umsonst übernommen werden konnte.
(Brief, 3. 5. 1936, an Otto Basler)

Der Keller-Preis übrigens kam für mich ebenso überraschend wie rechtzeitig, er traf mich gerade auf einem Tiefpunkt von Schlechtergehen und Sorge, und so war er eine wirkliche Freude und Ermunterung. Von den vielen Arten, auf welche die Welt uns merken läßt, daß wir am Vertrotteln sind, sind solche Preise ja noch weitaus die angenehmsten. In zehn Jahren, wenn ich noch lebe, werden sie mich noch zum Ehrendoktor machen, und beim ersten Schlaganfall zum Ehrenbürger.
Die Sorgen freilich bestehen fort. Mein Verlag in Deutschland gehört zu den Opfern Hitlers, und ich mit, was draus wird, ist noch nicht abzusehen. Wohl dem alten S. Fischer, der Ende 1933 sterben durfte. Seine Tochter und deren Mann, mein Verleger, haben die Leitung des Verlags aufgeben müssen, ihr

1 »Erinnerung an Hans« erschien im März 1936 in der Zeitschrift »Corona«. Vgl. S. 341 ff.

Haus verkaufen, den Verlag einem vorläufigen Leiter anvertrauen mit dem Auftrag, den Verlag baldmöglichst zu verkaufen.

(Brief, 4. 5. 1936, an Volkmar Andreä)

Inzwischen las ich das Aprilheft der Vesperschen »Neuen Literatur«. Im Kern seiner Auslassungen findet man, daß er nun offenbar nicht mehr umhin konnte, sich auf den Passus Ihrer Erwiderung einzulassen, der ihn betraf, daß er nämlich Ihr Vorgänger war in jenem Referat. Offenbar ist er ihm nun auf vielen Seiten begegnet, und er muß dazu stehen. Die Wendung, mit welcher er sich entzieht, ist beachtenswert: als hätten Sie ihm damit nur sagen wollen, er hätte Sie aus Konkurrenzgründen, aus Eifersucht angegriffen. – Diese Dinge erledigen sich natürlich selbst: sie werden durchschaut. Der Schaden, der bei dieser ganzen Kampagne entstanden ist, rührt leider daher, daß Sie ihm überhaupt erwidert haben. Dadurch bekamen die Auslassungen Vespers überhaupt ein Gewicht, das sie hier sonst nicht haben. Aber das konnten Sie nicht wissen. Aber ein für alle Mal: was sich hier in einigen Winkeln an Gesinnung tut, wird von allen Stellen, nur nicht von denen im gleichen Winkel, als niedrig beurteilt. Dahin gehört neben Vespers »Neue Literatur« noch die »Bücherkunst« des Herrn Hagemeyer. – Der Erfolg der ganzen Kampagne ist nun bisher der beabsichtigte: es haben sich Personen und Stellen gefunden, welche die Gelegenheit benutzten, »Narziß und Goldmund« zu denunzieren. Ich weiß das seit längerem und bin dem sofort in einer offenen Aussprache begegnet. Davon machte ich Ihnen keine Mitteilung, um Sie nicht zu beunruhigen. Vor einigen Tagen hatte ich wieder eine offizielle Aussprache darüber. Solche Besprechungen waren aber nur nötig, um die offizielle Haltung zu bestärken, die ganz eindeutig auf Ihrer Seite ist. An ein Aufgeben denkt man gar nicht. Ich hoffe nur, daß ich weiterhin rechtzeitig Witterung habe und zur Stelle bin. Darin bestand in den letzten Jahren in vielen Fällen, von denen niemand eine Ahnung hat, nicht einmal die, welche es eigentlich anging, meine Aufgabe [...] *Ich brauche jetzt, glaube ich, nur noch zwei Monate Standfestigkeit, um den Verlag wieder auf festen Grund zu bringen, so daß wieder planvoll gearbeitet werden kann. Das alles dauert so lange, weil alle wilden Spekulanten abgehalten werden müssen. Ich bin abergläubisch*[1] *und möchte Ihnen deshalb im Augenblick keine von den Namen nennen, die ernsthaft in Frage kommen für einen Kauf. Sobald etwas sicher ist, geb ich Ihnen sofort Nachricht. Das wird auf keinen Fall so lange dauern oder einen Weg gehen, daß Sie sich um Ihre Bücher Sorge machen müßten. Das sage ich nicht leichtfertig oder aus einer Spekulation heraus. Diese Sorgen verstehe ich, weil es die Sorgen sind, die ich mir schon lange mache. Was ich in anderen Fällen in dieser Beziehung erreichte, dürfte Sie auch überzeugen, daß ich richtig sorge. Wenn Sie jetzt daran denken sollten, Ihr Werk noch aus dem Verlag herauszuziehen, würde das den Verlag in die äußerste Gefahr bringen. Sollten Sie Pläne dieser Art beschäftigen, geben Sie mir doch bitte vor einem Schritt eine Möglichkeit zu einer Begegnung und einer Besprechung.*

(Aus einem Brief von Peter Suhrkamp[2] *an Hesse vom 6. 5. 1936)*

Am 25. Febr. 1936 bekam ich aus Kapstadt folgenden Brief: »Die Verachtung der ganzen Welt brenne auf Ihrer schmutzigen Seele. Sie sind der Auswurf eines schwerleidenden Volkes. Sie sind ein Hund, ein verfluchter [. . .]«
(Dieser Mann hat offenbar die Verleumdungen der deutschen Presse über mich gelesen und ist auf sie hereingefallen.)

(Brief, Mai 1936, an H. C. Bodmer)

An das Fertigwerden des »Glasperlenspiels« hatte ich seit einem Jahr nicht mehr recht geglaubt. Die Arbeit hat zwei Jahre vollkommen geruht, ich kam nicht einmal mehr dazu, das Begonnene wieder zu lesen – Sie selbst wissen ja, daß ich die letzten 2 Jahre meine Zeit, meine Augenkraft usw. in den Dienst der Literaturberichte gestellt habe, die mir Pfennige an Honorar und Mengen von Verdruß etc. gebracht haben.

1 Mehrfach von Suhrkamp verwendete Formulierung zur Tarnung gegenüber der Briefzensur.

2 Die Briefe Hermann Hesses an Peter Suhrkamp aus den Jahren 1933-1945 sind bis heute verschollen. Erhalten sind nur wenige Kopien Hesses von Briefen meist geschäftlichen Inhalts. Vermutlich sind die übrigen Briefe am 10. 5. 1945 dem Brand des Verlagshauses in der Berliner Lützowstraße zum Opfer gefallen.

Neuerdings glaube ich wieder an die Weiterarbeit an meiner Dichtung. Wenn sie wird, was ich plante, so wird sie meine letzte größere Dichtung sein, und wird die letzte Phase meiner innern Existenz, die mit der Morgenlandfahrt begann, vollends zum Ausdruck bringen. Aber ob und wann ich Teile davon werde zeigen und publizieren können, daran zu denken ist mir gar nicht erlaubt, das Werk gehört nicht mir, sondern ich ihm, und wenn es noch zehn Jahre braucht, so muß ich auch gehorchen.

(Brief, 11. 5. 1936, an den S. Fischer Verlag [nach einer Abschrift])

Gerade während ich ganz am Boden lag und mir wie der elendeste Hund vorkam, mußte ich Ehrungen entgegennehmen etc. Ich kam erst später auf den Humor der Sache: daß es nämlich ein sublimes Martyrium ist, nicht bloß Schweres zu schlucken, sondern zugleich die Rolle des Glücklichen zu spielen.

(Brief, Juni 1936, an Ernst Morgenthaler)

Mit dem »Beichtvater« hast Du jetzt auch wieder etwas mehr Einblick in den Josef Knecht und das Glasperlenspiel bekommen. Der »Beichtvater«[1] ist ebenso wie der »Regenmacher« einer von den Lebensläufen Knechts, den man in mehreren Inkarnationen kennenlernt.

(Brief, ca. Juli 1936, an Alice Leuthold)

Ja, meine Erzählung vom Beichtvater geht natürlich uns alle an. Auch in den öffentlichen und politischen Dingen ist es so: oft werden die großen Sünden mit mehr Kinderunschuld begangen als sie von vielen Intellektuellen, die sich für das Gewissen der Welt halten, gerügt werden. Wir Geistigen sollen nicht das Patent haben, das Gewissen der Völker zu sein, aber wir sollen die Ungerechtigkeit und die Taten der Führer erleidend erleben, als Mitleidende, als sich mitschuldig Wissende.

(Brief, 20. 7. 1936, an Felix Braun)

1 »Der Beichtvater« erschien im Juli 1936 in der Neuen Rundschau.

Danke für Deine beiden Briefe, den zum Geburtstag und den zum »Beichtvater«. Es freut mich, daß Du die Erzählung gern hast; sie gehört zu den Lebensläufen Knechts, zu denen auch der Regenmacher gehört. Sie hat ja auch schon ältere Brüder: ich habe schon von 1905 an, in Gaienhofen, mehrmals »Legenden« geschrieben aus der selben Umwelt, der sogenannten thebaischen Wüste, sie stehen im Fabulierbuch nach 30 Jahren wieder abgedruckt, und es wäre schon gut, wenn von ihnen bis zum »Beichtvater« etwas wie ein Fortschritt zu merken wäre – obwohl das mit dem »Fortschritt« immer so eine Sache ist.

(Brief, Juli 1936, an Fanny Schiler)

Die allmähliche Unterdrückung meiner Bücher geht ihren Gang. Vor einem Jahr hat, wie ich jetzt erfuhr, bei einer großen pompösen Feier zu Ehren der süddeutschen Dichtung das Stuttgarter Ministerium dem Professor, der die große Festrede hielt, vorher ausdrücklich mitgeteilt, mein Name dürfe in seinem Vortrag nicht vorkommen. Und schon dreimal war es dicht beim Verbot meiner Bücher, es wurde jedesmal nur durch meinen Verleger (Suhrkamp) verhindert, der zum Glück jetzt den klein und arm gewordenen Verlag Fischer weiterführen wird. Wenigstens ist der Verlag nicht, wie ich sehr fürchtete, von Hitlers Leuten gestohlen worden, er wird von einwandfreien Leuten bescheiden neu finanziert, und Suhrkamp (früher Redakteur der Rundschau) wird Leiter.

(Brief, 14. 9. 1936, an Otto Basler)

Der S. Fischer Verlag, Berlin, war eine Familien-AG. Nachdem ich seit 1932 als Herausgeber der »Neuen Rundschau« und in der Verlagsdirektion in der Planungsabteilung des Buchverlags mitgearbeitet hatte, wurde ich Herbst 1933 zum Vorstandsmitglied bestellt. Der Vorstand bestand damals aus dem Gründer des Verlags, Herrn S. Fischer, seinem Schwiegersohn, Herrn Dr. Gottfried Bermann Fischer, der ursprünglich Mediziner war, und mir. Am 15. Oktober 1934 starb S. Fischer. Der Vorstand wurde nicht ergänzt, sondern bestand danach aus Herrn Dr. Gottfried Bermann Fischer und mir. Anfang Winter 1935 erhielt die Familie Fischer vom Propagandaministerium

die Aufforderung, aus dem Besitz und der Leitung des Verlages auszuscheiden. Verschiedene Versuche, den Verlag zu verkaufen, führten zu keinem Ergebnis. Als letzter Käufer trat ein Strohmann der Partei auf. Daraufhin wurde ich von der Familie aufgefordert, doch den Verlag zu erwerben und ihn fortzuführen. Ich lehnte zunächst ab, wurde aber dann von einem Gremium aus Verlags-Mitarbeitern und Autoren zur Fortführung des Verlages gedrängt. Da ich kein Kapital besaß, wurde eine Kommanditgesellschaft gegründet, in der ich einziger persönlich haftender Gesellschafter war. Die übrigen Kommanditisten waren: Herr Rechtsanwalt Clemens Abs, Bonn, Herr Christoph Ratjen, ein Sohn des Bankiers Ratjen, Berlin, und Philipp F. Reemtsma, Mitbesitzer der Zigarettenfirma Reemtsma, Hamburg-Altona. Die drei Kommanditisten wurden mir gegenüber vertreten durch den Bankier Hermann J. Abs, den Auslandsdirektor der Deutschen Bank. Die Kommanditgesellschaft kaufte das Verlagsgeschäft und zahlte an die Familie Fischer den geforderten Kaufpreis von RM 200 000,– zum 1. Januar 1937. In Unterhandlungen mit dem Propagandaministerium und mit dem Wirtschaftsministerium hatte ich für die Familie folgende Vergünstigungen ausgehandelt:
a) Freigabe der Auslandskonten
b) einen Bar-Transfer von RM 240 000,– nach der Schweiz
c) Übereignung einer großen Anzahl von Autorenrechten an Herrn Dr. Bermann Fischer und Ausfuhr des Buchlagers, das mit diesen Autoren verbunden war. Dieses Buchlager allein stellte einen Verkaufswert von RM 1 500 000,– dar. Damit konnte Herr Dr. Bermann Fischer am 1. April 1936 den Bermann Fischer Verlag in Wien begründen, der nach dem Anschluß Österreichs 1938 nach Stockholm verlegt und dort von Bonniers-Verlag, Stockholm, finanziert wurde.
(Peter Suhrkamp, »Verhältnis zum S. Fischer Verlag«. Aus: Hermann Hesse / Peter Suhrkamp, »Briefwechsel«, herausgegeben von Siegfried Unseld, Frankfurt am Main, 1969)

In Deutschland sah ich nicht viel[1], der Gesamteindruck war der einer ungeheuren Betriebsamkeit, eines gewaltigen Umsatzes,

1 Vom 24. 8. - 11. 9. 1936 war Hesse bei seinem Augenarzt Dr. Wiser in Bad Eilsen.

nur ist eben die Hälfte oder mehr davon militärisch. Wenn diese Maschine losgeht, wird das Blut wieder in Strömen fließen und die Heldendichter werden Arbeit haben. Ich hoffe es nicht mehr zu erleben, ich komme mir längst vor wie ein Mammuth, das aus Versehen noch auf Erden lebt.

(Brief, Oktober 1936, an Georg Reinhart)

Erste Begegnung Hermann Hesses mit Peter Suhrkamp

Als ich Hermann Hesse das erstemal persönlich begegnete[1], *hatten wir über zwei Jahre einige berufliche Briefe gewechselt. Dabei war ich nicht gut weggekommen, ich war gelegentlich hart angefaßt worden, hatte einige heftige Unwillensäußerungen von ihm erfahren. Ich war Redakteur der Neuen Rundschau. Unter Redakteuren der Zeit war eine Unsitte sehr verbreitet: sie versuchten, in ihren Zeitschriften möglichst eigene Ideen zur Darstellung zu bringen und auf diese Weise durch alle Mitarbeiter selbst sichtbar zu werden, als hätten gerade sie mit ihren Ideen und Vorschlägen den Schriftstellern gefehlt. So hatte ich auch Hermann Hesse einige Male um einen Beitrag zu einer Idee von mir gebeten; gelegentlich hatte ich ihm auch Vorschläge gemacht, was er am besten schreiben könnte oder unbedingt schreiben müßte* [...] *Und regelmäßig nach einer derartigen Anregung oder Aufforderung, hatte er mich zurückgewiesen, ohne Rücksicht und ohne Höflichkeit, unumwunden* [...]

Damals, vor meiner ersten Begegnung mit Hermann Hesse, hatte ich auch noch nicht selbst erlebt, daß der geistig lebendige Mensch ganz und unaufhaltbar von sich ausgefüllt und bedrängt ist, und daß alle Einfälle von draußen und von weither, die durch Post und Telefon heute so leicht gemacht sind, zur Pein werden können.

Ich fuhr also eingeschüchtert und auch leicht aufsässig zur ersten Begegnung mit Hermann Hesse. Er war seit vielen Jahren zum ersten Male wieder in Deutschland, um vom Grafen Wiser in Bad Eilsen, einem berühmten Augenarzt, sein Augenleiden behandeln zu lassen. Ich kam von einer Nordsee-

1 Am 31. 8. 1936.

Insel, mein Eintreffen in Bückeburg und die Verbindung von dort nach Eilsen, alles war telegrafisch vereinbart. Ich wurde zum Abendessen erwartet. Mein Zug hatte erhebliche Verspätung, ich kam um viertel nach zehn an. Beim Empfang wurde mir ein Zettel übergeben. Darauf teilte mir Hesse mit, daß er gewartet habe und schlafen gegangen sei. Dazu den Plan für den nächsten Tag. Ihm war bekannt, daß ich nur eineinhalb Tage Zeit hatte. Nach seinem Plan konnten wir uns erst am nächsten Mittag um zwölf Uhr sehen, dann bliebe eine Stunde Zeit bis zum Mittag, und wir würden gemeinsam essen. Im übrigen wäre sein Tag durch die Kur und Ruhen ganz ausgefüllt. Der Zettel verriet entweder Verstimmung oder Abwehr. Nachts war ich entschlossen, am nächsten Nachmittag wieder weiter zu fahren.
Am anderen Morgen saß ich im Schreibzimmer des Hotels und schrieb Briefe. Hinter meinem Rücken stand die Tür zu einem anderen Raum offen. Dort ging nach einiger Zeit jemand ein paarmal vor der Tür vorüber, so daß ich mich umsah. Ich erkannte Hesse, war aber entschlossen, seine Ordnung zu respektieren. Er schien ebenso entschlossen, die Tür zu belagern. Endlich stand ich auf und nannte ihm meinen Namen. Er reichte mir die Hand; dabei ruhte sein Blick auf meinem Gesicht. Anders kann ich es nicht nennen: es war ein scharfes, sprühendes Licht. Seine Stimme klang gebräunt. Das Gesicht war voller scharfer Falten, das Gesicht eines Gärtners oder eines Bergsteigers und zugleich ein modernes städtisches Gesicht. Er zog mich in den Hotelgarten. Dort gingen wir nebeneinander die Pfade zwischen den Beeten, immer wieder dieselben Pfade. Er fragte mich; nichts, was mich betraf, auch nichts über unsere Arbeit: alles Mögliche über das Leben in Deutschland. Es war 1936. Er fragte mich, wie man einen alten Bekannten, der eben von einer Reise in einer fremden Gegend zurückgekommen ist, nach allem fragt, was er wissen kann. Er wollte viel von den deutschen Büchern, über die deutschen Schriftsteller, über die Jugend und überhaupt über Deutschland wissen. Er fragte immer wieder nach meinem Urteil. Er nahm alles auf, als wäre selbstverständlich alles, was ich sagte, richtig, und als wäre Einverständnis zwischen uns selbstverständlich [. . .] *Die Ruhestunden nach dem Mittagessen wurden ignoriert. Er zeigte mir in seinem Zimmer Bücher, Briefe, Bilder. Er war*

es, der mich mit einer zarten Sorgfalt umgab [...] *Wir trennten uns erst spät abends.*

Als ich allein war, sammelte ich meine Eindrücke zu einem Bild. Aber wie in einem Spiegel- und Zauberkabinett trat Hesse vielfältig und in immer neuen Erscheinungen auf: als bäuerlicher Mann, als geistlicher Herr, als Mönch Buddhas, als Gelehrter mit philosophischer Skepsis, als moderner Literat. In dem Wechsel war eine gütig schelmische Eulenspiegelart. In die deutsch seelenhaften Elemente woben sich Züge viel weniger gemüthafter Natur: europäische, kritizistische, analytische. Man hatte mir erzählt, daß Hermann Hesse nur ein einziges Mal in Berlin gewesen ist, damals am Anhalter Bahnhof sofort ins Hotel ging, seinen Verleger zu sich ins Hotelzimmer kommen ließ, das er nur verließ, um sich am gleichen Tag zur Abfahrt wieder an den Zug zu begeben. Der Hesse, den ich traf, hätte gut in ein Literatencafé in einer europäischen Metropole, sagen wir in Paris, gepaßt. Aber ebenso gut in ein Kloster in Tibet. Und ebenso gut in eine Gelehrtenklause. Sein Wesen war nichts völlig in eine Umwelt oder in eine Zeit oder in eine Entwicklung Eingeschlossenes, sondern es erhielt seinen letzten Sinn und seine eigentliche Prägung von der Phantasie.

Ist Hermann Hesse also in seinem Wesen ein Schauspieler, ein Darsteller vieler Figuren? In einem anderen als dem gewöhnlichen Sinn: ja. Allen Lesern seiner Werke wird schon aufgefallen sein, daß er selbst in vielen von ihnen, den wesentlichsten, vorkommt und in mancherlei Gestalt. Aber das hat eine andere Bedeutung als meist bei Schriftstellern. In seiner Erzählung »Die Morgenlandfahrt« erscheint vor dem Bundesgericht der Morgenlandfahrer der Musiker H. H., und in dem »magischen Theater«, einer zweiten Gerichtsverhandlung, ist der Diener Leo, ein verschollenes Mitglied des Bundes, der Oberste des Bundes; und in einer Holzplastik sind dieser Diener Leo, der oberste Richter, und der Musiker H. H. zu einer Doppelfigur verschmolzen. Im »Glasperlenspiel« werden im Nachtrag drei Biographien mitgeteilt, der Regenmacher, der Beichtvater und ein indischer Lebenslauf, Schülerarbeiten des Josef Knecht. Und jede dieser Biographien ist eine Selbstbiographie des Schülers in einer anderen Zeit und einer anderen Kultur. Der Gegenstand aller Bemühungen von Hermann Hesse ist eine Anthropologie, ein Bild des Menschen. Das Studienobjekt

dazu, das er am besten kennt, ist er selbst, Hermann Hesse. Dieses Objekt beobachtet und prüft er unausgesetzt. Es steht unausgesetzt bei ihm vor Gericht und hat sich zu verantworten. Das Gesetz seines Lebens besteht aber nicht in einem Ethos, in Prinzipien, einer Ideologie, sondern der Gerichtshof, das Prüfungsamt, besteht aus allen möglichen Erscheinungen seiner selbst, und jede dieser Erscheinungen steht im Rahmen einer der vielen Kulturen der Menschheit. So vollzieht sich sein Leben in der beständigen Prüfung vor dem Geist der Menschheit. Es entfaltet sich unter einer ständigen hohen Verantwortung [...]
Thomas Mann hat 1945 in seinem Brief nach Deutschland geschrieben, daß er Hesse um sein Wohnen in Montagnola beneide. »Er wohnte in schöner Sicherheit in seinem Hause zu Montagnola, in dessen Garten er Boccia spielte«, schrieb er. Ich habe dort auch an einigen Spätnachmittagen mit Hermann Hesse Boccia gespielt. Aber für ihn ist das Wohnen in diesem Garten keine schöne Sicherheit. Wo immer er auch wohnt – er ist stets in Unsicherheit, Unruhe und Gefährdetheit. Merkwürdig nur, daß Thomas Mann das damals nicht übersah. Wir haben im Garten von Montagnola viele Gespräche über Hesses Verhältnis zu Deutschland gehabt; immer wieder tauchte die Frage auf, ob er zur Emigration gehöre. Und seine Antwort war, daß er das nicht entscheide nach seinem Willen, sein Werk gehöre nach Deutschland. Er fand böse und bittere Worte über die Deutschen. Aber er blieb stets in der Nachbarschaft, sozusagen im Angesicht Deutschlands. Die deutsche Kultur und am meisten die deutsche Romantik waren in seinem täglichen Leben in vielerlei Gestalt stets gegenwärtige Richter und Zeugen zu seiner unablässigen Bewährung. Er blieb nahe genug, um noch die sinnliche Nähe dieser Zeugenschaft mit den Sinnen spüren zu können. Denn Hesses hohe Geistigkeit ist durchaus ans Sinnliche gebunden. Sie trennt sich sozusagen daraus ab, wie der Same am Baum, der der ins Wesen verwandelte Baum ist. So sind alle seine Beziehungen im Grunde natürlich gebunden. Und weil das so ist, erleidet er die Krisen des heutigen Menschen in seinem Wesen physisch und psychisch; er kann sich diesen Leiden gar nicht entziehen. Er lebt sein Leben, obgleich alle Äußerlichkeiten auf Idylle und Romantik deuten, als ein ganz gegenwärtiger, als ein moderner

und als ein im Grunde erschütterter Mensch. Allerdings gibt es eine stille Region in seinem Wesen, so alt wie die Welt, mit den Kulturen aus allen Weltgegenden gespeist. Aber das Grundgestein, das Karat ist deutsch-romantisch, bis zur Äußerung in eigensinnig kauzischer Einzelgängerei und in mystisch-sehnsüchtiger Weltabgewandtheit.

(Aus Peter Suhrkamps Rundfunkansprache »Zum 70. Geburtstag« Hesses vom 2. 7. 1947)

Du siehst meinen Standpunkt, meine Auffassung und Aufgabe, glaube ich, ziemlich richtig. Das alles, was heut in der Welt geschieht samt dem Kommenden ist natürlich notwendig, auch das Schlimme dabei. Aber es ist nicht minder notwendig, daß in kleinen Kanälen uralte Traditionen weiter fließen und sich vererben, die Zukunft wird sie ebenso nötig brauchen wie alles andre. Und in einem dieser schmalen, schon halb verschütteten Kanäle läuft auch mein Leben und meine Arbeit weiter.

(Brief, 10. 10. 1936, an Fritz Gundert)

Schade, daß der »Traum Josef Knechts«[1] seinen Sinn so wenig zeigt, er ist also mißlungen. Träume haben ja zwar nicht eigentlich die Bedeutung von Lehrbüchern, sondern mehr die, überhaupt zum Sinnen anzuregen, und dran zu erinnern, wie voll Sinn und Symbolik alles und jedes ist.
Immerhin ist mit dem Traum etwas Bestimmtes angedeutet, die Erfahrung nämlich: daß es endgültige Ziele für die Erkenntnis nicht gibt, sondern daß der »Fortschritt« der Erkenntnis nichts ist als eine Differenzierung der Fragestellungen.

(Brief, Oktober 1936, an Hermann Hubacher)

Daß Toscanini erst mit 65 ein guter Dirigent wurde, ist tröstlich. Ich empfinde die ersten 55 Jahre meines Lebens manchmal auch bloß als Vorbereitung zur »Morgenlandfahrt« und zu der Dichtung, die ihr folgen soll und mit der ich seit beinah fünf Jahren in der Stille beschäftigt bin. Aber vermutlich

1 Das Gedicht »Ein Traum«.

sind das Alterstorheiten. Es kommt nicht darauf an, was wir über unsre Werke uns für Illusionen machen. Aber daß wir die Werke machen, ist doch wohl notwendig.

(Brief, November 1936, an Volkmar Andreä)

Von innen und von außen her, in meinem privaten Leben wie in meinem Verhältnis zu den Weltumständen, bin ich langsam in eine Krise gekommen, die sich in diesem Jahr nun zugespitzt hat, so daß ich glaube, es werde bald das Urteil gefällt und die Probe auf Leben oder Sterben reif sein. Inzwischen habe ich in diesen Jahren, obwohl meines privaten Lebens und Standes immer ungewisser, mir eine Haut wachsen lassen, die mich wie Glas umgibt, und eigentlich aus nichts besteht als aus einem Glauben, daß auch Krisen und Leiden positive Funktionen seien, und daß der Ort, an den ich mich gestellt sehe, als Amt und Schicksal aufzufassen sei.
Aber ich habe das Gefühl, mich da in einer allzu privaten Mythologie auszudrücken. Kurz, ich bin seit längerer Zeit an den Wurzeln angesägt, und der Lebenswille ist sehr klein geworden, und ich balanciere das, indem ich meine Funktion, das bißchen literarischer Arbeit, mit vermehrter Sorgfalt wie ein Amt zelebriere. Vielleicht bin ich damit ein Hanswurst, doch ist auch das mir eigentlich einerlei [...]
So schreibe ich Ihnen aus einer Position, auf die ich nicht stolz sein kann. Vermutlich war mein Leben das eines Don Quichote, aber oft glaube ich daran, daß Don Quichote ebensowenig entbehrlich ist als irgend ein Führer und Erfolgreicher.

(Brief, November 1936, an R. Jakob Humm)

Am meisten beachtet und anerkannt wurde von allen meinen Büchern der »Goldmund«, mir selbst ist die »Morgenlandfahrt« wichtiger, die noch beinahe von niemand entdeckt wurde; an diesem Faden spinne ich seit manchen Jahren weiter, und werde es wohl bis zuletzt tun, dahin gehört auch die Gestalt Josef Knechts, dessen Traum Sie lasen. Diese letzte, eher komplizierte Dichtung entsteht langsamer und schwieriger als jede frühere, doch sind einige Teile davon fertig, die im Notfall auch pro toto stehen und zeugen können.

(Brief, 13. 12. 1936, an Wilhelm Muehlon)

Am 18. Dezember ist der Kauf des Verlages abgeschlossen worden. Die Beteiligten sind: Herr Reemtsma, einer der Mitinhaber der großen Hamburger Zigarettenfabrik, ein Mann mit Kunstverständnis anscheinend, zumindest mit dem Ehrgeiz dazu; ich schließe das unter anderm aus der Tatsache, daß er sich für die Halle seines Hauses einen Figurenfries von Barlach machen ließ. Ein zweiter Gesellschafter ist der Bruder eines Berliner Bankiers Abs. Er selbst ist Rechtsanwalt in Bonn. In diesem Falle ist mir persönlich die Verbindung zu dem Bankier wertvoll. Er hat sich in der ganzen Verhandlung als ein äußerst vornehmer, sehr großzügiger Charakter erwiesen. Dieser wird die Interessen sämtlicher Gesellschafter, die selbst also garnicht in Erscheinung treten werden, wahrnehmen. Ich kann mir keinen besseren Berater in Gelddingen denken. Der dritte Gesellschafter ist der junge Sohn eines früh verstorbenen Münchener Bankiers Ratjen, dessen Mutter die Einlage für ihn machte.
Was mich in dieser Sache betrifft, so freut es mich, daß auf diese Weise der Verlag erhalten werden konnte, aber ich bin von Zweifeln gequält, ob ich Geschäftsmann werden durfte. Sie werden mich auch richtig verstehen, wenn ich sage, daß ich die Position als eine politische ansehe, und daß ich mich ihr deswegen schon nicht entziehen durfte. Im übrigen hätten aber die traurigen Erfahrungen, die mir die ganze Aktion einbrachte, genügen können, um mir jeden Genuß an der Sache auszutreiben. Die letzten Illusionen, die noch irgendwo versteckt in mir nisteten, sind dabei aufgeflogen.

(Aus einem Brief von Peter Suhrkamp an Hesse vom 24. 12. 1936)

Mein lieber alter Verlag Fischer, der vor wenigen Jahren noch der führende belletristische Verlag im Reich war, ist soeben auf neue Beine gestellt worden; es ist jetzt nicht nur in der Leitung des Geschäfts, sondern auch in dessen Kapital die Familie Fischer völlig ausgeschieden.

Verschwunden sind aus dem Verlag nicht nur die bisherigen Gründer, Leiter und Besitzer und sehr viele alte Angestellte, mit denen ich über 30 Jahre zu tun hatte. Verschwunden sind auch sämtliche Werke von Thomas Mann, von J. Wassermann, R. Schickele, Annette Kolb, Hugo von Hofmannsthal und vielen andern, der Verlust umfaßt weit mehr als die Hälfte des alten Bestandes, und nun muß sich zeigen, ob nach diesem tödlichen Aderlaß unser Verlag sich am Leben halten kann. Ich halte ihm die Treue, solang nicht höhere Gewalten es vollends verhindern, es kostet schon jetzt Opfer genug.

(Brief, Ende Januar 1937, an Wilhelm Stämpfli)

Daß die deutsche Presse die »Gleichschaltung« des Verlags Fischer so betont, zeigt ja, wie sehr dieser Verlag als Punkt des Widerstands betrachtet wird! Ich hatte während der letzten anderthalb Jahre Sorge genug durch die Befürchtung, der Verlag werde für 5 Rappen von irgendeinem Hintermann der Führenden aufgekauft werden. Einzig Suhrkamp hat das vereitelt und hat den Verlag, unter furchtbaren Verlusten freilich, gerettet. Ich werde, solang nicht höhere Gewalt es hindert, meinem mit Fischer noch laufenden Vertrag und den Verpflichtungen, die mich mit den deutschen Lesern verbinden, treu bleiben. Schwer genug wird es mir gemacht, nicht bloß durch die beständigen und oft unausdenklich schmutzigen Angriffe der Nazi, die immer wiederholten Verbotsanträge gegen mich etc., sondern nicht minder durch die Haltung, die ein Teil der oft so üblen Emigrantenpresse gegen mich einnahm. Konjunkturhelden und käufliche Leute wie etwa der Pariser Bernhard denunzieren mich, weil ich Deutschland zehn Jahre früher als sie den Rücken wandte, und weil ich zwischen 1914 und 18 gegen den Krieg sprach, während Bernhard wilde deutsche Kriegs- und Annexionsartikel schrieb – sie denunzieren mich, mit den selben Mitteln skrupelloser Lügen und Verleumdungen, als eine Art von Protegé des Dr. Goebbels. Dabei vergeht keine Woche, ohne daß die Nazipresse mich neu aufs Korn nimmt, ohne daß wieder ein Lesebuch meinen Namen und meine Gedichte ausstreicht etc. etc. Es macht Mühe, inmitten dieser Zustände eine überparteiliche Neutralität und Ruhe zu bewahren, es ist aber notwendig, daß einige von uns das tun, im Interesse der Wahrheit.

(Brief, Januar 1937, an Otto Kleiber)

In Deutschland ist Ihr Schicksal ein ähnliches wie das meine. Es waren schon dreimal Bücherverbote gegen mich erlassen und wurden nach Konferenzen mit dem Verleger wieder vorläufig zurückgenommen. Aber mein Verlag ist ganz klein und arm geworden, reichlich die Hälfte ist verboten oder emigriert. Und wenn heut ein Buch von mir erscheint, wird es in Deutschland von 2 bis 3 Blättern (statt wie früher von 1 bis 2 hundert) besprochen. Na, lassen wir das ruhen!

(Brief, Frühjahr 1937, an Alfred Kubin)

Das Knecht-Gedicht über die Dimensionen ist natürlich rein ironisch gemeint, das »Entgegenkommen« ist darin so stark übertrieben, daß man merken wird, das sei Spaß. Es wird dir sicher klar werden, sobald du die Gedichte Knechts als Ganzes sehen wirst. Stell dir vor, jemand sage zu einem streitsüchtigen Blinden: »Gewiß, Sie haben recht, natürlich gibt es keine Sonne«, so ist das eben ein Verschieben der unmöglich gewordenen Auseinandersetzung ins Ironische.

(Brief, Februar 1937, an Fanny Schiler)

Entgegenkommen

Die ewig Unentwegten und Naiven
Ertragen freilich unsre Zweifel nicht.
Flach sei die Welt, erklären sie uns schlicht,
Und Faselei die Sage von den Tiefen.

Denn sollt es wirklich andre Dimensionen
Als die zwei guten, altvertrauten geben,
Wie könnte da ein Mensch noch sicher wohnen,
Wie könnte da ein Mensch noch sorglos leben?

Um also einen Frieden zu erreichen,
So laßt uns eine Dimension denn streichen!
Denn sind die Unentwegten wirklich ehrlich,
Und ist das Tiefensehen so gefährlich,
Dann ist die dritte Dimension entbehrlich.

Was meine etwaige Mitarbeit betrifft[1], so gebe ich Ihnen in aller Offenheit darüber gerne Auskunft. Prinzipiell Nein zu sagen fällt mir nicht ein. Andrerseits ist mein Ja eingeschränkt durch verschiedene Umstände. Zunächst dadurch, daß ich sehr wenig mehr produziere, und grundsätzlich nichts aus »Anregung« schreibe. Und dann durch die Rücksicht auf meine Stellung im Reich. Damit steht es so: ich bin fest gewillt, meinem Verlagsvertrag und meinen deutschen Lesern treu zu bleiben, solang nicht eine force majeure es verunmöglicht, keinesfalls werde ich einen Bruch provozieren. Ich halte es, wenn nicht politische Änderungen kommen, für wahrscheinlich, daß materiell mein Weiterarbeiten im Reich ziemlich bald ein Ende finden wird: entweder durch Verbot meiner Bücher oder sonstige Verfemung, für die schon viele Zeichen da sind, oder aber ganz mechanisch dadurch, daß ich die Tantiemen nicht mehr erhalte. Schon jetzt erfolgen die Auszahlungen im Clearingverkehr immer langsamer, wahrscheinlich wird bald das Guthaben, das ein Schweizer im Reich stehen hat, ebenso entwertet sein wie es deutsche Obligationen etc. sind. Aber auch noch im Fall, daß ich materiell gezwungen würde, im Ausland zu verlegen usw., würden manche Rücksichten fortbestehen, die ich zu nehmen habe. Ich habe meine beiden Schwestern in Deutschland leben, die eine als Frau eines Pfarrers der Bekenntniskirche, der es ohnehin sehr schwer hat. Und ähnliche Bindungen sind noch viele da. Z. B. sitzt einer meiner ältesten und treusten Freunde[2] seit einigen Wochen in Würzburg in derselben politischen Abteilung des Gefängnisses, in der Ihr Bekannter Fiedler[3] saß, und es ist so gut wie sicher, daß mein Briefwechsel mit ihm seit Jahren in Händen der Gestapo ist. Im Augenblick, wo mein Name drüben Wut erregt, kann es dem Freund Mißhandlung

1 In einem Brief vom 23. 2. 1937 hatte Thomas Mann Hesse um Mitarbeit in der neugegründeten Zweimonatsschrift »Maß und Wert« gebeten.
2 Franz Schall.
3 Cuno Fiedler.

und andre Bußen einbringen. Das ist ein höchst zarter Apparat, dessen Drähte man kaum berühren darf. Sie wissen ja.

(Brief, 25. 2. 1937, an Thomas Mann)

Es freut mich, daß trotz allen Schwierigkeiten mein Gedichtbüchlein[1] erscheinen konnte – wer weiß, ob es nicht das letzte Buch von mir ist, das in Deutschland erscheinen kann[2]. Sollte meine Dichtung von Josef Knecht und dem Glasperlenspiel, wie es wohl möglich ist, ihre Vollendung nicht erleben, so wäre dies kleine Gedichtbuch, mit den Gedichten Knechts als Mittelpunkt, doch ein Vermächtnis für die paar Verstehenden.

(Brief, Frühjahr 1937, an Alfred Kubin)

Ich habe eine Bitte. Bitte schreiben Sie mir auf einer Postkarte das Sanskritwort auf, welches = *Prinz*, Fürstensohn, Erbe des Rajah etc. bedeutet. Ich brauche es für einen der Lebensläufe Josef Knechts. »Knecht« übersetze ich mit »Dasa«, und hoffe es sei richtig.

(Postkarte, 22. 4. 1937, an Heinrich Zimmer)

Daß Kunst so notwendig sei wie Brot, ist auch mein Standpunkt, eben darum habe ich mein Leben, und oft unter Opfern, darauf verwendet, Künstler zu sein. Daß der Künstler eine abgestempelte Gesinnung haben müsse (hast denn du selbst eine?), daß er sich für eine Partei oder Gruppe entscheiden müsse (gehörst du selber denn einer an?) und daß er über das, was gut und böse, schwarz und weiß sei, sich bei dir oder

1 Hermann Hesse, »Neue Gedichte«, S. Fischer Verlag, Berlin 1937.

2 Während des NS-Regimes durften folgende Bücher Hesses nicht nachgedruckt werden: »Der Steppenwolf«, »Betrachtungen« (mit einigen der während und nach dem Ersten Weltkrieg entstandenen politischen Aufsätze) und »Narziß und Goldmund« (wegen eines in der Erzählung vorkommenden Pogroms). Insgesamt waren während der Jahre 1933-1945 in Deutschland 20 Hesse-Titel (einschließlich der Nachdrucke) erhältlich, die im Verlauf der 12 Jahre eine Gesamtauflage von 481 Tsd. Exemplaren erreichten (eine Auflage, die etwas unter der 1972 im deutschen Sprachraum verkauften Zahl der Hesse-Ausgaben liegt), wobei allerdings 250 Tsd. auf das 1943 erschienene Reclam-Bändchen »In der alten Sonne« und 70 Tsd. auf die kleine, 1934 in der Insel-Bücherei erschienene Gedichtauswahl »Vom Baum des Lebens«, entfielen.

sonstwo Bescheid holen müsse, glaube ich nicht, und nie hat das ein echter Künstler geglaubt. Die Kunst gehört zu den Funktionen der Menschheit, die dafür sorgen, daß Menschlichkeit und Wahrheit fortbestehen, daß nicht die ganze Welt und das ganze Menschenleben in Haß und Partei, in lauter Hitlers und Stalins zerfällt, der Künstler liebt die Menschen, er leidet mit ihnen, er kennt sie oft sehr viel tiefer als je ein Politiker oder Wirtschaftler sie gekannt hat, aber er steht nicht als ein Herrgott oder Redakteur über ihnen, der genau weiß, wie alles sein sollte. Was heißt denn dein Lieblingswort »Gesinnung«? Der Heiland zum Beispiel hat ohne Zweifel die Armen geliebt und die Habgier verurteilt, er hat aber niemals ein Programm aufgestellt, wie durch normierte Gesinnungen, Parteien, Revolutionen etc. künftig die Armut abgeschafft werden könne, sondern hat aufs deutlichste erkannt und ausgesprochen, daß es allezeit Arme geben werde. Er war also, nach deiner mir nicht recht klaren Theorie ein Außenseiter, der in einer »dritten Dimension« lebte, so wie wir Künstler, die du so sehr verachtest. Auch das ist mir völlig unverständlich, was in deinem Brief steht: die Künstler hätten sich im Lauf der Jahrtausende einen Privatstandpunkt erobert. Wo standen sie denn vorher? Und hat es nicht Künstler genug gegeben, die eifrigst Partei ergriffen haben, die Wortführer politischer Bestrebungen, Sozialisten etc. waren? Sie und ihre Werke sind dadurch um keinen Faden besser oder schlechter geworden. Daß ein Künstler oder Intellektueller ein Lump ist, wenn er seine echten Gefühle und Meinungen aus Opportunismus verleugnet und andere vortäuscht, darin sind wir ja einig. Daß aber z. B. heutzutage ein Künstler dadurch besser wird, daß er sich einer Partei verschreibt oder verkauft, kannst du nicht im Ernst glauben.
Leid tut mir nur, daß ich in deinen Augen auch so ein Mann bin, der die Kunst für etwas Privates hält, und weder Gut noch Bös, nur »Genial« oder »Ungenial« etc. kennt! Hast du wirklich nie etwas von mir gelesen? Hast du wirklich nie gefühlt, daß es mir damit ernst ist, daß ich die Programme und fertig formulierten »Gesinnungen« nur darum ablehne, weil sie die Menschen unendlich verarmen und verdummen, und daß ich für Gut und Böse ein ziemlich zartes Gewissen habe? Lieber Heiner, ich könnte heute, statt von allen extremen Parteien angespuckt zu werden, Erfolg und Einfluß in Menge haben,

wenn ich mich einer Partei anschlösse. Die paar erfolgreichen Dichter des heutigen Rußland sind »Kommunisten«, bücken sich vor Stalin und dem Regime, und haben die Einnahmen von Fabrikanten, Ehrenburg (Ilja) wird im Jahr auf etwa 100 000 Rubel Einkommen geschätzt. Ich gönne ihm das gern, aber ich möchte mir durch den Verlust meines eigenen Gewissens und meiner eigenen Freiheit auch nicht das Zehnfache seiner Erfolge und Gelder erwerben. Der einzige heutige Dichter von hohem Rang, der sich am Ende seines Lebens zum Kommunismus bekannte, ist André Gide – ich meine: der einzige, den ich selber sehr hochschätze und ernstnehme. Er hat, resigniert und tief enttäuscht, seine Stimme und seinen Namen den Kommunisten gegeben, und ist als Dichter erloschen, vielmehr er hat sich zurückgezogen und schweigt.

Es hat im Laufe der Jahrhunderte tausend »Gesinnungen« und Parteien und Programme gegeben, tausend Revolutionen, sie haben die Welt verändert und (vielleicht) vorwärts gebracht. Aber keines ihrer Programme und Bekenntnisse hat seine Zeit überdauert. Die Bilder und Worte einiger echter Künstler, und auch die Worte einiger echter Weiser und Liebender und Sichopfernder, haben die Zeiten überdauert, und tausendmal hat ein Wort Jesu, oder ein Wort eines griechischen oder andern Dichters, nach Jahrhunderten noch Menschen getroffen und aufgeweckt, und ihnen den Blick für das Leid und das Wunder des Menschentums geöffnet. In der Reihe dieser Liebenden und Zeugen ein kleiner, einer von Tausenden, zu sein, wäre mein Wunsch und Ehrgeiz, nicht aber für »genial« oder dergleichen zu gelten.

Schade, daß es so ist. Schade, daß du einstweilen noch nicht die Reife und nicht die Liebe hast, um ohne Aburteilen etwas glauben und lieben zu können. Aber das Leben geht weiter, über uns und unsere Wünsche und Meinungen weg, und ich glaube daran, daß wir alle unfehlbar geprüft und gerichtet werden.

Du sprichst vom »Brotbacken«, mit dem du die Kunst vergleichst. Aber ein Bäcker, der sich noch so glühend für eine Meinung oder Gesinnung einsetzt, und in jedes Brot einen Wahlzettel seiner Partei mit einbackt, wird unfehlbar von denen, die sein Brot essen, eben doch bloß daraufhin geprüft werden, ob sein Brot gut ist, sich verdauen läßt und Kraft gibt.

Wenn Homer und Goethe und alle die anderen Dichter, die du mit ihren »privaten« Standpunkten so verachtest, nicht sehr gutes Brot gebacken hätten, so würde ihr Brot nicht heute noch für Menschen eine Speise sein können.

(Brief, Anfang März 1937, an seinen Sohn Heiner)

Du sagst, man könnte nur ahnen, wie es mit Fischers Verlag stehe. Nun, die Sache ist ziemlich einfach: sowohl der Leiter Bermann wie die Besitzer, Familie Fischer, sind hinausgeworfen, der Verlag hat neue Besitzer, neues Kapital, ziemlich viel kleiner, Suhrkamp ist Leiter.
Wenn du dir die Bücher von Thomas Mann, Wassermann, Schickele, Annette Kolb und vielen, vielen andern (Hofmannsthal etc.) vorstellst, die mit ihren diversen Ausgaben und vielen Auflagen den Hauptbestand des Verlags bildeten, und dir alle diese Autoren und Bücher gestrichen und abgewandert denkst, dann hast du, wenigstens äußerlich, das Bild. Ich halte vorläufig meinen Vertrag, trotz allem, bin aber stündlich auf Änderung gefaßt.

(Brief, 5. 4. 1937, an Fritz Gundert)

Einige gute Bekannte werden heuer 60, z. B. Sieck am 18. 4. (der Simpl. bringt ein gutes Porträt von Gulbransson mit einem Jubelkantus von mir). Für Hesse (2. 7.) läßt sich bei seiner offiziellen Unbeliebtheit leider nichts Ähnliches machen. Zum Privatgebrauch hab ich einen Vierzeiler geschnitzelt:

Die ganze deutsche Presse
notiert für Hesse Baisse.
Ja, gäb' es noch den Mosse,
dann hätte Hesse Hausse!...

(Aus einem Brief von Hans Erich Blaich [Dr. Owlglass] an Erich Schairer vom 10. 4. 1937)

Daß der Simplicissimus eines Mitarbeiters (seit 1905) nach mehr als 30 Jahren nur ohne Nennung seines Namens gedenkt, paßt zu allem andern. Ihnen aber danke ich für's Gedenken! Mitten in einer Welt ohne Gedächtnis, ohne Treue, ohne

Aufrichtigkeit erblickt man einen solchen Einzelnen mit Freude.

(Brief, Juli 1937, an Simplicissimus-Redakteur Hans Erich Blaich [Dr. Owlglass])

Den Tag Deines 60sten Geburtstages, an dem vieler Menschen Gedanken voller Dankbarkeit und Verehrung sich auf Dich richten, empfinde ich als großen und wichtigen. Es ist schön, daß es solche Tage gibt, an denen derjenige, der durch Jahrzehnte hindurch geschenkt hat, nun die Herzlichkeit und Wärme der Beschenkten verspüren darf. Für die ist es insbesondere schön, den legitimen Anlaß zu haben, auszusprechen, was sie denken und fühlen.

Hermann Hesse, der Dichter, ist eine Gestalt, die den Wert menschlicher Existenz symbolisiert; daß er leiblich unter uns lebt und uns nahesteht, ist in einer Zeit, in der die Persönlichkeit zur Rarität geworden, ein großes Glück. Ein solcher Tag hebt es aus dem Wust des Alltags klar ins Bewußtsein.

Daß ich Dich Freund nennen darf, gehört zum Wertvollsten und Bedeutendsten was ich besitze. Zum größten Schmerz, daß ich nicht mehr Dein Werk betreuen kann, für das ich, neben ganz wenigen noch, meine ganze Arbeit einzusetzen bereit war. Aber ich fühle mich trotzdem – vielleicht ist es nur eitle Hoffnung – nicht getrennt von ihm. Ich warte. Eines Tages werden vielleicht doch noch meine Hoffnungen erfüllt.

Nun sehe ich Dich vor mir, eben sah ich Dich wirklich in dem Film, den ich einmal von Dir machte – Dein Gesicht voll Güte und Leid und ich wünschte, ich könnte Dir die Hand drücken und Dir sagen, was ich Dir an Schönem für Dein Leben wünsche.

(Aus einem Brief von Gottfried Bermann Fischer vom 1. 7. 1937 an Hesse)

Wenn ich so höre, wie Sie über Ihrem Naumann[1] sitzen und in die graue Zukunft hinein an etwas weiterarbeiten, was scheinbar nur noch historisches oder ästhetisches Interesse hat, dann

1 Theodor Heuss, »Friedrich Naumann. Der Mann, das Werk, die Zeit«, Deutsche Verlagsanstalt, Stuttgart, Berlin 1937.

ist mir das tröstlich, da ich ganz ebenso meinen Faden spinne, seit bald acht Jahren fädle ich an der Dichtung, einer Art Utopie, herum, die ein Philolog etwa mein Alterswerk nennen würde, und deren Auftakt die Morgenlandfahrt war.

(Brief, Juli 1937, an Theodor Heuss)

Zu den paar besten Gaben und Grüßen (die alle in irgendeinem Sinn von Kollegen kamen), ist Ihr Brief und wunderschöner lieber Aufsatz etwas vom Erfreuendsten und Besten.[1] Also haben Sie von Herzen Dank, alter Kamerad! Ich lasse Ihnen das letzte Gedicht Josef Knechts[2] schicken, ein Freund hat es mir festlich gedruckt, und vom Verlag der Neuen Rundschau das Juliheft, nehmen Sie beide Grüße als ganz persönliche an, die nichts wollen und keine Mühe machen dürfen.

(Brief, Juli 1937, an Theodor Heuss)

Daß der Vergeistigung seiner höheren Jahre die plastischen Kräfte treu bleiben werden, deren ein offenbar so gewagt-spiritueller Traum-Entwurf wie das »Glasperlenspiel« zu seiner Verwirklichung bedarf, dafür scheint mir Hesses Humor zu bürgen, sein gerade in den sichtbaren Bruchstücken des Spätwerkes hervortretender sprachlicher Übermut, seine innerste Künstlerlustigkeit. Wir wünschen ihm Gelingen und Vollendung. Auch wünschen wir – indem wir uns über seinen eigenen Mangel an Ehrgeiz billig hinwegsetzen –, daß sein Ansehen immer tiefer in die Welt hineinwachsen, sich immer weiter darin verbreiten und ihm die Ehrung erwirken möge, die längst fällig gewesen wäre, heute aber einer besonders sinn- und ausdrucksvollen Kundgebung, auch einer witzigen Auskunft übrigens, gleichkäme: die Krönung mit dem schwedischen Weltpreis für Literatur.

(Thomas Mann zu Hesses 60. Geburtstag, »Neue Zürcher Zeitung« vom 2. 7. 1937)

1 Theodor Heuss, »Hermann Hesse zum 60. Geburtstag am 2. Juli 1937«. »Die Hilfe«, Zeitschrift für Politik, Wirtschaft und geistige Bewegung, 13, 1937.
2 »Orgelspiel«, vgl. S. 328.

Sie stellen sich die Geschichte von J. Knecht systematischer, größer und auch wohl etwas pathetischer vor als ich, aber im Grunde denken Sie sich doch das Richtige. Diese Dichtung, in der ich die Morgenlandfahrt fortsetzen wollte, und die nun zu meinem Alterswerk geworden ist, das ich vielleicht nicht mehr zu Ende bringe, hat bisher folgende Stücke, die schon gedruckt sind: »Das Glasperlenspiel« (Neue Rundschau, etwa Ende 33) Regenmacher, Beichtvater (Rundschau, Sommer 36) Indischer Lebenslauf (Rundschau, Juli 37) und die »Gedichte« Knechts, in meinem Buch »Neue Gedichte«. Außerdem existiert irgendwo noch ein Stück Manuskript, doch habe ich es seit vielen Monaten nicht mehr gesehen. Denn die Welt verbraucht uns nicht so, wie wir es wünschen, sondern auf ihre Art. Ich bin seit langen Jahren augenleidend und von beständigen, kaum je pausierenden Augenschmerzen bedrängt. Nun muß ich fast das ganze Jahr hindurch am Vormittag Briefe lesen und beantworten, meist bis zur Erschöpfung der Augenkraft für den Tag, und nachmittags kommen dann Besuche, dies Jahr waren hunderte da, sitzen bei uns, trinken Tee, schwatzen, bringen Empfehlungen und Grüße von Freunden, bringen ihre Sorgen und Ängste, schwatzen oder beichten, sind verzweifelt oder sind junge Gymnasiasten und soeben mit gestohlenem Geld den Eltern durchgebrannt, oder auch sind es ruhige alte Leute, die mir von anno damals erzählen und eine Tante von mir gekannt haben, oder sind es Emigranten und Leute mit Fransen an den Hosen und keinem Pfennig im Sack, die man trösten und füttern muß, und so gehe ich beinahe jeden Tag ins Bett, überfüllt von Fremdem, beladen mit Fremdem, und mit dem Altwerden verliert sich die Lust, auszubrechen und zu meiner eigenen Arbeit zu fliehen. So weiß ich nicht, wann ich einmal wieder mein Manuskript heraussuchen werde, das Wiederlesen allein ist, wie jedes Lesen, eine Arbeit und Qual, die ich fürchte.

(Brief, November 1937 an Luise Rinser)

Mit jenen 2 neuen Gedichten[1] ist es wohl etwa so: die Gedichte Knechts, die für mich seit 3 Jahren zu einer stehenden Ausdrucksform geworden sind, haben es fast nur mit Gedanken, oder doch geistigen Erlebnissen, zu tun. Als Gegensatz dazu strebte ich in einigen neuern Versen wieder zum bloß Bildhaften zurück [...]
Auf das Bengelbuch freue ich mich, ich habe Bengel seit langem verehrt; er hat nicht die bunte Phantastik Oetingers, dafür Züge vom echten Heiligen. Ich habe jahrelang vergeblich eine seiner ältern Biographien durch Antiquare gesucht, las dann eine aus einer Zürcher Bibliothek. Im voraus schönen Dank für das Buch! Wenn ähnliches erscheint, speziell aus der Geschichte des schwäbischen Pietismus etc., bin ich stets Interessent.

(Brief, 21. 12. 1937, an Fritz Gundert)

Ich nähere mich – mehr in Gedanken als in Taten – allmählich dem Punkt in meiner Erzählung, wo es darauf ankäme, vom Glasperlenspiel eine Art von »konkreter« Vorstellung zu geben, ohne doch das Geheimnis anzutasten, also eben so, wie es im Motto heißt, das Nichtseiende zu behandeln, als existiere es. Das ist heikel, und wird nur auf magischem Weg, in fragmentarischen Visionen und Beschwörungen, möglich sein.

(Brief, 11. 1. 1938, an Otto Basler)

Ich denke mir, es müsse trotz allem Erlittenen Sie stärken und halten, daß Sie doch eine Gemeinschaft und eine direkte, aufbauende Arbeit haben. Mir fehlt es oft, daß ich, im Gegensatz dazu, keine Gemeinschaft und kein Objekt meiner Bemühungen, Sorgen und Liebe habe, als eine unbestimmte, verschüchterte Diaspora von Menschen, die gleich mir selber in den heutigen Umbildungen keinen festen Ort und nur das etwas undeutliche Gefühl haben, für eine noch nicht sichtbare Zukunft dazusein, für sie einiges vom Überkommenen weiterzugeben.

(Brief, 11. 2. 1938, an Martin Buber)

1 »Morgenstunde im Dezember« und »Bilder aus einem alten Tessiner Park«.

Der Mensch macht heute den Versuch, sich in etwas andres zu verwandeln als was er 10 000 Jahre war, und das macht nur den Jungen Spaß und denen, die dabei zu kommandieren haben. Indessen ist die andere Welt vorhanden, die echte und helle, sie ist es nicht bloß im Gedenken an Mozart oder beim Lesen eines alten Buchs, sie lebt auch in uns, klein und schwach, und einen Funken von ihr wiederzugeben ist die letzte unsrer Pflichten.

(Brief, 17. 2. 1938, an Cecilie Clarus)

Der Verlust von Österreich war auch für uns sehr empfindlich, meine Frau hat ja alle näheren Verwandten und Freunde dort, und ich habe, unter anderm, dabei den Verleger verloren, mit dem ich für die Zukunft gerechnet hatte[1]. Aus Deutschland bekomme ich zur Zeit nicht einen Pfennig mehr heraus. Wir sind um viele Freunde in Sorge, und die eigenen Sorgen wachsen. Außer dem Sichzurückziehen in den magischen Raum seiner Arbeit gibt es für unsereinen keine Zuflucht in dieser häßlich gewordenen Welt. Sie haben Recht, für einen jungen Künstler ist die Welt heut feindseliger als je; aber für einen alten Künstler, der am Ende eines arbeitsamen Lebens zum alten Gerümpel geworfen wird und wieder alle Sorgen der frühern Jahre spüren muß, ist es auch nicht hübsch. Nur nehmen wir Alten es natürlich anders, wir sind mit dem nahenden Ende einverstanden, und Ihr Junge dürft das nicht sein.

(Brief, Frühjahr 1938, an Peter Weiss)

Wir haben, zum Teil im Widerspruch mit den offiziellen Tendenzen unsrer Zeit, ein Leben lang uns um Werte bemüht und an ihnen Freude gehabt, die nun für eine Weile mißachtet werden, von denen wir aber wissen, daß sie immer wieder aufleben werden. Wären wir antike Menschen, so wäre die Stoa das uns Gemäße; in unsern schwächern, aber auch differenzierteren Seelen gedeiht statt des Pathos eher der Humor, der echte, nicht der goldene, sondern eben der Galgen- und Narrenhumor [...]

1 Gottfried Bermann Fischer hatte am 1. 5. 1936 in Wien den Bermann Fischer-Verlag gegründet, der von Hesse eine bibliophile Ausgabe des Hexametergedichtes »Stunden im Garten« herausgab.

Ich sinne je und je an meinem »Alterswerk« herum, dem Josef Knecht; es vergeht Jahr um Jahr, ohne daß er sehr vorwärts käme; immerhin ist so viel fertig, daß man das Ganze ahnen und deuten könnte, auch wenn nichts mehr hinzukäme. Als es mir diesen Winter eine Weile miserabel ging, infolge einer Erkältung, wurde ich plötzlich ängstlich, setzte mich hin und schrieb in 4 Wochen ein Kapitel[1] daran, nachdem ich vorher etwa 7 Monate keinen Strich getan hatte.

(Brief, März 1938, an Alfred Kubin)

So wie man in der Jugend zu Zeiten vom Schönen und Angenehmen, von den Freuden des Auges, der Sinne etc. gar nicht genug kriegen kann, so hat man es im Altwerden mit dem Wissen; man meint, man müsse von dem Unendlichen, was auf Erden wißbar ist, soviel wie möglich in sich hinein kriegen, und das ist ein schöner Trieb. Darum freuen mich deine historischen Interessen. Ich habe für meine Person mit historischer Lektüre die Erfahrung gemacht, daß sie mir eigentlich nur auf die Dauer von Nutzen war, wenn ich ein hervorragendes Werk eines einzelnen wirklichen Historikers las, und wirklich geniale Geschichtsschreiber haben wir nicht viele. Außer Ranke, den ich nur teilweise genießen kann, ist für mich weitaus der größte Historiker in deutscher Sprache Jakob Burckhardt. Seine 3 Hauptwerke, der Constantin, die Kultur der Renaissance und die griechische Kulturgeschichte sind für mich Mittelpunkt und Ausgang fast aller meiner historischen Lektüre geworden. Darüber hinaus lese ich zwar immer wieder neue monographische Arbeiten (eine sehr schöne war vor 2 Jahren der »Richelieu« von C. Burckhardt, einem Großneffen des Alten), aber mit dem Lesen von Darstellungen großer Geschichtsabschnitte, oder gar dem Lesen ganzer »Weltgeschichten«, habe ich keine guten Erfahrungen gemacht. Wenn du wieder Geschichte lesen magst, rate ich zu Burckhardt. Seine Hauptwerke sind nicht nur in den Bibliotheken, sie sind neuerdings auch (im Verlag A. Kröner) nicht sehr teuer in Hausausgaben zu haben.

(Brief, 1938, an Fanny Schiler)

1 »Die Berufung«.

Ob und wann die Geschichte Josef Knechts einmal fertig wird, kann ich nicht sagen, es wird mir mit jedem Jahr schwerer gemacht, je und je zu der dafür nötigen Konzentration zu kommen [...] Immerhin ist vom Ganzen so viel fertig, daß der Sinn fast ganz erkennbar und das Fragment als solches lesbar wäre, auch wenn nichts mehr hinzu käme. Es wird in einem der nächsten Hefte der Corona auch ein zweites Kapitel gedruckt werden. Damit Sie sehen können, wohin moralisch die Erzählung von Knechts Leben zielt, sende ich Ihnen hier ein vorausgeschriebenes Stück, das ganz ans Ende des Ganzen gehört, dazwischen fehlen noch Teile [...] ich muß Sie leider auch bitten, es mir bald wieder zu senden.

(Brief, 1938 an Helene Welti)

Erhalten Sie dem Josef Knecht Ihre Sympathie. Er steht heute verflucht allein. Aber ich hoffe, ihn fertig zu bringen, und glaube an ihn, im Sinn des Mottos, das über der Einleitung zum Glasperlenspiel steht, und in dem von Dingen die Rede ist »quas esse neque demonstrari neque probari potest, quae contra eo ipso, quod pii diligentesque viri illas quasi ut entia tractant, enti nascendique facultati paululum appropinquant«[1]. Wenn mir das tractare quasi ut entia halbwegs gelingt, ist die Arbeit aller dieser Jahre nicht umsonst gewesen.

(Brief, Sommer 1938, an Herbert Steiner)

Wenn du z. B. sagst: »Was kann dich noch (in Deutschland) halten?« so muß ich antworten: mich hält mein Vertrag mit der Firma, mit der ich zeitlebens verbunden war, und die sich bis heute die größte Mühe gibt mir gegenüber. Es gefällt mir nicht, daß du das bagatellisierst. Es hält mich außer dem Vertrag, der ja bis Ende 39 noch läuft, aber auch meine Leserschaft. Außerhalb Deutschlands habe ich wenig Leser, und ein Buch wie der »Josef Knecht« wird in Deutschland, gerade im heutigen gekne-

1 »deren Existenz weder beweisbar noch wahrscheinlich ist, welche aber eben dadurch, daß fromme und gewissenhafte Menschen sie gewissermaßen als seiende Dinge behandeln, dem Sein und der Möglichkeit des Geborenwerdens um einen Schritt näher geführt werden.«

belten Deutschland, von einigen Zehntausenden fast restlos verstanden werden, während z. B. in ganz Amerika keine drei Personen sind, denen es etwas bedeuten wird. Das sind keine Bagatellen.
Nun ist allerdings wahrscheinlich, daß der »Josef Knecht« in Deutschland sehr rasch wird verboten werden, wenn er dann einmal fertig ist und erscheint.
Auf jeden Fall halte ich meinen Vertrag gegen Suhrkamp so lange, bis er von der andern Seite gebrochen wird oder ich mich mit ihm richtig auseinandergesetzt habe, was schwierig ist, da man ja dorthin nicht schreiben kann ohne den Adressaten zu gefährden. Wenn aber einmal diese Fäden entwirrt sind und ich die Handlungsfreiheit habe, sehen wir weiter; ich bin sehr froh, am Ende dieser Wirrnis deinen neuen Verlag inzwischen bereit zu wissen.

(Brief, Juni 1938, an Gottfried Bermann Fischer)

Ich höre in meiner Sache nichts mehr, die Wochen und Monate gehen hin und ich möchte Ihnen heute in Kürze sagen, wie die Lage für mich moralisch eigentlich aussieht. Wir haben einen Vertrag miteinander, dessen Bedingungen ohne Ihre Schuld seit langem nur noch sehr unpünktlich, seit Monaten überhaupt nicht mehr eingehalten werden. Der Vertrag ist, durch Staatsgewalt, gebrochen. Ich bekomme weder die ausdrücklich zur Sicherung meiner Existenz ausbedungenen monatlichen Vorauszahlungen noch überhaupt etwas von meinen Tantiemen. Ich weiß nicht einmal, was aus den Erträgen Ihrer letzten Abrechnungen etc. geworden ist, ob und wo sie mir auf ein Sperrkonto geschrieben wurden etc. etc. Zugleich habe ich im Verlag Bermann Wien mein gutgehendes und früher stets pünktlich honoriertes Buch liegen und kann nicht erfahren, was aus dem Buch und dem Verlag geworden ist. Der Streit darüber, ob man solche Zustände noch legal nennen will oder nicht, scheint mir unnütz. Ich möchte nochmals erklären, daß mein Vertrag mit Ihnen gebrochen ist, ohne Ihre Schuld zwar, aber eben doch gebrochen, und daß ich, wenn ich nicht bald direkt mit Ihnen eine Einigung über die nächste Zukunft finde, mir natürlich die Verfügung über das, worüber wir den Vertrag geschlossen hatten, vorbehalte. Ich würde dann in Zukunft

etwaige neue Bücher im Ausland verlegen und würde baldmöglichst von einigen der früheren Bücher im Ausland neue Ausgaben veranstalten.
Das Verhandeln ist schwierig, denn ich weiß ja sehr wohl, daß ich nicht Sie gegen mich habe, sondern Ihre Behörde. Aber wenn Ihren Behörden die Existenz eines Autors gleichgültig ist, an dem sie jahrzehntelang Devisen etc. verdient haben, dann habe auch ich keinen Grund, in dem alten Verhältnis zu bleiben. Ich verlange, rechtlich und menschlich behandelt zu werden, andernfalls nehme ich an, Ihre Behörde wünsche mir durch diese unmenschliche Art von Aushungerung anzudeuten, daß ich ihr unerwünscht bin. Daraus die Konsequenzen zu ziehn, wird dann meine Sache sein. Mich jahrelang als Autor gutgehender Bücher um alle meine Einkünfte bringen zu lassen, während gleichzeitig jede Post aus Ihrem Lande mir die Briefe zahlloser Leser bringt, das ist ein Zustand, dem ich recht bald ein Ende wünsche. Wenn Ihre Behörden sich nicht für und nicht gegen mich entscheiden können, meine Bücher dulden, mir aber meine vertraglich geschützten Rechte vorenthalten, dann muß ich meinerseits Schritte tun, meine Rechte wieder an mich zu nehmen. Schreiben Sie mir einmal, ich weiß, daß Sie viel zu tun haben, tun Sie es dennoch.

(Brief, 12. 6. 1938, an Peter Suhrkamp)

Unser Leben, das schon in den letzten Jahren stets etwas überstopft und wider alle meine Instinkte war, ist in den letzten Monaten vollends durch die Ereignisse ganz mit Beschlag belegt worden. Ich habe jetzt seit Monaten jeden Tag, jeden einzigen Tag mit den Nöten der Flüchtlinge etc. zu tun, es ist schon beinah wie einst im Krieg, wo ich mehr als drei Jahre lang Fürsorgearbeit für die Kriegsgefangenen tat. Erzählen läßt es sich nicht, aber die Belastung ist groß, besonders auch die moralische, sie frißt mein Leben, zerstört meine eigene Arbeit vollkommen, und läßt sich doch nicht abweisen oder fliehen [...]
Das Gute an dem Trubel, in den die verfluchte Weltgeschichte mich zieht, ist, daß ich an meine eigenen Sorgen fast gar nicht komme, das Ausgehungertwerden von Berlin her und der all-

mähliche Abbau alles dessen, was ich in 40 Jahren aufgebaut hatte, vollzieht sich beinah unbemerkt.

(Brief, Juli 1938, an Peter Weiss)

Sie nennen mich eine Säule, caro amico, und ich komme mir eher wie ein halb zerfaserter, überanstrengter Strick vor, an dem viele Gewichte hängen, und der bei jedem neu dazukommenden Gewicht das Gefühl hat: Jetzt wird es bald krachen. Indessen spüre ich dennoch, was Sie vermutlich mit der Säule meinen. Sie spüren in mir etwas wie einen Glauben, etwas was mich hält, eine Erbschaft von Christentum teils, teils Humanität, die nicht bloß anerzogen und nicht bloß intellektuell fundiert ist. Damit hat es seine Richtigkeit, nur könnte ich meinen Glauben nicht formulieren, je länger je weniger. Ich glaube an den Menschen als eine wunderbare Möglichkeit, die auch im größten Dreck nicht erlischt und ihm aus der größten Entartung zurück zu helfen vermag, und ich glaube, diese Möglichkeit ist so stark und so verlockend, daß sie immer wieder als Hoffnung und als Forderung spürbar wird, und die Kraft, die den Menschen von seinen höhern Möglichkeiten träumen läßt und ihn immer wieder vom Tierischen wegführt, ist wohl immer die selbe, einerlei ob sie heut Religion, morgen Vernunft und übermorgen wieder anders genannt wird. Das Schwingen, das Hin und Her zwischen dem realen Menschen und dem möglichen, dem erträumbaren Menschen ist dasselbe, was die Religionen als Beziehung zwischen Mensch und Gott auffassen.
Dieser Glaube an die Menschen, d. h., daran, daß der Sinn für Wahrheit, das Bedürfnis nach Ordnung dem Menschen innewohnt und nicht umzubringen ist, hält mich über Wasser. Ich sehe im übrigen die heutige Welt wie ein Irrenhaus und ein schlechtes Sensationsstück an, oft bis zum tiefsten Ekel degoutiert, aber doch so wie man Irre und Besoffene ansieht, mit dem Gefühl: wie werden die sich schämen, wenn sie eines Tages wieder zu sich kommen sollten! [. . .]
Im übrigen werde ich immer dümmer, und sehe nur noch mit Erstaunen, nicht mehr mit eigentlichem Verstehenwollen zu, wie noch die kindischesten, ja viehischsten politischen Triebe sich als »Weltanschauungen« etc. geben, ja die Gebärden von

Religionen annehmen. Diese Systeme haben mit dem so sehr viel geistvolleren marxischen Sozialismus das gemein, daß sie den Menschen für nahezu unbegrenzt politisierbar halten, was er nicht ist – ich halte die Krämpfe der heutigen Welt großenteils für eine Folge dieses Irrtums.

(Brief, 10. 7. 1938, an R. Jakob Humm)

Es ist grausig, aber wir haben keinen Grund, uns besser vorzukommen als die Teutonen. Seit 14 Tagen ist unsre Schweizer Fremdenpolizei, also unsre offizielle Schweizer Politik, ausgesprochen antisemitisch, bald wird Hitler Bundespräsident sein. Es ist schlimm, inmitten dieser Blindheit mit offenen Augen zu leben.

(Brief, 28. 7. 1938, an Carl Gemperle)

Mit dem Josef Knecht, Alice, laß Dir nur alle Zeit! Er ist übrigens gar nicht poetisch erzählt, sondern ganz nüchtern wie eine sachliche Biographie. Man muß sich die Welt, in der Knecht lebt und aufwächst und Glasperlenspielmeister wird, und ihren Gegensatz zur gesamten Welt von heute vorstellen – dort.liegt die Absicht und die Wirkung meiner Dichtung. Man wird sie, falls ich sie vollenden kann, vorerst recht kühl aufnehmen, das ist kaum anders möglich, ich rechne schon seit Jahren damit.

(Brief, 1938, an Alice Leuthold)

Seither war viel los, und wie ich seit Monaten nie an meine eigene literarische Arbeit kam, so kam ich auch kaum zu einem Privatbrief. Desto mehr waren Geschäftsbriefe zu schreiben, alles für Flüchtlinge und Emigranten aus Wien, einige hatten wir auch viele Wochen im Haus, dazu andre Gäste, auch jetzt sind zwei da, und fast jeden Tag noch Besuche, dazwischen Sitzungen mit Anwälten, Briefschreiberei wegen meiner Affären in Deutschland etc. Die Emigranten geben viel Arbeit, man muß für sie mit der Fremdenpolizei kämpfen, muß sie unterbringen, muß für sie Einreisemöglichkeiten in andre Länder suchen helfen, wir hatten mit Bureaus der halben Welt zu tun, dazu kamen die vielen Abschriften von Einreisegesuchen, von

Zeugnissen, Lebensläufen etc.... Vom Glasperlenspiel wird nächstens in der »Corona« ein Probekapitel[1] erscheinen.

(Brief, August 1938, an Ernst Morgenthaler)

Ich blättre heut den halben Tag in Deinem Singbuch, lese die Namen, Daten und manche Texte und bin einmal wieder klein und unzufrieden, weil es nichts gibt, was ich verstehe und wo ich gründlich Fachmann wäre. Hätte ich beizeiten eines der Fächer gelernt, vor denen ich besonderen Respekt habe, Musik oder Sanskrit oder Chinesisch oder Astronomie, dann hätte ich es nicht nötig gehabt, ein Glasperlenspiel zu erfinden.

(Brief, 1938, an Carlo Isenberg)

Beiliegend sende ich Ihnen einen anonymen Brief samt Beilagen (Couvert und eine Nummer Nationalzeitung). Ich erhielt diesen Brief gestern abend, der Absender ist mir vollkommen unbekannt. Die Rotstriche in der Zeitung stammen ebenfalls vom Anonymus. Ich sende Ihnen den Brief als Kuriosum und erwarte weder eine Rückgabe noch eine Antwort. Ich wäre sogar dankbar dafür, wenn Sie eine Antwort unterlassen wollten.
Ihren Brief vom 15. ds. ließ ich unbeantwortet, weil ich auf seinen von oben herab belehrenden Ton nicht eingehen wollte. Über die Tätigkeit der Fremdenpolizei kann auch ein »sensibler Dichter«, der ja nicht unbedingt ein Dummkopf zu sein braucht, sich unterrichten, und sowohl als Dichter wie als Schweizer und Demokrat hat er nicht nur das Recht, sondern auch die Pflicht, dem Standpunkt der Behörden gegenüber den Standpunkt der Menschlichkeit zu betonen – wie anders sollte denn ein Ausgleich zwischen den Bedürfnissen des Staates und denen der Kultur stattfinden können? Und wie anders als durch uns »sensible« Nichtbeamte, die wir mit zum Gewissen des Volkes gehören und es mit bilden helfen, soll verhindert werden, daß unser Staat eine autoritäre Gewaltmaschine ohne Kritik und ohne Hemmungen wird, etwa so wie es in den Diktaturstaaten der Fall ist?

1 »Waldzell« im 4. Heft der »Corona«, 1938.

Ihr Brief enthält auch eine Anspielung auf meine »frühere Heimat«, die mich befremdet hat. Ich habe von den 61 Jahren meines Lebens 36 in der Schweiz gelebt und weiß zur Genüge, wie gern der geborene Schweizer dem Eingebürgerten auf die Schulter klopft und ihn fühlen läßt, daß man ihn nicht für voll nimmt. Ich habe aus demselben Grunde mich in all diesen Jahrzehnten jeder leisesten öffentlichen Äußerung zur Schweizer Politik enthalten. Daß jenes Anspielen auf die frühere Nationalität eines Eingebürgerten auch im brieflichen Verkehr bei hohen Bundesbeamten Sitte ist, erfuhr ich erst durch Ihren Brief.
Wenn ich wieder von Fällen erfahre, in denen gegen Fremde brutal oder ungerecht vorgegangen wird, so werde ich es Ihrer Amtsstelle sachlich melden. Daß die Kanzleien und die Gendarmen nicht immer vollkommene Muster der Artigkeit sind, dürfte vielleicht auch Ihnen bekannt sein. Aber solche kleinen Vorkommnisse bei Subalternen sind es nicht, die uns »Sensible« je und je stutzig machen und an unser Gewissen appellieren, sondern es ist doch wohl etwas in der Haltung der obern und obersten Behörden selbst jenen Unglücklichen gegenüber, hinter welchen nicht schützend und drohend das Konsulat einer Diktaturmacht steht.
Lassen wir die Auseinandersetzungen, zumal die persönlichen!
Die Sache selbst ist wichtig, sonst nichts.

(Brief, 26. 8. 1938, an Heinrich Rothmund[1])

Wir haben in diesen Monaten die verrücktesten Fälle in Händen gehabt, erst dieser Tage fand wieder einer sein vorläufiges, zweifelhaftes Ende. Es war ein Wiener Arzt, der seit März unbedingt weg muß und will, der auch längst ein Affidavit für Amerika besitzt, aber dort kann er, da er einer bestimmten »Quote« angehört, erst in etwa 2 Jahren einwandern! Nun wohin mit ihm in der Zwischenzeit? Ich war schon so weit, auf Grund meiner persönlichen Empfehlung und Einladung, und meiner Bürgschaftleistung für die Kosten bis zu einem 2jährigen Aufenthalt, ihn in die Schweiz zu bekommen, da kamen im

1 Chef der Schweizer Fremdenpolizei und Erfinder des »J«, das in alle Pässe jüdischer Deutscher eingestempelt wurde.

letzten Moment neue Schweizer Verordnungen heraus; das in Wien schon vorbereitete Schweizer Visum wurde zurückgezogen, die Sache mußte, nach wochenlanger Arbeit daran, wieder von vorn begonnen werden. Seither, seit Mitte August, haben außer uns, in unsrem Auftrag, zwei Anwälte und zwei Emigrantenbüros an der Sache gearbeitet, es wurde mehr als die halbe Erdkugel abgesucht, um dem Mann wenigstens für kurze Zeit irgendein Visum zu verschaffen, es kamen auch entlegene Länder wie Albanien, Türkei, mehrere südamerikanische Staaten dran, obwohl der Mann keine einzige fremde Sprache kann, und jetzt, nachdem meine Frau sogar persönlich in Bern gewesen war, hatten wir das Ganze wieder einmal so weit, daß es perfekt schien: wir hatten für unsern Freund ein Visum für Südamerika versprochen bekommen und waren, trotz allem, froh darüber. In diesem Augenblick, mit derselben Post, kam von ihm, der natürlich in Wien inzwischen auch an allen Strängen gezogen hatte, ein Eilbrief, wir möchten nichts mehr tun, er habe soeben das Visum für – Shanghai bekommen! Solche Fälle haben wir, und namentlich meine Frau, in letzter Zeit wohl ein Dutzend in den Fingern gehabt.
Inzwischen hörte ich die paar ersten Stimmen über die gedruckte Probe aus Knechts Leben. Mehrere Freunde zeigten sich, wie ich es erwartet hatte, befremdet, ja degoutiert über die Atmosphäre des Buches, die ihnen, unverdaulich unwirklich, dünn, gläsern, abstrakt vorkommt. Aber zwei, drei Leser haben die Sache so erfaßt, wie sie von mir gemeint ist, und mir damit, nach all den Jahren einsamer Arbeit, immerhin gezeigt, daß mein Traum von J. Knecht nicht bloß mein privates Spiel und mein persönlicher Sparren ist, sondern auch in andern Gehirnen Realität gewinnen kann. Das genügt vorläufig.

(Brief, etwa September 1938, an Gunter Böhmer)

Es gibt eine sehr kleine Minderheit, für die gerade das scheinbar Ausgefallene und Unmögliche meiner Konzeption (ich meine »unmöglich« etc. in bezug auf die Zeit des Entstehens) ein Wert mehr ist, und wenn das auch wenige sind, es sind doch Leute von hoher Qualität darunter. Mir hat immerhin die Existenz Kastaliens und Knechts geholfen, in der Atmosphäre von heute überhaupt noch am Leben zu bleiben.

Die Zeit der direkten Kriegsgefahr war übrigens für mich längst nicht die schlimmste, ich war beinahe enttäuscht, daß die Explosion ausblieb.
Ich hoffe, wir können später wieder ein Stück des »Knecht« in der Corona[1] bringen. Gerade für so etwas ist sie der richtige Ort.

(Brief, Herbst 1938, an Herbert Steiner)

Ich verstehe, daß die Ausbürgerung Ihnen trotz allem so weh tut; andererseits würde ich, wäre ich in derselben Lage wie Sie, die ausgesprochene Ausbürgerung für ehrenvoller halten als das Fortbestehen einer inhaltlos gewordenen Zugehörigkeit. Mir geht es wie Stefan Zweig. Teils durch meine eigenen, teils durch die Beziehungen meiner aus Österreich stammenden Frau bin ich in das Wiener Elend und die Fürsorge für Flüchtlinge von dort so stark hineingezogen, daß mir für das Eigene nichts übrigbleibt. Wie ich einst im Kriege, während ich den Krieg verfluchte, jahrelang Fürsorge für die Gefangenen betrieb, so muß ich jetzt diese Flüchtlingsfürsorge treiben. Viel kann man nicht tun, ich konnte einige Kollegen vor der Fremdenpolizei retten. Und jetzt haben wir nach monatelangem Bemühen endlich einen befreundeten Flüchtling[2] aus Wien herausgekriegt, es ging nicht leicht, und haben ihn vorerst hier, ich habe mich übrigens seinetwegen auch an Stefan Zweig gewandt.
(Brief, September/Oktober 1938, an Max Herrmann-Neiße)

Nachtgedanken

Wir Menschen schlagen einer den andern tot,
Zucken gierig zwischen Geburt und Grab,
Beben in Furcht und lodern in Leidenschaft rot,
Kriechen vor Herrschern, die unsre Angst uns gab,
Hören auf Fabeln vom kommenden Glück,
Opfern ewig das Heut dem Morgen,

1 Das nächste in der »Corona« vorabgedruckte Kapitel aus dem »Glasperlenspiel«, »Zwei Orden«, erschien im ersten Heft 1939.
2 Albert Ehrenstein.

Leben ruhlos und ungeborgen,
Blicken mit Neid auf ferne Zeiten zurück.
Zwischen Künftig und Einst, zwei Paradiesen,
Ist uns die Hölle zum Wohnort gewiesen,
Und wir bemühn uns, dem Höllenleben
Ein Scheinziel und einen Scheinsinn zu geben,
Glauben zu wissen, daß nie eine Zeit
So verzweifelt wie unsre, so grausam gewesen,
Fühlen den Tod so nah und das Glück so weit,
Sehnen uns grimmig nach Reinheit, nach Licht, nach Genesen.
Aber unter uns treulich hält stand die Erde,
Waltet mütterlich-stumm Natur,
Spricht in Same und Knospe ihr ewiges Werde.
Schreien wir ängstliche Kinder – sie lächelt nur.

Sieh, und über uns, lächelnd nicht minder,
Wartet die Gnade, die Zuflucht, wartet der Geist
Voll Versprechung und Trost seiner irrenden Kinder,
Deren er viele zurück zur Mutter weist,
Während er andere hinauf ins Lichte nimmt.

Zwischen den ewigen Beiden, Erde und Geist,
Zwischen Mutter- und Vaterwelt blüht,
Seele der Welt, das Wunder Liebe empor,
Das zum Einklang den wirren Weltlärm stimmt,
Unsern Frost mit seinem Zauber durchglüht
Und uns, Brüder, ordnet zum heiligen Chor.

Freund, der du leidest und ohne Hoffen
Deine finstere Straße gehst,
Dir auch stehen die Gnaden der Liebe offen.
Während du einsam, so scheint dir, im Leeren stehst,
Von den Schrecken der grausamen Welt umgeben,
Ohne Glück, ohne Sinn, ohne Herz und Leben,
Warten überall leidende Brüder auf dich.
Öffne die Augen, erkenne, und schenke dich
Hin den andern! Hast du nicht Brot,
Hast nicht Trost und Rat den Armen zu geben,
Gib ihnen dich, gib dein Leid, deine eigene Not,

Sprich mit ihnen, die sich gleich dir verschließen,
Laß durchs Wort, durch Blick und Gebärde
Liebe herein, und die alte, wartende Erde
Wird dir, und es wird dir der Vater Geist
Seinen Sinn und die ewigen Kräfte erschließen,
Du wirst Heimat im Chaos entdecken,
Und es werden die sinnlosen Schrecken
Schaubar, tragbar, deutbar: mitten im Rachen
Deiner Hölle wirst du zum Leben erwachen.

(1938)

Endlich kam ich dazu, die beiden mir neuen Stücke aus dem »Glasperlenspiel« zu lesen. Die beiden Stücke sind im Charakter so unterschiedlich, daß ich auch nur über beide getrennt meinen Eindruck mitteilen kann.
Zunächst »Die Berufung«: Ich erinnere mich nicht, je ein Stück deutscher Prosa gelesen zu haben, das von dieser Einfachheit und Durchsichtigkeit, von einer derart entschiedenen Geistigkeit und dabei doch plastischen Sinnlichkeit ist. Am Ende vom »Wilhelm Meister« gibt es wohl auch ein paar Seiten, welche diese Transparenz haben. Aber sie haben nicht die geistige Intensität. Ich fühle mich auch besonders angesprochen durch die Welt, die mit dieser Prosa neu erschaffen wird. Der Musikpädagoge August Halm, der für mich ein Führer zu Bruckner war, pflegte von einer »Eigenwelt« der Musik zu sprechen. Er verstand darin eine Welt neben der realen, die nur durch die Musik existent ist und in der nur die Gesetze der Musik gelten. In diesem Sinne ist in dieser Ihrer Prosa eine Eigenwelt der Dichtung geschaffen. Andeutungsweise fand ich eine solche auch in den Romantikern, aber, wie gesagt, nur andeutungsweise. Sie ist für mich rein existent in Stifter. Bei ihm trägt sie in ihrer Oberfläche aber einen Schimmer von der bürgerlichen Welt aus der Mitte des neunzehnten Jahrhunderts. Und so kann man sie immer noch historisch nehmen. In der »Berufung« fehlt auch die letzte Andeutung einer historischen Menschenwelt, und dabei spürt man doch überall die Nabelschnur zwischen unserer Existenz und der dichterischen Existenz: das finde ich das Großartigste. Man denkt beim Lesen an reale und weltliche Probleme, bewegt sich aber in anderen Räumen,

durch deren Perspektive und deren Licht die Probleme eine Klarheit bekommen, wie sie einem manchmal nur im Traum geschehen kann. Mir ist es jedenfalls so gegangen, daß ich mich vor Hermann Hesse fühlte, wie sich der junge Knecht vor dem Musikmeister gefühlt haben mag. Das Erlebnis ist auch nicht nur ein Erlebnis der Stunde, sondern es wirkt nach und hält sich.

»Der Brief des Magister Ludi«, des Glasperlenspielmeisters, wirkt auf mich anders. Er beginnt mit der gleichen Behutsamkeit. Alle Leidenschaft ist zunächst innen geblieben und dient nur zur Erhellung. Dann aber schlägt die Leidenschaft nach außen und reibt sich an der Realität der Welt. Die Äußerung bekommt einen ganz anderen Charakter. Es sind die Äußerungen eines Aufgestörten. Der Schreibende hört auf, ein Weiser zu sein. Er ist nicht mehr der Glasperlenspielmeister. Ich weiß nicht, ob er der Lehrer sein kann, in dem er weiterhin seinen Beruf sieht. Wir, d. h. Sie und ich, sind uns sicher einig, wodurch dieser Stilwechsel verursacht ist. Wir sind uns auch einig in unserem Empfinden und in unserem Urteil über die Welt am Ende des feuilletonistischen Zeitalters. Wenigstens glaube ich das. Und Sie dürfen mir glauben, daß ich beim Lesen des Stückes nicht in mir die Frage aufkommen ließ, wie dieses Stück hier wirken könnte, ob es hier möglich sei; ich las also nicht als Verleger. Ich las auch nicht durch eine Weltanschauung bestimmt. Sondern mein Eindruck rührt rein aus dem Vergleich mit der »Berufung« her. Im Brief stört eine Leidenschaft die letzte Klarheit, und zwar die letzte Klarheit des Verfassers, so daß seine Weisheit darin verdunkelt zurücktritt. Ich werde es durchaus verstehen, wenn Sie mir gegenüber diese Leidenschaft in diesem Brief verteidigen und sagen: das soll so sein. Ich halte es auch nur für meine Pflicht, darauf hinzudeuten, weil ich durchaus eine andere Möglichkeit in Ihrem Bereich sehe. Ich weiß, Sie lieben es nicht, wenn jemand in Ihre Arbeiten hineinspricht. Nehmen Sie das Folgende auch nicht als ein solches Hineinsprechen oder Dreinreden, oder als Besserwissen, sondern als einen Versuch, das Vorhergesagte konkret deutlich zu machen. Der Glasperlenspielmeister nimmt die Betrachtung der Historie in seinem Schreiben als Basis für seine Ausführungen an. Im weiteren Verlauf beleuchtet er dann aber im Wesentlichen nur das feuilletonistische Zeitalter. Das ist in der

historischen Betrachtung eine Beschränkung der Historie und somit eine Beschränkung der Welt. Auf diese Weise entsteht ein einseitiger Ausdruck und also ein unharmonischer. Anders gesagt: der Ausbruch der Unterwelt geschieht doch nicht in dieser Zeit zum ersten Mal oder mit einer besonderen beispielhaften Brutalität, sondern diese Ausbrüche sind in der Geschichte periodisch. Und das weiß der Glasperlenspielmeister Knecht natürlich. Und er wird nicht durch eine, eine letzte Erfahrung seinen Ausdruck mit der zufälligen realen Beobachtung trüben.
Bitte schließen Sie aus diesen Ausführungen nicht, ich hätte Bedenken gegen das Stück in der vorliegenden Form. Ich würde eine Veröffentlichung im Zusammenhang des Ganzen durchaus vertreten. Es dürfte aber auf keinen Fall als Stück für sich publiziert werden, da es dann zu leicht mißverständlich ist.

(Aus einem Brief von Peter Suhrkamp an Hesse vom 7. 10. 1938)

Es freut mich, daß du das Kapitel gelesen hast, bitte schicke es auch an Morgenthaler. Ich sitze nun schon so viele Jahre an dieser Arbeit, daß es mir lieb ist, wenn einige Freunde wenigstens sehen, daß etwas gearbeitet worden ist. Ein weiteres Kapitel kommt im nächsten oder übernächsten Corona-Heft, im Ganzen ist mehr als die Hälfte des Geplanten fertig. Nur muß bei einer solchen Arbeit das Frühere je und je wieder nachkontrolliert werden, und nächstens muß ich daran glauben, die Einleitung zum Glasperlenspiel wieder lesen (die schon 1933 gedruckt war[1]) und sie vielleicht größtenteils umarbeiten [...] Es freut mich, daß man dem Josef Knecht nicht anmerkt, in welcher Nähe zum Aktuellen er geschrieben ist, und daß am selben Tisch, auf dem er geschrieben wurde, Tag für Tag die Angelegenheiten vieler Flüchtlinge und Emigranten besorgt worden sind: freilich ist darüber der Knecht oft monatelang

1 Der erste Abdruck der vierten Fassung der Einleitung wurde nicht 1933, sondern erst 1934 im Dezemberheft der Neuen Rundschau gedruckt. Die in der Buchausgabe des Glasperlenspiels abgedruckte Fassung ist bis auf geringfügige Abweichungen und Ergänzungen an 2 Stellen mit dieser Vorabdruckfassung identisch.

liegengeblieben; aber weitergemacht habe ich immer nur, wenn wirklich wieder eine Konzentration gewonnen war.

(Brief, Ende Oktober 1938, an Hermann Hubacher)

Was Sie über Staat und Behörde und deren zunehmende Eingriffe auch in das Leben der Kultur und Kunst sagen, das stimmt ja leider nur zu sehr, und ich habe dies Zunehmen des Kollektiven, des Quantitiven und brutal Massigen auf Gebieten, wo einzig die Qualität entscheidet, mein Leben lang, oder doch seit meinem ersten Erwachen zur Einsicht in unsere geschichtliche Wirklichkeit, intensiv miterlitten. Übrigens hat Jakob Burckhardt diese Art von Macht, von Staat und brutaler Quantität, sowie das Schicksal der Kultur und des Geistes unter diesen Mächten, ein halbes Jahrhundert vorher aufs genaueste geahnt, und hat es von der Zeit des großgewordenen Bismarck, etwa von 1866 an, wiederholt deutlich ausgesprochen, namentlich in den Briefen an Preen[1], erzeichnet dort die heutigen Zustände mit unheimlicher Genauigkeit voraus.

(Brief, November 1938, an Max Thomann)

Das Gedicht zur Zauberflöte[2] wird bald in der Neuen Rundschau erscheinen. Es nochmals abzuschreiben, dazu reicht es mir nicht. Den jetzigen Tiefstand im Befinden werde ich vermutlich überwinden, obwohl der Wunsch dazu sehr schwach ist; fraglicher ist, ob ich den Josef Knecht anständig werde zu Ende führen können, das bedrückt mich zuweilen. Doch ist die fast tägliche praktische Inanspruchnahme durch das graue Elend des Aktuellen so groß, daß ich kaum an andres komme, mein Leben ist wieder ähnlich wie einst in den Kriegsjahren.

(Brief, 12. 12. 1938, an Georg Alter)

1 Vgl. »Jakob Burckhardts Briefe an Friedrich v. Preen«, Stuttgart u. Berlin, 1922.
2 Das Gedicht erschien dort im Januar 1939.

Mit der Eintrittskarte zur Zauberflöte

So werd ich dich noch einmal wiederhören,
Geliebteste Musik, und bei den Weih'n
Des lichten Tempels, bei den Priesterchören,
Beim holden Flötenlied zu Gaste sein.

So viele Male in so vielen Jahren
Hab ich auf dieses Spiel mich tief gefreut,
Und jedesmal das Wunder neu erfahren
Und das Gelübde still in mir erneut,

Das mich als Glied in eure Kette bindet,
Morgenlandfahrer im uralten Bund,
Der nirgend Heimat hat im Erdenrund,
Doch immer neu geheime Diener findet.

Diesmal, Tamino, macht das Wiedersehen
Mir heimlich bang. Wird das ermüdete Ohr,
Das alte Herz euch noch wie einst verstehen,
Ihr Knabenstimmen und du Priesterchor –
Werd ich vor eurer Prüfung noch bestehen?

In ewiger Jugend lebt ihr, selige Geister,
Und unberührt vom Beben unsrer Welt,
Bleibt Brüder uns, bleibt Führer uns und Meister,
Bis uns die Fackel aus den Händen fällt.

Und wenn einst eurer heitern Auserwählung
Die Stunde schlägt und niemand mehr euch kennt,
So folgen neue Zeichen euch am Firmament,
Denn alles Leben dürstet nach Beseelung.

Es war ein schweres Jahr, schwer an Leiden und Sorgen, und an Arbeit, denn all das Flüchtlingselend wächst uns über den Kopf, und es stehen zu lassen, um zu meiner eigenen Arbeit zu gehen, ist mir im Lauf des Jahres nur sehr wenigemale geglückt. Vielleicht ist das wirkliche Erleiden (und Bewußtmachen des Grauens) unserer Zeit heute notwendiger als alles produktive Tun. *(Brief, Dezember 1938, an Max Herrmann-Neiße)*

Daß Knecht sich des öfteren verliebt, scheint mir selbstverständlich, aber mehr ist darüber nicht zu sagen. Die kastalische Historie und Biographik kennt die Neugierde auf das Sexuelle nicht, ihr muß ich folgen. Ob Knecht 6 Geliebte gehabt habe oder keine, werden wir nie erfahren.[1]

(Brief, Ende 1938, an Carlo Isenberg)

Es ist in der Tat genau so, wie Sie andeuten. Nur daß wir ja immerhin Individuen bleiben, auch keine Jünglinge mehr sind, so daß, sollte man meinen, Verständnis eben doch möglich bleibt. Nur sind eben, wenn gehauen und gestochen wird, meist die Hauer und Stecher mehr zu Predigten und Lobpreisungen des Neuen, Jungen und Starken bereit als die Gehauenen. Sie bedenken nicht, daß der ganze Spaß des Hauens unmöglich wäre, gäbe es nicht Gehauene oder zu Hauende. Und da ich zu den Gehauenen gehöre, kann ich Ihnen nur über diese Seite der Welt Auskunft geben. Die Prinzipien übrigens, um die es den Streitern geht, sind mir gänzlich egal, ich gebe nicht fünf Pfennige für sie. Es sind Ideologien, vielmehr Feuilletons über unbewußt gebliebene biologische Vorgänge. Wir Untenliegenden nun sind nicht nur damit beschäftigt, zu bluten und um das zu klagen, was man teils aus Mutwille, teils aus Raffgier uns zerschlagen oder genommen hat, sondern wir haben auch andre, zum Teil sehr anstrengende Funktionen, zum Beispiel die Fürsorge für Heere von ausgeplünderten Flüchtigen – die Kriegsgefangenenfürsorge, in der ich einst drei Jahre arbeitete und zeitweise hart zu arbeiten glaubte, war ein Spaß dagegen. Daß hinter den Ideologien, vielmehr Feuilletons, auch viel Jugend, schöner dummer Glaube, und auch ein Teil echter Verzweiflung stehe, daran zweifle ich nicht, die Mehrzahl der Beteiligten sind ja Menschen. Was mich betrifft, so kann ich, wie einst im Weltkrieg, mich für die Streitobjekte selbst schon darum nicht interessieren, weil sie im Streit so jugendlich-derben Vereinfachungen erliegen, daß man nicht dabei ernst bleiben kann, vor allem aber darum nicht, weil überall der Boden voll von Opfern liegt, die aus allen Löchern bluten, und für die zu sorgen uns alten und altmodischen Leuten dringlicher

1 Vgl. »Die Verschleierten«, S. 319.

scheint als der jugendliche Wettkampf der Lautsprecher. Ich bin nahezu verbraucht, und bin froh, daß ich alt bin und für das Ganze nicht mehr den vollen Ernst der Jugend aufbringe. Wo ich stehe, ist mir völlig klar, der Standpunkt ist wieder, wie es mir immer ging, ein einsamer, durch keine Gruppe und Partei gedeckt.

(Brief, Ende Dezember 1938, an einen deutschen Gelehrten)

Ja, die Geschichte von Josef Knecht leidet natürlich unter diesen bruchstückhaften Mitteilungen sehr; schade, daß es so sein muß. Ich arbeite jetzt im siebenten Jahr daran. Der Schlüssel zum Ganzen ist die Einleitung, die Abhandlung übers Glasperlenspiel, die Ende 1933[1] in der Neuen Rundschau gedruckt war, ich glaube, es war im selben Heft, das dem Andenken meines lieben Verlegers S. Fischer gewidmet war. Von der Biographie Knechts kennen Sie die zwei ersten Kapitel, »die Berufung« und »Waldzell«. Drauf folgt ein Kapitel »Studienjahre« und noch weitere zwei Kapitel, die führen bis dorthin, wo Knecht zum magister ludi ernannt wird. Soviel ist bis jetzt fertig; das letzte Kapitel habe ich in den letzten 14 Tagen ins reine geschrieben, oft unter Tränen, denn die Augenmühe und Augenschmerzen sind zur Zeit wieder groß und lassen mich kaum je für eine Stunde los, eigentlich nur im Schlaf. – Ein Kapitel wird übrigens noch in der Corona gedruckt werden.[2]

(Brief, 30. 1. 1939, an Helene Welti)

Sie denken möglicherweise: was der gute Hesse alles treibt und für nötig hält, während die Welt in Trümmer geht! Aber ich halte das, was ich treibe, auch wenn es nur Spielereien sind, für sehr viel nötiger und richtiger als das, was sämtliche Generäle, Staatslenker und Völker tun, welche alle, ob sie wollen oder nicht, dem Krieg dienen und zum Krieg rüsten. Daß ich da nicht mitzutun brauche, und daß man das, was ich bin und tue, auch mit aller Gewalt nicht zum Rüsten und zum Kriegen

1 Die Einleitung erschien im Dezemberheft 1934 der Neuen Rundschau.
2 Das letzte in der »Corona« vorabgedruckte Kapitel war »Zwei Orden«, es erschien im ersten Heft 1939.

verwenden kann, ist mein einziger, kleiner Trost inmitten des Jammers.

(Brief, 1939, an Georg Reinhart)

Der Deutsche ist sehr sentimental, und wo seine Sentimentalität die nicht seltene Verbindung mit Brutalität eingeht, wird er unerträglich.

(Brief, 23. 5. 1939, an H. Priebatsch)

Es sind sehr wenige, bei denen ich auf ein ganzes Verständnis für Josef Knecht rechnete. Sie gehörten dazu, und so freut mich die Bestätigung. Das dritte Kapitel (Knechts Studentenjahre) ist nirgends gedruckt, die Corona brachte es wohl deshalb nicht, weil manches darin für Leser, die nicht schon sehr viel mitbringen, mühsam ist.[1] Ob noch Weiteres erscheint, ist ungewiß; geschrieben sind außer dem Gedruckten noch zwei Kapitel.
[. . .] Das Aktuelle, die Politik, die Emigrantennot, die Sorge um gefährdete Freunde, die Arbeit für Bedrohte und Notleidende, das Zusehenmüssen bei so viel Grausamkeit – das alles gibt keine gute Atmosphäre. Zum Glück singen die Vögel dennoch und der Kastanienwald beginnt wieder zu blühen.

(Brief, 20. 6. 1939, an Felix Braun)

Mir hilft der Gedanke an östliche Mythologien beim Betrachten und Hinnehmen des Weltlaufs. Die Welt als Kampfplatz wildester Dämonen und als Stätte des Jammers und der Zerstörung, während doch über ihr das süße Lächeln des Vishnu schwebt, der stets bereit ist, die zusammengehauene Welt spielend neu zu erschaffen, das ist kein schlechtes Bild. Am liebsten möchte man sich ja hinlegen, einschlafen und nicht mehr aufwachen. Aber wenn ich nachschaue, welches eigentlich meine ganz persönlichen Wünsche und Sorgen sind, so steht doch das Einschlafen nicht zuoberst, sondern erst möchte ich doch noch die Dichtung, mit der ich das letzte Jahrzehnt

1 Dieses Kapitel erschien statt dessen im Oktober 1939 in der Neuen Rundschau.

verbracht habe, fertigbringen, und sie womöglich einer Welt übergeben, in der sie gedruckt und gelesen werden kann.

(Brief, 1939, an Paul Otto Waser)

Es gibt kaum Neues, das Neue ist jetzt halt der Krieg, und den braucht man nicht aufzusuchen, man weicht ihm lieber aus, solang es geht. Er wird bald alt und uninteressant sein, während Mozart und vieles andre genau den selben Wert und dieselbe Aktualität haben wird wie heut und immer. Das ist, unter andrem, ein Trost.

[...] Nächstens kommt in der Neuen Rundschau ein Stück von Josef Knecht.[1] Ein Kapitel ist fertig. Wenn mein Tempo auch sehr senil geworden ist, jedes Jahr zwei, drei Dutzend Seiten, so glaube ich doch, daß das Ding noch fertig wird, dann hätte ich die letzten 8 Jahre doch nicht verloren. Ob und wann er dann freilich Verleger, Leser, Verstehende finden wird, ist eine andere Frage, für mich aber die unwichtigere.

(Brief, ca. September 1939, an Fanny Schiler)

Vorgestern habe ich wahrscheinlich eine große Dummheit begangen: ich habe einen neuen Vertrag mit dem Verlag S. Fischer unterzeichnet. Falls eine deutsche Inflation etc. kommt, ist dafür gesorgt, daß die Weltgeschichte und mein Privatleben weiterhin hübsch miteinander verbunden bleiben. Ich tat es lediglich der Person meines Verlegers zuliebe; er ist ein, wie ich glaube, vollkommen treuer Mensch, und auf so einen zu bauen, schien mir trotz allem besser als alles andre.

(Brief, 28. 9. 1939, an R. Jakob Humm)

Für Sie muß es eher wunderlich sein, nach Vollendung einer so langjährigen Arbeit wieder von ihr wegzurücken.[2] Vielleicht erlebe auch ich das noch; meine Arbeit steht nun auch schon im neunten Jahr und ist längst noch nicht fertig. Ihr Buch und

1 »Studienjahre«.

2 1939 veröffentlichte Theodor Heuss seine Biographie »Hans Poelzig. Bauten und Entwürfe«, das Lebensbild eines deutschen Baumeisters. Wasmuth, Berlin 1939.

nicht minder das meine ist mir weit interessanter als diese Versuche, die Welt durch Schießen zu verbessern.

(Postkarte, 2. 10. 1939, an Theodor Heuss)

Der beiliegende Brief mit den philosophischen Glossen zu Josef Knecht ist für Adele bestimmt, bitte schicke ihn ihr, und wirf vorher einen Blick hinein. Verfasser ist eine Frau A. Carlsson, sie hat mit Auszeichnung über die Fragmente des Novalis doktoriert. Für mich war es interessant, den Knecht einmal nicht nur von der poetischen oder der moralischen Seite betrachtet zu sehen, sondern direkt von der philosophischen, wo die Frage also heißt: inwieweit ist das hier Fabulierte Wahrheit? Die Gedanken der Verfasserin kommen mit den meinen so ziemlich überein, nur weiß sie natürlich noch nicht, wie ich mir den Weg Knechts bis zu Ende denke. Den Kernpunkt jedenfalls, die Frage nach der entschwundenen Wirklichkeit, hat sie genau getroffen.

(Brief, Ende Oktober 1939, an Fanny Schiler)

Bei der Gebrechlichkeit und den vielen Behinderungen meiner Produktion seit einigen Jahren habe ich natürlich die Befürchtung, es werde im Knecht allzu abstrakt, verklügelt und gewollt geistig zugehen, je und je gespürt, und bin froh, daß die drei »Lebensläufe« Knechts, das am meisten Dichterische im ganzen Buch, schon geschrieben sind. Nun bin ich froh, von Ihnen zu hören, daß Sie in der Sprache Knechts doch Vögel singen hören.

(Brief, 23. 11. 1939, an R. Jakob Humm)

Indessen weiß ich auch wohl, daß die uns berühmten Leuten dargebrachte Liebe und Achtung keineswegs zu unterschätzen, daß sie echt und daß nur die jeweilige Personifizierung und der jeweilige Personenkult Irrtümer sind, daß diese Liebe viel Größerem gilt. Wenn heut ein Mensch einen Dichter oder Maler oder Musiker verehrt, so verehrt er, wissend oder nicht, in ihm alle Güter der Gesittung und des Menschentums, deren später zufälliger Erbe und Vertreter jener ist, und die heute jeder mit

Angst bestritten und gefährdet weiß. So muß man sich, wenn man in der Rolle eines zufällig Berühmten ist, zuweilen wie ein Bischof die Hand küssen lassen und das damit gemeinte Opfer richtig weiteradressieren.
Was mir etwas Sorge macht, ist das Fertigwerden meiner Dichtung. Ich habe mich da viele Jahre auf das Ausspinnen eines richtigen Alterswerkes eingelassen, und das Wichtigste ist auch fertig und würde als Fragment zur Not später noch ziemlich deutlich zeigen, was gemeint war, aber das Fertigwerden steht doch sehr in Frage. Ich war zu wenig fleißig und habe zu sehr es drauf ankommen lassen, für jede kleine Etappe dieser Arbeit mich reifen und ruhigwerden zu lassen – darüber hat mich das Alter, die beginnende Senilität, eingeholt, und jetzt ist nicht mehr die Frage, ob ich für die noch fehlenden Teile alt und klug und reif genug sei, sondern ob das bißchen Kraft und Lust und Antrieb noch reichen werde, um mich noch mehrmals über die unvermeidlichen Flauten und langen Pausen weg wieder produktiv zu machen. Zur Zeit ruht alles seit Monaten wieder. Und was für jeden Tag an Kraft, Aufnahmefähigkeit, Aufmerksamkeit etc. da ist, wird verzehrt durchs Aktuelle, zwar nicht durch Zeitungslesen, das tue ich kaum, aber durch das, was jeder Tag auf dem Weg der Post an Aktuellem, an Krieg, an Tod und Elend, Heimatlosigkeit, Unrecht und Gewalt mir in Form von Kriegs-, Emigrations-, Flüchtlings- und andern Schicksalen auf den Tisch legt. Ich vermittle Familien- und Freundesnachrichten, helfe Vermißte suchen, kämpfe je und je, meist erfolglos, gegen unsre Fremdenpolizei[1], und habe dabei ja auch die eigenen Sorgen, bin mit meiner äußern Existenz auf den Berliner Verlag angewiesen, von dem eine Grenze und ein Devisenstacheldraht mich trennt, habe drei Söhne in der Schweizer Armee stehen etc.

(Brief, 26. 12. 1939, an Rolf Schott)

Müßige Gedanken eines Soldaten

Einmal wird dies alles nicht mehr sein,
Nicht mehr diese töricht genialen Kriege,

1 In dieser Zeit bemühte sich Hesse um Robert Musil.

Diese teuflisch in den Feind gewehten
Gase, diese Betonwüstenein,
Diese Wälder, statt mit Dorn mit Drähten
Dicht bestachelt, diese Todeswiegen,
Drin so viele Tausend schaudernd liegen,
Die mit so viel Geist und Fleiß ersonnenen,
Die mit so viel feigem Witz gesponnenen
Todesnetze über Land, Luft, Meer.

Berge werden in die Bläue ragen,
Sterne werden durch die Nächte leuchten,
Zwillinge, Kassiopeia, Wagen,
Ewig in gelassener Wiederkehr,
Laub und Gras mit seinem morgenfeuchten
Silber wird dem Tag entgegengrünen,
Und im ewigen Wind wird Meerflut schlagen
An den Fels und an die bleichen Dünen.
Doch die Weltgeschichte ist vorüber;
Mit dem Schwall von Blut, von Krampf, von Lüge
Ist die prahlerische als ein trüber
Kehrichtstrom zerronnen, ihre Züge
Sind erloschen, ihre unermessen
Schlingende Gier gestillt, der Mensch vergessen.

Und vergessen sind die Kinderspiele,
Deren wir so holde und berückende,
Deren wir so unersättlich viele
Uns erdacht, so fremde und entzückende.
Die Gedichte, die wir uns ersonnen,
Die Gebilde all, die unser Lieben
Rings der willigen Erde eingeschrieben,
Unsre Götter, Heiligtümer, Weihen,
Alphabet und Einmaleins sind nicht mehr.
Unsrer Orgelfugen Himmelswonnen,
Unsre Dome mit den trotzig schlanken
Türmen, unsre Bücher, Malereien,
Sprachen, Märchen, Träume und Gedanken,
Sie sind ausgelöscht. Die Erde hat kein Licht mehr.

Und der Schöpfer, der dem Untergange
All des Scheußlichen und all des Schönen

Stille zugeschaut, betrachtet lange
Die befreite Erde. Heiter tönen
Um ihn der Gestirne Reigen, dunkel
Schwebt die kleine Kugel im Gefunkel.
Sinnend greift er etwas Lehm und knetet.
Wieder wird er einen Menschen machen,
Einen kleinen Sohn, der zu ihm betet,
Einen kleinen Sohn, von dessen Lachen,
Dessen Kinderei'n und Siebensachen
Er sich Lust verspricht. Sein Finger waltet
Froh im Lehm. Er freut sich. Er gestaltet.

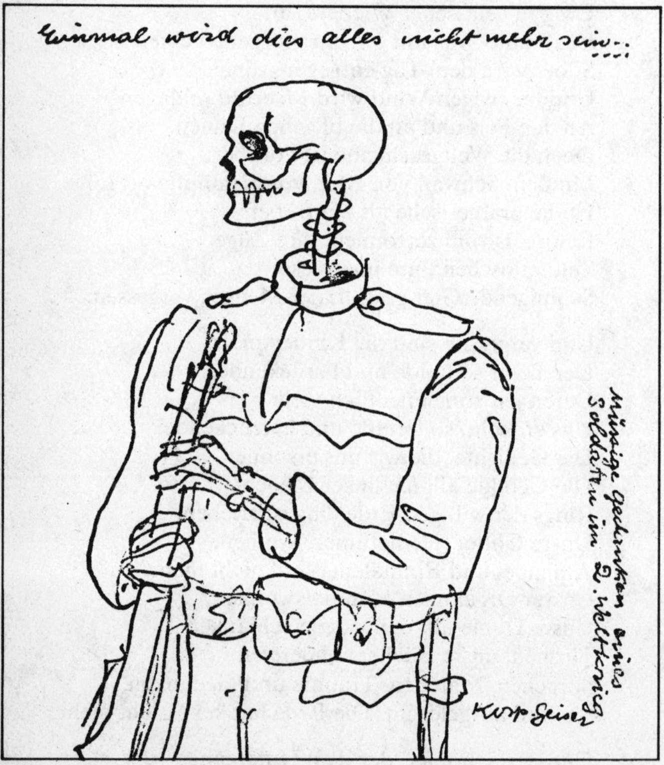

Postkarte an Hesse mit einer Zeichnung von Karl Geiser.

Dies wurde mir neulich anonym zugestellt, nachdem ich einigen Freunden in Deutschland das Gedicht »Müßige Gedanken« gesandt hatte:
»Hochverehrter Herr Hesse – bitte versenden Sie in Zukunft nicht an Ihre Freunde ähnliches wie Ihre schönen ›müßigen Gedanken‹. Die Zensur versteht es nicht und macht Schwierigkeiten.
7. 3. 1940 Ein immer wieder Siddhartha-Leser.

(Notiz, März 1940, an H. C. Bodmer)

Es ist mir angenehm, in der vernünftig und kalt gewordenen Welt nicht Träger einer Tradition gewesen zu sein, welche nicht über diese Zeit hinausreicht. Daß Sie, und einige wenige andre Jüngere, da sind und über uns alte Knaben nicht bloß lachen, sondern unsre Sache weiterführen, erleichtert mir das Abdanken.
Es ist wunderlich mit der Tradition, sie ist ein Geheimnis, beinah ein Sakrament. Man lernt eine Tradition kennen, knüpft sie vorläufig an Namen, Richtungen, Programme, folgt ihr eine Weile, und sieht dann langsam mit den Jahren und Jahrzehnten, daß hinter allen diesen Namen und Richtungen, die man vielleicht längst abgetan hat, ein Geheimnis liegt, eine namenlose Erbschaft, die nicht bloß zur Romantik oder zu Goethe oder zum Mittelalter oder zur Antike, sondern bis in die ältesten Mythologien und Völkergedanken zurück reicht, und die weit genug ist, die größten Gegensätze an Menschen wie an Programmen zu umfassen, nur eines nicht: das unbedingt und ums Verrecken Neu-sein-Wollen.

(Brief, Anfang März 1940, an R. Jakob Humm)

Ich lege dir die letzte Fassung des neuen Gedichtes bei.[1] Ja, das ist komisch: während die ganze Welt sich in Gräben und Bunkern etc. bereithält, um unsre bisherige Welt vollends in Splitter zu schießen, war ich tagelang damit beschäftigt, dem kleinen Gedicht eine bessere Fassung zu geben. Es hatte zuerst vier Strophen und hat jetzt nur noch drei, und ich hoffe, es sei

1 »Flötenspiel«.

dadurch einfacher und besser geworden und habe nichts Wesentliches verloren. In der ersten Strophe störte mich die vierte Zeile schon von Anfang an, und beim öfteren Abschreiben für Freunde begann ich dann Zeile um Zeile und Wort um Wort zu beklopfen und zu prüfen, was entbehrlich sei und was nicht.

Neun Zehntel meiner Leser merken es überhaupt nicht, ob das Gedicht diese oder jene Fassung hat. Von der Zeitung, die das Gedicht drucken wird, kriege ich, wenns gut geht, etwa zehn Franken dafür, einerlei ob es diese oder jene Fassung sei. Für die Welt ist eine solche Beschäftigung also ein Unsinn, etwas Spielerisches, Komisches, eher schon Verrücktes, und man kann sich fragen: wie kommt der Dichter dazu, sich um seine paar Verschen solche Sorgen zu machen und so die Zeit zu vertun? Und man könnte antworten: erstens ist das, was der Dichter da tut, vermutlich zwar wertlos, denn es ist nicht wahrscheinlich, daß er grade eins von den ganz wenigen Gedichten gemacht habe, die nachher für 100 und 500 Jahre am Leben bleiben – aber dennoch hat dieser komische Mann etwas Besseres, etwas Unschädlicheres, Harmloseres und Wünschenswerteres getan als die Mehrzahl der Menschen heute tut. Er hat Verse gemacht und Worte aufs Schnürchen gereiht, aber er hat weder geschossen noch gesprengt noch Gas gestreut noch Munition fabriziert noch Schiffe versenkt etc. etc.

Und man könnte auch antworten: Daß der Dichter so seine Wörtchen klaubt und setzt und auswählt, mitten in einer Welt, die morgen vielleicht zerstört sein wird, das ist genau das gleiche, was die Anemonen und Primeln und andern Blümchen tun, die jetzt auf allen Wiesen wachsen. Mitten in einer Welt, die vielleicht morgen mit Giftgas überzogen ist, bilden sie sorgfältig ihre Blättchen und Kelche, mit fünf oder vier oder sieben Blumenblättchen, glatt oder gezackt, alles genau und möglichst hübsch.

(Brief, April 1940, an seinen Sohn Martin)

Flötenspiel

Ein Haus bei Nacht durch Strauch und Baum
Ein Fenster leise schimmern ließ,

Und dort im unsichtbaren Raum
Ein Flötenspieler stand und blies.

Es war ein Lied so altbekannt,
Es floß so gütig in die Nacht,
Als wäre Heimat jedes Land,
Als wäre jeder Weg vollbracht.

Es war der Welt geheimer Sinn
In seinem Atem offenbart,
Und willig gab das Herz sich hin
Und alle Zeit ward Gegenwart.

Die Weltgeschichte ist ein wildes Weib, sie drängt sich uns auf und will, daß ihr noch unser letzter Blick und Seufzer gehöre, während wir so gern anderswo wären und wohl wissen, daß das Schöne an der Geschichte nur die Geistesgeschichte, und das Hübsche im Ablauf der bösen Maschine nur die Momente der Abseitigkeit und Versunkenheit sind, die sich trotz allem ja finden. Übrigens ist auf die Dauer das Übelste nicht der Lärm, der Krach und die Brutalität, mit der die Geschichte auf uns einhaut, sondern die Spiegelung von Verlogenheit, mit der über den trüben Gewässern ein Scheinhimmel von Idealen gezaubert wird. Während wir uns z. B. Schritt für Schritt die Knebelung unserer Freiheit und die Vergiftung unserer Luft gefallen lassen, singen wir laut von der Verteidigung der edlen alten Schweizer Freiheit etc., und der alte Esel und Schädling Chamberlain, der bis 1939 endlich so weit war, daß er merkte, Hitler lüge die Welt an, mag sich heut wie der edle Ritter der Tugend vorkommen, welche natürlich eine rein englische Angelegenheit ist.
Wir versuchen dennoch, es zu überstehen und den Blumen recht zu geben, die schließlich in ihrer jährlichen Wiederkehr auf den Wiesen vieltausendjährig und unwiderlegbar sind, während die Weltreiche, Dynastien und Nationen hinwelken und morgen nicht mehr sein werden.

(Brief, ca. 1940, an Otto Basler)

Die Weltgeschichte macht, wie immer, kaum jemandem Freude außer ihren paar Nutznießern, und unsre Arbeiten und Spiele geschehen heut schon beinah im Unwirklichen. Aber wir wollen sie doch fortsetzen.

(Brief, 29. 5. 1940, an Gottfried Bermann Fischer)

Da ich an das Fertigwerden des Josef Knecht bei meinem reduzierten Zustand nicht mehr glaube, suche ich ihn unter ein Notdach zu bringen, als Fragment zwar, aber doch lesbar und verständlich, und hoffe, daß das glücke.

(Brief, 13. 6. 1940, an Otto Engel)

An Ihren Büchern und Ihrem Programm gefällt mir vor allem der kameradschaftliche Charakter und die Ehrfurcht vor dem Symbol. Wo Ehrfurcht ist, ist alles Gute möglich. Zwar sehe ich auch eine Gefahr darin, daß ein geschlossener kleiner Kreis seine eigene Sprache, Symbolik und seine Art von Privatreligion hat. Aber in Zeiten, wo bisher Legitimes und Ehrwürdiges zweifelhaft wird und alte heilige Symbole geläufig geworden und der Magie beraubt scheinen, ist es doch wohl der natürliche Weg, daß hier und dort und überall kleine Kreise von Gläubigen eines noch nicht formulierbaren Glaubens ihre Kulte hegen, bis einmal die vielen kleinen Einheiten wieder eine große, eine Gemeinde, eine Kirche, einen Gottesstaat bilden können.

(Brief, ca. Sommer 1940, an Oskar Dalvit)

Mit dem Josef Knecht bin ich im letzten halben Jahr, immer hübsch langsam, um ein Kapitel weitergerückt, das macht etwa eine Zeile oder zwei im Tag. Wer mir einmal gesagt hätte, meine Produktion würde einmal dieses Tempo annehmen, den hätte ich ausgelacht. Nun müssen wir hoffen, daß das Wasser aus diesem dünnen Röhrchen wenigstens nicht schlechter geworden ist als früher das Geplätscher war.

(Brief, August 1940, an Alfred Kubin)

Inzwischen war ja auch das Kapitel »Magister Ludi« eingegangen. Ich habe es gelesen und danach sofort an die Neue Rundschau weitergereicht. Ich denke, das Kapitel wird dort im Novemberheft erscheinen. Die Lektüre hat mir wieder äußerst wohlgetan. Bei dieser Gelegenheit gleich eine praktische Frage: Sollten wir nicht jetzt ruhig mit dem Satz des »Josef Knecht« beginnen? Die Herstellung von Büchern nimmt gegenwärtig unverhältnismäßig viel mehr Zeit in Anspruch, als zu normalen Zeiten. Die Tatsache, daß gesetzt wird, bräuchte Sie also keineswegs zu bedrängen. Nach Ihrem Bericht kann man nach menschlichem Ermessen vielleicht damit rechnen, daß das Buch zum nächsten Herbst zum Erscheinen reif sein dürfte. Und mir liegt außerordentlich daran, dieses Buch persönlich und sorgfältig zu betreuen. Aber noch einmal: das alles gilt natürlich nur, wenn ich Ihnen damit nicht einen Hatzhund auf die Fersen setze. Das sollte auf keinen Fall sein.
(Aus einem Brief von Peter Suhrkamp an Hesse vom 3. 10. 1940)

Der Weltgeschichte folge ich nicht sehr neugierig und ohne die Anmaßung, sie irgend deuten zu wollen; Geschichtsphilosophie ist mir von allem Verdächtigen das Verdächtigste. Mit dem Egoismus des Alten und Kranken lasse ich den Wunsch in mir dominieren, es möchte mir trotz allem Widerstrebenden doch noch gelingen, mit meiner Dichtung fertig zu werden, deren erste Anfänge nun schon zehn Jahre alt sind. Zu dieser Geschichte Josef Knechts schrieb mir neulich der Zeichner Kubin: »mit dem Josef Knecht haben Sie sich ein Zauberpferd gesattelt und reiten es im richtigen Tempo am Rande des metaphysischen Abgrundes.« Das hat mir Spaß gemacht.
(Brief, 18. 10. 1940, an Rolf Schott)

Leider kann ich Ihnen von Josef Knecht nichts senden. Es existieren zwar zweieinhalb fertige Kapitel. Aber davon gibt es nur eine einzige Copie, und die liegt weit von hier am sicheren Ort eingekellert[1] wie das ganze Manuskript, um eventuell mich

1 Bei Alice Leuthold in Zürich.

und diese widerwärtigen Tage zu überleben. Ich kann diese Copie nicht zurückbekommen, und mein eigenes Handexemplar kann ich natürlich auch nicht aus den Händen geben, solange die Arbeit daran noch dauert.
Das tut mir leid, eigentlich überrascht es mich, daß wir damit in diese Lage gekommen sind. Denn ich hatte seit langer Zeit bei Ihnen, d. h. bei der Corona, ein vollkommenes Desinteresse an weiteren Teilen meiner Arbeit vorausgesetzt, da Sie so lange Zeit nichts mehr davon begehrten und auch gegen Abdruck einzelner Stücke in der N. Rundschau nichts einzuwenden hatten – ich fragte Sie ja damals vorher an. Jetzt ist soeben das Kapitel[1], das auf die »Mission« folgt, im Dezemberheft der Rundschau erschienen.
Ein Gedicht sandte ich Ihnen im Herbst, ein zweites (Heiland) vor kurzem. Außer diesen beiden Gedichten habe ich zur Zeit leider gar nichts anzubieten.

(Brief, Dez. 1940, an Herbert Steiner)

Der Heiland

Immer wieder wird er Mensch geboren,
Spricht zu frommen, spricht zu tauben Ohren,
Kommt uns nah und geht uns neu verloren.

Immer wieder muß er einsam ragen,
Aller Brüder Not und Sehnsucht tragen,
Immer wird er neu ans Kreuz geschlagen.

Immer wieder will sich Gott verkünden,
Will das Himmlische ins Tal der Sünden,
Will ins Fleisch der Geist, der ewige, münden.

Immer wieder, auch in diesen Tagen,
Ist der Heiland unterwegs, zu segnen,
Unsern Ängsten, Tränen, Fragen, Klagen
Mit dem stillen Blicke zu begegnen,
Den wir doch nicht zu erwidern wagen,
Weil nur Kinderaugen ihn ertragen.

1 »Magister Ludi«.

Vom Josef Knecht sind über die bisher einzeln gedruckten Kapitel hinaus noch dreieinhalb Kapitel fertig, was zum Ganzen noch fehlt, ist nicht mehr als 2 bis 3 Kapitel. Aber es kommt selten mehr eine Stunde wirklich produktiver Kraft. Ein dänischer Gelehrter, zur Zeit an einem Werk über Taoismus und Zen-Buddhismus arbeitend, schrieb mir dieser Tage, nachdem er den Magister ludi gelesen hatte: Wenn er es nicht selbst wüßte, wenn irgend jemand ihm den J. Knecht zu lesen gegeben und ihm gesagt hätte, das Buch sei im zweiten Drittel des 20. Jahrhunderts geschrieben, so würde er gelacht und es nicht geglaubt haben. Das machte mir Spaß. Und ein andrer Leser schrieb mir neulich: »Hier entsteht mitten in einer grauenhaften Zeit, und ganz entgegen den Lösungen, die sie uns aufgedrängt, eine zauberhaft andere, neu und doch uralt. Welch ein Aufbau ist das!« – Es gibt also die paar Leute, die für den Knecht bereit sind, und das genügt, denn das, wozu er da ist, vollzieht sich in einer ganz kleinen Zahl von Menschen.

(Brief, Ende 1940, an Fanny Schiler)

Wenn ich mein eigenes Leben nach den allgemein gültigen Regeln, und gar nach den Gesichtspunkten, die heute in der Welt gelten, ansehe, dann ist alles falsch gewesen und konnte nur zu einem üblen Ende führen.
Hätte ich jeweils so gehandelt und gelebt, wie Sitte, Vernunft, Hygiene etc. verlangen, so hätte ich es vielleicht zu einem mittleren Offizier gebracht und es wäre mir vielleicht die Zerstörung von einigen Dörfern gelungen, während ich so mit leeren Händen dastehe, es sei denn, man wolle mir die paar geschriebenen Bücher als mildernde Gründe anrechnen. Aber wenn ich heut jung wäre und wieder anfinge, würde ich es doch wohl wieder ähnlich machen wie diesmal.

(Brief, 7. 3. 1941, an Peter Suhrkamp)

Heut sende ich Ihnen ein neues Gedicht[1], es gehört noch zu denen von Josef Knecht und ist das einzige, was ich seit einem halben Jahr geschrieben habe. Ich konnte mehr als zwei

1 »Stufen«, entstanden am 5. 5. 1941.

Monate die rechte Hand nicht brauchen, nicht einmal einen Bleistift halten, und am ersten Tag, wo infolge eines neuen Medikaments die Finger sich wieder etwas biegen ließen, schrieb ich das Gedicht auf, um es nicht zu verlieren.

(Brief, 10. 6. 1941, an Tutti Bermann Fischer)

Sie werden aushalten – vor allem einmal, um das heiter-geheimnisvolle Buch vom Glasperlenspiel fertigzustellen, das für die Späteren gewiß zu den zwei, drei rechtfertigenden Hervorbringungen dieser hundsföttischen Epoche gehören wird. Ich freue mich dauernd darauf.

(Aus einem Brief Thomas Manns an Hesse vom 13. 7. 1941)

Eine Antwort haben Sie nicht erwartet, und sie fiel mir auch schwer, da ja meine ganze Arbeit als Autor den Sinn hat, das Individuelle gegen das »Normale« und Normierte zu verteidigen und zu stärken, und nichts schwieriger ist, als das in Kürze zu wiederholen, was man in andrer Form, in Bildern und Dichtungen, vielemale angesprochen hat.
Verstanden habe ich die Klage Ihres Briefes ganz. Doch halte ich die Sehnsucht, die Ihr Brief ausspricht, die Sehnsucht nach einem Sicheinpassen und Einswerden mit den Vielen und dem Alltag für unerfüllbar. Man kann Gemeinschaft suchen, aber für den stark persönlichen, einsamen Menschen ist mit dem normierten Leben nur eine konventionelle und nie befriedigende Befreundung möglich. Darum ist es doch besser, die andere Gemeinschaft zu suchen und zu pflegen, die mit allen denen, denen man sich verwandt weiß, den Dichtern, Denkern, Einsamen, und wenn alles andre nicht glückt, haben wir zumindest den Ersatz, den reichen und nie ganz versagenden Ersatz des Wissens um die ewige Gemeinde derer, denen wir ähnlich sind, und die sich in allen Zeiten, Völkern und Sprachen in Büchern, Gedanken, Kunstwerken ausgesprochen hat.
Die Versuche, das angeblich »wirkliche« und gesunde Leben aller mitzuerleben, sind gewiß nicht ohne Wert. Aber am Ende führen sie uns doch immer nur in eine Welt, mit deren Werten und Maßstäben wir im Innern nicht einverstanden sind, und was wir dabei gewinnen, zerfällt uns in den Händen.

Und außer den Denkern und Dichtern steht uns auch noch die Natur offen; das Mitschwingen in einer Welt, in der es keine Konvention gibt, und die nur dem wirklich der Hingabe und Betrachtung Fähigen offensteht. Die Natur, wie sie der Sonntagsausflügler und Teilnehmer an Gesellschaftsreisen genießt, ist ein Schemen. *(Brief, November 1941, an eine Leserin)*

Ihre Worte über »die Asketen« und die Schöpfer, die Sie zu ihnen in Gegensatz stellen, habe ich mit rechtem Vergnügen und Beifall gelesen – jedoch nicht, ohne zu vergessen, daß natürlich die entgegengesetzten Meinungen genau ebenso richtig wären und mit ebenso guten Gründen verteidigt werden könnten. Wo Sie von den Künstlern sprechen, da verstehen Sie Ihre Sache eben genau und stehen auf sicherem Boden. Ihr Loblied auf die Schöpfer der schönen Werke hat meinen vollsten Beifall. Doch zweifle ich ein wenig, ob Sie sich in ein wirkliches religiöses Leben ganz hineindenken können. Dies ist vom nichtreligiösen Leben völlig und radikal verschieden. Die Beziehung auf Gott für jeden Schritt des Lebens, die Zentrierung des ganzen Lebens durch Gott, ergibt ein völlig andres Weltbild als unsre weltliche Einstellung. Dabei steht das Soziale, das Mitleid mit der Not und Ungerechtigkeit, keineswegs obenan; ein religiöses Leben ohne Mitleid und Hilfsbereitschaft gibt es zwar nicht, aber daß diese soziale Note die beherrschende sei, ist nicht nötig und wird zum Teil vom Zeitgeist, also von der Mode bestimmt. Nicht recht klar ist mir, was Sie unter den »Asketen« verstehen. Askese als Selbstzweck kann schön, heroisch und großartig sein wie jede außerordentliche Anstrengung es sein kann, aber z. B. im mönchisch-christlichen Leben spielt sie nur selten diese Rolle eines Selbstzweckes, und so kann man auch das abendländische Mönchtum unmöglich als einen Gegenpol zum Kulturellen und Künstlerischen bezeichnen. Im Gegenteil: das ganze Mittelalter hindurch, seit dem 6. Jahrhundert und dem hl. Benedikt, sind die Mehrzahl der Klöster nicht nur Übungsstätten der Askese oder Weltferne gewesen, sondern Heimat aller Kultur, aller Gelehrsamkeit, aller Musik, des Schulwesens, der Krankenpflege und Armenpflege.

(Brief, November/Dezember 1941, an Will Eisenmann)

Wegen der Frage meiner Schweizer Staatsangehörigkeit, die ich übrigens dem Verlag schon vor Jahren einmal beantwortet habe, versprach ich Ihnen schriftliche Auskunft, sie soll hier folgen. Die beiden Eltern meines in Estland geborenen Vaters waren russische Staatsangehörige, aber nach Blut und Sprache deutsche Balten. Von den Eltern meiner Mutter war der Vater Württemberger, die Mutter Schweizerin (Kanton Neuchâtel).
Mein Vater lebte von 1880 bis 86 in Basel. Während dieser Zeit hat er, da er dort für immer zu bleiben dachte und seine russische Staatsangehörigkeit, wie alle Deutschbalten, wenig schätzte, sich in Basel eingebürgert, seither waren wir Kinder Schweizer und Basler. Um 1886 wurde mein Vater von Basel weg nach Calw in Württemberg berufen, und da vom schwäbischen Großvater her eine Verbundenheit mit Württemberg und dessen Schulen da war, und ich das Examen für die Aufnahme in ein dortiges theologisches Seminar machen sollte, wurde ich (ich glaube im Jahr 1890 oder 91) in Württemberg naturalisiert, wurde also Deutscher, während die übrige Familie die Schweizer Staatsangehörigkeit beibehielt.
Ich lebte später teils in Württemberg, teils in Basel, heiratete 1904 eine Schweizerin, zog 1912 endgültig in die Schweiz, und habe seither, beinah 30 Jahre, ununterbrochen in der Schweiz gelebt.
Natürlich tauchte, als ich sah, daß ich wohl für immer in der Schweiz bleiben würde, und meine Kinder ganz in schweizerischer Tradition und Mundart heranwuchsen, schon ziemlich früh der Gedanke auf, meine Rück-Einbürgerung als Schweizer durchzuführen. Dies hätte ich auch getan, wenn nicht der Weltkrieg gewesen wäre. Während des Krieges von 1914 und der ersten darauf folgenden Jahre wäre ein Verzicht auf die deutsche Staatsangehörigkeit mir als unanständig erschienen. So kam es, daß ich die Frist von 10 Jahren, während welcher ich das Recht gehabt hätte, meine unentgeltliche Wiederaufnahme in das Schweizer Bürgerrecht zu verlangen, verstreichen lassen mußte. Erst als nach Scheidung meiner ersten Ehe meine drei Söhne Schweizer geworden waren, schien auch mir die Zeit gekommen, die Einbürgerung zu beantragen. Sie geschah im Jahr 1923.[1] *(Brief, 17. 12. 1941, an Peter Suhrkamp)*

1 Die Bewerbung erfolgte 1923. Eingebürgert wurde Hesse am 9. 5. 1924.

Die Belastung durch das Weltelend und die immer neue, oft so erfolglose Arbeit für die Opfer der Weltherrscher drückt so sehr, daß die Konzentration zur Weiterarbeit am Glasperlenspiel eine fast übermenschliche Leistung wird; ich habe zwar noch nicht ganz verzichtet, aber eigentlich hält mich bloß der Betrieb aufrecht, den die Post jeden Tag bringt, und die Hoffnung, noch diesen und jenen aus der Hölle herauszukriegen und ihm wenigstens die Möglichkeit zu verschaffen, seinen eigenen Hunger und seinen eigenen Tod zu erleiden, statt unter den Schergen kaputtzugehen.

(Brief, Dezember 1941, an Ernst Morgenthaler)

Meine literarische Existenz liegt beinah schon hinter mir, ich bin froh darüber. Das Vergessenwerden ist nicht das schlechteste Los, angenehmer jedenfalls als die Behandlung zwischen Schonung und Sabotage, die Deutschland uns farbigen Ausländern meint gönnen zu müssen. Ich arbeite, mit sehr langen Pausen, seit beinah schon zehn Jahren an dem Buch, das ich hinterlassen möchte, eine Art Utopie; doch vergehen oft Monate, ohne daß eine Zeile hinzukommt.

(Brief, 1941/42, an Ernst Zahn)

Seither ist noch ein neues Gedicht[1] entstanden, gleich dem vorhergehenden aus der Atmosphäre des J. Knecht kommend, aber nicht direkt mit ihm zusammenhängend. Für mich ist Knechts pädagogische Provinz und das Glasperlenspiel nun etwa elf Jahre lang Lokal und Luft meines inneren Lebens gewesen; wenn die äußere Welt uns eine Heimat und ein Gedeihen oder gar Behagen nicht erlaubt, müssen wir uns eben die Atemluft selber schaffen, und so gibt es für mich eine Menge von Begriffen und Vorstellungen, die nur dem einmal verständlich sein werden, der mein Buch als Ganzes kennenlernt.

(Brief, 27. 1. 1942, an Fritz Gundert)

1 »Prosa«.

Prosa
(Auf einen Dichter)

Ihm macht das Verseschreiben kein Vergnügen,
Mit dem wir Schüler uns so gerne plagen.
Auch er genoß zwar einst in Jugendtagen
Das mühvoll-süße Spiel in vollen Zügen.
Nein, diese schöne Kunst der Silbenmaße,
Des Reims, des Odenbaus, der Versverschränkung
Lockt ihn nicht mehr zu übender Versenkung,
Zu glatt scheint, zu gebahnt ihm diese Straße.
Zu leicht scheint ihm auf diesem Weg erreichbar
Das Schöne, sei es auch mit tausend Mühen.
Er weiß von Zaubern, die verborgner blühen,
Von Wirkungen geheim und unvergleichbar.

So schlicht, unfeierlich und fast alltäglich
Geht seine Prosa! Sie ihm nachzuschreiben
Scheint Kinderspiel, doch laß es lieber bleiben.
Denn schaust du näher hin, so wird unsäglich,
Was harmlos einfach schien, aus Nichtigkeiten
Wird eine Welt, aus Atem Melodien,
Die scheinbar zwecklos und vergnüglich gleiten,
Doch sich auf andre mahnend rückbeziehen
Und neue, nie erwartete vorbereiten.
Am Ende wird ein Schriftsatz seiner Feder,
Den wir zuerst so leichthin überlasen,
Zur Felsenlandschaft mit Vokal-Oasen,
Aus einem Silbenfall rauscht Wind und Zeder,
Ein Mondstrahl läßt voll Silber Golfe blinken,
Ein Beistrich öffnet Wald- und Gartenpfade,
Wie buhlerisch scheint eine Assonanz zu winken,
Ein Fragezeichen wirkt wie Glück und Gnade.

Wie er es macht, wie er aus diesen simpeln
Worten des Tages ohne Zwang und Spreizen
Dichtwerke zaubert voll von tiefen Reizen
Und Silben tanzen läßt gleich wehenden Wimpeln,
Dies, Freunde, werden wir nie ganz verstehen.

Uns sei genug, mit Ehrfurcht zuzusehen,
So wie wir aufs Gebirg und auf die blauen
Falter am Bach und auf die Blumen schauen,
Die auch, so scheint es, sich von selbst verstehen,
Doch Wunder sind für Augen, welche sehen.

Das Gedicht »Prosa« gilt natürlich nicht irgendeinem bestimmten Dichter, sondern der Prosa selbst, der Sprache, ihren Quellen und Möglichkeiten. Sie war zeitlebens mein Handwerks- und mein Spielzeug, und ist mir auch jetzt, wo die andern Freuden abwelken und schwinden, treu geblieben. So schrieb ich ihr, im Stil Josef Knechts, dies kleine Loblied.

(Brief, 27. 1. 1942, an Rolf Schott)

Bei uns Künstlern könnte man, leicht übertreibend, geradezu sagen: der Wert meiner Arbeit entspricht dem Maß an Spaß, das sie mir gemacht hat. Was wirkt und übrigbleibt, ist nicht das Gewollte, Erdachte, Aufgebaute, sondern die Gebärde, der Einfall, der kleine flüchtige Zauber, so wie bei einer Oper von Mozart nicht die Fabel oder Moral des Stücks Wert hat, sondern die Gebärde und Melodie, die Frische und Anmut, mit der eine Anzahl musikalischer Themen ablaufen und sich verändern.

(Brief, 27. 1. 1942, an Grete und Fritz Gundert)

Es gibt unter den lebenden Autoren kaum einen, der so oft seinen eigenen Leichnam hinter sich begrub und jedesmal auf einer anderen Stufe wieder neu anfing. Und jedesmal geschah das aus einer wirklichen und ehrlichen Not heraus. Und wenn man die ganze Existenz dann überblickt, ist sie doch eine Einheit geblieben.
(Aus einem Brief Peter Suhrkamps an Hermann Hesse vom 29. 1. 1942)

Im Laufe des Vormittags ging das Manuskriptpäckchen »Joseph Knecht« ein. Es enthält von Teil 1 die folgenden Kapitel: 1) Das

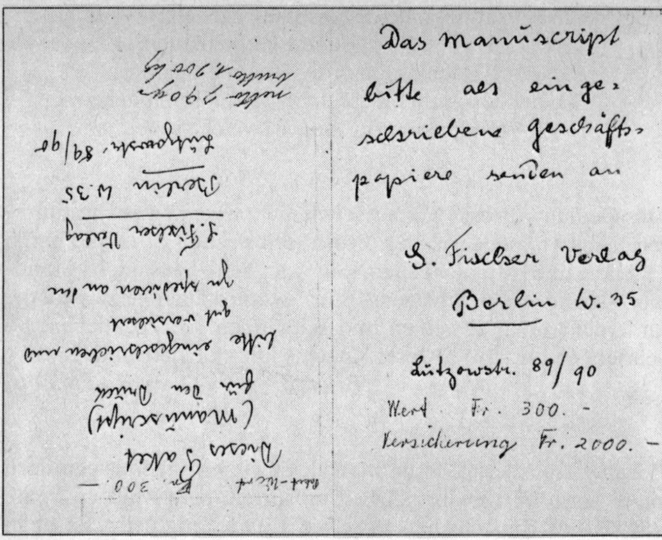
Das Manuscript
bitte als einge-
schriebene Geschäfts-
papiere senden an

S. Fischer Verlag
Berlin W. 35

Lützowstr. 89/90
Wert Fr. 300.-
Versicherung Fr. 2000.-

Versandanweisungen Hesses für das in zwei Teilen nach Berlin expedierte Glasperlenspiel-Manuskript.

Glasperlenspiel, 2) Die Berufung, 3) Waldzell, 4) Studienjahre, 5) Zwei Orden, 6) Die Mission, 7) Magister Ludi, 8) Im Amte, insgesamt außer dem Rundschauexemplar vom »Glasperlenspiel« 241 Manuskriptseiten. Dies nur zur Bestätigung und Kontrolle. Vom 8. Teil liegt hier ein Teil des Materials aus den Vorabdrucken in der Neuen Rundschau und Corona vor. Damals übersandten Sie auch einen Gesamtplan. Da es möglich ist, daß dieser inzwischen überholt ist, wäre ich Ihnen dankbar, wenn Sie mir den endgültigen Plan des Werkes noch einmal mitteilten. Danach werde ich dann auch übersehen können, was im Manuskript noch fehlt. Vielleicht ist es Ihnen auch möglich, mir zu dem fehlenden Teil ungefähre Umfangsangaben zu machen. Das ist für den Beginn der Arbeit, vor allem für die Papiergenehmigung äußerst wichtig.

(Brief, 16. 2. 1942, von Peter Suhrkamp an H. H.)

Die Summe von Vernunft, Methode, Organisation, mit der das Unsinnige getan wird, macht einen immer wieder staunen, nicht minder die Summe von Unvernunft und Treuherzigkeit, mit der die Völker aus der Not die Tugend und aus dem Gemetzel ihre Ideologien machen. So bestialisch und so treuherzig ist der Mensch.

(Brief, 26. 4. 1942, an Thomas Mann)

Dieser Tage ist der Josef Knecht vollends fertig geworden.[1] Die letzten 20 Seiten haben etwa ein Jahr gebraucht.

(Brief, 2. 5. 1942, an R. Jakob Humm)

Ich habe inzwischen, eher ungern, vom Josef Knecht Abschied genommen, der gegen zwölf Jahre mein Begleiter und oft meine Deckung gegen das Aktuelle war, und mit dem ich nun, nachdem ich die Buchkorrektur besorgt, nichts mehr zu tun habe. Geschrieben habe ich seit 16 Monaten keine Zeile mehr, der Ruhestand scheint mir erreicht zu sein, ich habe nichts dagegen.

In letzter Zeit ließ ich mir abends von meiner Frau den Quintus Fixlein und den Katzenberger[2] einmal wieder vorlesen, und Eichendorffs »Dichter und ihre Gesellen«. Die Sachen bewähren sich gut, und bleiben, wenn wir nicht mehr da sind.

(Brief, September 1943, an Rolf Conrad)

Dieser Tage bekam ich ein merkwürdiges Dokument zu lesen. Jemand sandte mir ein durch Schmuggel herübergekommenes Exemplar von den gedruckten Vorschriften, welche in Deutschland »streng vertraulich« jeweils von der Behörde den Zeitungsredaktionen zugestellt werden. Da hieß es, meinen 65. Geburtstag könne man zwar erwähnen, aber man müsse dabei betonen, daß die Arbeit dieses Dichters von einer »Moderichtung bestimmt gewesen ist«. Man dürfe anerkennen, daß ich trotzdem wirklich ein begabter Dichter sei, aber keineswegs der Führer der Jugend, der ich vor zwanzig Jahren scheinbar gewesen sei.[3]

1 Das Manuskript wurde am 29. 4. 1942 abgeschlossen.

2 Erzählungen von Jean Paul.

3 Dazu bedarf es heute, 1973 (in Deutschland), nicht einmal mehr einer behördlichen Vorschrift.

Das ist angenehm. So weiß man im voraus, was in sämtlichen deutschen Blättern stehen wird, und braucht keins mehr zu lesen.

(Brief, 1942, an Alice Leuthold)

Im Winter soll bei Fretz[1] eine Gesamtausgabe meiner Gedichte erscheinen, ich arbeite seit Monaten dran. Der »Josef Knecht« aber soll nicht in Zürich erscheinen, sondern in Berlin, da ich meinem alten Verleger die Treue halte und neun Zehntel meiner Leser dort habe. Die Zähigkeit und Freundestreue, mit der Suhrkamp in Berlin meine immer wieder gefährdete Existenz durchgehalten hat, ist bestes Deutschland.

(Brief, Sommer 1942, an Carl Seelig)

Nächstens, etwa Mitte September, sollte mein Verleger, Peter Suhrkamp in Berlin, wieder in die Schweiz kommen, um einen neuen Vertrag, mein neues Buch und andre akute wichtige Fragen mit mir zu besprechen.

(Brief, 19. 8. 1942, an Martin Bodmer)

Mein Verleger, auf Mitte September angemeldet, ist bis heut noch nicht gekommen, und da auch keinerlei Nachricht von ihm kam, nehme ich an, seine Post werde wieder einmal überwacht und er schreibe darum nicht ins Ausland.

(Brief, Ende Oktober 1942, an R. Jakob Humm)

Die Einreise von Suhrkamp scheint bisher durch die deutschen Behörden verzögert worden zu sein, neuerdings aber auch durch die schweizerischen, sein Gesuch liegt bei ihnen, und da er Mitte Nov. zum 80. Geburtstag G. Hauptmanns, seines ältesten Autors, zurücksein sollte, fängt es an brenzlig zu werden. Aber davon, daß mein Buch (Knecht) auf Weihnachten erscheint,

1 Der Züricher Verlag Fretz & Wasmuth, in welchem, als in Deutschland keine Hesse-Bücher mehr gedruckt bzw. nachgedruckt werden konnten, einige Werke erstmals erschienen bzw. in kleiner, nur für die Schweiz bestimmter Auflage wieder aufgelegt wurden.

kann keine Rede sein – da haben Sie offenbar gar keine Vorstellung von den Schwierigkeiten, unter denen heut in Deutschland ein Buch entsteht: selbst wenn Behörden etc. durchaus keine Geschichten machten, würde die Drucklegung des Buches bei heutigen Zuständen nahezu ein Jahr brauchen.

(Brief, 5. 11. 1942, an Otto Basler)

Hier besuchte mich auch mein Berliner Verleger, und nun habe ich wenigstens das Manuskript meines in den letzten elf Jahren entstandenen Buches wieder in Händen, das sieben Monate unnütz in Berlin lag. Es kann dort nicht erscheinen, und da Brand oder Bombe mir die Arbeit meines Lebensabends vernichten könnte, muß ich das Buch nun eben irgendwo in der Schweiz drucken lassen, damit es wenigstens erhalten bleibt. Im übrigen hat dies Erscheinen in der Schweiz nicht mehr Sinn als alles andre auch, was heut geschieht. Das Buch bleibt jenen Lesern, die es erwarten und die etwas davon hätten, vorenthalten, es wird, selbst für die paar hiesigen Käufer, doppelt so teuer, und mir bringt es nichts ein. Aber so ist es ja mit allem, was die meisten Menschen heute tun – der Sinn liegt irgendwo im Metaphysischen, vielleicht. –

(Brief, November 1942, an Rolf Conrad)

Ich hatte sehr viel Besuch und zu tun, namentlich war mein Berliner Verleger und treuer Freund Suhrkamp einige Tage da, um die trübe Lage mit mir zu besprechen. Er brachte mir auch das Manuskript des J. Knecht wieder mit, das mehr als ein halbes Jahr in Berlin gewesen war, und das nun also dort nicht erscheinen kann, die Behörden haben es abgelehnt. Die Folge ist, ebenso wie bei den Gedichten, eine dreifache: Das Buch bleibt meinem eigentlichsten Leserkreis vorenthalten.
Es wird ferner doppelt so teuer, als wenn es in Berlin hätte erscheinen können. Und materiell habe ich natürlich auch fast nichts davon. Doch muß ich jetzt sehen, daß das Buch bald gedruckt wird, das Manuskript kann jeden Tag durch eine Bombe, einen Brand oder ähnliches zerstört werden, und dann

wären die letzten elf Jahre mir verloren. Ich denke, nächsten Sommer wird es in Zürich erscheinen.

(Brief, 14. 12. 1942, an Otto Basler)

Meine Arbeit im letzten Jahr, soweit bei einem alten Invaliden noch von Arbeit die Rede sein kann, war die Herausgabe meiner gesammelten Gedichte. Sie sind jetzt erschienen. Nun bleibt noch die weniger große, immerhin noch beträchtliche andere Erntearbeit: die Buchausgabe des Josef Knecht. Das Manuskript war natürlich zuerst bei meinem Berliner Verleger, dem ich, wie meinen deutschen Lesern, stets treu geblieben bin, aber man wollte in Berlin mein Buch nicht, und so muß es eben, wie die Gedichte auch, in der Schweiz erscheinen.

(Brief, Ende 1942, an C. Clarus)

Der Josef Knecht kommt von der Idee, nicht der Anschauung her, er ist weitgehend abstrakt, was aber dichterisch eine Unmöglichkeit ist, so habe ich danach gestrebt, der Abstraktion doch einiges Blut mitzugeben, auch in der »Legende« sollte man das, wenn sie geglückt ist, spüren. Soweit der Strom zwischen den beiden Polen Abstrakt und Sinnfällig wirklich kreist, könnte man also das Ganze statt abstrakt, etwa paradigmatisch heißen. Aber es kommt nicht drauf an [. . .]
Daß auch Freund Schrempf etwas mit der »Legende«[1] anfangen konnte, war mir eine Freude: ich hatte es kaum gehofft. Und Spaß gemacht hat mir, was Sie über das Gedicht »Stufen« erzählen. So, wie es Ihnen mit dem »wir sollen heiter« ging, geht es natürlich auch dem Dichter selber zuzeiten, wie ja überhaupt die Anmaßung, solche Sachen auszusprechen, wie sie im Siddhartha, im Traktat oder im Knecht stehen, immerhin bezahlt werden will, es herrscht hier eine oft fatale Gerechtigkeit.

(Brief, 9. 1. 1943, an Otto Engel)

1 Das Kapitel »Legende« erschien im Juli- und August-Heft 1942 der Neuen Rundschau.

Es ist ein Buch an Sie unterwegs, die Arbeit des letzten Jahres, die erste Gesamtausgabe meiner Gedichte. Wie sie, so wird auch mein großes Manuskript, die Frucht der letzten 11 Jahre, in Zürich erscheinen müssen und vorerst den deutschen Lesern vorenthalten bleiben. Ich hatte geglaubt, meinem lieben Verleger und meinen deutschen Lesern die Treue halten zu müssen, trotz manchen Widerständen. Aber man hat mein Manuskript in Berlin schlankweg abgelehnt; ich war froh, als ich es nach vielen Monaten wenigstens wieder in Händen hatte. Bis zum Erscheinen wirds aber noch mehr als ein halbes Jahr dauern.

(Brief, Januar 1943, an Ludwig Renner)

Der Grund, weswegen ich mit Exemplaren[1] knausere, ist der, daß ich unendlich viele nach Deutschland verschenken muß; denn dies mächtige Reich hat sich ja seit Jahr und Tag sorgfältig dagegen geschützt, daß ein Pfennig für Waren aus dem Ausland bezahlt werde, während es Geschenke gern annimmt. Da das Reich und die Einzelnen zweierlei sind, und da viele dieser Einzelnen mir sehr nah stehen, viele sogar bessere Leser sind als ich sie hier finde, muß ich eben schenken. Noch wichtiger wird das beim Josef Knecht sein, wenn er dann einmal erscheint. Vorläufig [verhandeln] wir noch über Format, Satz etc., und leider ist auch ein kleiner Teil des Textes, ein oder 2 Dutzend Seiten noch einer Überarbeitung bedürftig. Du fragst, ob ich mit Arbeiten aufhören würde, wenn ich die Wahl hätte? Ich habe aber eben keine Wahl, und das Aufhören ist, ohne daß ich gefragt wurde, schon so gut wie fertig vollzogen.

(Brief, ca. Januar 1943, an Hermann Hubacher)

Vertrag

Zwischen Herrn Hermann Hesse, *Montagnola (Verfasser) und der* Firma Fretz & Wasmuth Verlag A.-G., *Akazienstraße 8, Zürich 8 (Verleger) ist heute folgender Verlagsvertrag abgeschlossen worden:*

1 »Die Gedichte«.

§ *1 Der Verfasser überträgt dem Fretz & Wasmuth Verlag das alleinige Verlagsrecht an der Buchausgabe seines Romans*

Der Glasperlenspielmeister

Der Verleger verpflichtet sich, das Werk in würdiger, mit dem Verfasser zu vereinbarender Ausstattung zu vervielfältigen, für gehörige Bekanntmachung zu sorgen und mit den üblichen Mitteln zu verbreiten.

§ *2 Der Verfasser hat das Recht, nach Ablauf von vier Jahren nach Erscheinen des Romans diesen ebenfalls innerhalb der Berliner-Ausgabe seiner Werke (Suhrkamp Verlag, Berlin) erscheinen zu lassen. Erachten der Verfasser oder der Verlag Suhrkamp das Erscheinen des Romans in der Berliner-Gesamtausgabe zu einem früheren Zeitpunkt als wünschbar, wird eine neue Vereinbarung getroffen. In einer solchen Vereinbarung wird sich der Fretz & Wasmuth Verlag verpflichten, keine Exemplare der Schweizer-Ausgabe ins Ausland zu senden, während der Berliner-Verlag andererseits sich verpflichtet, von der Berliner-Ausgabe keine Exemplare weder direkt noch indirekt in die Schweiz zu liefern.*

§ *3 Das Honorar des Verfassers ist festgesetzt: 12½% vom Ladenpreis des verkauften gebundenen Exemplars bis zu 3000 Exemplaren und 15% vom Ladenpreis des verkauften gebundenen Exemplars vom 3001. Exemplar an aufwärts.*
Diese Honorarbestimmungen sind auch verbindlich für die künftigen Neuauflagen des Werkes Die Gedichte *des Verfassers, deren nächste vorgenommen wird, sobald die erste Auflage vergriffen ist.*
Die festgesetzten Ladenpreise für den Roman Der Glasperlenspielmeister *und für die Neuauflage des* Gedicht-*Bandes werden dem Verfasser vor Erscheinen mitgeteilt.*

(Verlagsvertrag über die Publikation des Glasperlenspiels vom 20. 3. 1943)

Ihr Brief war mir eine rechte Freude und eine Nase voll Jugend- und Heimatgeruch. Falls die wissenschaftliche Betriebsamkeit noch eine Weile andauert, wird ein kluger Doktorand in 20 Jahren entdecken, daß vielleicht die Keimzelle für Kastalien und die Eliteschulen die schwäbischen Klosterseminare und das Stift waren.

(Brief, 2. 4. 1943, an Otto Engel)

Daß ein Dichter am Sinn und der Berechtigung seines Dichtens häufig zweifelt, ist begreiflich. Weniger begreiflich ist, daß die Herren der Welt, jene wilden Halbmenschen, die die Welt regieren und die Macht anbeten, so gar nie Zweifel am Wert und Sinn ihres satanischen Tuns haben. Nein, wenn ein General oder Diktator einmal einen Moment beim Verdauen nachdenklich wird, so stellt sich ihm zur Verherrlichung seines Tuns gleich die ganze falsche Pracht der Geschichtsphilosophie zur Verfügung.
Solche Weltzustände wie der Krieg erleichtern mir übrigens den Glauben an den Wert oder doch die Erlaubtheit des Dichtens sehr. Wenn alle die Millionen mit allen Höllen der Technik aufeinander losfeuern, dann ist ohne weiteres jeder im Recht, der wenigstens etwas nicht Böses und Schädliches, etwas Harmloses und höchstens für ihn selber Gefährliches tut.

(Brief, Mai 1943, an Emil Schibli)

Der Josef Knecht erscheint im Herbst bei Fretz in Zürich. In Berlin wurde die Erlaubnis zum Druck des Buches verweigert. Daß trotzdem das Reclambüchlein[1] erschien, beruht auf den vielen Unstimmigkeiten im deutschen Betrieb. Man rechnet mich dort offiziell zu den »unerwünschten« Autoren und möchte mich lieber totmachen: aber die Soldaten haben jetzt viel zu sagen, und da Bücher von mir immer wieder auf der

1 Die frühe Erzählung »In der alten Sonne«, Reclams Universalbibliothek Nr. 7557

Wunschliste der Feldbüchereien etc. stehen, hat man Reclam diesen Druck gestattet, fast die ganze Auflage geht ins Feld.

(Brief, 1. 6. 1943 an Josef v. Vintschger)

Die Idee, die Schriften Knechts nicht am Schluß, sondern innerhalb der Biographie zu bringen, stammt nicht von Herrn Suhrkamp, sondern war von mir von Anfang an so geplant. Es ergab sich dann aber für mich, ganz im Gegensatz zu Ihren, im heutigen Brief geäußerten Gedanken, die Notwendigkeit, die Schriften eben doch an den Schluß zu stellen, und davon weiche ich jetzt, eines rein formalen und materiellen Grundes wegen, äußerst ungern ab, aber werde es doch versuchen, sobald der Umbruch kommt.

Daß es für den Leser sehr wünschenswert sei, die Biographie durch die Lektüre der »Schriften Knechts« zu unterbrechen, ist für mein Buch nicht schmeichelhaft. Aber auch wenn Sie damit völlig Recht hätten und es wünschenswert vom Verlegerstandpunkt wäre, dem Leser bei seiner Langweile und seiner Suche nach Zerstreuung zu Hilfe zu kommen, so wäre dies doch keineswegs mein Standpunkt! Sondern ich meine: gerade die Leser, denen die Biographie langweilig und schwierig scheint, sollen lieber abgeschreckt werden und auch auf die Schriften verzichten, statt daß man ihnen Rosinen bietet, um sie nur ja nicht zu verlieren.

Ich habe über diese Dinge nicht wie Suhrkamp und Sie, einige Tage oder Stunden nachgedacht, sondern etwa zehn Jahre lang, und muß mich daher wehren.

Also ich werde versuchen, die »Schriften« in den Umbruch einzureihen, wobei wahrscheinlich ein paar erklärende Textzeilen nötig werden. Ich kann Ihnen aber schon heute sagen: eine andere Einreihung der »Schriften« in die Biographie als die chronologische ist unmöglich. Wir können also die Gedichte ans Ende des Kapitels »Waldzell« setzen, die drei Lebensläufe ans Ende der »Studienjahre«. Auf jeden Fall bleiben die drei Lebensläufe beisammen und gehören zu den »Studienjahren«, die Rosinenwirkung einer spielerischen und sinnlosen Verteilung übers ganze Buch fällt also dahin.

Sollte ich die mich befriedigende Lösung nicht finden, was sich sehr rasch zeigen wird, so müßte ich zu meinem alten und rich-

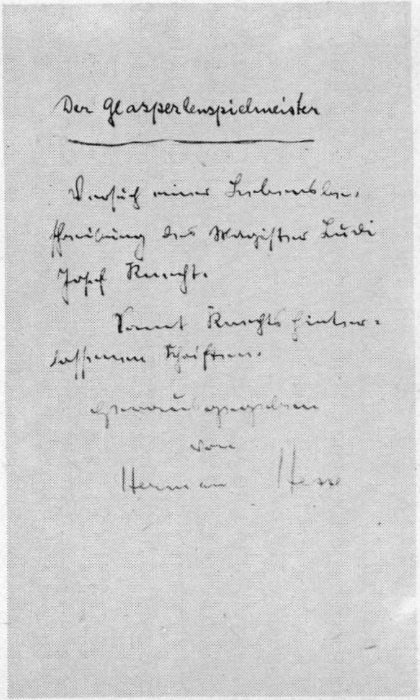

Handschriftlicher Entwurf des Titelblatts von Hermann Hesse.

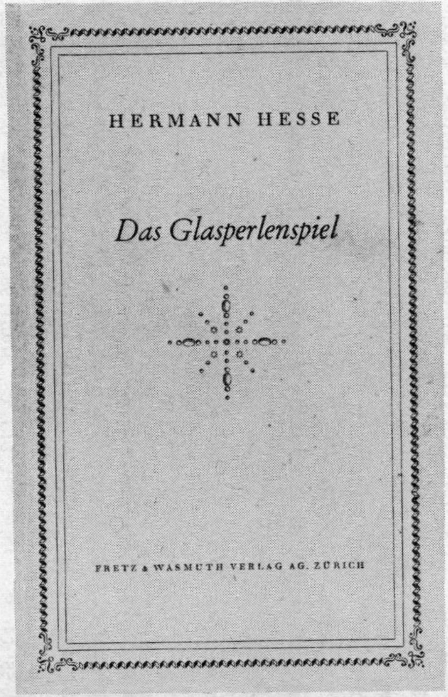

Schutzumschlag der Erstausgabe.

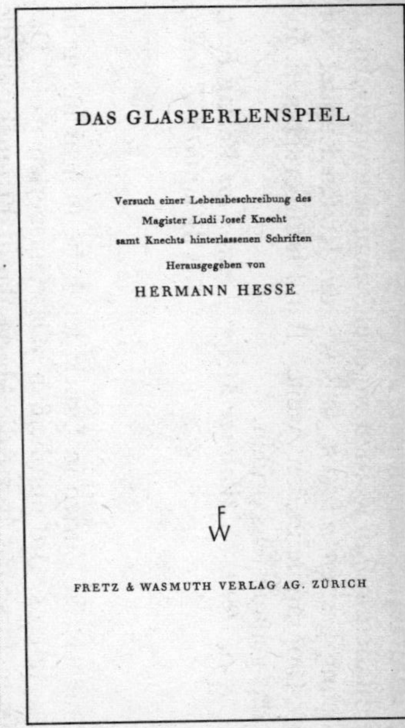

Endgültiges Titelblatt der Erstausgabe.

tigeren Plan zurückkehren und die »Schriften« an den Schluß stellen. In diesem Fall würden wir eben, wenn schon ungern, zu der Lösung greifen müssen, daß wir die letzten Kapitel von Knechts Biographie in den zweiten Band hinübernehmen. Ich werde das genauestens prüfen.
(Brief, 18. 6. 1943, an Walther Meier, Lektor im Verlag Fretz & Wasmuth, Zürich)

Mein Buch ist in Zürich in Druck, ich habe nun nichts mehr damit zu tun; es wird nun heißen »Das Glasperlenspiel«. Das Buch ist nicht so frisch wie die Morgenlandfahrt, mehr als die Hälfte davon ist schon das Buch eines alten Mannes; aber im Ganzen konnte ich es bei der letzten Korrekturlesung doch gutheißen. Zum mindesten wird es nichts schaden, ich hoffe es wenigstens. Im jetzigen Chaos, wo nicht nur die Worte und Gedanken, sondern auch die Gefühle so völlig verwirrt sind, ist auch das schon etwas.
(Brief, Herbst 1943, an Rolf Schott)

Auf einige Kleinigkeiten möchte ich kurz antworten.[1] Enttäuscht hat mich, daß Ihnen der Gedanke kommen konnte, in der utopischen Zukunftswelt des Buches (die Sie ganz richtig datieren) irgendeine Äußerung über Staatsform, Kleidung etc. zu suchen. Dagegen hat es mich sehr gefreut, daß Sie die Struktur meiner Utopie so richtig erkannt und es so gut formuliert haben: sie zeigt lediglich eine Möglichkeit des geistigen Lebens, einen platonischen Traum, nicht ein für ewig gültig zu haltendes Ideal, sondern eine mögliche, sich ihrer Relativität aber bewußte Welt.
Den inneren Sinn und Wert dieser Welt stellt der jüngere Josef Knecht und der Ordensmeister dar, während der spätere Knecht, historisch vorgeschult, den Gedanken der Relativität und Vergänglichkeit auch der idealsten Welt verkörpert. Daß

1 Betr. Robert Faesi, »Hermann Hesses ›Glasperlenspiel‹«, Kleiner Bund, 24. Bern, 1943. Vgl. »Materialien zu Hermann Hesse, Das Glasperlenspiel«, Band 2, »Texte über Das Glasperlenspiel« S. 7 ff.

Knecht sie so sehen konnte, verdankt er dem Meister Jakobus, und daß ich Kastalien, meine Utopie, zugleich in ihrer Relativität sehen konnte, verdanke ich jenem Jakobus, nach dem der Pater seinen Namen bekommen hat: Jakob Burckhardt.

(Brief, 1. 11. 1943, an Robert Faesi)

Mein Buch, das Glasperlenspiel, macht jetzt das unangenehme Stadium durch, wo ein Buch seine erste Begegnung in Gestalt von Rezensenten erlebt. Ich war nicht auf viel Verständnis gefaßt, aber es war noch weit weniger vorhanden, als ich gedacht hätte. Es wäre ja freilich auch töricht, gerade bei den Feuilletonisten Liebe für ein Buch zu erwarten, das sich über das Feuilleton und sein Zeitalter immerhin ziemlich lustig macht. Aber ich war doch etwas enttäuscht. Da kam im rechten Moment der erste Brief eines guten Lesers, eines Schweizer Künstlers, den ich weiter nicht kenne, der das Buch aber genau so erlebt, wie ich es mir nur wünschen konnte.

(Brief vom Dezember 1943 an Otto Korradi)

Was mein dickes neues Buch ist und will, das steht deutlich in dem Motto, das auf lateinisch und deutsch vorn im Buch steht. Es will etwas nicht Existierendes, aber Mögliches und Wünschbares so darstellen, als wäre es wirklich und die Idee dadurch um einen Schritt näher an die Möglichkeit der Verwirklichung heranführen.

Übrigens ist dieses Motto nicht, wie es sich gibt, der Gedanke eines mittelalterlichen Gelehrten (könnte es aber sehr wohl sein), sondern es ist von mir verfaßt, auf deutsch, dann hat es mir, schon vor manchen Jahren, mein inzwischen gestorbener Freund Schall[1] ins Lateinische übersetzt. Für mich selber war das Buch in den mehr als elf Jahren, in denen es entstand, viel mehr als eine Idee und ein Spielzeug, es war mir ein Panzer gegen die häßliche Zeit und eine magische Zuflucht, in die ich, sooft ich geistig dazu bereit war, für Stunden eingehen konnte, und wohin kein Ton aus der aktuellen Welt drang.

1 Franz Schall starb am 1. 7. 1943.

Wenn ich mir das Leben in diesen Jahren bis zur Unerträglichkeit erschwert hatte, erstens durch die Bindung meiner ganzen Existenz und Lebensarbeit an den Berliner Verlag, zweitens durch die Heirat mit einer österreichischen Jüdin, so fand ich dafür in all den vielen hundert Stunden, in denen ich am Glasperlenspiel saß, eine vollkommen saubere, von allem Augenblicklichen und Aufregenden völlig freie Welt, in der ich leben konnte. Einige von den Lesern werden das gleiche wie ich daran haben.
Schön war es, daß ich das Buch, vor bald zwei Jahren, noch fertig schreiben konnte, ehe meine geistigen Kräfte nachzulassen begannen. Ich habe im rechten Augenblick Feierabend gemacht, und das versöhnt mich mit manchem, was ich im Leben Dummes gemacht habe.

(Brief, 3. 12. 1943, an seinen Sohn Martin)

Manche Leute zerbrechen sich den Kopf über mein Buch, statt ganz einfach es zu lesen und zu probieren, was es ihnen sagt. Es will nur eine Dichtung sein, weder eine Philosophie noch eine politische Utopie. In die Zukunft mußte ich diese Geschichte verlegen, nicht weil Kastalien, der Orden und die Hierarchie zukünftige Dinge wären oder von mir willkürlich ausgedachte, sondern weil alle diese Dinge stets und immer vorhanden waren, im Altertum und Mittelalter, in Italien und in China, denn sie sind eine echte »Idee« im Sinne Platos, nämlich eine legitime Form des Geistes, eine typische Möglichkeit des Menschenlebens.

(Brief, Ende 1943, an Cuno Amiet)

Es ist mir nahezu unmöglich, dir Auskünfte über das Glasperlenspiel zu geben: [...] Ich halte nichts vom Erklären von Dichtungen, und wer nicht aus dem Buch selbst, wenn es einmal vorliegt, sich das ungefähre Bild des Glasperlenspiels erschaffen kann, den geht es auch nichts an.
Denke es dir etwa so: Wie man aus Notenzeichen ein Musikstück, aus mathematischen Zeichen eine algebraische oder

astronomische Formel ablesen kann, so haben die Glasperlenspieler sich in Jahrhunderten eine Zeichensprache aufgebaut, welche es ermöglicht, Gedanken, Formeln, Musik, Dichtung etc. etc. aller Zeiten in einer Art Notensprache wiederzugeben. Das Neue dabei ist lediglich, daß dieses Spiel für alle Disziplinen eine Art Generalnenner besitzt, also eine Anzahl von Koordinatenreihen zusammenfaßt und zu Einem macht.
Übrigens stehen im Text, den du hast, da und dort Einzelheiten, z. B. in den »Studienjahren«, aber auch anderwärts.

(Brief, ca. Ende 1943, an Theo Baeschlin)

Das mit dem Tod von Josef Knecht sehe ich so an: Dieser Tod ist kein Zufall, sondern er ist ein Opfertod, und der junge Tito wird dadurch tiefer angefaßt und fürs ganze Leben verpflichtet, als es auf irgendeine andre Art hätte geschehen können.

(Brief, Januar 1944, an seinen Sohn Bruno)

Es kam Ihre Besprechung meines Buches in der Weltwoche[1]. Ich las sie zufällig im Hotel in Baden, und es fiel mir schon auf, daß weder Sie noch die Redaktion daran gedacht haben, mir diese Besprechung zu senden, ich hätte sie gerade so gut auch gar nie zu Gesicht bekommen können. Da Ihre Besprechung das Buch in keiner Weise ernst nahm und verstand, dachte ich, Sie hätten sich des Aufsatzes geschämt und ihn mir darum nicht schicken lassen.
Nun kamen, mündlich und in Briefen, aber wieder Leute, die sagten etwa so: wenn Humm als witziger Mann und Kritiker der Weltwoche sich über den Hesse und seine Bücher lustig machen will, so kann ihm das niemand verbieten. Aber wenn derselbe Humm an anderer Stelle sich darauf beruft, daß er Hesses Freund sei und ihn genau kenne, so wird die Sache doch unsauber. Ich kann hierin auch nicht anders denken als meine

1 Rudolf Jakob Humm, »Hermann Hesses Glasperlenspiel«, »Die Weltwoche«, Zürich, vom 10. 12. 1943. Vgl. »Materialien zu Hermann Hesse, Das Glasperlenspiel«, Band 2, »Texte über Das Glasperlenspiel« S. 25 ff.

Freunde. Daß Sie mein Buch nicht gut gelesen und nicht verstanden haben, tut mir gar nichts, die Nationalzeitung z. B. hat Dümmeres und Schlimmeres darüber gesagt als Sie. Aber daß Sie etwas mir Wichtiges und Heiliges wie dies Buch, an dem ich elfeinhalb Jahre gearbeitet habe, so von oben herab mißverstehen, mir dafür so von oben herab auf die Schulter klopfen würden, war mir doch eine Überraschung. Man lernt nicht aus, auch Freunde können stets wieder überraschen. Aber wenn ich mir von Ihnen zu Neujahr etwas wünschen dürfte, so wäre es das: daß Sie nichts mehr über mich schreiben.

(Brief, 3. 1. 1944, an R. Jakob Humm)

Soeben habe ich die Lektüre Ihres »Glasperlenspiels« beendet. Erlauben Sie mir, Ihnen den geziemenden Dank für eine ebenso innige wie umfassende Förderung auszusprechen. Ich glaubte zuerst, eine Utopie vor mir zu haben. Jetzt will mir scheinen, als hätten Sie nicht nur Mögliches, sondern sogar etwas in fernerer Zukunft Wahrscheinliches dargestellt und, ohne alle Prätention, schlicht und redlich, eine Art von prophetischer Leistung vollbracht, von jener Prophetie nämlich, die das Geweissagte selbst hervorbringen hilft durch die bloße Verkündigung. Der Ordensgedanke tritt uns heute hie und da nahe. Ich denke etwa an Jüngers »Marmorklippen« oder an den George-Kreis. Was aber Ihr Buch von allen inhaltlich verwandten unterscheidet, ist das wohltuende Fehlen alles sakralen und pathetischen Gebarens, das Menschenmögliche, die Heiterkeit, für die Sie so wunderbare Worte gefunden haben. Wie entspannt, krampflos, in höherem Sinne leicht und eben deshalb wahrhaftig adlig ist die kastalische Welt! Was uns sonst an Orden der Zukunft vorgestellt wird, wirkt daneben parvenuhaft und ist mir im tiefsten Herzen zuwider.

Der Gedanke des Glasperlenspiels leuchtet mir völlig ein. Sie sind so gerecht-einsichtig, ihm den Wert des Schöpferischen abzusprechen. Es handelt sich um eine Bekräftigung des Wahren, um eine feierlich-geistige Demonstration dessen, was in Jahrtausenden erschlossen wurde, ein Einswerden aller bisher getrennten Erkenntnis. Und eben dies ist's, was heute einzig als Ziel alles möglichen Schaffens in Betracht kommen dürfte. Ihre

Worte über die Musikwissenschaft lassen mich vermuten, daß Sie Beckings Buch über den »Musikalischen Rhythmus als Erkenntnisquelle« kennen. Dort wird ja der überraschend glückliche Versuch gemacht, den persönlichen Rhythmus der großen Komponisten in einer sogenannten »Schlagfigur« graphisch darzustellen. Aus den Schlagfiguren läßt sich das Grundverhältnis zum Leben, zu Gott – oder wie man das nennen mag – ablesen, der Zeitstil, das Nationalkonstante; es läßt sich die Führung der Begleitstimmen, ja sogar die Sonaten- und Fugenform daraus verstehen. Und dieselben Schlagfiguren sind, zwar noch nicht praktisch, aber doch grundsätzlich auf dichterische Verse und Prosa anwendbar, so daß eine letzte formale Analogie etwa zwischen Mozart und Goethe, Schütz und Gerhardt abgelesen werden könnte. Mein ganzes Sinnen ist auf diese letzten formalen Elemente gerichtet. Ein »Alphabet des Weltgeistes« scheint mir das Ziel aller Geisteswissenschaft zu sein. Sie mögen daraus entnehmen, wieviel mir die Idee des Glasperlenspiels bedeutet.
Noch unmittelbarer berührt mich aber Ihre Schilderung des kastalischen Lebens, des Gehorsams, der Höflichkeit, der kastalischen Musik, die tapfer und heiter ist. Und zwar berührt sie mich deshalb so sehr, weil Sie sich auch hier immer im Menschenmöglichen halten, sich nicht an Ihrem Gegenstand krampfhaft emporarbeiten, sondern alles gelassen und unpedantisch, ja sogar kritisch darstellen. Viele allzu programmatische Menschen werden über diese Kritik und zumal über den Ausgang enttäuscht sein. Sie hätten gern eine Lebensvorschrift für alle Ewigkeit, den positiven Buchstaben, und finden zuletzt alles als vergängliches geschichtliches Phänomen behandelt. Mich haben gerade diese Züge besonders beglückt. Ein so reines Leben zu schildern, ein »Ziel, aufs innigste zu wünschen«, und dennoch so um seine Gefahren und Einseitigkeiten zu wissen, keinen Augenblick dogmatisch zu werden, das verehre ich als seltene Größe und Menschlichkeit. Kein Zweifel! Gerade durch die Kritik hat Kastalien an Überzeugungskraft gewonnen. Gerade dadurch haben Sie es davor bewahrt, zur Utopie zu werden. Wie Sie es schildern, ist es möglich, verbindlich, und bleibt zugleich eine nie zu vollendende Aufgabe, mit soviel unvollkommener Menschlichkeit behaftet, als etwas eben braucht, um leben zu können. Ich bin glücklich,

diese Welt zu kennen. Und wenn sie auch noch so fern ist, das Beste, was ich vermag, möchte ich gern als bescheiden vorbereitenden Dienst auffassen dürfen.

Lassen Sie mich zum Schluß gestehen, daß ich als Professor für deutsche Literatur der von Ihnen nicht eben freundlich apostrophierten Universität angehöre. Aber gerade, was Sie den Musikmeister über das Lehren des »Sinns« der Musik sagen lassen, möchte ich mir für alle Tage merken. Meine Studenten sollen den Satzbau, die Metrik, die Komposition, die Motive einer Dichtung studieren; aber weihevolle Worte über Poesie sollen sie weder aussprechen noch hören. Ihr Studium soll ein nüchterner Dienst sein, weil nur der Nüchterne ehrfürchtig genug ist, sich nicht selbst mit den großen Dingen zu vermengen.

Klarer und ruhiger und somit wohl auch inniger und reiner als bisher werde ich jetzt, da ich Ihr »Glasperlenspiel« kenne, mein Amt versehen. Seit langem hat mich kein Buch so gestärkt.

(Brief Emil Staigers an Hesse vom 2. 1. 1944)

Nachdem mein Buch die erste, unangenehme Berührung mit der Öffentlichkeit, das Besprochenwerden durch die Feuilletonisten, erlebt hat, wobei die Stimme von Professor Faesi[1] die einzige ernsthafte war, beginnt es nun bei jener Art von Lesern, denen es zugedacht ist, langsam seine Wirkung, und bisher das schönste Zeichen dieser Wirkung war Ihr Brief. Er brachte mir einen so schönen und reichen Widerhall, daß ich heute trotz schlechtesten Befindens ganz vergnügt bin.

Eigentlich habe ich bei dem Buch weder an eine Utopie (im Sinne eines dogmatischen Programms) gedacht noch an eine Prophezeiung, sondern ich habe etwas darzustellen versucht, was ich für eine der echten und legitimen Ideen halte, und dessen Verwirklichung man an vielen Stellen der Weltgeschichte fühlen kann. Daß ich dabei nicht ins Unmögliche, Übermenschliche und Theatralische geraten bin, bezeugt Ihr Brief mir zu meiner Freude. Es waren viele Geister um mich während der Arbeit an diesem Buch: eigentlich alle Geister, die

1 Robert Faesi, »Hermann Hesses Glasperlenspiel«, »Der kleine Bund« (Sonntagsbeilage des »Bund«, Bern 24, 1943). Vgl. »Materialien zu Hermann Hesse, Das Glasperlenspiel«, Band 2, »Texte über Das Glasperlenspiel« S. 7 ff.

mich erzogen haben, und darunter sind so menschlich einfache, so allem Pathos und Humbug ferne wie die der chinesischen Weisen, der historischen wie der legendären.
Ebenso wie Ihr Urteil über die Heiterkeit und Einfachheit in der Haltung meines Buchs freut mich Ihr Wort über den Sinn und die mögliche Wirkung desselben. Sie finden ihn kurz ausgedrückt in dem Motto, das vor dem Buch steht, und dessen Sinn etwa ist: Das Beschwören einer Idee, das Darstellen einer Verwirklichung ist an sich schon ein Schrittchen zu dieser Verwirklichung (paululum appropinquant). Auch hier ist Ihr Urteil mir eine Bestätigung.

(Brief, Januar 1944, an Emil Staiger)

Wenn Sie mein Buch, weil Sie mit anderen Gedankengängen beschäftigt waren, nicht richtig lesen konnten, und statt über die Inhalte meines Buches über Ihre Gedankengänge anderer Art referierten, nun, dann haben Sie eben eine schlechte Rezension gemacht. Und das haben Sie ja auch tatsächlich. Glauben Sie doch ja nicht, daß ich bei Ihnen mehr Lob, mehr Anpreisung, mehr Superlative erhoffte (der Superlativ vom letzten Klassiker[1] ist schon schlimm genug) – durchaus nicht! Ich erwartete lediglich, daß Sie sehen würden, woher das Buch kommt und wohin etwa es zielt, daß Sie von seinen vielen Motiven wenigstens eins oder zwei oder drei erkennen und Ihren Leser übermitteln würden. Im übrigen durfte mein Buch, mit seiner spöttischen Einstellung zum feuilletonistischen Zeitalter, selbstverständlich nicht ausgerechnet bei den Feuilletonisten Verständnis erwarten. Wenn z. B. Diebold[2] ganz naiv gereizt darauf reagierte, so hat das mich keineswegs enttäuscht, sondern belustigt. Aber bei Ihnen, nun da war eben eine gewisse Freundschaft da, und ist es auch noch, und die hat mich dazu verführt, von Ihnen ernster genommen werden zu wollen. *(Brief, 11. 1. 1944, an R. Jakob Humm)*

1 In seiner Rezension hatte Humm geschrieben: »Es ist der Roman eines deutschen Dichters – des letzten deutschen Klassikers! – im Zeitalter des vordringenden Nationalsozialismus. Ihn deuten, heißt die Exegese dieser Flucht versuchen.« Vgl. Mat. Glas. Bd. 2 a.a.O., S. 25 ff.
2 Bernhard Diebold, »Das Glasperlenspiel. Roman von Hermann Hesse«, »National-Zeitung«, Basel, vom 19. 12. 1943.

Wenn ich auch zur Zeit materiell mit meinem Gewerbe das Gegenteil von Erfolg habe (die Berliner Bücher fast alle seit Jahren dauernd vergriffen, die in Zürich gedruckten auf den winzig kleinen Schweizer Markt beschränkt, ich habe in den letzten Jahren beinah mehr Bände verschenkt als verkauft), so hat doch die Intensität des Lesens und Verstehens sehr zugenommen, und das »Glasperlenspiel« findet wirklich eine kleine Anzahl von Lesern, die es nahezu bis aufs Letzte kapieren und annehmen, und das ist sehr schön. Einige Briefe zeigen das, einer kam von dem kürzlich erst ernannten neuen Literaturprofessor der Universität Zürich, den ich persönlich nicht kenne, einer von E. Ackerknecht, dem Autor der schönen »Kellerbiographie«, dann der Ihre und einer, ein sehr schöner und lieber, von Marianne Weber. Ich glaube, jetzt kennen Sie mein Buch schon eher besser als ich, denn mir entgleitet es nun allmählich wieder. Sie sehen auch die schwäbische Seite am Elitegedanken und Glasperlenspiel, und das macht mir besonderen Spaß [...] Wenn es geht, so schreiben Sie mir dann noch einmal über den Gesamteindruck von meinem Buch. Sein Motto hat den Vorzug vor vielen andern, daß es haargenau paßt, und das war keine Kunst, denn der deutsche Text ist von mir und der Autor Albertus erfunden; die Fassung in scholastischem Latein hat Schall gemacht und Collofino (Feinhals) revidiert, darum sind auch die beiden in der Quellenangabe dankbar mitgenannt. Grüßen Sie Ihre Frau und die Freunde, und suchen Sie durchzuhalten. Wenn auch der Bestand an Tao keine Verminderung erleiden kann, so kommt es doch in solchen Zeiten sehr auf die Einzelnen an, die das Erbe hinübertragen zu den Späteren.

(Brief, Ende Januar 1944, an Otto Engel)

Das Glasperlenspiel geht jetzt langsam den Weg in die Welt. Hätte es in Berlin erscheinen können, so wäre es jetzt ein Saison- und Modebuch, würde auf jedem Tisch liegen und mir reichlich zu leben einbringen. So bringt es mir für die 12 Jahre Arbeit nichts ein, oder doch beinah nichts; aber dafür ist es dem Markt und der Mode entzogen, geht vielfach leihweise von Hand zu Hand, und wird von Wenigen, aber im höchsten Grad Aufnahmefähigen intensiv gelesen.

(Brief, 31. 1. 1944, an William Becher)

Bei Kastalien sollte man bedenken, daß es nicht nur, auch nicht in erster Linie, Utopie, Traum und Zukunft ist, sondern auch Wirklichkeit, denn Orden, platonische Akademien, Yogaschulen und all das hat es längst und oft gegeben. Und was die Frauen betrifft: der Dichter Bhartrihari[1] zum Beispiel war buddhistischer Mönch, lief aber immer wieder fort, weil er ohne Frauen nicht sein zu können meinte, kam aber jedesmal reuig zurück und wurde aufs freundlichste wieder aufgenommen.
Die andere Frage: Das Glasperlenspiel ist eine Sprache, ein komplettes System; es kann daher auf jede denkbare Weise gespielt werden, von einem und improvisierend, von mehreren und nach Plan, wetteifernd oder auch hieratisch [...] Knechts Tod kann natürlich viele Deutungen haben. Für mich ist die zentrale die des Opfers, das er tapfer und freudig erfüllt. So wie ich es meine, hat er damit auch sein Erzieherwerk an dem Jüngling nicht abgebrochen, sondern erfüllt.

(Brief, 22. 2. 1944, an Rolf von Hoerschelmann)

Daß Du Dich meines Buches weniger mit denkerischer Analyse als mit Gefühl, Stimmung und Assoziationen bemächtigt hast, finde ich ganz in der Ordnung; das Buch ist ja keineswegs eine Abhandlung, noch weniger eine Philosophie, es ist eine Erzählung und ein Bekenntnis, und Aufbau, Tonfall und Farbe sind nicht weniger daran beteiligt als die Gedanken. Das mit der »Utopie«, das heißt dem Verlegen in die Zukunft, ist natürlich nur ein Behelf. In Wirklichkeit ist Kastalien, Orden, meditative Gelehrsamkeit etc. weder ein Zukunftstraum noch ein Postulat, sondern eine ewige, platonische in diversen Graden der Verwirklichung schon oft auf Erden sichtbar gewordene Idee.

(Brief, Februar 1944, an einen Freund)

Leid tut mir aber, daß ich Dich wegen des Guru enttäuschen muß. Ich habe nie einen andern gehabt als das, was sich in mir aus der Beschäftigung mit den Indern, und noch mehr den Chinesen, ansammelte. Und dann war ich eben nie etwas

1 Vgl. auch Hesses Gedicht »An den indischen Dichter Bhartrihari«, »Materialien zu Hermann Hesses Der Steppenwolf«, Frankfurt/Main, 1972, S. 193 f. und »Die Verschleierten«, S. 319.

andres als Künstler; was ich an Läuterungs- und Sublimierungsversuchen trieb, geschah immer mit Hilfe der künstlerischen Arbeit. So war mir das Verweilen in Kastalien und die Arbeit daran beinah zwölf Jahre lang eine magische Zuflucht, und ich bin schon jetzt, zwei Jahre nach dem Fertigwerden, viel ärmer als damals; desto besser, wenn das Buch jetzt anderen ähnliche Dienste tut wie einst mir.

(Brief, 1944, an Mathilde Boehringer-Bernoulli)

Es freut mich, daß mein Buch an Ihnen einen guten Leser gefunden hat. Daß der Feuilletonist nichts damit anfangen kann, tut weiter nichts, es gehört dazu mehr Sammlung als in seinem Beruf möglich ist. – Das Buch, dem ich beinah zwölf Jahre gewidmet habe, führt vorerst eine sehr verborgene Existenz, es ist auf die kleine Schweiz beschränkt, das bekomme ich in jeder Hinsicht zu spüren.

(Brief, März 1944, an R. Menzel)

Aus Thomas Mann,
»Die Entstehung des Doktor Faustus«, März 1944

In die Arbeit am XIV. Kapitel, dem der Studentengespräche, zu denen ich übrigens ein unter alten Papieren mitgeführtes Dokument, eine deutsche Jugend-Zeitschrift aus der Wandervogel-Sphäre, oder einer ähnlichen, benutzte, fiel ein denkwürdiges literarisches Vorkommnis, das mich tagelang aufs persönlichste beschäftigte. Aus der Schweiz trafen die beiden Bände von Hermann Hesses ›Glasperlenspiel‹ ein. Nach vieljähriger Arbeit hatte der Freund im fernen Montagnola ein schwierig-schönes Alterswerk vollendet, von dem mir bisher nur die große Einleitung durch den Vorabdruck in der ›Neuen Rundschau‹ bekannt geworden war. Oft hatte ich davon gesagt, diese Prosa stehe mir so nahe, »als wär's ein Stück von mir«. Des Ganzen nun ansichtig, war ich fast erschrocken über seine Verwandtschaft mit dem, was mich so dringlich beschäftigte. Dieselbe Idee der fingierten Biographie – mit den Einschlägen von Parodie, die diese Form mit sich bringt. Dieselbe Verbindung mit der Musik. Kultur- und Epochenkritik ebenfalls, wenn auch mehr träumerische Kultur-Utopie und -Philosophie als kritischer Leidensausbruch und Feststellung unserer Tragödie. Von Ähnlichkeit blieb genug, – bestürzend viel, und der Tagebuch-Vermerk: »Erinnert zu werden, daß man nicht allein auf der Welt, immer unangenehm« – gibt diese Seite meiner Empfindungen unverblümt wieder. Es ist eine andere Fassung der Frage in Goethes ›Divan‹: »Lebt man denn, wenn andre leben?« und klingt übrigens an gewisse Äußerungen Saul Fitelbergs an über die Unwilligkeit der Künstler, von einander zu wissen, Äußerungen, bei denen ich aber nicht an mich dachte. Redliche Geringschätzung für die Mittelmäßigkeit, die von Meisterschaft nicht weiß *und also ein leichtes, dummes Leben führt, gestehe ich ein und finde, daß viel zu viele Leute schreiben. Unter gleich Bedürftigen aber darf ich mich einen guten Kollegen nennen, der nicht ängstlich wegsieht von dem, was neben ihm Gutes und Großes geschieht, und der die Bewunderung viel zu sehr liebt, viel zu sehr an sie glaubt, als daß er die seine den Toten vorbehielte. Kaum je hatte es eine bessere Gelegenheit zu warmen und respektvollen Kameradschaftsgefühlen gegeben, zur Bewunderung einer reifen Meisterschaft, die, gewiß nicht ohne tiefe, verschwiegen-sorgenvolle Anstrengung, ihre Altersvergeistigung mit Humor und Kunst im Spielfähigen, Machbaren zu halten gewußt hatte. Ein vergleichendes Sichabsetzen gegen das Anerkannte verträgt sich damit sehr wohl. »Abends in Hesses Roman. ›Magister Thomas von der Trave‹ – und ›Joseph Knecht‹. Ihre verschiedene Art, das Glasperlenspiel zu traktieren, hübsch gekennzeichnet... Die Beziehungen im Großen verblüffend. Das Meine wohl zugespitzter, schärfer, brennender, dramatischer (weil dialektischer), zeitnäher und unmittelbarer ergriffen. Seines weicher, schwärmerischer, versponnener, romantischer und verspielter (in einem hohen Sinn). Das Musikalische durchaus fromm-antiquarisch. Nach Purcell nichts Edles mehr. Liebesleid und -lust von diesem ›Roman‹ ganz ausgeschlossen und auch kaum darin vorstellbar. Der Schluß, Knechts Tod, zart homoerotisch. Sehr weit der geistige Horizont, das kulturelle Wissen. Dazu viel Scherz im biographischen Forscher-Stil; Namenskomik.« – Gerade über diese Seite des Buches, die humoristische, schrieb ich ihm, und es gefiel ihm, daß ich sie betonte.*

Zwar möchte ich die angebotene Hilfe zur Zeit keineswegs in Anspruch nehmen, da es nicht nötig ist, ich komme noch durch, und mache mir vielleicht mehr Sorgen als ich sollte. Das kommt nicht nur von der äußern Lage (meine Bücher sind fast alle, zum Teil seit Jahren, vergriffen und werden nicht wieder gedruckt, solang Hitler herrscht, und die Schweizer Auflagen bringen nicht mehr ein als ein Taschengeld) – nein, es kommt noch mehr davon her, daß ich altersschwach geworden bin und weiß, daß ich im Notfall nicht mehr imstand wäre, mir auch nur das kärgliche Brot zu verdienen. Andrerseits liegt meine Lebensarbeit da, ein œuvre von mehr als 30 Bänden, von denen nahezu die Hälfte noch immer gute Ware wären, wenn sie nur wieder gedruckt würden, und von denen das letzte, das Glasperlenspiel, in Deutschland mit einer Auflage von mindestens zwischen 30 und 60 Tausend rechnen kann, sobald es dort gedruckt werden darf.Diese Aktiva im Notfall, d. h. wenn mir Not drohen sollte, in irgendeiner Form beleihen zu können, war der Gedanke, der mich zu jenem Gespräch veranlaßte. Nun kennen Sie die Lage ungefähr.
Ich hoffe sehr, daß ich durchkomme, ohne irgendwelche Hilfe anzurufen. Aber es ist mir eine große Beruhigung, daß ich nun weiß, im wirklichen Notfall stehe ich nicht ohne Hilfe da. Damit haben Sie mich, auch wenn Ihr lieber Vorschlag nie realisiert werden sollte, beschenkt und erfreut und mir den Rücken gestärkt: ein Freundesdienst, den ich Ihnen so wenig vergessen werde wie die damaligen, in jenen scheußlichen Jahren nach dem ersten Krieg.

(Brief, März 1944, an Georg Reinhart)

Über den Tod von Josef Knecht kann man natürlich verschieden denken. Für mich hat dieser Tod den Sinn eines Opfers, und zwar eines nicht vergeblichen.

(Brief, März 1944, an seinen Sohn Heiner)

Was die jüngern Generationen bei Ihnen über mich und meine Bücher denken, sagen sie mir selber in jener freimütigen, hemdärmeligen und krampfhaft forsch-männlichen Art, die wir am Deutschen hassen, jeden Tag direkt so viele Male, daß kein Bedürfnis nach mehr besteht. Auch die offizielle Kritik des

Glasperlenspiels hat nichts Erhebliches gebracht als die Bestätigung der alten Erfahrungen: man will konsumieren, man will lesen und dann darüber klugreden, aber es fehlt jede Fähigkeit und Willigkeit, das Gelesene wirklich ernst zu nehmen, jede Ahnung davon, daß es sich hier möglicherweise auch um Substanz, um Realitäten, um Wahrheiten, nicht bloß um Unterhaltung oder, wie man vor 100 Jahren sagte »Belustigungen des Verstands und Witzes« handeln könnte.

(Brief, 3. 4. 1944, an einen Leser)

Es freut mich, daß Sie nun das Glasperlenspiel gelesen haben. Sie fragen, wie es aufgenommen werde? Ja, darüber weiß ich wenig, das Buch existiert vorläufig nur erst halb, nur zu einem Hundertstel, es ist ja auf die kleine Schweiz beschränkt, was sich auch materiell drollig auswirkt: die Arbeit von zwölf Jahren bringt mir kaum für 6 Monate zu leben ein. Die Rezensionen in der Schweiz waren achtungsvoll aber unbedeutend, die einzige sehr eingehende, von Faesi, sandte ich Ihnen damals, sie leidet daran, daß sie das Ganze allzu eng und nüchtern als Utopie ansieht, sonst ist sie sehr anständig. Eine, die ich aber nicht lesen kann, erschien in Bonniers Magasin in Stockholm. Thomas von der Trave hat ein Exemplar bekommen, kann mir aber nicht antworten, wir sind seit Jahr und Tag ohne Post von dort. *(Brief, 1944, an Felix Braun)*

Recht haben Sie mit dem Entschluß, nie mehr einem Kritiker, der das Ganze nicht kennt, Prosastücke aus einem Werk mitzuteilen. Doch ist man auch, wo dem Kritiker das Ganze vorliegt, sehr auf das Glück angewiesen. Wenigstens hat mein letztes Buch bisher neben törichten und zum Teil übelwollenden Besprechungen zwar auch ganz freundliche, aber keine einzige wirklich sachliche Kritik gefunden. Wären nicht die Briefe einiger befreundeter Leser, so könnte ich meinen, zwölf Jahre vergeblich gearbeitet zu haben.

(Brief, 1944, an Will Eisenmann)

Mein Buch, das mich fast 12 Jahre begleitet und beschäftigt hat, erschien zu einer Zeit, wo für dergleichen kein Raum auf Erden

ist: ich will nicht davon reden, daß ich es ja nur verschenken konnte, und dabei verhungern kann, nein, fast überall fehlt auch Bereitschaft und Echo, die Leute sind gehetzt, haben keine Zeit, haben das Denken, und oft auch das Fühlen verlernt, und so verdoppelt sich um mich her die Leere, die das Weggeben einer vieljährigen Arbeit ohnehin zurückläßt. Ich konnte das eigentlich voraussehen, es konnte kaum anders sein. Ich bereue es auch nicht; das Buch mußte gedruckt werden, da es sonst zu vielen Zufällen und Gefahren ausgesetzt war; jetzt existiert es, kann nicht mehr vernichtet werden und kann mich überleben. Also ist eigentlich alles in Ordnung, und damit wollen wir uns begnügen. Daß darüberhinaus einige wenige Male das Buch auch in Hände fiel, die es anzufassen wissen, und in Seelen, von denen ein verstehendes Echo kommt, ist Geschenk.
Was Sie über Melodie der Prosa sagen, steht auch in meinem Gedicht »Prosa« angedeutet, einem der letzten im Gedichtband.[1]

(Brief, April 1944, an Margarete Philips)

Hermann Kasack, [Die Inhaftierung und Rettung Peter Suhrkamps]

Mitte April 1944 wurde Peter Suhrkamp, der Leiter des früheren S. Fischer Verlags in Berlin, auf Anordnung des Reichssicherheitshauptamts in politische Haft genommen. Schon zu Lebzeiten des alten Samuel Fischer gehörte er als Verlagsdirektor dem Unternehmen an und hatte bei der sogenannten »Arisierung jüdischer Firmen« durch die Gründung einer Kommanditgesellschaft verhindert, daß die Partei den Namen und die verbliebene Substanz des Verlages billig erwarb. Mit den Beiträgen der Kommanditisten konnte die Familie S. Fischer auf redliche Weise ausbezahlt, darüber hinaus in das Verfügungsrecht über ein nicht unerhebliches Vermögen in der Schweiz gebracht werden. Von den Behörden wurde Suhrkamps Initiative bei dieser Regelung nicht vergessen.

1 Vgl. S. 220 f.

Ahlmann[1] *stand seit vielen Jahren mit Suhrkamp in einem engen freundschaftlichen Austausch. Ihre Bekanntschaft geht bis in die Zeit des ersten Weltkriegs zurück. Das für Ahlmann schicksalswendende Jahr 1916 seiner Erblindung ergab die menschliche Basis ihrer Beziehung. Später, als Ahlmann in Berlin wohnte, bedeutete er für Suhrkamp wiewohl auch für andere seiner Freunde eine Art Mentor, eine motorische Kraft für gedankliche und auf gleiche Weise taktische Information. Wer Ahlmann begegnet ist, weiß, daß er mit Worten wie ein vollendeter Fechtmeister umzugehen verstand... Ahlmann war natürlich darüber unterrichtet, daß Goebbels mehrfach versucht hatte, den unerwünschten Verlag auf kaltem Wege schließen zu lassen. Diese Versuche waren an Suhrkamps Wachsamkeit und Geschicklichkeit gescheitert. Außer dem Propagandaministerium waren allmählich die Reichsstelle zum sogenannten Schutz des deutschen Schrifttums unter Hagemeyer, in Verbindung zur SS bis zur Spitze Himmler, sowie eine Gruppe der Parteikanzlei unter Bormann, der als »Graue Eminenz« einen beherrschenden Faktor für die geplante Liquidierung Suhrkamps bildete, daran interessiert, sich des Verlages für ihre Zwecke zu bemächtigen. Da dieses Ziel nicht erreichbar schien, solange Suhrkamp seines Amtes waltete, mußte zunächst seine Person beseitigt werden. Nachdem die Beschattung auf einer Schweizer Geschäftsreise im Herbst 1943 keine genügende Handhabe erbracht hatte, schickte man einen Lockspitzel in sein Verlagsbüro, den gleichen, der, wie sich später herausstellte, unter dem Stichwort »Schweiz« den Kreis um Frau von Thadden, Exzellenz Solf, Kiep dem berüchtigten Freisler zur Verurteilung geliefert hatte. Er muß seine Rolle gut gespielt haben, denn Suhrkamp, so gewitzigt er sich sonst bewies, hielt ihn nach dieser Unterhaltung für einen nicht ernst zu nehmenden »Phantasten«, ohne die gefährliche Rolle des »Verräters« zu durchschauen.*

Es war ein gewisser Dr. Reckzeh, der unter einem Verlagsvorwand Mitte Oktober 1943 vorsprach. Sein Name freilich blieb Ahlmann und mir noch längere Zeit verborgen. Suhrkamp gebrauchte unmittelbar nach dem Besuch mir gegenüber lediglich den Ausdruck »Phantast«, weil, wie er lachend erklärte,

1 Dr. Wilhelm Ahlmann, Mitinhaber des gleichnamigen Kieler Bankhauses.

man ihm angetragen habe, den Verlag als geheime Verbindungsstelle für jenen angeblichen Kreis zur Verfügung zu stellen, der den in der Schweiz lebenden ehemaligen Reichskanzler Dr. Wirth als Nachfolger Hitlers anstrebte. Als »Verräter« wurde er von Professor Sauerbruch bezeichnet, der viele Monate später ihm mit diesem Ausdruck den Aufenthalt in seinem Luftschutzkeller untersagte.

Als Suhrkamp, ständig heimlich beobachtet, Mitte April 1944, also ein halbes Jahr nach dem ominösen Besuch, im Verlag durch den SD verhaftet und nach Ravensbrück, der Ausweichstelle des Gestapogefängnisses in der Prinz-Albrecht-Straße, gebracht wurde, übersah er zunächst noch nicht das abgekartete Spiel.

Ahlmann, der zufällig in diesen Tagen von Kiel nach Berlin gekommen war, konnte noch am gleichen Abend durch Suhrkamps Sekretärin über den Vorfall unterrichtet werden. Sie hielt sich nicht an die Schweigepflicht, die ihr bei der Haussuchung im Verlag unter Androhung eines Hochverratsverfahrens auferlegt worden war. Ahlmann, der ihr noch entsprechende Instruktionen für ein eventuelles Verhör gab, mußte annehmen, daß ich einiges von jenem verfänglichen Gespräch wußte. So eröffnete er am nächsten Tage unsere Bekanntschaft nach kurzem, vorsichtigem Abtasten mit den Worten: »Also – carte blanche!« Das gab unserem Verhältnis von vornherein einen offenen Charakter, der sich in den weiteren Begegnungen zu einer herzlichen Selbstverständlichkeit entwickelt hat.

Es unterlag keinem Zweifel, daß sich die Aktion nicht gegen Suhrkamp als Privatperson, sondern gegen den Verlag richtete. So war Ahlmanns Aufgabe nach zwei Seiten hin bestimmt: einmal, durch seine besonderen Beziehungen Aufhebung oder wenigstens Linderung der Haft für unseren Freund zu erreichen, und zum anderen, ihm den Verlag zu erhalten und gegen die zu erwartenden Maßnahmen schützen zu helfen. So hängt es zweifellos mit seinen Bemühungen zusammen, daß Suhrkamp bald die Erlaubnis erhielt, in begrenztem Umfang sowohl mit seiner Frau als auch dem Verlag in schriftliche Verbindung zu treten. Freilich mußte der Zensur wegen vieles unausgesprochen bleiben. So erwog Ahlmann beispielsweise auch, sich als Kommanditist zu beteiligen, um sein Interesse am Weiterbestand des Verlages nach außen zu legitimieren. Es würde

jedoch zu weit führen, alle Schritte und Wege, Sondierungen und Besprechungen aufzuzeichnen, die ihn in jenen Tagen von früh bis spät in Atem hielten und auch später zu regelmäßigen Reisen von Kiel nach Berlin nötigten.
Als er erkundet hatte, daß man mit einer Entlassung Suhrkamps in absehbarer Zeit nicht mehr rechnen konnte, wurde die Frage nach einem stellvertretenden Leiter des verwaisten Unternehmens immer drängender. Schließlich gab ich ihm von einer Klausel in meinem Anstellungsvertrag als Lektor vom Frühjahr 1941 Kenntnis, nach der ich für den Fall einer längeren Abwesenheit oder Behinderung Suhrkamps als sein Stellvertreter in der Leitung des Verlages vorgesehen war. Ahlmann verstand meine Bedenken, die sich nicht auf die persönliche Exponierung bezogen, sondern vielmehr darauf, durch diese Verpflichtung, die weder Zeit noch Kraft für anderes lassen würde, auf meine Arbeit an dem zur Hälfte geschriebenen Roman[1] *zu verzichten. Doch es gab keine andere Lösung. »Sie müssen das Opfer bringen«, sagte er.*
Bei allem, was weiter unternommen wurde und in seinen erregenden Momenten nur in Umrissen angedeutet werden kann, hielt Ahlmann die vielfältig verschlungenen Fäden in seiner Hand, um Überschneidungen der eingeleiteten Aktionen zur Rettung Suhrkamps zu verhüten. Auch Suhrkamps Frau, die über manche Verbindungen verfügte, unternahm bald keinen Schritt, den Ahlmann nicht sorgfältig erwogen und gutgeheißen hätte. Es war in den einzelnen Phasen nicht so einfach, immer wieder aus zahllosen Mosaiksteinen ein Bild zusammenzusetzen, das der einigermaßen richtigen Vorstellung von der jeweiligen Situation entsprach. Ahlmann erwies sich als ein Meister der Kombination, als Meister auch bei den Ferngesprächen zwischen Kiel und Berlin, die wegen der Zensur in einer versteckten Chiffrensprache geführt werden mußten. Bald redete man vom »Patienten«, der »Operation«, bald vom »Nachhilfeunterricht« und dergleichen. Allmählich verhehlte er sich nicht, daß eine Wendung zum Guten kaum noch zu erwarten war. Hätte es sich um eine übliche Denunziation oder um einen privaten Racheakt gehandelt, wäre es ihm vermutlich gelungen, die Behandlung des Falles rasch günstig zu beeinflus-

1 Hermann Kasack, »Die Stadt hinter dem Strom«.

sen. Da es aber um den Verlag ging, der in Suhrkamps Person tödlich getroffen werden sollte – woran anscheinend höchste Stellen interessiert waren –, sah der Kampf um Suhrkamps Kopf wie auch um die Existenz seines Verlages wenig aussichtsreich aus.
Ende Juni wurde gegen Suhrkamp nach einem gewaltsam erpreßten Halbgeständnis ein Verfahren wegen Hoch- und Landesverrat beim Volksgerichtshof anhängig gemacht. Etwa gleichzeitig wurde ein kommissarischer Verlagsleiter eingesetzt, und zwar auf unmittelbare Anweisung von Goebbels. Man erkennt, wie gut das Räderwerk funktionierte! Dann aber begannen die drei Stellen, Propagandaministerium, SS, Parteikanzlei, sich darüber zu streiten, wer von ihnen das Erbe des Verlages antreten sollte. Dieser Kampf untereinander, der gleichsam auf Suhrkamps Rücken ausgetragen wurde, brachte es mit sich, daß der Raub nicht rechtzeitig gelang. Immerhin häuften sich die Sorgen und Schwierigkeiten, wenn auch der beauftragte Kommissar sich mit der Repräsentanz nach außen hin begnügte und die praktische und diplomatische Steuerung der Geschäftsführung mir überließ. Da mich die meisten Mitarbeiter und Angestellten schon aus der Zeit kannten, als ich vorübergehend Mitte der zwanziger Jahre unter dem alten S. Fischer gearbeitet hatte, konnte ich ihrer Unterstützung und ihrer Treue zu Suhrkamp sicher sein. Größere Sorge bereitete es, die Nervosität der Autoren zu beruhigen, denen monatelang kein Wort über die Verhaftung gesagt und nur von einem »Sanatoriumsaufenthalt« gesprochen werden durfte. Eine weitere Aufgabe bestand darin, die vom Ministerium angetragenen Publikationsvorschläge abzuwehren und zu verhindern, daß sich der ideologische Einfluß der Partei während des letzten Jahres vor dem Kriegsende im Verlag entfaltete . . . Zwei Tage vor dem 20. Juli hatte Albrecht Haushofer, den Suhrkamps Geschick sehr bewegte, im Verlag vorgesprochen[1]. Zwei Tage nach dem 20. Juli besuchte mich Ahlmann in meiner Potsdamer Wohnung. Seine Beziehungen zum Grafen Stauffenberg,

1 Er wurde im Zusammenhang mit den Ereignissen des 20. Juli später festgenommen und als Häftling des Gestapo-Gefängnisses in der Lehrter Straße unmittelbar vor der Eroberung Berlins bei einem Transport auf der Straße durch Genickschuß ermordet. In seiner Hand fand man ein Heft mit Gedichten, die »Moabiter Sonette«.

die später Ahlmanns Tod verursacht haben, waren mir damals nicht bekannt, ich wußte auch nur flüchtig von seiner Verbindung mit Popitz, dem ehemaligen preußischen Finanzminister, der nach seiner Verhaftung um Ahlmanns Besuch bat und dadurch dessen verborgene politische Wirksamkeit in das Blickfeld der öffentlichen Auguren zog ... Von Ravensbrück war [Suhrkamp] nach Berlin-Moabit in das Untersuchungsgefängnis überführt worden. Der Geschicklichkeit des Verteidigers, mit dem Ahlmann ebenfalls Fühlung hielt, gelang es schließlich, den Staatsanwalt zu bewegen, das Verfahren wegen ungenügenden Materials einzustellen. Diese Entscheidung paßte nicht in das Konzept der Machtträger, die, wie mich der kommissarische Verlagsleiter wissen ließ, Unterlagen besäßen, auf Grund derer sie mit Suhrkamps Verurteilung zum Tode rechneten. Auch für diesen schlimmsten Fall hatte Ahlmann rechtzeitig die Vorbereitungen getroffen, um ein entsprechendes Gnadengesuch bis an die höchsten Stellen wirksam gelangen zu lassen, und bis ins einzelne genau erwogen, welche Wege dafür zur Verfügung standen.

Schon hatte Goebbels selbst auf einer Sitzung Anfang August uns offiziell als einen »Verlag des 20. Juli« bezeichnet. Der Spitzel Dr. Reckzeh hatte versucht, den Vertreter der Kommanditisten des Verlages, den Bankfachmann Hermann J. Abs, in seine Netze zu verwickeln. Schon hatte der Reichsjustizminister Thierack sich auf direkte Veranlassung von Himmler die Akten Suhrkamp kommen lassen und eine erneute Prüfung des Falles angeordnet, da nach seiner Auffassung das Material zur Erhebung der Anklage ausreichte, die zu jener Zeit eine Verurteilung bedeutete. Der Aufwand, der aus diesen Vorgängen deutlich wird, bestätigte Ahlmanns Ansicht, nach der höchste Stellen der SS und der Partei ihre Hand im Spiele hatten. Der Staatsanwalt Goerisch stand indessen außerhalb dieses Spiels, er tanzte aus der Reihe und brachte den Mut auf, seine erste Entscheidung aufrechtzuerhalten: das Verfahren vor dem Volksgericht wurde eingestellt.

Wir allerdings wußten schon zuvor, daß Suhrkamp nun keineswegs freigelassen, sondern erneut dem SD übergeben werden würde. Er kam zunächst in das Gestapogefängnis in der Lehrter Straße ... Hans Carossa, der sich ebenfalls für Suhrkamp verwendet hatte, erhielt inzwischen von Kaltenbrunner

Peter Suhrkamp, 1957 (Photo: H. Zehmann)

den Bescheid, wonach dieser verfügt habe, Suhrkamp endgültig in ein KZ einzuweisen. Begründung: Suhrkamp gehöre zu jenen Elementen, die, falls das Attentat vom 20. Juli geglückt wäre, vermutlich damit einverstanden gewesen wären.
Ahlmann hat die Überführung Suhrkamps in das Lager Sachsenhausen nicht mehr erlebt. Das Fahrtenbuch, in dem der Chauffeur des Grafen Stauffenberg jede Fahrt, wie es damals zur Kontrolle des Benzinverbrauchs vorgeschrieben war, vermerkt hatte, wurde Ahlmann zum Verhängnis. Wenige Tage vor dem 20. Juli hatte Graf Stauffenberg, wie sich daraus nachweisen ließ, in einer Pension in Berlin-Dahlem einen längeren Besuch gemacht. Es war die gleiche Pension, in der Ahlmann Quartier zu nehmen pflegte, wenn er sich in Berlin aufhielt. Dort habe ich ihn auch zum letzten Mal gesprochen. Er war von einer sokratischen Heiterkeit, und die Stunden jenes Vormittags waren wie ein Symposion. Kurz danach hatte die Geheime Staatspolizei ermittelt, daß Stauffenbergs Besuch Ahlmann gegolten hatte. Als er dann in Kiel zu einer Vernehmung des SD vorgeladen wurde – es gehört zu der Methode von Polizeistaaten, Verhaftungen zuweilen unauffällig vorzunehmen, um die Bevölkerung über Maßnahmen der Diktatur zu täuschen –, wußte er, worum es ging. Nachdem er klar und kühl alle bis ins einzelne gehenden Bestimmungen getroffen hatte, bis zum Text der Todesanzeige, nahm er sich unmittelbar vor der Verhaftung das Leben.
Suhrkamp erfuhr seinen Tod durch eine Anzeige in der Deutschen Allgemeinen Zeitung. Es ist bezeichnend für die Kenntnis der Zusammenhänge bei den maßgeblichen Stellen, daß gerade dieses Blatt ihm amtlich in die Zelle »geschmuggelt« wurde. Er spürte sogleich, daß Ahlmann an keiner Krankheit gestorben sein konnte, und ihn quälte das Geheimnis seines Todes, der ihn in seiner Lage besonders treffen mußte. Die näheren Umstände wurden ihm erst bekannt, als er, überraschend genug, plötzlich im Februar 1945 aus Sachsenhausen entlassen wurde und am Rande seiner Kräfte die letzten Wochen vor dem Kriegsende im Krankenhaus zubrachte. Es hat sich niemals mit Sicherheit feststellen lassen, auf welche unserer verschiedenen Unternehmungen diese Wendung in letzter Minute für Suhrkamps Geschick zurückzuführen war.
Die Ereignisse dieser Wochen überstürzten sich und ließen bei

der allgemeinen Auflösung den hohen Stellen keine Zeit mehr, ihre Absichten gegen den Verlag zu erreichen. Selbst der Posten des inzwischen zur Waffen-SS eingezogenen kommissarischen Leiters wurde nicht mehr besetzt.

(Aus Hermann Kasack, »Mosaiksteine«, Beiträge zur Literatur und Kunst, Suhrkamp Verlag, Frankfurt am Main, 1956)

Es ist die Krebskrankheit, an der unsre ganze Welt krank ist: die Hypertrophie des zum Selbstzweck und Götzen gewordenen Staates und seiner Beamtenschaft, welche automatisch bestrebt ist, durch immer neue unnütze Formalitäten und Ämter sich unentbehrlich zu machen und ihre Zahl zu vermehren.

Was Ihre Einstellung zu Deutschland als natürlichem Verlagsland für unsereinen betrifft, so ist es im Wesentlichen auch die meine. Nur denkt »Deutschland« darüber anders. Eine ganze Anzahl meiner Bücher war verboten, die andern zwar geduldet, aber ausdrücklich als »unerwünscht« bezeichnet. Und als ich, ungern und zähneknirschend, vor bald zweieinhalb Jahren meinem Berliner Verleger die Erlaubnis gab, das Manuskript des Glasperlenspiels der Behörde vorzulegen, um die Erlaubnis zum Druck zu bekommen, wurde diese Erlaubnis verweigert, da Bücher dieser Art durchaus unerwünscht seien.

Für mich war also das Verlegen in der Schweiz einfach der einzige Ausweg, wenn ich die Existenz meines Buches, der Arbeit von zwölf Jahren, sichern wollte.

(Brief, 1945, an Ernst Zahn)

Warum kommen im »Glasperlenspiel« keine Frauen vor?[1]

Diese Frage ist mir in Briefen des öftern gestellt worden, ohne daß ich Lust gehabt hätte, sie zu beantworten. Denn die Leser, welche solche Fragen stellen, haben meistens die erste der Spielregeln beim Lesen nicht eingehalten: das zu lesen und anzunehmen, was da steht, und es nicht an dem zu messen, was man selber etwa gedacht und erwartet hat. Wer vor einem

1 Vgl. »Die Verschleierten«, S. 319.

Krokus in der Wiese sich mit der Frage beschäftigt, warum statt des Krokus nun hier nicht eine Palme stehe, der ist vermutlich kein sehr inniger Blumenfreund.
Aber jede Regel erlebt Fälle, wo sie nicht mehr gilt. Und so passierte es mir, daß eben jene bald neugierige, bald vorwurfsvolle Frage nach dem Fehlen der Frauen im Glasperlenspiel mir von einer Leserin gestellt wurde, deren Brief im übrigen eine sehr feine geistige Witterung verriet. Jedenfalls wurde er von mir so ernst genommen, daß ich mich diesmal der Frage nicht entziehen konnte. Ich gab eine kurze Antwort, und weil jene Frage sich so manchesmal wiederholt hat, teile ich die Stelle aus meinem Antwortbriefe mit. Sie lautet:
Ihre Frage ist kaum zu beantworten. Ich könnte natürlich Gründe angeben, aber sie wären nur vordergründig. Eine Dichtung entsteht nicht einzig aus Bedachtem und Gewolltem, sondern zu großen Teilen auch aus tieferen Gründen, die der Autor selbst nicht sieht oder höchstens ahnt.
Ich würde raten, es etwa so anzusehen:
Der Autor des Glasperlenspiels war ein alternder und bei Beendigung der vieljährigen Arbeit ein schon alter Mann. Je älter ein Autor wird, desto mehr hat er das Bedürfnis, genau und gewissenhaft zu sein und nur von Dingen zu sprechen, die er wirklich kennt. Die Frauen aber sind ein Stück Leben, das dem Alternden und Alten, auch wenn er sie früher reichlich gekannt hat, wieder fernrückt und geheimnisvoll wird, worüber etwas Wirkliches zu wissen, er sich nicht anmaßt und traut. Die Spiele der Männer dagegen, soweit sie geistiger Art sind, die kennt er durch und durch, dort ist er zu Hause.
Ein Leser mit Phantasie wird sich in mein Kastalien hinein alle klugen und geistig überlegenen Frauen von Aspasia bis heute schaffen und vorstellen.
(Brief, 1945, abgedruckt in der »Weltwoche«, Zürich, vom 16. 2. 1945)

Kung Fu Tse, der große Gegenspieler des Lao-tse, der Systematiker und Moralist... wird gelegentlich so charakterisiert: »Ist das nicht der, der weiß, daß es nicht geht, und es doch tut?« Das ist von einer Gelassenheit, einem Humor und einer Schlichtheit, für die ich in keiner Literatur ein ähnliches

Beispiel weiß. Oft gedenke ich dieses Spruches, und manch anderer, auch beim Betrachten der Weltereignisse und bei den Aussprüchen derer, welche die Welt in den nächsten Jahren und Jahrzehnten zu regieren und perfekt zu machen im Sinne haben. Sie tun wie Kung Tse, der Große, aber hinter ihrem Tun steht nicht sein Wissen darum, »daß es nicht geht«.
(»Lieblingslektüre«, in: Neue Zürcher Zeitung, Nr. 585 vom 7. 4. 1945)

Lange haben Sie nichts von dem nach Wildwest verschlagenen Bruder – oder doch Cousin – im Geiste gehört und hatten doch soviel Recht zu der Erwartung, etwas von ihm zu hören, nach dem erstaunlichen Geschenk, das Sie der geistigen Welt und auch ihm, auch mir, mit Ihrem köstlich reifen und reichen Roman-Monument vom »Glasperlenspiel« gemacht [...]
Mit Ihnen ist es großartig und wundervoll gemeint. Zu einer Zeit, wo andere ermüden, (und auch die »Wanderjahre«[1]*, die sich zum Vergleich so nahelegen, sind doch ein hoch-müde, würdevoll sklerotisches Sammelsurium) haben Sie Ihr Lebenswerk übergipfelt und gekrönt mit einer geistigen Dichtung, – zwar romantisch verwuchert und arabeskenreich, aber doch völlig zusammengehalten, ein in sich ruhendes, kugelrundes Meisterwerk, worin Sie mit eigener Hand die hoch aufgelaufene »Summe Ihrer Existenz ziehen«.*
Das Buch kam damals ganz unverhofft, ich hatte nicht gedacht, es so bald nach seinem Erscheinen in Händen zu haben. Wie ich neugierig war! Es gab verschiedene Beschäftigungen damit, rasche und langsame. Ich liebe die ernste Verspieltheit, in der es lebt, sie ist mir heimatlich vertraut. Zweifellos hat es ja selbst sehr viel von einer Glasperlenspiel-Partie und zwar einer sehr ruhmwürdigen – auf »sämtlichen Inhalten und Werten unserer Kultur«, auf der Entwicklungsstufe des Spiels, wo die »Fähigkeit zur Universalität, das Schweben über den Fakultäten« erreicht ist. Ein solches Schweben kommt natürlich der Ironie gleich, die das feierlich gedankenschwere Ganze doch zu einem Kunstspaß voller Verschmitztheit macht und die Quelle seiner Komik als Parodie des Biographischen und der gravitätischen Forscher-

1 Goethe, »Wilhelm Meisters Wanderjahre«.

Attitüde ist. Die Leute werden nicht zu lachen wagen, und Sie werden sich heimlich ärgern über ihren stockernsten Respekt. Ich kenne das.

Bestürzung *war auch unter den Gefühlen, mit denen ich das Werk las, – über eine Nähe und Verwandtschaft, die mich nicht zum ersten Mal beeindruckt, diesmal aber auf besonders präzise und gegenständliche Weise. Ist es nicht sonderbar, daß ich seit Jahr und Tag, seit dem Abschluß meiner »orientalischen« Periode schon, an einem Roman schreibe, einem rechten »Büchlein«, das sowohl die Form der Biographie hat wie auch von Musik handelt? Der Titel lautet:*

Doktor Faustus
Das Leben des deutschen Tonsetzers Adrian Leverkühn, erzählt von einem Freunde.

Es ist die Geschichte einer Teufelsverschreibung. Der »Held« teilt das Schicksal Nietzsches und Hugo Wolfs, und sein Leben, von einer reinen, liebenden, humanischen Seele berichtet, ist etwas sehr Anti-Humanistisches, Rausch und Collaps. Sapienti sat. Man kann sich nichts Verschiedeneres denken, und dabei ist die Ähnlichkeit frappant – wie das unter Brüdern so vorkommt –

Zum Schluß: Es ist kein Wunder, daß ein so »schwebendes« Werk wie das Ihre sich gegen die »Politisierung des Geistes« stellt. Nun gut, man muß sich nur über die Meinung verständigen. Wir haben alle, unter argem Druck, eine Art Vereinfachung erfahren. Wir haben das Böse in seiner ganzen Scheußlichkeit erlebt und dabei – es ist ein verschämtes Geständnis – unsere Liebe zum Guten entdeckt. Ist »Geist« das Prinzip, die Macht, die das Gute *will, die sorgende Achtsamkeit auf Veränderungen im Bilde der Wahrheit, »Gottessorge« mit einem Wort, die auf die Annäherung an das zeitlich Rechte, Befohlene, Fällige dringt, dann ist er politisch, ob er den Titel nun hübsch findet oder nicht. Ich glaube, nichts Lebendes kommt heute ums Politische herum. Die Weigerung ist auch Politik; man treibt damit die Politik der bösen Sache.*

Verlangt es uns nicht alle, aus dem Leben zu scheiden mit der Erfahrung, daß zwar auf dem Stern, dessen flüchtige Bekanntschaft wir machten, allerlei literarisch nicht Einwandfreies

Thomas Mann, der »Glasperlenspielmeister Thomas von der Trave«

möglich ist, daß aber Eines, Dieses, das äußerst Schändliche und Verteufelte, das durch und durch Dreckhafte, denn doch nicht *darauf möglich war, sondern mit vereinten Kräften hinweggefegt wurde? Für mein Teil möchte ich zu diesem Ausgang sogar etwas beigetragen haben, – wenn es das ist, was Sie »Politisierung des Geistes« nennen.*
Leben Sie recht wohl, lieber Herr Hesse! Halten Sie sich gut, wie ich versuchen will, es zu tun, damit wir uns wiedersehen!

Ihr Thomas von der Trave

(Aus einem Brief Thomas Manns an Hesse vom 8. 4. 1945)

Vor einigen Tagen kam Ihr Brief, der mir von Ihnen erzählte und mir von Ihrer Glasperlenspiel-Lektüre erzählte. Das hat mir viel Freude gemacht, besonders auch Ihre Notizen zur spaßhaften Seite des Buches. Und mit besonderer Freude und Spannung las ich natürlich den Titel des »Büchleins«, das Sie beschäftigt.[1] Bei Ihnen scheint die Produktivität länger anzuhalten als bei mir, ich habe seit 4 Jahren nichts mehr geschrieben als ein paar Verse, aber ich bin zufrieden, daß ich das Leben Josef Knechts noch vor dem Nachlassen der Kräfte zu Ende gebracht habe. Es lag übrigens damals auch ein halbes Jahr in Berlin, da ich durchaus gesonnen war, meine Verpflichtungen gegen den treuen Suhrkamp einzuhalten (der lang in Gestapogefängnissen saß, schließlich völlig erschöpft in ein Potsdamer Spital kam, das bald darauf bombardiert wurde, ich weiß nicht, ob der Treue noch am Leben ist). Doch fanden die Berliner Ministerien das Erscheinen meines Buches »unerwünscht«, und so ist es denn bis heute der Öffentlichkeit entzogen geblieben, wenn man von den paar Dutzend Lesern in der Schweiz absehen will.
Über die »Politisierung des Geistes« denken wir vermutlich nicht sehr verschieden. Wenn der Geistige sich zur Teilnahme am Politischen verpflichtet fühlt, wenn die Weltgeschichte ihn dahin beruft, so hat er nach Knechts und meiner Meinung unbedingt zu folgen. Sich zu sträuben hat er, sobald er von außen her, vom Staat, von den Generälen, von den Inha-

1 Thomas Mann, »Doktor Faustus. Das Leben des deutschen Tonsetzers Adrian Leverkühn, erzählt von einem Freunde«. Bermann Fischer Verlag, Stockholm 1947.

bern der Macht berufen oder gepreßt wird, etwa so wie anno 1914 die Elite der deutschen Intellektuellen törichte und unwahre Aufrufe zu unterzeichnen mehr oder weniger genötigt wurde.

(Brief, Pfingsten 1945, an Thomas Mann)

Bei mir z. B. beträgt die Summe, die ich seit Jahr und Tag für regelmäßige Unterstützung nach Deutschland brauche, im Monat mehr als 600 Franken, und mein Einkommen ist kleiner als was ich das Jahr über zum Leben brauche. Sie werden das nicht weitersagen, es soll nur ein Beispiel dafür sein, wie das Problem Deutschland für uns im Alltag aussieht. Und während ich Jahr um Jahr nach diesem Land, das mich um mein ganzes Lebenswerk gebracht hat, diese Subsidien leisten muß, habe ich seit einem halben Jahr die heimatlos und brotlos gewordenen Geschwister meiner Frau im Hause, ohne daß sich bis jetzt die geringste Aussicht auf eine neue Existenz für sie zeigt. Die Fremdenpolizei behandelt sie freundlich, solang sie von mir erhalten werden, das ist alles.

(Brief, ca. 1945, an C. Clarus)

Daß die Alliierten stärker sind als die Nazi, habe ich durch Erfahrung erprobt. Die Nazi waren seit 1933 bemüht, mich und meine Bücher auszuradieren, und konnten es doch nicht ganz fertigbringen. Erstens wurden durch meine Bücher in den ersten Jahren Hitlers noch Devisen verdient, das wog schwer, zweitens war das Prestige da, ich war ein bekannter Name und politisch ein Neutraler. Drittens zeigte sich, namentlich seit dem Krieg, daß in der deutschen Jugend und auch im Heer noch immer viele Leser von mir waren, die in den Feldbuchhandlungen, Büchereien, Lazaretten, etc. meine Bücher verlangten. Man half sich damit, daß man mich für nicht verboten, aber für »unerwünscht« erklärte und den Zeitungen und Büchhändlern nahelegte, kein Aufhebens von mir zu machen. Dann verweigerte man die Druckerlaubnis für das Glasperlenspiel, so wie der Steppenwolf, die Betrachtungen, der Goldmund (weil darin ein Pogrom vorkommt) schon seit Jahren nicht mehr hatten gedruckt werden dürfen. Aber trotz allem setzte mein

Verleger es immer wieder durch, daß irgendeins meiner übrigen Bücher eben doch wieder neu gedruckt werden konnte, wenn auch in kleinen Auflagen, und so war eben doch ein gewisser Rest meines Werkes noch da, und ich bekam sogar jährlich noch ein bißchen Einkünfte davon, wenn auch nicht mehr viel.

So war man in Berlin also mit mir doch nicht recht fertig geworden. Da kamen frisch und munter die Alliierten geflogen und haben mit einer einzigen Bombe der Verlegenheit ein Ende gemacht.

Es ist jetzt keins meiner Bücher mehr da.

(Brief, Mai 1945, an Ernst Morgenthaler)

Ich habe viel an euer Land und Volk und auch an dich gedacht, und war mit dem Kriegsende im Grunde froh darüber, das von Herzen tun zu können, denn seit 1933 hatte ich an keinen meiner Angehörigen und Freunde denken können, ohne zugleich seinem Volk und Führer Niederlage zu wünschen. Nun ist es also so weit, man schämt sich und möchte sich freuen, ohne es zu können. Desto größer ist die Freude über jeden Lieben, den man mit heiler Haut und einigermaßen ungebrochen wieder begrüßen darf. Ich drücke dir die Hand, Hartmann, dein Brief hat mir das Herz erwärmt. Von Haecker[1] etc. weiß auch ich nichts, wohl aber von den Gunderts[2] in der Lenzhalde, wo der uralte Vater David,[3] sehr schwach jetzt und müde, noch lebt. Das Verlagshaus liegt längst in Asche, aber das Häuschen in der Lenzhalde steht noch, sehr wacklig, und es kommt je und je ein Gruß von dort. Am meisten leid tut es mir um meinen Freund und Neffen Carlo Isenberg, den Organisten und Cembalisten, alias Carlo Ferromonte, er war Sanitäter, jahrelang in einem Lazarett in Polen, ist wahrscheinlich Gefangener der Russen, falls er noch lebt, ich fürchte, wir sehen ihn nicht mehr. Die andre große Sorge, für mich die wichtigste, ist mein lieber treuer Verleger Suhrkamp in Berlin, der nicht nur mein treuer Freund und Mitarbeiter war, sondern auch die Rechte an allen meinen Büchern besitzt. Er war lang

1 Wilhelm Haecker, Schulfreund Hesses.
2 Grete und Fritz Gundert (Vetter Hesses mit Frau).
3 David Gundert, Onkel Hesses.

in Gefängnissen der Gestapo, zum Teil leider meinetwegen, lag im Februar schwerkrank in einer Klinik in Potsdam, und seither konnte ich auf keinem Weg mehr irgend etwas über ihn und den Verlag mehr erfahren. Mein Werk ist schon seit Jahren vernichtet, teils durch Goebbels und Rosenberg, teils durch Fliegerbomben, es gab in der ganzen Welt seit Jahren kein Buch mehr von mir zu kaufen, und so ist und bleibt es weiter, ich habe wenig Hoffnung mehr, den Wiederbeginn zu erleben. Natürlich kommt er einmal, die deutsche Dichtung dieses rühigen Jahrhunderts ist ja nicht reich genug, um mich entbehren zu können, aber es wäre hübscher gewesen, mein Werk nicht als ein vorerst unsichtbares Vermächtnis an die Zukunft zu hinterlassen, sondern seine Wiederherstellung noch zu erleben, und auch die Renten davon zu haben. Es existieren freilich die paar in der Schweiz gedruckten Bücher, sie bringen bei dem winzigen Markt natürlich kaum etwas ein, und sind nur Lizenzausgaben, die nicht außer Landes verkauft werden dürfen.

(Brief, 21. 9. 1945, an Otto Hartmann)

Walter Haußmann,
Carlo Ferromonte in Komorowo

Seinem Neffen Carlo Isenberg, dem Musiker, hat Hesse als »Carlo Ferromonte« im »Glasperlenspiel« ein Denkmal gesetzt. Diesem Isenberg-Ferromonte verdankt das »Glasperlenspiel« wohl soviel an musikalischer Anregung und Hilfe wie der »Doktor Faustus« Thomas Manns Theodor Adorno-Wiesengrund. Weil ich diesen feinen und guten Menschen Carlo Isenberg gut gekannt habe, möchte ich ihm ein Gedenkblatt widmen.

Komorowo ist ein winziges polnisches Dorf – wenige Bauernhütten – in der Nähe der Provinzstadt Ostrów-Mazowiecki, Ostrów in Masowien; es liegt zwischen Bug und Narew, in der Mitte ungefähr zwischen Warschau und Bialystok, 80 km südlich von der alten polnischen Grenze gegen Ostpreußen. In Komorowo hatten die Russen vor dem Ersten Weltkrieg einen großen Kasernenkomplex gebaut – Backsteingebäude, hohe Stuben, gewaltige Öfen, Exerzierplätze; in den zwanziger Jahren hatten die Polen eine Kadettenanstalt daraus gemacht, Pil-

sudski ein stattliches Reiterdenkmal errichtet und ein sehr großes Schwimmbecken angelegt. 1939 zogen Sowjettruppen ein; als die Demarkationslinie zwischen Hitler und Stalin um ein kleines Stück nach Osten verlegt wurde, kamen die Deutschen. Im Mai 1941 kamen wir nach Ostrow und dann nach Komorowo: ein Reservekriegslazarett, Sanitätseinheiten aus Baden, Württemberg, Hessen, Hamburg und Schleswig-Holstein – die Kasernen aber, in denen wir 2000 Lazarettbetten einrichten sollten, waren völlig leer; die Russen hatten alles mitgenommen und nur Ungeziefer zurückgelassen. Aber im Offizierskasino stand ein einziges Möbelstück, würdig, als Nr. 1 in meinem Gerätebestandsbuch verzeichnet zu werden: ein neues Mendler-Schramm-Konzertcembalo aus München, ein kostbares zweimanualiges Instrument mit Sechzehnfuß, Lautenzug und vier Pedalen: ein wahres Wunder in dieser polnischen Einöde im Krieg, kurz vor dem deutschen Angriff auf die Sowjetarmee, deren Stellungen wir von Komorowo aus sehen konnten. Die Frage war nur, wer kundig auf diesem Instrument spielen könne: wir Ärzte und Zahlmeister im Kasino jedenfalls nicht! Indessen fand sich – und das war das zweite Wunder, wie es im Kriege sonderbarerweise eher zu geschehen pflegt als im bürgerlichen Leben, infolge der wunderlichen »Anziehungskraft des Bezüglichen« – es fand sich wirklich ein Meister des Cembalos unter unseren Sanitätssoldaten, in meiner Abteilung I C. Als ich zum erstenmal meine Zahlmeisterei betrat, in der nicht eben respektgebietenden Eigenschaft eines KVI, eines Kriegsverwaltungsinspektors, immerhin offiziersähnlich ausstaffiert, meldete sich dort mit schräg mißglückter Zackigkeit ein Sanitätssoldat Isenberg aus Stuttgart, Organist und Cembalist, und man sah ihm an, daß er zum Soldaten nicht geboren war und den grauen Rock wie eine Verkleidung trug, guten Willens, sich in sonderbare Bräuche zu schicken. Sein scharfes Profil mit der stark gebogenen Nase, ein Ausdruck vergeistigter Distanz und Einsamkeit und leiser Trauer im Blick, und die schlanken guten Hände ließen erraten, daß er es schwerlich weiter bringen werde als bis zum Sanitätsgefreiten, und die Anekdote klingt glaubhaft, daß er bei einem ihm zugemuteten Versuch, Karabinergriffe zu machen, die »Braut des Soldaten« schlicht zu Boden hatte fallen lassen. Unser Abteilungschef, ein schwäbischer Stabsarzt, liebte Dichtung, Geist und Musik; sein

Bruder war ein Freund Isenbergs, und er hielt seine schützende Hand über Isenberg. Er ließ ihn das Krankenbuch führen; die Handschrift war klar, beherrscht, wundervoll durchrhythmisiert, und bald erklangen Flügel und Cembalo im Offizierskasino ebenso wie der Flügel in unserer Abteilung I C unter Isenbergs kundigen Händen. Oft begleitete er den Stabsarzt zur Violine, und wenn der Oberarzt, namens Richard Wagner, auch in die Tasten griff, um Wagnermusik zu spielen, hörte Isenberg mit still verschlossener Miene zu und verschwieg weise, wie er über Wagnermusik dachte und über rhythmische Ungenauigkeiten. Daß er so oft ins Kasino gebeten wurde, nahmen ihm seine Kameraden nicht übel; denn seine schweigsame tüchtige Verläßlichkeit wurde auch von Kameraden gröberen Kalibers respektiert. Es gibt eine Art von gehaltener Klarheit, Reinheit und Sicherheit des Charakters, die auch in bösen Zeiten und unter demütigenden Umständen Schutz gewährt. »Integer vitae scelerisque purus« sagt Horaz darüber und meint, dieser Schutz stamme von den Musen und von Apollo.
Nun war unser Lazarett keine Oase musischer Ruhe; im Winter 1941/42 reichten die 2000 Betten nicht aus für die Halberfrorenen, und es gab russische Kriegsgefangene zu versorgen, die als Kranke oder als Arbeitskommando in unserem Lazarett die Hilfe und das Brot bekamen, das ihnen im nahen Gefangenenlager schrecklich versagt war. Carlo Isenberg hatte vor dem Krieg in Jugoslawien Volkslieder studiert und diese Motive bei Haydn und bei Mozart wiedergefunden (wie es Hesse von Ferromonte berichtet) – er konnte also slowenisch und bemühte sich, mit den Gefangenen russisch zu reden und mit ihnen zu musizieren, auf ihren rührend primitiven selbstgebastelten Instrumenten. So schenkte er ihnen das Beste, was einem Gefangenen zuteil werden kann: Gespräch in seiner Sprache, Menschlichkeit und Musik. Sie luden ihn dann ein, sie im Lager zu besuchen; dort stand am Lagereingang drohend ein Galgen, an dem, wie es hieß, zur Abschreckung Gefangene erhängt wurden, die aus Hunger Kannibalen geworden waren. Isenberg aber durchschritt dieses böse Lagertor, und als ihn seine armen russischen Freunde einluden, ihren abgesparten Malzkaffee, eine Schnitte Brot und ein wenig Kriegsmarmelade mit ihnen zu teilen, schlug er es nicht ab, weil er wußte, daß sie das

gekränkt hätte. Er hat mir davon erzählt, traurig, dankbar und schlicht, mit leiser Stimme und niedergeschlagenen Augen. Und wir beide hatten gehört, daß im nahen Treblinka Juden eingeliefert wurden, und wußten nicht, aber wir ahnten Schreckliches.

Am Sonntagmorgen fanden, nach einem kräftigen Umtrunk am Vorabend, um elf Uhr öfters Konzertmatineen statt, die Isenberg am Flügel oder am Cembalo zu bestreiten hatte. Das war nicht ganz einfach; denn die Ärzte, der Apotheker und die Zahlmeister waren vielfach im Skatspielen erfahrener als in der Cembalomusik des 17. und 18. Jahrhunderts, und eben für Altes und Ältestes hatte unser Isenberg eine stille zähe Vorliebe: also für das Fitzwilliam-Virginal-Book, Frescobaldi, Pachelbel, Schütz, Buxtehude, Froberger und insbesondere die Franzosen, Rameau und Couperin. Er gestand mir einmal, daß er hohe Diskantlagen liebe und ungern der Bässe Grundgewalt höre oder spiele; sein Herz ging ihm auf, wenn er viele Triller, Doppelschläge, Mordente spielen konnte, denn er fand, da seien dann die Fingerspitzen wie mit Elektrizität geladen. Auch das hat Hesse treu über Ferromonte im Glasperlenspiel erzählt. Indes haben meine Kasinogenossen doch andächtig und mit geduldiger Anerkennung mit ihren leicht verkaterten Sonntagsgemütern Isenberg achtungsvoll zugehört, wenn er auf dem Cembalo Bach'sche Orgelchoräle manualiter, in der Bärenreiter-Ausgabe, spielte: »O Gott, du frommer Gott, du Brunnquell guter Gaben«, oder die Aria Rofilis von Buxtehude (die Klavierwerke Buxtehudes waren kurz vorher in Kopenhagen herausgegeben worden, und Isenberg fand Wege, für sich und für mich den Band zu besorgen), und vor allem: Couperin und Rameau. Einmal allerdings wurde der oberste Chefarzt, Psychiater aus Holstein, hoher Musikalität unverdächtig, ungeduldig und ungnädig und sprach zu dem strammstehenden Isenberg: »Sagen Sie, Isenberg, wann spielen Sie mal endlich vorchristliche Musik?« – Es ist schwer für einen Sanitätsgefreiten, darauf eine passende Antwort zu geben. Man entdeckte dann auch eine Krankenschwester aus dem Sauerland, blond und sehr hübsch, im Zivilberuf Klavierlehrerin; die griff mächtig in die Tasten und spielte Beethoven mit herzrührender Urgewalt. Isenberg trat etwas zurück, denn der Versuch eines vierhändigen Spiels war nicht so recht glücklich abgelaufen, wegen Isen-

bergs scheuer Reserviertheit und der allzugroßen Verschiedenheit der Temperamente. Schließlich wandte ich einige Überredungskraft auf, um Isenberg zum Vortrag einer eigenen Komposition zu bewegen. Das waren Variationen über ein jugoslawisches Volksliedmotiv; ich hatte sie öfters von ihm gehört und war zuerst befremdet, dann erfreut, am Ende entzückt.

Aber das im Offizierskasino des ganzen Lazaretts zu spielen, unter seiner Autorschaft, das war ihm nicht recht. Wir setzten also aufs Programm: Charles de Montferrat, Variations sur un thème populaire, und datierten die Lebenszeit des Autors auf 1690-1744. Ich weiß nicht, ob einer der etwa 50 Zuhörer etwas gemerkt hat.

Isenberg fand, das tiefste, schönste, unergründlichste Buch der deutschen Literatur seien die Fragmente des Novalis; auch das hatten wir in unserer sonst recht bescheidenen Lazarettbibliothek durch einen sonderbaren Zufall. Und beim Wunschkonzert wünschte ich fast immer Bach: die Lieblings-Präludien und -Fugen aus dem Wohltemperierten Klavier, das Italienische Konzert, die Chromatische Phantasie und Fuge (zusammen besaßen wir eine große Zahl von Noten) – nur war darauf zu achten, daß die Tonarten aufeinanderfolgender Stücke mindestens quintverwandt seien; da war Isenberg bei aller Liebenswürdigkeit doch unerbittlich: nie hätte er aufeinander C-dur und H-dur gespielt. Er selber hatte besondere Lieblinge: Buxtehude- und Schützmotetten (»ich bin eine Rose zu Saron«), Buxtehude-Variationen (»more Palatino«) und Frescobaldi. Dabei wurde ich leider einmal ungeduldig; ich fragte ihn, ob diese Frescobaldifuge nicht doch eigentlich recht monoton sei. Er beschämte mich mit der knappen Auskunft: »Ja. Aber es ist eine erhabene Monotonie!« Oft erzählte er mir von Hermann Hesse, seinem Onkel, von Montagnola, von Hesses Frau Ninon und dem entstehenden »Glasperlenspiel«. Einmal hat er mir leise sein Hesse-Lieblingsgedicht vorgesprochen, das ich nicht kannte: »Föhnige Nacht«: »Schaukelt im wehenden Föhnwind der Feigenbaum . . .« Es war am Ende auch ein zager Versuch einer Utopie, eines andeutenden Glasperlenspiels, was damals am armen Ort in böser Zeit erklang und gesprochen und gelesen wurde. Und endlich erfuhr ich von Isenberg, welche Toccata denn eigentlich in dem schon vor dem Glasperlenspiel veröffentlichten Gedicht Josef Knechts

»Zu einer Toccata von Bach« von Hesse gemeint sei. »Urschweigen starrt... Es waltet Finsternis. Da flammt ein Blitz aus zackigem Wolkenriß...« Die Kosmogonie, die dann folgt, und zweifellos nicht auf das Präludium, sondern auf die folgende Fuge bezogen ist, hatte mich immer an Goethes »Wiederfinden« im Divan erinnert; aber ich kannte keine Bach-Fuge, die so recht darauf zu passen schien. Ich vermutete: die Toccata und Fuge in d-moll für Orgel, aber nicht etwa in der Schweitzerschen mir wohlbekannten Interpretation auf der Silbermann-Orgel, sondern die Orchesterbearbeitung Stokowskis, mit dem Philadelphia Symphony Orchestra, also nach unserer beider Meinung in stilfremder Verballhornung. Isenberg schwieg, dachte nach und sagte am Ende leise, das könne sein. In der Tat habe sein Onkel unbegreiflicherweise diese Platte und höre sie gern. Wir schwiegen beide bekümmert.

Zweieinhalb Jahre waren wir in Komorowo zusammen; dann wurde ich in die Ukraine versetzt, und die apollinischen Stunden waren um. Rückzug, Rumänien, Fahnenjunkerschule, Bomben, Tschechoslowakei, Führerreserve West, Gefangenschaft. Isenberg blieb bis zum bitteren Ende in Komorowo; als die Russen kamen, ist er in Polen verschollen, vermißt, gefallen; niemand kennt sein Grab. Wenn er im Kampf eingesetzt worden ist, kann es wohl sein, daß er wieder sein Gewehr lieber hat fallen lassen, als daß er getötet hätte, wie einst beim Exerzieren – ich weiß es nicht.

Als wir uns verabschiedeten, Ende Januar 1944, zeigte er mir froh ein Buch, das er eben erst mit der Post aus der Schweiz bekommen hatte – wohl das erste Exemplar der ersten Ausgabe des Glasperlenspiels, das über die Grenze kam. Ich konnte eben noch zwei Stunden lang, hastig blätternd, diagonal lesen. Welche Welt – ein Jahr nach Stalingrad! Und im Glasperlenspiel finde ich heute beim Wiederlesen Isenberg wieder, den Freund und Tröster und Lehrer; nicht nur in Ferromonte, sondern auch im Musikmeister und in Josef Knecht. Die Musik, von der im Glasperlenspiel erzählt wird, ist dieselbe, die ich von Ferromonte hören durfte, in langen Nächten bei gutem Gespräch. Besonders klingt mir nach, wie er ein Rondeau, Mouvement de Chaconne, aus Jean Philippe Rameaus »Tänzen aus Zoroastre« gespielt hat: ein zartes Nichts an Melodie, in hoher Diskantlage, mit seiner unnachahmlichen Agogik leichter Dehnung der Ruhepunkte – das kleine grüne Heftchen besitze ich noch; er hat mir's zum Abschied geschenkt, und wenn ich versuche, das Menuett zu spielen, fällt mir ein, wie im Kapitel »Ein Gespräch« im »Glasperlenspiel« Josef Knecht zu Plinio Designori redet, über die tiefe Heiterkeit der hohen ernsten Kunst, über Wissen, das Schöne, über Meditation und über die schlimmen Anfechtungen der bösen Wirklichkeit. Am Ende spielt der Magister Ludi dann einen Satz aus einer Purcellsonate. Hesse schreibt: »Wie Tropfen goldenen Lichtes fielen die Töne in die Stille, so leise, daß man dazwischen noch den Gesang des alten laufenden Brunnens im Hofe hören konnte. Sanft und streng, sparsam und süß begegneten und verschränkten sich die Stimmen der holden Musik, tapfer und heiter schritten sie ihren innigen Reigen durch das Nichts der Zeit und Vergänglichkeit, machten den Raum und die Nachtstunde für die kleine Weile ihrer Dauer weit und weltgroß, und als Josef Knecht seinen Gast verabschiedete, hatte dieser ein verändertes und erhelltes Gesicht, und zugleich Tränen in den Augen«. Dann denke ich an die melancholische Weite Masowiens, an karge Birken, Sand und Heide; an die Verwundeten und die Gefangenen, an die vergitterten Güterzüge in Malkinia, aber auch an den Gesang des Sprossers und an die Freunde, die nicht mehr sind, und mit wehmütigem Dank an Ferromonte in Komorowo.

(Aus Walter Haußmann, »Ferromonte in Komorowo – Gedenkblatt für Carlo Isenberg«, 1967)

Von meiner Seite wissen Sie ja, wie ich zu Ihnen stehe: so wie der Name des Pater Jakobus eine späte Huldigung an Jakob Burckhardt ist, so ist ja der Vorgänger Josef Knechts im Amt des Magister Ludi zu Ihren Ehren getauft.

(Brief, 5. 11. 1945, an Thomas Mann)

Auch wußte ich nicht, ob das Glasperlenspiel je bei Ihnen angelangt sei, und da dies Buch, nachdem es mehr als elf Jahre mich beschäftigt und mir auch einen Atemraum inmitten der Giftgase bedeutet hatte, gleichsam unter Ausschluß der Öffentlichkeit erschienen ist, d. h. nur für die Schweiz existiert, lag mir

Carlo Isenberg, Hesses Neffe, »Carlo Ferromonte« im Glasperlenspiel

Theodor Heuss, seit 1915 mit Hesse freundschaftlich verbunden, schrieb eine der ersten Rezensionen über das Glasperlenspiel.

doppelt daran, ein paar Exemplare draußen in der Welt zu wissen. Nun bin ich froh, daß Sie es haben und mit ihm befreundet sind [...]
Uns hier hat eine eigentlich sinnvolle Arbeit gefehlt, es war nichts Aufbauendes, noch Heilendes zu tun, nichts als Vermitteln Tausender von Nachrichten und Briefen, je und je Beherbergen von Flüchtlingen, vergebliches Suchen nach verschollenen Verwandten und Freunden. Von meinem lieben treuen Verleger Suhrkamp in Berlin, der lang Gefangener der Gestapo war, weiß ich heute noch nicht, ob ers überlebt hat.

(Brief, ca. 1945/46, an Martin Buber)

Was meine Stellung in der deutschen Literatur betrifft, so war sie bis 1914 eindeutig die eines erfolgreichen, aber nicht allzu ernst genommenen Romanciers. Nach meinem menschlichen und politischen Erwachen, vielmehr Aufgerütteltwerden durch den Weltkrieg und den ersten Äußerungen dieses Erwachens gab die anständige Presse in Deutschland ihrem Befremden, die unanständige aber ihrer heiligen Empörung über diesen gott- und vaterlandslosen Autor Ausdruck, ich wurde ein Vogel genannt, der sein eigenes Nest beschmutze, und eine Schlange, die das deutsche Volk ahnungslos an seinem Busen genährt habe. Und wieder nach einigen Jahren, als der Krieg verloren war, bekam ich aus Deutschland, namentlich von der Jugend und besonders von der europäisch-pazifistisch gesinnten Minderheit der Studentenschaft, Hunderte und Tausende von Briefen der Zustimmung und des Dankes.
Man hatte mich zwar nicht ganz verstanden, auch nicht immer gut gelesen, aber immerhin, man schwärmte für den Demian und pries mich und meinen Freund R. Rolland als »Führer« und »Wegbereiter« etc. Ich schrieb währenddessen den Steppenwolf, in dem ich keinen Zweifel darüber ließ, was ich von dem jetzigen Frieden und von den Aussichten des Europäertums und des Pazifismus halte. Man verbrannte das Buch nicht, man hielt mir auch keine Strafpredigten. Man las es, fand vieles darin sehr hübsch und amüsant, und klopfte mir wegen des Pessimismus, mit dem ich da von Weltgefahr und kommendem Krieg sprach, beruhigend und etwas spöttisch auf die Schulter. Ich hatte aber von dem gesprochen, was nachher ich und meine

lächelnden Leser erleben mußten, von all den Greueln, die seither über Europa gegangen sind.
Dann kamen die Hitlerjungen auf, Deutschland wurde braun, und die deutsche Literatur war nicht mehr sich selbst überlassen, sondern wurde von Goebbels, Rosenberg und ihren Korporalen dirigiert. Frisch und fröhlich, kerndeutsch und gesund wurden pessimistische, krankhafte, beunruhigende Bücher wie der Steppenwolf oder der Goldmund verboten, und den Autor hätte man gern gehängt, wenn man ihn gehabt hätte. Die Buchhändler, die keine Vorschrift übertreten und doch gern Bücher verkaufen wollten, hielten meine Bücher hinterm Ladentisch verborgen und zeigten und verkauften sie etwa so, wie man früher pornographische Literatur an Gymnasiasten verkauft hatte. Immerhin, Rosenberg machte auch einen Versuch, das schwarze Schaf durch Milde zu zähmen und ließ mir durch den Schweizer Unterhaltungsschriftsteller John Knittel anbieten, in seinem neu-europäischen Parnaß, zusammen mit Faesi und Ramuz, die Schweiz zu vertreten. Es war uns die Ehre zugedacht, neben Hamsun und den übrigen Kollaborationisten Europas in Hitlers tausendjähriges Reich einzugehen. Zum Glück reagierten die beiden Miteingeladenen ebenso wie ich. Nun aber war man lange genug nachsichtig mit mir gewesen, man schikanierte meinen armen Berliner Verleger bis aufs Blut, und schließlich setzte ihn die Gestapo in diverse Gefängnisse und ins Konzentrationslager.

(Autobiographisches Fragment, ca. Januar 1946)

Geist kann gegen Macht, Qualität gegen Quantität nicht kämpfen. *(Brief, Januar 1946 an Franz Ghisler)*

Fatale Welt, in der unsre harmlosen Werke nicht existieren dürfen, und die Atomteufelei Millionen kosten darf. Aber falls die Welt sich je nochmals erholen sollte, werden unsre Spiele die der Atomprofessoren doch überleben.

(Brief, 21. 2. 1946, an Felix Braun)

Wegen des Nobelpreises wollen wir uns keine grauen Haare wachsen lassen; er käme zu spät, um mir noch Spaß zu machen,

d. h. mehr Spaß als die Tatsache, daß es mir mein Leben lang beinahe völlig gelungen ist, von den offiziellen Stellen und Mächten unbemerkt zu bleiben: kein Staatspreis, kein Ehrendoktor, nichts dergleichen; ich habe nichts dagegen, wenn ich vollends so unbefleckt bleibe.[1] Und wegen des Nobelpreises kommt ja auch in Betracht, daß ich seit Jahren aufgehört habe, ein deutscher oder europäischer Autor zu sein, ich bin nur noch Schweizer, und das Glasperlenspiel ist nahezu unter Ausschluß der Öffentlichkeit erschienen, außerhalb der Schweiz weiß niemand davon [. . .]
In Deutschland gibt es noch Leute, die vollkommen integer sind, aber es sind unendlich wenige. Hoffnung auf ein »Umlernen« dort habe ich nicht. Aber vermutlich ist ein Gefährlichwerden Deutschlands doch auf sehr lange Frist unmöglich gemacht. Es sind jetzt eher andre Nationen und Nationalismen, die dafür sorgen, daß der Krieg nicht aussterbe.

(Brief, ca. Februar 1946, an Paul A. Brenner)

Die Leute beginnen nun allmählich zu merken, was ein Krieg und eine Terrordiktatur ist, und daß das, was da zerstört wurde, von keinem »Frieden« wiederhergestellt werden kann. Es geht auch mir so. Ich war der Weltgeschichte gegenüber immer ziemlich wach und nie sehr zu Illusionen geneigt, aber auch in meinem privaten Leben ist die Zerstörung und das Irreparable nun größer, als ich noch vor anderthalb Jahren gedacht hätte. Das Materielle (daß mir mein Lebenswerk und damit mein Brot genommen wurde, und daß ich so viele Jahre materiell für nichts gearbeitet habe) ist natürlich nicht so schlimm, ich bin ein alter Mann, der sich für das, was ihm an Leben bleibt, keine Sorgen mehr macht und nicht den Hunger zu fürchten braucht, und daß das Glasperlenspiel, statt mir etwas einzubringen, nun ein reines Geschenk war, das ich in diese kriegerische Welt hineingab und hinterlassen werde, das ist sogar hübsch und ein ganz guter Spaß. Aber vorläufig sind meinem Werk auch die Leser genommen, so wie mir selber eine dichterische und denkerische Arbeit nicht mehr möglich ist, weil man den Rest

1 Die einzigen Ehrungen, die Hesse vor dem Nobelpreis (November 1946) und Goethepreis (September 1946) zuteil wurden, waren der österreichische Bauernfeld-Preis (1905) und der schweizerische Gottfried-Keller-Preis (1936).

seiner Kräfte beständig für anderes, im Moment Notwendiges braucht etc. etc.

(Brief, 22. 2. 1946, an Gerda Schulz)

25 Jahre nachher werden die Gedanken der einfachen Menschlichkeit von den Gutgesinnten ohne viel Sträuben bejaht, nur ist dann inzwischen auch die Weltgeschichte weitergegangen, und so wäre eine anständige Minderheit immer für das zu haben, was vor 25 Jahren hätte gedacht und getan werden sollen.

(Brief, Februar/März 1946, an Paula Philippson)

Mein armer Suhrkamp in Berlin, der von der Gestapo im Lager fast umgebracht wurde, hat seit einem halben Jahr Arbeitserlaubnis, und hat bis heute noch nicht ein einziges Buch oder Büchlein von mir herausbringen können. Dazu gehört vor allem Papier, dann eine gute Druckerei, Personal etc. etc. Er will z. B. das »Glasperlenspiel« drucken, aber glaubt, höchstens für 1000 Exemplare Papier beschaffen zu können.
Mein gesamtes Werk, über vierzig Bände, existiert seit Jahren nicht mehr. Was Hitler übriggelassen hatte, es war wenig mehr, haben die Bomben vernichtet, samt dem ganzen Verlag, den stehenden Sätzen, den Vorräten, dem Archiv. So steht es.

(Brief, 7. 4. 1946, an Ernst Rheinwald)

Suhrkamp, der lang Gefangener der Gestapo war und nur knapp mit dem Leben davonkam, beginnt ganz klein wieder von vorn, das Glasperlenspiel soll bei ihm erscheinen. Geschäftsbriefe mit ihm zu wechseln, verbieten mir die Alliierten und sind in der Zensur kleinlich pedantisch, wie fast in allem.

(Brief, 21. 8. 1946, an Herbert Steiner)

Ich habe mit Hilfe der Konzentration aufs Glasperlenspiel die ganzen Hitlerjahre ohne Schiffbruch überstanden, aber als die Arbeit fertig war und mir die Zuflucht in sie nicht mehr offen stand, mußte ich dem Nervenkrieg, den die ganze Welt gegen das Menschliche führt, sehr exponiert standhalten, und das habe ich zwar einige Jahre ertragen, aber nun zeigt es sich, daß ich dabei doch sehr gelitten und verloren habe.

(Brief, 25. 10. 1946, an Thomas Mann)

Ob die Welt uns darben und vereinsamen läßt, oder ob sie uns mit ihren materiellen Geschenken, ihren Preisen[1] und Goldmedaillen zudeckt und erstickt – es läuft aufs gleiche hinaus, auf ein großes Mißverständnis, und da die Welt das Bleibende und Fortdauernde ist, wir Einzelne aber nur Vorübergehende, müssen wir auf Kampf und Auseinandersetzung verzichten und die Gaben der Welt annehmen, als hätten wir sie gewollt, als seien sie uns etwas wert.

(Brief, 27. 12. 1946, an Gunter Böhmer)

Der deutsche Dichter Hermann Hesse hat den Nobelpreis für Literatur erhalten. Diese Nachricht ist eine der wichtigsten seit dem Ende der Kämpfe. Denn damit empfangen wir, mitten in unserm zweiten Elendswinter, ein ermutigendes Zeichen aus der Welt der andern Völker. Es erweist sich, daß wir ganz und gar nicht so mißachtet und verstoßen sind, wie die unbelehrbaren Gestrigen absichtsvoll umhermunkeln.
Zum zweiten Male innerhalb kurzer Zeit trifft die höchste Ehrung einen Deutschen. Nach dem Physiker Hahn, dem Manne der Forschung, wird nun ein Dichter gekrönt, der deutsches Wesen in seinem edelsten Sinne verkörpert.
Hermann Hesse empfängt den Preis gewiß nicht für ein einzelnes Werk, auch kaum für sein ganzes dichterisches Schaffen allein; sondern, so dürfen wir vermuten, als Dank für seine Haltung während der drei schrecklichen Jahrzehnte. Diese Haltung aber ist die eines unbeirrbaren mutigen Kämpfers gewesen ...
Mit den Mächten des Ungeistes, die nachher über den Erdteil zu siegen schienen, gab es für ihn keinen Vertrag. Er gehörte, nach seinem eigenen Zeugnis, »durchaus zu den Verdächtigen, nur zur Not Geduldeten, im Grunde Unerwünschten«. Zuletzt

1 Im November 1946 war Hesse der Nobelpreis für Literatur verliehen worden.

wurden seine Bücher unterdrückt, sein Verleger verhaftet. Denn zum zweiten Male war der Dichter zum Warner geworden; und, wie wir nun wissen, auch zum Seher, zum Propheten ... Heute aber wird seine geistige Heimkehr zum Triumph, da ihn die Welt als deutschen Dichter mit ihrem höchsten Preis krönt. Hermann Hesses Gestalt wird auf ergreifende Art zum Bürgen einer künftigen besseren Zeit. Sein Werk aber muß nun endlich unser lebendiger Besitz werden.

(Aus »Die Welt« vom 16. 11. 1946, Axel Eggebrecht, »Hermann Hesse«)

Gestern kam Ihr Brief vom 24. Dezember, der mir berichtet, daß Sie tatsächlich noch auf Erden sind, sogar das Glasperlenspiel gedruckt haben, sogar andre Neuausgaben vorbereiten, lauter Dinge, an die ich nicht mehr geglaubt hatte. Ich danke Ihnen sehr und wünsche Ihnen ein Fortschreiten der Erholung, als Patient und als Verleger, und Ihnen beiden immer wieder Mut zum Weitermachen.

(Brief, 15. 1. 1947, an Peter Suhrkamp)

Ich bin vor der aktuellen Wirklichkeit solang genügend geschützt gewesen, als ich am Glasperlenspiel arbeitete und mich in diese Arbeit jederzeit wie in einen unantastbaren magischen Raum zurückziehen konnte, und solang als ich noch daran glaubte, daß einmal nach Erledigung des Hitlerschwindels meine literarische Existenz in Deutschland ohne weiteres wieder ihren Anfang nehmen werde. Damit ist es nun vorerst noch nichts, noch heut kann ich nicht einmal das kleinste in der Schweiz gedruckte Buch von mir als Geschenk nach Deutschland schicken, und in Berlin ist bis heut noch nichts von meinen Büchern wieder gedruckt [...]
Aus Deutschland kommen Tausende von Briefen, bald verhimmelnde bald bitterste Schmähbriefe. Aber eine dünne Schicht von völlig Unverdorbenen ist dort geblieben, die in den Nöten dieser Höllenjahre eine Würde und Seelenstille erreicht haben, vor denen ich mehr Respekt habe als sonst vor jemand auf Erden.

(Brief, 27. 1. 1947, an Salome Wilhelm)

Das äußere Geschehen, das unvermeidliche Verderben des armen Deutschland zumal, haben wir zusammen vorausgesehen und zusammen erlebt – in weiter räumlicher Entfernung voneinander, die zeitweise gar keinen Austausch zuließ, aber doch immer zusammen, doch immer in gegenseitigem Gedenken. Unsere Wege überhaupt laufen wohl deutlich getrennt, in gemessener Entfernung voneinander durchs geistige Land und laufen doch irgendwie gleich – irgendwie sind wir doch Weggenossen und Brüder, – oder confrères, wie ich mit weniger zutunlicher Nuance sagen sollte; denn ich sehe unser Verhältnis gern im Bilde der Begegnung seines Joseph Knecht mit dem Benediktinerpater Jakobus im »Glasperlenspiel«, wo es denn ohne das »Höflichkeits- und Geduldspiel endloser Verneigungen wie bei der Begrüßung zwischen zwei Heiligen oder zwei Kirchenfürsten« nicht abgeht, – ein halb ironisches Zeremoniell chinesischen Geschmacks, das Knecht sehr liebt, und von dem er bemerkt, daß auch der Magister ludi Thomas von der Trave es meisterlich beherrscht habe [...]
Übrigens liebt er die Herausgeber- und Archivarsattitüde, das Versteckspielen hinter der Maske eines, der anderer Leute Papiere »an den Tag gibt«, auch als Dichter. Ein Beispiel sind die »Hinterlassenen Schriften und Gedichte von Hermann Lauscher«, die er herausgibt. Ein verwandtes das Zurücktreten hinter das Pseudonym »Sinclair« im Falle von »Demian. Geschichte einer Jugend« (1919). Ein ganz großes das sublime, aus allen Quellen der Menschheitskultur, abend- und morgenländischer, gespeiste Alterswerk vom »Glasperlenspiel« mit seinem Untertitel »Versuch einer Lebensbeschreibung des Magister ludi Joseph Knecht samt Knechts hinterlassenen Schriften, herausgegeben von Hermann Hesse«. Ich habe beim Lesen sehr stark empfunden (und es ihm auch geschrieben), wie sehr das parodische Element, die Fiktion und Persiflage einer mit gelehrten Konjekturen arbeitenden Biographie, die sprachlichen Humorigkeiten also, behilflich sind, ein solches Spätwerk gefährlich fortgeschrittener Vergeistigung im Machbaren zu halten, ihm Spielfähigkeit zu bewahren.

(Aus Thomas Mann, »Hermann Hesse zum siebzigsten Geburtstag«, »Neue Zürcher Zeitung« vom 2. 7. 1947)

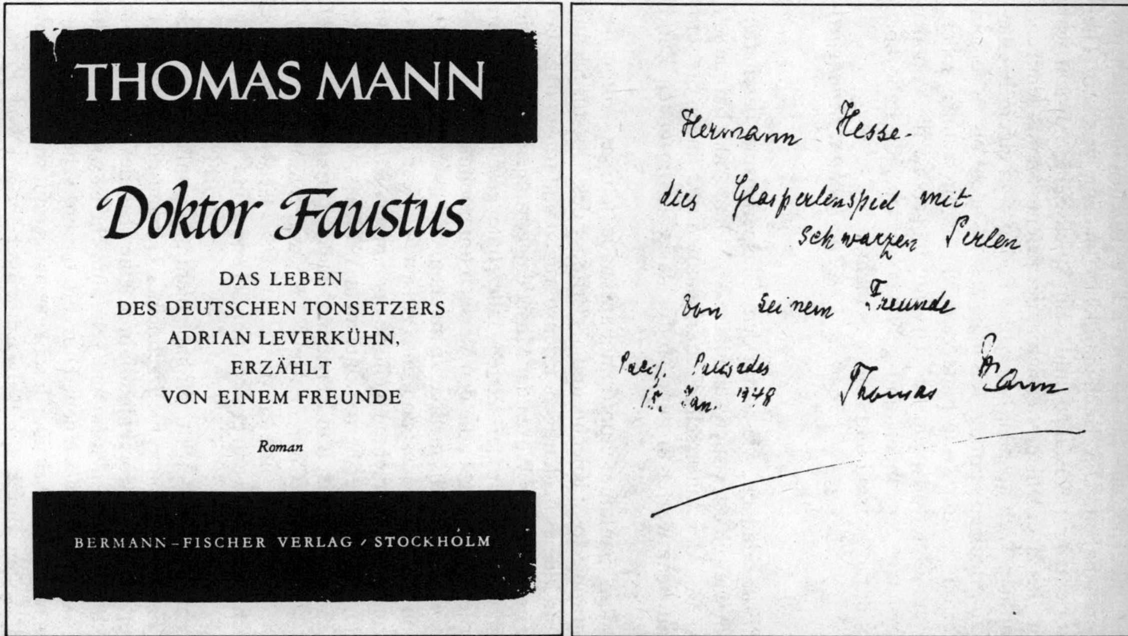

THOMAS MANN

Doktor Faustus

DAS LEBEN
DES DEUTSCHEN TONSETZERS
ADRIAN LEVERKÜHN,
ERZÄHLT
VON EINEM FREUNDE

Roman

BERMANN-FISCHER VERLAG / STOCKHOLM

Hermann Hesse,
das Glasperlenspiel mit
schwarzen Perlen
von seinem Freunde

Pacif. Palisades
15. Jan. 1948 Thomas Mann

Die Erstausgabe des »Doktor Faustus« von Thomas Mann, mit seiner Widmung für Hermann Hesse.

Es tut mir leid, daß Sie so viel Zeit mit dem Glasperlenspiel verloren haben. Das Buch handelt von dem, was sein Titel verspricht: von Kastalien und dem Spiel. Seine Absicht war nicht, das zu erzählen, was sich in der jedem von uns genügend bekannten Welt abspielt, was jeder Pädagog in einem Feuilleton zu erledigen vermag. Ich habe Josef Knecht bis zu seinem Opfertode geführt, und hätte vielleicht damit rechnen sollen, daß ein Opfertod nicht zu den Dingen gehört, die von der Leserschaft verstanden und gebilligt werden. Ich habe aber nicht daran gedacht und bereue es nicht.

(Brief, ca. 1947, an Richard Braungart)

Die Frage danach, wie es mit dem Glasperlenspiel beschaffen sei, in wieweit es existiere, einmal existiert habe oder Utopie sei, in wieweit der Autor selbst daran glaube usw., finden Sie sehr genau beantwortet in dem Motto, das vorn im ersten Band steht.

Zu dem paululum appropinquant habe ich als Autor der Biographie Josef Knechts und als Erfinder des Albertus Secundus ein kleines beigetragen. Ebenso trugen und tragen dazu bei jene Leute, die ins Wesen der Musik eingedrungen sind und die Musikwissenschaft der letzten Jahrzehnte geschaffen haben, oder jene Philologen, die den Versuch unternehmen, die Melodien eines Prosastils meßbar zu machen, und manche andre. Zu diesen Förderern des non ens, zu jenen, die es der facultas nascendi näher brachten, gehörte auch mein Neffe und Freund Carlo Isenberg, der Ferromonte meines Buches. Er war Musikforscher, Cembalist und Klavichordspieler, betreute eine Orgel und leitete einen Chor, hat im Süden und Südosten Europas nach den Resten ältester Musik geforscht, ist seit Kriegsende verschollen und, wenn er noch am Leben ist, in Rußland gefangen.

Was mich selbst betrifft, ich habe nicht in Kastalien gelebt, ich bin Eremit und habe nie irgendeiner Gemeinschaft angehört, außer jener der Morgenlandfahrer, eines Bundes von Gläubigen, dessen Existenzform eine sehr ähnliche ist wie die Kastaliens. Aber seit etwa einem Dutzend Jahren, seit da und dort Teile meines Buches über Josef Knecht bekannt wurden, bin ich nicht selten durch Grüße, Zurufe und Fragen von Leuten erfreut worden, die irgendwo im stillen arbeiten und spekulieren und für welche das Ding, das ich Glasperlenspiel genannt habe, ebenso existent war wie für mich. Sie fühlen es von ihrer Seele bejaht, sie haben davon ein Wissen oder eine Ahnung gehabt längst vor dem Erscheinen meines Buches, sie haben es als geistige und sittliche Forderung erlebt, und sie beginnen immer mehr auch seine gemeinschaftbildende Kraft zu erkennen. Sie führen weiter, was ich in meinem Buch angedeutet habe: Paululum appropinquant. Und mir scheint, auch Sie gehören zu ihnen und wohnen näher bei Kastalien, als Sie wußten.

(Brief, September 1947, an eine Leserin)

Sie wissen, daß ich mit Ihrem Auswahlsystem[1] durchaus einverstanden bin, ich bin es doppelt, seit ich erfuhr, daß die Buchhandlung X. in Calw das Glasperlenspiel nur gegen 25 Pfund Mehl abgeben will.

(Brief, Oktober 1947, an Peter Suhrkamp)

Sie haben in meinem Buch gewiß manches gefunden, wovon ich selbst nichts weiß. Andererseits haben Sie, Ihrer Lebensstufe gemäß, gewiß manches in dem Buch noch nicht verstanden, dazu gehört der Opfertod von Josef Knecht. Er hätte, klug und fein, es unterlassen können, trotz seiner Erkrankung den Sprung ins Bergwasser zu tun. Er tut ihn dennoch, weil etwas in ihm stärker ist als die Klugheit, weil er diesen schwer zu gewinnenden Knaben nicht enttäuschen kann. Und er hinterläßt einen Tito, dem dieser Opfertod eines ihm weit überlegenen Mannes zeitlebens Mahnung und Führung bedeuten und ihn mehr erziehen wird als alle Predigten der Weisen.
Sie werden das, so hoffe ich, vielleicht mit der Zeit auch verstehen.
Aber schließlich ist es gar nicht so wichtig, ob Sie es verstehen werden, ich meine: mit dem Verstand diesen Tod Knechts begreifen und billigen. Denn dieser Tod hat ja seine Wirkung auf Sie schon getan. Er hat in Ihnen, so wie er es in Tito getan

1 Der mit dem Glasperlenspiel zu beliefernden Buchhandlungen.

hat, einen Stachel hinterlassen, eine nicht mehr ganz zu vergessende Mahnung, er hat eine geistige Sehnsucht und ein geistiges Gewissen in Ihnen geweckt oder bestärkt, welche weiter wirken werden, auch wenn die Zeit kommt, wo Sie mein Buch und Ihren Brief vergessen haben werden. Hören Sie nur auf diese Stimme, die jetzt nicht mehr aus einem Buch, sondern in Ihrem eigenen Innern spricht, sie wird Sie weiter führen.

(Brief, November 1947, an eine Leserin)

Das Problem beim Virtuosen ist dasselbe wie in Kastalien, die Persönlichkeit ist Voraussetzung, es geht aber nicht um sie, sondern um ihre Fähigkeit zum Einordnen in die Hierarchie.

(Brief, November 1947, an Kurt Eichels)

Auf manchen Seiten Ihres Buches, wo Leverkühnsche Musik analysiert wird, fand ich mich an eine Nebenfigur des »Glasperlenspiel« erinnert, an Tegularius, dessen Glasperlenspiele zu Zeiten die Neigung haben, auf scheinbar legitimstem Weg in Melancholie und Ironie zu enden.

(Brief, 12. 12. 1947, an Thomas Mann)

Zu den vielen Arten und Unarten, auf welche der Leser eine Dichtung gebrauchen und mißbrauchen kann, gehört auch diese interessante Art. Die Leser dieser Kategorie haben zwar irgendein Verhältnis zum Geist und zur Kunst, aber sie sind kastrierte Menschen, und können nichts sich zueigen machen, ohne es vorher selbst zu kastrieren. Dieser Pädagoge z. B. entsetzt sich vor dem Steppenwolf, schneidet sich vorsichtig aus dem Demian die Figur des Pistorius heraus, die ihm genießbar ist, und hat nun also richtig auch das Glasperlenspiel kastriert, er hat das Buch um seinen Schluß und den J. Knecht um seinen schönen, ihm eigenen Tod gebracht. Und zwar hat er das nicht bloß in Gedanken getan, sondern auch faktisch und handgreiflich: er hat die Schere genommen und den ihm unverdaulichen Teil des Buches sorgfältig herausgeschnitten. Das ist immerhin nicht alltäglich und hat mir einen gewissen Eindruck gemacht.

(Brief, 29. 5. 1948, an Otto Basler)

Übrigens wäre es natürlich unvorsichtig, das Ich des Erzählers mit meiner Person gleichzusetzen. Auch Camenzind erzählt ja seine Geschichte selbst, und Knecht seine Lebensläufe, und an jedem bin ich beteiligt, aber keiner ist Ich.

(Brief, September 1948, an seinen Sohn Heiner)

Wir hatten den Wunsch, das in jedem Sinne gegen Hitler und das offizielle Deutschland gerichtete Buch mitten während des Krieges in Deutschland einzuschmuggeln, und legten das Manuskript der Behörde vor in der Hoffnung, sie würde vielleicht nichts merken, aber der Druck wurde nicht erlaubt, obwohl wir einige besonders deutliche Stellen in dem vorgelegten Exemplar weggelassen hatten. Suhrkamp hat seine tapfere Haltung und seine Treue für mich mit Gefängnis, Konzentrationslager, Mißhandlung und Verurteilung zum Strang gebüßt, nur durch ein Versehen blieb er am Leben.

(Brief, Ende Dezember 1948, an Siegfried Unseld)

Ich habe zwar mit Teilnahme und mit Vergnügen die Nachricht vernommen, daß Glasperlenspiele von Ihnen schon zu einer Zeit gespielt wurden, als ich dieser Idee noch nicht begegnet war und ihr noch nicht den dichterischen Namen gegeben hatte. Auch bin ich durch die Nachricht, daß diese Konzeption von wissenschaftlicher Seite her gleichzeitig, ja früher als von mir gefaßt und zum Teil realisiert wurde, nicht irgendwie irritiert, sondern rein erfreut, und wünsche Ihrer Erfindung jedes Gedeihen. Es sind mir schon mehrmals, seit mein Buch erschien, Briefe von Glasperlenspielern zugegangen, die mir gleich Ihrem Briefe zeigten, daß ich da einem Gedanken oder einem geistigen Bedürfnis Ausdruck gegeben habe, das in der Zeit liegt und nicht nur meine individuelle Imagination war. Diese Glasperlenspiele waren allerdings nicht so komplex und universal wie die Ihren, sie gingen von der Musiktheorie aus und blieben mehr oder weniger innerhalb des Musikalischen.

Worin ich Sie enttäuschen muß, das ist Ihre Erwartung, daß ich den Rest meiner Tage und Kräfte nun dem Studium Ihrer Sache widmen werde. Es würden mir, der ich ein Einzelner und kein Wissenschaftler bin, dazu nicht nur viele formale Voraussetzungen, sondern vor allem die Kräfte fehlen. Ich habe das, was ich zu »unserer« Idee zu sagen habe, ja längst gesagt. Inzwischen sind andre Aufgaben und Pflichten mir zugewachsen, von denen die meisten mit Literatur nichts mehr zu tun haben. Auch die schönsten und interessantesten Bücher und Manuskripte müssen ungelesen bleiben.

(Brief, 3. 2. 1949, an Alfred Henning)

Das ist schön und eigentlich überraschend, daß das Glasperlenspiel nun doch ein Stück Ihres Hausrats geworden ist. Ich hätte nie von Ihnen verlangt, daß Sie sich damit mühen. Nun, da Sie sich damit befreundet haben, ist es mir aber eine Freude. Die Mehrzahl der Urteile deutscher Leser und Kritiker über das Buch sind so schauerlich eng und dumm, daß ich froh wäre, wenn ich es für mich behalten hätte.

(Brief, März 1949, an Ernst Penzoldt)

Zu dem Wort »Spiel«, für das jene kriegerischen Kritiker so wenig Verständnis haben, kann ich Ihnen ein amüsant-ernsthaftes Buch nennen, das so etwa um 1940 herum erschienen ist, zu einer Zeit, als das Glasperlenspiel zwar noch nicht erschienen, aber nahezu im Manuskript fertig war. Das Buch, von dem inzwischen gestorbenen holländischen Historiker Huizinga verfaßt, heißt »Homo ludens«[1] und handelt vom Element des Spieles in den gesellschaftlichen, politischen, rechtlichen Sitten der Völker, vom Primitiven bis in die hohe Zivilisation hinein. Falls Sie es je einmal in einer Bibliothek finden, sehen Sie es an! Als ich es damals las, dachte ich: das wäre vielleicht ein Mann, der das Glasperlenspiel kapieren würde.

(Brief, 20. 3. 1949, an Herbert Schulz)

Im Glasperlenspiel sind keinerlei Schlüsselrätsel zu suchen, es ist nirgends auf reale Details aus der heutigen Welt angespielt, nur das Ganze der geistigen und kulturellen Atmosphäre gezeichnet, in welcher von der Musikgeschichte und Musikästhe-

1 Johan Huizinga, »Homo ludens«, Akademische Verlags-Anstalt, Basel, Brüssel, Köln, Wien 1938.

tik her eine gewisse Renaissance entsteht. Von Freiburg z. B. wußte ich überhaupt nicht, von Winterthur nur ganz oberflächlich, dagegen erfahre ich immerzu aus Briefen von Lesern, daß hier und dort das Glasperlenspiel schon seit 25 Jahren geübt werde, oder daß jemand die Orte Waldzell und Keuperheim, die Personen Designori etc. genau habe identifizieren können. Diese Wirkung, so wenig Wert ich ihr beilege, gehört mit zur Legende von Kastalien; ich nenne den Namen, und siehe, schon gibt es viele, die es zu kennen meinen. Es existiert also potentiell an vielen Orten und in vielen Seelen.

(Brief, Juni 1949, an einen Leser)

Ich habe im »Glasperlenspiel« die Welt der humanistischen Geistigkeit dargestellt, die vor den Religionen zwar Respekt hat, aber außerhalb derselben lebt. Ebenso habe ich vor dreißig Jahren im »Siddhartha« den Brahmanensohn dargestellt, der aus der Tradition seiner Kaste und Religion hinaus seine eigene Art von Frömmigkeit oder Weisheit sucht.

Mehr als dies habe ich nicht zu geben. Über die Werte und Segnungen der christlichen Religion wird Ihnen jeder Priester und jeder Katechismus mehr sagen, als ich Ihnen sagen könnte.

Mir ist das humanistische Ideal nicht ehrwürdiger als das religiöse, und auch innerhalb der Religionen würde ich nicht einer vor der andern den Vorzug geben. Eben darum könnte ich keiner Kirche angehören, weil dort die Höhe und Freiheit des Geistes fehlt, weil jede sich für die beste, die einzige, und jeden ihr nicht Zugehörenden für verirrt hält.

[...] Sie müssen also selbst wählen. Der Weg in die Kirchen ist leicht zu finden, die Tore stehen weit offen, an Propaganda fehlt es auch nicht. Der Weg nach Kastalien und darüber hinaus, den Knecht geht, ist schwieriger. Niemand wird eingeladen, ihn zu gehen, und wenn auch Kastalien vergänglich ist, so teilt es dies Los mit allem Menschenwerk. Dieser Vergänglichkeit ins Gesicht zu blicken, gehört mit zur geistigen Tapferkeit.

(Brief, 2. 8. 1949, an einen Leser)

Ihre ästhetische Frage wegen des Josef Knecht müßte mich eigentlich in Verlegenheit bringen, denn ich bin nicht so glück-

lich wie Sie, mich so hübschen und kastalischen Studien widmen zu dürfen, und habe das »Glasperlenspiel« seit seinem Erscheinen vor sieben Jahren bis heute noch nicht wiederlesen können, weil jeder Tag mehr aktuelle Arbeit bringt, als ich leisten kann.
Dennoch bin ich Ihnen eine Antwort schuldig, denn unter den sich immer wiederholenden Leserfragen über Kastalien und Knecht, die oft von einem erschreckend niedrigen Niveau sind, zeichnet sich die Ihre durch ihren Scharfsinn und ihre schöne Präzision so sehr aus, daß sie für einen Augenblick auch mir zu einer Frage wurde.
Ich muß mich bei meiner Antwort auf mein Gedächtnis verlassen, habe aber mit Hilfe meiner Frau immerhin die von Ihnen genannten und in einem gewissen Sinn bezweifelten Stellen nachgesehen.
Ihre Auffassung ist die, daß der Biograph Josef Knechts bestrebt gewesen sei, »seine Lebensbeschreibung den Lesern aus der Perspektive Knechts zu geben, das heißt nur das zu schildern, was der Erlebnis- und Wahrnehmungssphäre Knechts entspringt«. Und diese Perspektive finden Sie an den von Ihnen genannten Stellen durchbrochen, weil jene Stellen auf Tatsachen, Worte oder Gedanken anderer hinweisen, welche Knecht nicht kennen konnte.
Es ist durchaus möglich, daß mein im Lauf von elf Jahren (und was für Jahren!) entstandenes Buch trotz aller Konzentration und Vorsicht solche bauliche Fehler enthält. Aber die »Perspektive«, nach der Sie das Buch aufgebaut sehen, war nicht die meine. Vielmehr hat etwa während der ersten drei Jahre meine Perspektive sich mehrmals leicht verändert. Im Anfang war es mir vor allem, ja beinah einzig darum zu tun, Kastalien sichtbar zu machen, den Gelehrtenstaat, das ideale weltliche Kloster, eine Idee oder, wie die Kritischen meinen, einen Wunschtraum, der zumindest seit der Zeit der Platonischen Akademie vorhanden und wirksam war, eins der Ideale, die durch unsre ganze Geistesgeschichte auch als wirksame »Leitbilder« da waren. Dann wurde mir klar, daß die innere Wirklichkeit Kastaliens nur in einer dominierenden Person, einer geistigen Helden- und Duldergestalt, überzeugend sichtbar gemacht werden könne, und so trat Knecht in den Mittelpunkt der Erzählung, vorbildlich und einmalig nicht so sehr als idealer und vollkommener

Kastalier, denn deren gibt es manche, als vielmehr dadurch, daß er mit Kastalien und seiner von der Welt abgetrennten Vollkommenheit nicht auf die Dauer zufrieden sein kann.

Der Biograph aber, den ich mir dachte, ist ein fortgeschrittener Schüler oder Repetent in Waldzell, der aus Liebe zur Gestalt des großen Abtrünnigen daran ging, den Roman seines Lebens für einen Kreis von Freunden und Knecht-Verehrern aufzuzeichnen. Diesem Biographen steht alles zur Verfügung, was Kastalien besitzt, die mündliche und schriftliche Tradition, die Archive, und natürlich auch das eigene Vorstellungs- und Einfühlungsvermögen. Aus diesen Quellen schöpft er, und ich finde, er hat nichts geschrieben, was innerhalb dieses Rahmens unmöglich wäre. Den letzten Teil seiner Biographie, dessen Milieu und dessen Einzelheiten von Kastalien aus nicht kontrollierbar sind, bezeichnet er ausdrücklich als die »Legende« vom entschwundenen Magister Ludi, wie sie unter seinen Schülern und über sie hinaus in der Waldzeller Tradition fortlebt.

Von den Figuren des Buches haben einige ihr individuelles Gesicht von wirklichen Personen erhalten, manche dieser Vorbilder sind von guten Lesern denn auch erkannt worden, andere bleiben mein Geheimnis. Erkannt wurde vor allem die Figur des Pater Jakobus, die eine Huldigung an den von mir geliebten Jakob Burckhardt ist. Ich habe mir sogar erlaubt, ein Wort von ihm meinem Pater in den Mund zu legen. Er gehört mit seinem resignierten Realismus zu den Gegenspielern des kastalischen Geistes.

Eine einzige Gestalt meiner Erzählung aber ist beinahe ganz Porträt. Es ist Carlo Ferromonte. Dieser Carlo Ferromonte, vielmehr sein Urbild, war ein überaus lieber Freund und naher Verwandter von mir, um eine Generation jünger als ich, ein Musiker und Musikverständiger, an dem ganz Monteport seine Freude gehabt hätte, ein Organist, Chorleiter, Cembalist und leidenschaftlicher Sammler aller Reste von noch lebendiger Volksmusik, deren im Versinken begriffenen schwachen Spuren er auf Reisen, namentlich im Balkan, nachgegangen ist. Er, mein lieber Carlo, hat den unsinnigen Krieg als Sanitätssoldat mitmachen müssen, war zuletzt in Lazaretten in Polen und ist seit dem Ende des Krieges spurlos verschollen.

(Brief, 1949/1950, an Siegfried Unseld)

Sie haben das Bedürfnis gehabt, als Dreiundzwanzigjährige dem Zweiundsiebzigjährigen sein Werk und Leben als unnütz und schädlich um die Ohren zu schlagen. Es muß Sie also ein großes Pflichtgefühl, ein starkes Bewußtsein um Ihre Mitverantwortlichkeit am Zustand der Welt getrieben haben, sonst hätten Sie diese Unart nicht begangen.

Sie haben von mir ein einziges Buch gelesen, den »Goldmund«, vielleicht auch noch den »Steppenwolf« oder »Klingsor«. Die Geschichte Josef Knechts, die vom Einordnen und Dienen des Einzelnen in eine sinnvolle Ordnung und von der Verantwortung dessen handelt, der diese Ordnung, sei es auch aus Gewissensgründen, durchbricht, kennen Sie nicht. Sie haben, chokiert durch Stellen eines Buches, die Ihre prüden Regungen verletzten, diese Stellen herausgerissen, und, da Sie die Welt in bessere Ordnung bringen wollen, damit begonnen, womit jeder Weltverbesserer beginnt, nämlich mit dem Bessern und Ändern des andern. Der Weg ist falsch und wäre es auch dann, wenn Sie aus einer wirklichen Kenntnis meines Werkes und Lebens heraus gehandelt hätten. Sie haben die Welt der großen Meister und Vorbilder, die Welt der hohen Werte, die ich in »Narziß«, in »Siddhartha«, im Mozart und den »Unsterblichen« des »Steppenwolfs«, im ganzen »Glasperlenspiel« und im größten Teil meiner Lebensarbeit mahnend darzustellen bemüht war, nicht bemerkt. Sie haben nicht bemerkt, daß neben Goldmund Narziß, daß neben dem Steppenwolf der Siddhartha, der Josef Knecht und Kastalien steht. Sie haben, im prüden Teil Ihrer Natur durch ein paar Stellen meiner Bücher verletzt, mir das Ganze als schlecht, wertlos und schädlich vor die Füße geworfen. Ich weiß, daß das in einer wirklichen Überzeugung von der Höhe und Heiligkeit Ihrer Motive geschah. Aber Sie versuchen eben doch die Welt dadurch zu heilen, daß Sie dort, wo Ihr Empfinden verletzt wird, um sich hauen. Es tut mir leid, aber Sie sind damit auf falschem Weg.

(Brief, Januar 1950, an ein junges Mädchen, »das mir wegen ›Goldmund‹ den Vorwurf machte, ich predige eine sinnlich-sentimentale Verherrlichung der ›Persönlichkeit‹ und des ›Künstlertums‹«.)

Die Gelehrten und Studenten konnten die geistvolleren Briefe schreiben, aber mir war das Bekenntnis eines ungebildeten

Lesers, daß er durch ein Buch von mir erfreut und getröstet oder in seiner sittlichen Haltung gestärkt worden sei, mindestens ebenso wertvoll wie der funkelndste Brief eines angehenden Glasperlenspielers über kastalische Fragen. Und was den Grund- und Ur-Wert jeder Dichtung angeht, nämlich ihre sprachliche Potenz, so ist das »Volk« in seinem Urteil eher sicherer und unbeirrbarer als die Leute mit den philologischen oder ästhetischen Analysen und Urteilsbegründungen, namentlich bei negativen, absprechenden Urteilen empfinde ich die vom »Volk« herkommenden tiefer und schmerzlicher als die der Intellektuellen.

(Brief, Februar 1950, an einen Leser)

Ich lasse jede Lehre gelten, wenn sie selbst tolerant ist, und habe nichts gegen Steiner und seine Wirkungen, aber Ihre Vermutung, er sei mit dem Basiliensis gemeint und bei Waldzell sei an Waldorfschulen gedacht worden, kann ich nicht bestätigen.

(Brief, ca. April 1950, an eine Leserin)

Sie wollen mich dazu einladen, es Josef Knecht gleichzutun und aus Kastalien in die große Welt hinüberzugehen. Sie wollen mich in meiner eigenen Schlinge fangen. Aber Sie vergessen dabei ganz, daß Josef Knecht keineswegs als Weltverbesserer und Reformator in die Welt hinausgeht, sondern als Lernender und als Erzieher, zunächst sogar als Erzieher nur eines einzigen Schülers, eines wertvollen und gefährdeten Schülers. Er tut das, was ich auch zu tun versucht habe, solang ich noch meinen Beruf ausüben durfte, er stellt seine Gaben, seine Persönlichkeit, seine Energie in den Dienst am einzelnen Menschen – umgekehrt wie sein Freund Designori, der als Politiker sich an Programme und an die Beeinflussung von Massen hingegeben und dabei seines einzigen Sohnes Vertrauen verloren hat.

(Brief, 15. 4. 1950, an einen Leser)

Schade, daß Sie den Opfertod Knechts nicht annehmen konnten. Glauben Sie, seine Geschichte wäre wertvoller, wenn sie noch 10 oder 20 Jahre länger gedauert hätte? Der Ruf, der ihn aus Kastalien in die Welt zieht, ist ein Ruf des Gewissens, aber auch ein Ruf des Todes. Und wohl ihm, daß er, so rasch nach seinem Durchbruch, diesen raschen, schönen Tod finden durfte.

(Brief, April 1950, an Herbert Schulz)

Wenn in einer Dichtung nur von Männern erzählt wird, so sollte das von den Frauen nicht als eine antiweibliche Haltung angesehen werden.
Eine Frau nämlich, die wirklich lesen gelernt hat und die Voraussetzung zu einem kastalischen Leben besitzt, wird an ein Kunstwerk niemals die Frage richten: warum es denn gerade diesen Stoff und nicht einen andern zum Inhalt habe, warum ein Dichter sich zum Beispiel erlaube, von den Leiden des Jünglings Werther zu sprechen, statt von den Taten Alexanders. Sie wird vielmehr an dem Geistigen und Übergeschlechtlichen in einem solchen Buch ohne Ressentiments teilhaben. Und wenn es sie danach verlangt, wird sie ein Buch schreiben, in dem sie das gleiche Problem von der weiblichen Seite her darstellt. Jeder vernünftige Mann wird ihr dafür nur dankbar sein.

(Brief, Juni 1950, an eine gelehrte Frau, »die mich fragt, warum ich im ›Glasperlenspiel‹ nur von Eliteschulen für Männer und nicht für Frauen erzählte.«)

Bei Perrot in Calw, der vor etwa 2 Jahren gestorben ist, bin ich selbst mehr als ein Jahr lang Volontär gewesen.
Aber der Name Perrot im Glasperlenspiel bedeutet lediglich eine Huldigung an Calw und an diese brave Waldenserfamilie. Sie haben ganz vergessen, daß mein Buch nicht ein historischer Bericht sondern eine Dichtung ist.

(Brief, 1950, an Theophil Wurm)

Es schiene mir, rein geistig gesehen, nicht richtig und nicht großmütig, wenn ein katholisches Institut, dem ja zur Lektüre eine Menge einwandfreier Dichter zur Verfügung stehen, sich

herausgerissene Stücke aus dem Werk eines Dichters zunutze machen würde, den es im Ganzen ja doch ablehnen muß.
Auch wir Kastalier haben und pflegen so etwas wie eine Seele und glauben, daß es der Seele nicht schaden kann, wenn man im Geistigen auf genaue Reinlichkeit hält.

(Brief, Mai 1951, an einen Lehrer)

Daß das Glasperlenspiel für Gebildete und nicht für Arbeiter geschrieben ist, ist selbstverständlich. Ich muß mit den Leuten reden und mich mit ihnen auseinandersetzen, die meinesgleichen sind. Aber auf andern Stufen meines Lebens habe ich genug Erzählungen etc. geschrieben, die vom Leser keine Bildung fordern, den Knulp und viele andre, auch Gedichte, kann jeder verstehen. *(Brief, Mai 1951, an einen Leser)*

Es stellte sich die Frage, was das Wichtigste sei: Kastalien mit dem Orden, das Glasperlenspiel, oder die Persönlichkeit Josef Knechts. Vater erklärte mir: »Josef Knecht kam als Knabe nach Kastalien, was aus ihm geworden ist, hat er Kastalien zu verdanken. Wenn er zuletzt über Kastalien hinauswächst, so bleibt Kastalien deswegen gleichwohl bestehen und behält seinen Wert. So wenn einer z. B. in der katholischen Kirche aufwächst, später einsieht, daß das noch nicht das Göttliche selbst ist, sondern nur eine seiner Erscheinungsformen, und er daher weiter sucht und über die katholische Kirche hinausgeht, so bleibt dabei der Wert der katholischen Kirche, das Schöne und Große, das sie hat, die Sakramente usw., weiter bestehen. Das Höchste ist nicht die Persönlichkeit, über ihr steht das Überpersönliche. Aber die höchste Gemeinschaft, Orden, Kastalien, ist auch nichts ohne bedeutende Persönlichkeiten. Beides zusammen erst gibt ein Ganzes.«

(Aus: Bruno Hesse, »Vater im Gespräch«,
Notiz vom 25. 10. 1952)

Es tut mir leid, daß ich mich in meinem Buch (das ich seit seinem Erscheinen vor 10 Jahren nicht mehr lesen konnte) so ungenau ausgedrückt habe.

Unter feuilletonistisch verstand ich an jener Stelle nicht eine bestimmte Form des Ausdrucks. Wenn ich nicht irre, habe ich in meinem Buch nicht nur Zeitungsartikel, sondern auch Vorträge feuilletonistisch genannt, und meinte damit Artikel und Vorträge, die weder einem echten Trieb und Bedürfnis beim Verfasser noch beim Empfänger entspringen, sondern lediglich einem Mode-Bedürfnis.
Selbstverständlich können auch Essays feuilletonistisch sein. Wenn der Anlaß etwa ein historisches Datum und Jubiläum, der Autor ein vielschreibender Plauderer ist, so wird in 90 von 100 Fällen der Essay feuilletonistisch ausfallen.
Ihre andre Frage kann ich nicht beantworten. Ich selbst bin zwar ein großer Verehrer von Montaigne gewesen und habe an manchem guten Essay Freude gehabt, ein eigentlicher Essayleser aber war ich nie. So habe ich von Hermann Grimm und Hillebrand nur ganz wenig, von Gildemeister nichts gelesen. Aber ich würde jene Autoren, obwohl ihre Nachfolger zu Feuilletonisten wurden, dennoch ernst nehmen, sie haben nicht einer Mode gedient, sondern guten Willens etwas begonnen, das dann zu einer Mode und einer Modeindustrie wurde.
(Brief, 1953, an einen Studenten, »der mich fragte, ob ich auch den Essay in den Begriff des ›Feuilletons‹ im Sinn des Glasperlenspiels einbezogen wissen wolle. Er fragte weiter, ob ich die Essayisten Herm. Grimm, K. Hillebrand und O. Gildemeister auch als Feuilletonisten bezeichnen würde.«)

[...] Was ich selber diesen Tag über nicht vermocht hatte: aus dem Alltag heraus den Schritt nach Kastalien zu tun, das vollzog die Musik an mir in Augenblicken. Eine Stunde oder anderthalbe weilte ich hier, zwei Solo-Suiten von Bach anhörend, mit kurzen Pausen und wenig Gespräch dazwischen, und die kraftvoll, genau und herb gespielte Musik schmeckte mir wie einem Verschmachteten Brot und Wein, sie war Nahrung und Bad und half der Seele, wieder zu Mut und zu Atem zu kommen. Jene Provinz des Geistes, die ich mir einst, im Dreck der deutschen Schande und des Krieges erstickend, zur Rettung und Zuflucht erbaut hatte, tat mir ihre Tore wieder auf und empfing mich zu einer ernstheiteren, großen, im Konzertsaal nie ganz zu verwirklichenden Feier. Geheilt und dankbar ging ich davon und habe noch lange daran gezehrt [...] auch das erste Bildnis von Schumann, das mir noch in Kinderzeiten vor Augen gekommen ist, ist unvergessen geblieben. Es war farbig, ein heute wohl nicht mehr genießbarer Farbdruck der achtziger Jahre, und war ein Blatt in einem Kinder-Kartenspiel, einem Terzett mit Porträts von berühmten Künstlern und Aufzählung ihrer Hauptwerke; auch Shakespeare, Raffael, Dickens, Walter Scott, Longfellow und andre haben für mich zeitlebens jenes kolorierte Kartengesicht behalten. Und jenes Terzettspiel mit seinem für die Jugend und einfache Leute eingerichteten Bildungs-Pantheon von Künstlern und Kunstwerken mag vielleicht die früheste Anregung zu jener Vorstellung einer alle Zeiten und Kulturen umfassenden Universitas litterarum et artium gewesen sein, die später die Namen Kastalien und Glasperlenspiel bekam. *(Aus »Engadiner Erlebnisse«, 1953)*

Ich kann Ihrem Brief in allem zustimmen. Irrig ist nur Ihre Annahme, meine Quelle für das Wissen um Meditation etc. sei Ekkehart. Dem ist nicht so. Ich habe zwar in meiner Jugend (ich bin 76 Jahre alt) auch Auszüge aus E. kennengelernt, aber er ist nicht der einzige Wissende und nicht der einzige Lehrer auf diesem Gebiet, wenn auch innerhalb der deutschchristlichen Welt der größte. Die Versenkung ist manche Jahrhunderte, ehe es ein Deutschland und ehe es ein Christentum gab, in zahlreichen Formen und Schulen Indiens, Chinas, Japans gelehrt und geübt worden, sie ist eine der fundamentalen Möglichkeiten des Menschengeistes, unabhängig von Nation und Religion, sie wird heute noch in Indien und Japan, neuerdings auch unter indischen Lehrern in Amerika gelehrt und gepflegt [...]
Schade, daß Sie den Opfertod Knechts nicht mögen. Vielleicht wird das mit der Zeit anders. Ich habe kein Bedürfnis, Erläuterungen zu meinen Dichtungen zu geben, es soll jeder Leser das aus ihnen nehmen, was ihm annehmbar und verdaulich ist.

(Brief, Oktober 1953, an einen Leser)

Die französische Ausgabe ist noch nicht erschienen, sie ist beim Verlag Calman-Lévy in Paris IX, Rue Auber Nr. 3, in Vorbereitung, wo Sie nötigenfalls anfragen könnten. Die Eng-

länder haben sich mit dem Titel so geholfen, daß sie das Buch »Magister Ludi« nannten. Mir schiene es durchaus möglich, daß auch die romanischen Sprachen diesen Titel wählen.
Das Glasperlenspiel ist von mir durchaus im Sinn von Giuoco gemeint. Daß das Wort auch im Plural vorkommt, ist kein Widerspruch. Es gibt Ein Schachspiel und gibt Millionen Schachspiele, nämlich von einander verschiedene, wenn auch den selben Regeln unterworfene Schachpartien. Der »Schwan von Boberfeld« ist der schlesische Barockdichter Opitz.
»Dormente« hießen in vielen Klöstern sowohl die Schlafräume wie die Gänge oder Korridore zwischen den Schlafsälen. Das »Hallen« bezieht sich auf die Akustik gewölbter Räume.
Das »ermöglicht und gefordert« auf Seite 301 ist gemeint im Sinn von »ermöglicht, ja sogar gefordert«.
Möchte Ihnen die teilweise knifflige Arbeit dennoch nicht entleiden. Sie hat einst auch mich eine Reihe von Jahren gekostet.

(Brief, Januar 1954, an Ervino Pocar, den Übersetzer des Glasperlenspiels ins Italienische)

Da fällt ein Brief mir ein, den ich einem sympathischen Theologen, einem Geistlichen im deutschen Osten, geschrieben habe, und der einige meiner Freunde interessieren könnte. Er hatte mir ein paar Fragen gestellt, darunter die, ob ich in Josef Knecht so etwas wie einen Bruder Christi sehe, und eine andere, die nationale und rassische Verschiedenheit der religiösen Vorstellungswelten betreffend. Er hatte von den so verschiedenen »Augen« gesprochen, mit denen die Völker des Göttlichen gewahr werden. Aus meiner Antwort teile ich die paar charakteristischen Sätze mit:
»Zu Ihrer Frage sage ich: Ja, das indische, römische, jüdische Auge sind, Gott sei Dank, überaus verschieden. Die Nationen, Kulturen, Sprachen mögen alle Bäume sein, aber einer ist eine Linde, einer ein Ahorn, einer eine Fichte usw. Der Geist, sei er nun theologisch gekleidet oder anders, neigt immer ein wenig zu sehr zum Begriff, zur Verflachung, zur Typisierung, er ist mit ›Baum‹ zufrieden, während Leib und Seele mit ›Baum‹ nichts anfangen können, sondern Linde, Eiche, Ahorn brauchen und lieben. Eben darum sind die Künstler vermutlich Gottes Her-

zen näher als die Denker. Wenn nun Gott sich im Inder und Chinesen anders ausdrückt als im Griechen, so ist das nicht ein Mangel, sondern ein Reichtum, und wenn man alle diese Erscheinungsformen des Göttlichen mit einem Begriff zusammenfassen will, entsteht keine Eiche und keine Kastanie, sondern bestenfalls ein ›Baum‹.
In Josef Knecht sehe ich nicht, wie Sie andeuten, einen Bruder Christi. In Christus sehe ich eine Erscheinung Gottes, eine Theophanie, deren es ja manche gab und gibt. In Knecht würde ich eher einen Bruder der Heiligen sehen. Auch ihrer gibt es viele, unendlich viel mehr, als es Theophanien gibt; sie sind die ›Elite‹ der Kulturen und Weltgeschichte, und sie unterscheiden sich von ›gewöhnlichen‹ Menschen dadurch, daß sie die Einordnung und Hingabe an Überpersönliches nicht auf Grund eines Mangels an Persönlichkeit und Eigenart leisten, sondern durch ein Plus an Individualität.«

(Aus »Notizblätter um Ostern«, 1954)

An die Freimaurerei, die mir nie etwas bedeutet hat, habe ich bei meinem Buche nie gedacht. – Schwieriger ist die Erklärung meines Verhältnisses zum katholischen Ordensbegriff und Mönchtum. Ich bin nicht Katholik, vielleicht nicht einmal Christ, aber meine Verehrung für die katholisch-mittelalterliche Kultur spricht ja schon aus der Erzählung von Knechts Gastaufenthalt bei den Benediktinern oder aus den Klosterschilderungen des ›Goldmund‹. Ich habe für die Begriffe Orden, Kloster und Mönchtum eine große Verehrung. Aber wenn auch das katholische Mittelalter diese vom Geist bestimmte Lebens- und Gemeinschaftsform vielfach herrlich ausgestaltet hat, so hat es sie doch keineswegs erfunden. Es hat Mönche und Klöster lang vor dem Mittelalter und lang vor Christus gegeben, und gibt sie in Ostasien, auf Ceylon etc. heute noch, und diese vor- und nicht-christlichen Formen von Mönchtum sind mir ebenso ehrwürdig wie die abendländischen. *(Brief, Oktober 1954, an G. R. Hauptmann)*

Sie haben mich nach der Lesung des »Glasperlenspiels« mit einem Brief beschenkt, wie man ihn nur sehr selten bekommt;

ich habe ihn mit Freude und Rührung gelesen und freue mich seiner als einer späten, unerwarteten Gabe. Denn wenn ich auch, zu meinem eigenen Erstaunen, mit Anerkennung und Erfolg im Alter eher verwöhnt worden bin, so kam doch das, was ich an Verständnis und Lob erfuhr, zum großen Teil von Lesern, die ich nicht als ganz kompetent empfinden konnte, die von dem komplexen Wesen einer Dichtung nur die Hälfte oder weniger sich anzueignen vermochten, und deren Anerkennung noch dadurch entwertet wurde, daß sie meistens auf ein Inanspruchnehmen der Dichtung für allzu unmittelbare praktische Zwecke hinauslief.
Und nun bringt mir Ihr Brief das Verständnis eines Geistes von höchstem Niveau, den ich mir, was kritisches Vermögen und Weite der Bildung betrifft, überlegen weiß, und der überdies mir als Dichter ehrwürdig ist [...]
Die Vorstellung, die den ersten Funken in mir entzündete, war die der Reinkarnation als Ausdrucksform für das Stabile im Fließenden, für die Kontinuität der Überlieferung und des Geisteslebens überhaupt. Es kam mir eines Tages, manche Jahre, bevor ich mit dem Versuch einer Niederschrift begann, die Vision eines individuellen, aber überzeitlichen Lebenslaufes: ich dachte mir einen Menschen, der in mehreren Wiedergeburten die großen Epochen der Menschheitsgeschichte miterlebt. Übriggeblieben ist von dieser ursprünglichen Intention, wie Sie sehen, die Reihe der Knechtschen Lebensläufe, die drei historischen und der kastalische. Es gab übrigens in meinem Plan noch einen weiteren Lebenslauf, ins 18. Jahrhundert als die Zeit der großen Musikblüte verlegt, ich habe auch an diesem Gebilde nahezu ein Jahr lang gearbeitet und ihm mehr Studien gewidmet als allen andern Biographien Knechts, aber es ist mir nicht geglückt, das Ding blieb als Fragment liegen. Die allzu genau bekannte und allzu reich dokumentierte Welt jenes Jahrhunderts entzog sich dem Einbau in die mehr legendären Räume der übrigen Leben Knechts.
In den Jahren, die zwischen der ersten Konzeption und dem wirklichen Beginn der Arbeit am Buche lagen und in denen ich noch zwei andre Aufgaben zu erfüllen hatte, hat die Dichtung, die später den Namen »Glasperlenspiel« bekam, mir in wechselnden Gestalten vorgeschwebt, bald in feierlichen, bald in mehr spielerischen. Es waren für mich Jahre leidlichen Wohler-

gehens nach einer ernsten Lebenskrise, und es waren auch Jahre der Erholung und wiederkehrenden Lebensfreude für das vom ersten Weltkrieg erschöpfte Deutschland und Europa. Zwar war ich in politischer Hinsicht wach und mißtrauisch geworden und glaubte nicht an die deutsche Republik und die deutsche Friedfertigkeit, aber die allgemeine Atmosphäre von Zuversicht, ja Behagen tat mir doch wohl. Ich lebte in der Schweiz, kam sehr selten nach Deutschland und habe die Hitlersche Bewegung lange Zeit nicht ernst genommen. Als sie nun aber, namentlich vom Bekanntwerden des sogenannten Boxheimer[1] Dokumentes an, mir in ihrer Gefährlichkeit und Dynamik sichtbar wurde, und als sie gar offenkundig zur Macht gelangte, war es freilich mit meinem Behagen zu Ende. Es kam mit den Reden Hitlers und seiner Minister, mit ihren Zeitungen und Broschüren etwas wie Giftgas aufgestiegen, eine Welle von Gemeinheit, Verlogenheit, hemmungsloser Strebe-rei, eine Luft, die nicht zu atmen war. Es bedurfte der erst um Jahre später bekannt werdenden massiven Greuel nicht, es genügte dies Giftgas, diese Entheiligung der Sprache und Entthronung der Wahrheit, um mich wieder wie während der Kriegsjahre vor den Abgrund zu stellen. Die Luft war wieder giftig, das Leben war wieder in Frage gestellt. Dies war nun der Augenblick, in dem ich alle rettenden Kräfte in mir aufrufen und alles, was ich an Glauben besaß, nachprüfen und festigen mußte. Es war etwas heraufgekommen, weit schlimmer als einst der eitle Kaiser mit seinen halbgötterhaften Generälen, und würde vermutlich zu Schlimmerem führen als zu jener Art von Krieg, die wir kennengelernt hatten. Inmitten dieser Drohungen und Gefahren für die physische und geistige Existenz eines Dichters deutscher Sprache griff ich zum Rettungsmittel aller Künstler, zur Produktion, und nahm den schon alten Plan wieder auf, der sich aber sofort unter dem Druck des Augenblicks stark verwandelte. Es galt für mich zweierlei: einen geistigen Raum aufzubauen, in dem ich atmen und leben könnte aller Vergiftung der Welt zum Trotz, eine Zuflucht und Burg, und zweitens den Widerstand des Geistes gegen die barbarischen Mächte zum Ausdruck zu bringen und womög-

1 Eine Art Gebrauchsanweisung für die ›Nacht der langen Messer‹.

lich meine Freunde drüben in Deutschland im Widerstand und Ausharren zu stärken.
Um den Raum zu schaffen, in dem ich Zuflucht, Stärkung und Lebensmut finden könnte, genügte es nicht, irgend eine Vergangenheit zu beschwören und liebevoll auszumalen, wie es etwa meinem früheren Plan entsprochen hätte. Ich mußte, der grinsenden Gegenwart zum Trotz, das Reich des Geistes und der Seele als existent und unüberwindlich sichtbar machen, so wurde meine Dichtung zur Utopie, das Bild wurde in die Zukunft projiziert, die üble Gegenwart in eine überstandene Vergangenheit gebannt. Und zu meiner eigenen Überraschung entstand die kastalische Welt wie von selbst. Sie brauchte nicht erdacht und konstruiert zu werden. Sie war, ohne daß ich es gewußt hatte, längst in mir präformiert. Und damit war der gesuchte Atemraum für mich gefunden.
Ich tat damals auch meinem Bedürfnis nach Protest gegen die Barbarei Genüge. In meinem ersten Manuskript gab es einige Abschnitte, namentlich in der Vorgeschichte, die mit Leidenschaft gegen die Diktatoren und die Vergewaltigung des Lebens und Geistes Stellung nahmen; diese in der endgültigen Fassung größernteils gestrichenen Kampfansagen wurden in meinem deutschen Freundeskreise heimlich abgeschrieben und verbreitet. Die Dichtung erschien noch während des Krieges in der Schweiz. Sie wurde von meinem deutschen Verleger in einer Abschrift, in der die krassesten antihitlerischen Stellen weggelassen waren, den deutschen Zensoren zwecks Erlangung der Druckerlaubnis vorgelegt, wurde von diesen aber natürlich abgelehnt. Später hatte die kämpferisch-protestierende Funktion meines Buches für mich keine Bedeutung mehr.

(Brief, Janaur 1955, an Rudolf Pannwitz)

Aus Leserbriefen und Rezensionen war mir der Widerstand gegen das wirkliche Lesen, Verstehen und Geltenlassen des Schlusses meiner Erzählung natürlich bekannt. Ich habe das hingenommen wie andre Mißverständnisse, ich bin so oft bald mit Schmutz beworfen, bald mit Berühmtheit überfüttert worden, daß beides keinen Geschmack mehr für mich hat, nicht einmal einen bitteren. Aber wenn mir die »öffentliche Meinung« gleichgültig geworden ist, so spricht doch jedes aufrichtige Verstehenwollen einzelner Leser mich herzlich an. Dieser »einzelne Leser« ist meistens wortärmer aber viel gescheiter als jene öffentliche Meinung, die von einer Schicht substanzloser Intellektualität gebildet wird und zum Glück nicht so mächtig ist, wie sie zu sein glaubt. – Ihre Deutung, lieber Herr Ehrhart, wird meiner Erzählung vollkommen gerecht und hat mir rechte Freude gemacht.[1] Sollte sie nicht bald irgendwo gedruckt erscheinen, so würde ich Sie bitten, womöglich einen Durchschlag meinem Freund und Verleger Suhrkamp zu senden.

(Brief, Juli 1955, an Georg Ehrhart)

Zu den häufigsten Mißverständnissen, auf die das Glasperlenspiel immer und immer wieder stößt, gehört das Nicht-Verstehenkönnen von Knechts Opfertod. Ich habe nie begriffen, wie jemand, der das dicke Buch zu Ende gelesen hat, diesen seinen natürlichen Schluß falsch deuten kann. Briefe über diesen Punkt habe ich wohl einige hundert im Lauf der Jahre bekommen.

Nun hat ein mir persönlich nicht bekannter Mann grade hierüber einen guten Aufsatz geschrieben. Er stand in der Frankfurter[2], und leider erfuhr ich davon so spät, daß ich nur noch einige wenige Exemplare des Blattes ergattern konnte.

Es liegt mir aber sehr viel daran, von diesem Aufsatz möglichst viele Abzüge zu bekommen. Der beste Weg dazu wäre ein Zweitdruck in einem der von Ihnen betreuten Blätter, von dem ich dann etwa 150 Abzüge haben sollte.

(Brief, August 1955, an Josef Mühlberger)

Danke für Ihren Brief. Es tut mir leid, daß Josef Knecht Sie so sehr enttäuscht hat.

Was die »Lebensläufe« Knechts betrifft, so mögen Sie recht haben mit der Bemerkung, daß ein junger Schüler Kastaliens ohne praktische Lebenserfahrung sie nicht hätte schreiben können. In der Tat hat ja nicht Knecht sie geschrieben, sondern der schon etwa sechzigjährige Hesse.

1 Georg Ehrhart, »Der Tod des Glasperlenspielers«, »Frankfurter Allgemeine Zeitung«, Nr. 169 vom 25. 7. 1955. Vgl. auch »Materialien zu Hermann Hesse, Das Glasperlenspiel«, Band 2, »Texte über Das Glasperlenspiel« S. 121 ff.

2 Georg Ehrhart: »Der Tod des Glasperlenspielers«.

Hermann Hesse 1955 (Photo: Martin Hesse)

Sie tadeln, daß ich nicht beim Schreiben dieser Stücke bei jeder Zeile sorgfältig daran gedacht habe, daß sie ja von einem unerfahrenen jungen Schüler geschrieben sein sollen. Dieser Fehler ist, wie alle ähnlichen Reklamationen der Leser, nicht wiedergutzumachen.
Anders ist es, wenn Sie Knecht einen Steppenwolf nennen. Er ist dessen Gegenteil. Der Steppenwolf flieht vor dem Verzweiflungstod durchs Rasiermesser ins naive sinnliche Leben. Knecht aber, der Gereifte, verläßt heiter und tapfer eine Welt, die ihm keine Entwicklungsmöglichkeiten mehr läßt, und folgt dem Ruf der andern Welt, ohne sich dabei zu schonen. Ich finde an seinem Opfertod nichts zu korrigieren.
Aber ich muß aufhören, das Leben ist zu kurz für solche Gespräche. Ich werde bei Ihnen stets den kürzern ziehen, denn es ist nach meiner Erfahrung weit leichter, eine Dichtung kritisch zu analysieren als sie zu schreiben.

(Brief, 28. 8. 1955, an R. Koltz)

Vor kurzem ließ ich mir an einer Reihe von Abenden das seit seinem Fertigwerden vor etwa 14 Jahren nicht mehr gelesene Glasperlenspiel vorlesen. Ich hatte allerlei vergessen, und manche Einzelheiten gefielen mir nicht mehr (anders als bei Goldmund und Morgenlandfahrt, die sich beim Wiederprüfen restlos bewährten). Aber das Ganze und seine Struktur hat doch die Prüfung bestanden.

(Brief, 5. 4. 1956, an Otto Engel)

Daß das I Ging bei Diederichs ungekürzt wieder erscheint, ist auch mir eine rechte Freude. Ich hatte kürzlich auch eine kleine Wiederbegegnung mit dem wunderbaren Buch. Meine Frau hat mir an einer Reihe von Abenden das Glasperlenspiel vorgelesen, das ich seit etwa 14 Jahren nicht wiedergelesen hatte. Solche Gedächtnisprüfungen sind immer merkwürdig, aufschlußreich und zum Teil beschämend. Zu den Teilen, mit denen ich auch jetzt wieder ohne Abzug einverstanden war, gehörte die Episode im Bambusgehölz.

(Brief, 18. 4. 1956, an Salome Wilhelm)

Ihr großer Vortrag[1], völlig frei von Mißverständnissen, frei auch von jeder leeren Verherrlichung, hat mir mein »Glasperlenspiel«, das ich seit seinem Erscheinen nur ein Mal wiedergelesen habe, mit solcher Objektivität vor die Augen gestellt wie noch keine andre Auslegung, ich habe es gewissermaßen neu kennen gelernt, besser als bei einem etwaigen nochmaligen Wiederlesen, es war nirgends irgend ein Widerstand und Kritikbedürfnis in mir wach, ich war völlig einverstanden. Und zugleich war es mir ein Genuß, zu hören, wie Sie mit dem Stoff fertig wurden und wie erstaunlich viel Sie in die drei Viertelstunden hineinzubringen wußten.

(Brief, 17. 10. 1956, an Karl Schmid)

Zu »Stufen« wäre zu sagen: das Gedicht gehört zum »Glasperlenspiel«, einem Buch, in dem unter andrem die Religionen und Philosophien Indiens und Chinas eine Rolle spielen. Dort ist die Vorstellung der Wiedergeburt aller Wesen dominierend, nicht im Sinn eines christlichen Jenseits mit Paradies, Fegefeuer und Hölle. Diese Vorstellung ist mir durchaus geläufig und sie ist es auch dem fiktiven Verfasser jenes Gedichtes, Josef Knecht. Ich habe also tatsächlich an Fortleben oder Neubeginn nach dem Tode gedacht, wenn ich auch keineswegs kraß und materiell an Reincarnationen glaube. Die Religionen und Mythologien sind, ebenso wie die Dichtung, ein Versuch der Menschheit, eben jene Unsagbarkeiten in Bildern auszudrükken, die Ihr vergeblich ins flach Rationale zu übersetzen versucht.

(Brief, 30./31. 1. 1957, an einen Leser)

Das Glasperlenspiel ist in der Gestalt erschienen, in der es weiterexistieren soll, im Urmanuskript gab es einige Stellen über brüllende Diktatoren und Generäle, die ihren Dienst damals getan haben, sie wurden in einem kleinen Kreise in Hitlerdeutschland in Abschriften verbreitet und haben manchen Leuten den Rücken gegen die Teufelei stärken helfen.
Ihre Befürchtungen, Deutschland betreffend, teile ich. Ich habe

1 Radiovortrag 12. Oktober 1956. Vgl. Mat. Glas. Bd. 2, a.a.O., S. 124 ff.

aus guten Gründen Deutschland schon vor dem ersten Krieg, anno 1912, für immer verlassen, und seinen Zerfall mit Schmerzen, aber ohne Überraschung, beobachtet.

(Brief, 19. 2. 1959, an Werner Kruse)

Ich begreife wohl, daß Sie, im Bann Ihres Themas, solche Schlüsse ziehen konnten, aber ich habe beim Musikmeister nicht im mindesten an Goethe gedacht, überhaupt nicht an eine bestimmte Gestalt der Wirklichkeit. Ich finde auch die von Ihnen gesehene Ähnlichkeit nicht: in meinen Augen ist Goethe ein wesentlich anderer Charakter als der Musikmeister, vor allem aktiver. *(Brief, ca. 1960, an Inge Halpert)*

Ich kann auf musikanalytischem Gebiet nicht mitreden, aber Ihre Gedanken über gewisse formale Phänomene beim alten Beethoven und andern und ihre Vergleichbarkeit mit den zunächst unverständlichen, weil ungeheuer konzentrierten und mit Bedeutung überladenen Sprüchen des Bi Yän Lu – diese Ihre Gedanken anerkenne ich ohne weiteres als plausibel. Beide – die Chinesensprüche und die bis aufs Skelett reduzierten Figuren bei Beethoven – gehören in die selbe Region wie die Formeln des Glasperlenspiels, dorthin also, wo Ratio und Magie Eins werden. Das ist vielleicht das Geheimnis aller höheren Kunst.

(Brief, 14. 2. 1961, an Joachim von Hecker)

Ich halte zwar gleich Ihnen eine »Erklärung« meines Buches nicht für notwendig, habe auch die Erfahrung gemacht, daß zuweilen einfache Leser ohne humanistische Bildung merkwürdig empfänglich für den Sinn des Buches sind. Aber eine Einführung wie die Ihre bedeutet nun eben doch für das Buch ein Plus, einen Zuwachs und Gewinn. Ich wüßte nichts in Ihrem Nachwort[1], das ich nicht richtig und schön fände, vielleicht mit

1 Hans Mayer, »Hesses ›Glasperlenspiel‹ oder die Wiederbegegnung«, Nachwort zur Glasperlenspiel-Lizenzausgabe des Aufbau-Verlags, Berlin 1961. Vgl. auch »Materialien zu Hermann Hesse, Das Glasperlenspiel«, Band 2, »Texte über Das Glasperlenspiel« S. 143 ff.

der einzigen Ausnahme des Satzes über Hegel und Burckhardt – ich habe die Mehrzahl der abendländischen Philosophen, mit Ausnahme der Griechen, nie sehr gemocht und von Hegel so wenig gelesen, daß ich mich schämen müßte.

(Brief, Juli 1961, an Hans Mayer)

Texte zum Glasperlenspiel

Entwürfe, Fragmente, Notizen

Das Glasperlenspiel.
[Erste, handschriftliche Fassung der Einleitung]
Motto.

Mögen auch in gewisser Hinsicht und für leichtsinnige Menschen die nicht existenten Dinge leichter und verantwortungsloser durch Worte darzustellen sein als die seienden, so ist es doch für den frommen und gewissenhaften Geschichtsschreiber gerade umgekehrt: Nichts entzieht sich der Darstellung durch Worte so sehr und nichts ist doch notwendiger den Menschen vor Augen zu halten als gewisse Dinge, deren Existenz weder beweisbar noch wahrscheinlich ist, welche aber eben dadurch, daß fromme und gewissenhafte Menschen sie gewissermaßen wie seiende Dinge behandeln, dem Sein und der Möglichkeit des Geborenwerdens um einen Schritt näher geführt werden.

Albertus Secundus, tract. de cristallis
at. spirit. lib. I cap. 28. ed. Collof. Colon.

Wenn auch das »Glasperlenspiel« zur Zeit seiner höchsten Blüte sich von seinen naiven Anfangsformen gewaltig unterschied, übrigens auch schon seit Jahrzehnten nicht mehr mit Glasperlen gespielt wurde, so müssen wir doch, um es einigermaßen verstehen und erklären zu können, auf jene Anfänge zurückgehen. Wir erheben jedoch nicht im geringsten den Anspruch, eine Geschichte und eine Theorie dieses Spieles zu geben; auch würdigere und geschicktere Autoren als der Berichterstatter wären dazu heute nicht im Stande, diese Aufgabe wird einem späteren Zeitalter, falls die Quellen nicht verloren gehen, vorbehalten bleiben, und wird vermutlich dann viele Kulturhistoriker beschäftigen. Vorerst läßt sich darüber nicht wesentlich mehr sagen, als das, was während der Anfangsentwicklung des Spieles fast allen Gebildeten bekannt war, samt dem Wenigen, was aus seinen späteren esoterischen Stadien über den engen und streng geschlossenen Kreis seiner Anhänger hinausgedrungen ist.

Eines scheint schon heute unumstößlich festzustehen, daß nämlich als erster Erfinder und Begründer des Glasperlenspiels der Oberrechnungsrat R. Klaiber in Frankfurt anzusehen ist, und daß die Erfindung etwa in das Jahr 1935 oder 36 fällt. Mag

seither aus den harmlosen Anfängen etwas völlig anderes, mit ihnen nicht mehr Vergleichbares geworden sein, das Verdienst, zu einem so komplizierten und erstaunlichen Phänomen den ersten Anstoß gegeben zu haben, gebührt doch eben jenem Reinhold Klaiber, und wir müssen uns einen Augenblick bei ihm aufhalten, obwohl über seine Person bisher nicht eben viel bekannt geworden ist. Es liegen uns aus dem Sterbejahr Klaibers, 1954, einige Zeitungsnekrologe vor, die wir benutzen.
Reinhold Klaiber stammte aus einer Familie im unteren Neckartal, welcher eine große Anzahl von mittleren und höheren Staatsbeamten sowie mehrere angesehene Industrielle entstammten. Als er nach den üblichen Schul- und Studienjahren seine Beamtenlaufbahn begann, war er bereits im Besitz eines mäßigen, wohlangelegten Vermögens, und heiratete sieben Jahre später die einzige Erbin eines Berliner Großunternehmers. Im Klaiberschen Hause in Frankfurt verkehrte, wenn nicht die geistige Elite, so doch ein Teil der dortigen Gelehrten und eine Anzahl gebildeter Bürgerfamilien. Es war ein ausgesprochen bürgerlicher Kreis, mit literarischer und musikalischer Kultur, der Politik fremd und mit den Wissenschaften oberflächlich vertraut, ein Haus und Kreis, wie es im damaligen Deutschland gewiß damals noch manche gab, dessen Typus aber für jene Zeit nicht charakteristisch war, sondern eher wie ein harmloses Überbleibsel des deutschen Bürgertums der Vorkriegszeit anmutete. Man war sich einer gewissen Rückständigkeit bewußt, aber eher mit Stolz, man legte keinen Wert darauf, in enger Fühlung mit dem Zeitgeist zu sein, denn man hielt von diesem Zeitgeist nicht allzu viel, und hielt an Latein und Griechisch, an liberaler Humanität und klassischer Musik fest, las Goethe und gab musikalische Abende, alles ein wenig mit dem Gefühl und Anspruch, damit eine Insel inmitten eincr entartenden und hinsiechenden Kultur zu bilden. Der Politik gegenüber war man in halbwegs ruhigen Tagen von vornehmer Gleichgültigkeit, in stürmischen Zeiten von ängstlicher Ratlosigkeit, einzig dem Bolschewismus gegenüber war man seiner Haßgefühle sicher.
Klaibers Frau nahm an alledem Teil und war bestrebt, in diesem mit Bildung gesättigten Kreise ebenbürtig zu erscheinen, hatte aber doch manche andere Tendenzen und Gewohnheiten mitgebracht. So hatte sie z. B. Freude an komplizierten

Kartenspielen, nahm bei einem emigrierten russischen Grafen Unterricht im Bridgespiel, und suchte auch ihren Mann, seit er sich mit dem Titel Oberrechnungsrat hatte pensionieren lassen, dafür zu interessieren. Aber Klaiber mochte nichts davon wissen und erklärte oft, es scheine ihm ungereimt und geschmacklos, wenn gebildete Menschen, statt Griechisch zu lesen oder zu musizieren, auf ein bloßes Kartenspiel, einen leeren Zeitvertreib, ein Studium und eine Menge von Zeit, Eifer und Geld verwendeten. Und um seiner Frau das Bridge zu ersetzen und zu zeigen, was er könne, verwendete er einen ganzen Winter hindurch seine vielen Mußestunden darauf, ein Gesellschaftsspiel für wahrhaft Gebildete auszudenken.

Diesem Spiel lag die Erinnerung an ein Kartenspiel zu Grunde, das Klaiber als Knabe mit seinen Geschwistern besessen und gespielt und welches »Dichter-Quartett« geheißen hatte. Bei diesem Dichterquartett hatten je vier Karten mit dem Namen eines Dichters und seine Hauptwerke ein Quartett gebildet, man hatte z. B. beim Verteilen eine Karte mit dem Bildnis Schillers und dem »Tell« erhalten, und mußte nun dazu die Karten mit den Räubern, dem Wallenstein und der Maria Stuart zu erlangen suchen, dann war ein Quartett vollzählig, wurde abgelegt und zählte einen Punkt. Diesem Spiel bildete Klaiber das seine nach, es war ebenfalls ein Karten-Quartettspiel mit berühmten Namen und Werken, nur waren außer den Dichtern auch Musiker, Maler und Baumeister aufgenommen, und es gehörten nicht immer genau 4 Karten zusammen, sondern manchmal auch 3, 5 oder 6. Goethe z. B. oder J. S. Bach füllten ein Sextett, während es für Lessing oder Händel nur ein Terzett gab. Jede Karte zeigte oben in großer Schrift und roten Buchstaben den Namen des Künstlers, samt den Daten und Orten seiner Geburt und seines Todes, sodann seine 3 oder 4 oder mehr Hauptwerke, deren eines rot unterstrichen war. Für dieses Werk galt die betreffende Karte. Links oben in der Ecke trug jede Karte einen Buchstaben: K - bedeutete Komponist, D - Dichter, A - Architekt usw. Das Spiel war umfangreich und konnte von einer ganzen Tischrunde gespielt werden. Die Karten aus einem glatten Karton, der sich wie Celluloid anfühlte, waren von Klaiber selbst auf der Schreibmaschine in zweierlei Schriften zweifarbig geschrieben und sahen äußerst sauber und geordnet aus, man kann die Über-

bleibsel des Spieles noch heute im Frankfurter Stadtmuseum sich zeigen lassen.
Alles in allem also war das Klaiber'sche Spiel eine sehr harmlose Spielerei, ein kleinbürgerliches Allerwelts-Bildungs-Kartenspiel, eine Art in Karten aufgelöstes Künstlerlexikon, und es hatte vermutlich eher etwas kindlich Komisches, wenn Herren und Damen um den Tisch herum einander fragten: »Bitte, haben Sie Schuberts Forellenquintett?« oder »Können Sie mir vielleicht den Palazzo Barberini von Bernini geben?« Es wurde trotzdem den Spielern nicht langweilig, denn einmal war es eine Art von Wahrzeichen und Devise: Wer das Bildungsquartett spielte, gehörte zu einer Partei, zu den Gebildeten, den Altmodischen, den Trägern und Verteidigern der »Kultur«, der heiligen Tradition. Und dann hatte das Künstlerkartenspiel etwas Hübsches: es war unbegrenzt, man konnte es beliebig ausdehnen oder einschränken, spezialisieren oder verallgemeinern. Das gefiel den Leuten sehr, und bald hatte in Frankfurt jede Familie, die auf Bildung hielt, ihr eigenes Kartenspiel oder deren mehrere, und die Mode dehnte sich bald auf andere Städte und über das ganze Reich aus, weckte hier Begeisterung, dort Gelächter, entzückte Greise wie Backfische, gab den Witzblättern Stoff für viele Jahre und lief als große Mode über ganz Europa. Das Hübsche daran war, daß jede Familie, jeder Freundeskreis, jede kleine oder große Gesellschaft sich ihr eigenes Spiel herstellen konnte. Es gab Spiele mit Tausenden von Karten, und sie enthielten außer den Künstlern auch noch die Philosophen, Mathematiker, Staatsmänner, Moralisten, Erfinder, Reisenden, Sportsleute aller Länder. Diese sich ins Uferlose verlierenden Massenspiele jedoch hielten sich nicht lange. Desto beliebter wurden die Spezial-Spiele, deren schon im ersten Jahrzehnt sehr hübsche erfunden wurden. Ein musikalischer Kreis in Frankfurt machte den Anfang mit einem Kartenspiel: »Deutsche Kammermusik des 17. Jahrhunderts«. Hier trug jede Karte außer Autornamen und Opus auch noch in Notenschrift eines der Hauptmotive des Werkes, und wenn musikalische Menschen dieses Spiel spielten, so fragten sie einander die Karten nicht mit Worten ab, sondern jeder sang, pfiff oder summte das fragliche Motiv, oft antwortete der Befragte, indem er eine Begleitstimme dazu sang, und nicht selten wurden von einem schönen Thema alle gepackt, vergaßen für

eine Weile die Karten und summten mehrstimmig das zitierte Stück, soweit sie sich seiner erinnern konnten. In anderen Kreisen wurde das Spiel auf andre Gebiete angewandt, auch auf wissenschaftliche, auf Medizin, Staatswissenschaft, Philosophie, zuletzt auch auf die Mathematik, und diese letzte Abzweigung war es, welche dem Spiel allmählich ganz neue Unterlagen und Bedeutungen gab.
Immerhin war also schon in jenen Anfangsjahren Klaibers »Literatur- und Kunstspiel«, wie er selbst es nannte, ganz erheblicher Sublimierungen fähig, es hätte sich als bloßes Schöntun mit Bildungsbrocken selbst in jener geistig so anspruchslosen Zeit schwerlich solcher Beliebtheit erfreuen können. Plinius Ziegenhalß, der in seiner genialen Schrift »Vorläufige Bemerkungen zu einer geistesgeschichtlichen Betrachtung Europas um's Jahr 2000« dem Literatur-Spiel ohne Nennung von Klaibers Namen einige beachtenswerte Zeilen widmete, sagt: »Die Volkstümlichkeit dieses in seiner anfänglichen Form beinahe geistlosen Spieles mag sich so erklären: Es war in der Generation seit 1900, und in rasch zunehmendem Tempo vom Jahr 1918 an im gebildeten Bürgertum von ganz Europa ein Gedanke, oder vielmehr eine Stimmung zur Vorherrschaft gelangt, mit welcher Nietzsche einige Jahrzehnte früher völlig unverstanden geblieben war, der Gedanke nämlich: daß nicht nur unsere Kultur im Greisenalter stehe und keine Blüten mehr treiben könne, sondern daß auch das ganze geistige und moralische Gerüst unseres Lebens morsch und verfault und am Einstürzen sei. Die an sich richtige Einsicht in den Prozeß der Mechanisierung und in die Unwiederbringlichkeit des Schönsten, was diese Kultur einst gewesen war und geschaffen hatte, war beinahe ausschließlich eine pessimistische, und hatte bisher vergessen, auch die positiven und angenehmen Seiten dieses Spätzustandes unsrer Kultur wahrzunehmen. Eines der positiven, ja eins der höchsten Güter dieser Epoche nun drang aus dem Wissen Weniger zu jener Zeit in das Bewußtsein Vieler, und daran hatte das Klaibersche Gesellschaftsspiel den stärksten Anteil. Es diente wie kein anderes Mittel der Verbreitung des Bewußtseins, daß unser Spätzustand zwar ein seniler und unschöpferischer sei, daß er aber dafür einen Überblick und ein feines intellektuelles Verfügen über sämtliche Schätze der gewesenen eigenen wie der

gewesenen fremden Kulturen ermögliche, wie es ähnlich vielleicht am letzten Ende der antiken Kultur die alexandrinische Epoche besaß.« So Ziegenhalß. Und wir müssen ihm recht geben. Das Klaibersche Kartenspiel brachte es Tausenden zum Bewußtsein, daß sie späte Erben eines unausschöpflichen Schatzes seien, den sie zwar vielleicht nicht mehr durch neue Schöpfungen vermehren, dafür aber unter Benutzung zahlloser hochgezüchteter geistiger und technischer Methoden spielend genießen könnten. Wenn ich die Zeit Klaibers oben geistig anspruchslos genannt habe, so war sie dennoch im Besitz von höchst verfeinerten Methoden. Nur verfügte sie gerade in der Klaiberschen Epoche über diese Güter mit einer gewissen infantilen Sorglosigkeit, ohne daran zu denken, daß auch die besten Methoden der Kontrolle und Kritik bedürfen, und daß das Fahrenkönnen in einem Flugzeug oder Auto noch lange nicht dasselbe bedeutet, wie das Erfindenkönnen dieser hübschen Maschinen. Während die technische Schulung der damaligen Generation zwar im Niedergehen, aber immerhin noch auf einer recht hohen Stufe war, war ihre geistige Schulung von einer Seichtigkeit, deren Folgen sich als verhängnisvoll genug erwiesen, und welche den schon zitierten Forscher Ziegenhalß veranlaßt hat, in mehreren seiner Arbeiten jene Epoche die »feuilletonistische« zu nennen.
Eben diesem »feuilletonistischen« Zeitalter nun entsprach das Klaibersche Bildungskartenspielchen in hohem Maße. Zugleich aber trug das Spiel wesentlich dazu bei, den »gebildeten« Schichten die Augen zu öffnen für die Schatzkammern der Vergangenheit und für die Möglichkeit, mit diesen Schätzen höchst erfreuende, mannigfache und sinnvolle Spiele zu spielen, statt sie entweder vergessen und verkommen zu lassen, oder sich in leidvoller und unfruchtbarer Anstrengung um das Erzeugen neuer Schätze von ähnlicher Art zu bemühen.
Mit dem Ende der Klaiberschen Generation hatte der bürgerliche feuilletonistische Geistesbetrieb seinen letzten Tiefstand erreicht: Was in Vorträgen, Zeitungen und Büchern um 1950 geleistet und von der Menge bewundert wurde, unterbietet das gewiß bescheidene Niveau von 1930 noch um ein Erhebliches. Zugleich mit dem kindlich zuchtlosen Herumspielen der Klaibergeneration erreichte die Produktion an Kunst, an imitierten Dichtungen, imitierter Musik, imitierter Malerei ungeheure Zif-

fern; es war, als wolle Europa in einer letzten Anstrengung sich selber beweisen, daß seine Kultur noch schöpferisch sei. Überraschend schnell brachte die darauf folgende Generation den Umschwung: einerseits eine in vielen kleinen und kleinsten Kulturherden neu beginnende Geisteszucht oft asketischer Strenge, andererseits ein beinah völliges Verzichten auf das Produzieren von Kunst: denn Kunst und Feuilleton waren Eins geworden.

Inzwischen machte das Klaibersche Spiel manche Wandlungen durch, welche im einzelnen zu verfolgen hier nicht nötig scheint.

War die erste ernstliche Verfeinerung des Spieles bei seiner Spezialisierung auf die Musik entstanden, so war es jener Wissenschaft, welche als letzte und erst nach Jahrzehnten das Spiel in ihre Kreise einließ, vorbehalten, seine Vergeistigung zu vollenden: der Mathematik. Es begann unter Studenten zunächst noch als reines Gesellschaftsspiel, die Terzette und Quartette trugen dabei die Namen von großen Mathematikern und der von ihnen aufgestellten Formeln, oder aber die Namen von Weltkörpern mit ihren Maßen und Umlaufzeiten. Die Namen der Mathematiker und der Sterne aber verschwanden bald aus dem Spiel, es blieben nur die Formeln übrig; die Spieler bedienten einander, sie gegenseitig entwickelnd, mit diesen abstrakten Formeln, spielten einander Entwicklungsreihen und Möglichkeiten ihrer Wissenschaft vor, und niemand dachte mehr daran, ein Quartett abzulegen und Glasperlen zu gewinnen. Dies war der zweite große Aufschwung in der Geschichte unseres Spieles. Bei den Mathematikern noch weit mehr als einst bei den Musikern verlor es seinen ursprünglichen Charakter eines Spieles um des Gewinnens willen und einer leeren Bildungsparade. Zugleich mit der »feuilletonistischen« Epoche war auch Klaibers Dichter- und Künstlerspiel zu Ende, oder verlor doch seine Geltung. An seine Stelle trat, geführt von der Königin der Wissenschaften, jenes Spiel der Formel-Dialoge. Man spielte es eifrig und schon mit einer Vorahnung seiner späteren, fast religiösen Bedeutung in allen mathematischen Seminaren Deutschlands, welche, gleich den Klöstern im frühen Mittelalter, in der Zeit nach dem Zusammenbruch des Feuilletonismus die wichtigsten Pflegestätten des geistigen Lebens wurden. Schon etwa von 1950 an begann ja, vorerst im

kleinen Kreise einer geistigen Elite, jene Abwendung vom Feuilleton und vom Kunstersatz und jene Hinwendung zu den exaktesten Übungen des Geistes, der wir die Entstehung einer ganz neuen geistigen Zucht von mönchischer Strenge verdanken. Die jungen Menschen, welche sich geistigen Studien widmen wollten, konnten und wollten jetzt nicht mehr an Hochschulen herum schmausen, wo ihnen von redseligen und selbstgefälligen Professoren die Reste der einstigen höheren Bildung in angenehmen Dosen dargereicht wurden; sie mußten jetzt einen engen und steilen Weg gehen, mußten an der Mathematik und an aristotelisch-scholastischen Übungen ihr Denkvermögen reinigen und steigern, und mußten außerdem auf alle die Güter vollkommen verzichten lernen, welche vor ihnen für eine Reihe von Gelehrtengenerationen als die erstrebenswertesten gegolten hatten: auf raschen und leichten Gelderwerb, auf Ruhm und Ehrungen in der Öffentlichkeit, auf Ehen mit den Töchtern von Bankiers und Fabrikanten, auf Behagen und Luxus im materiellen Leben. Die »Dichter« mit den hohen Einkünften und hübschen Villen, die großen Ärzte mit den Orden und den Livreedienern, die Akademiker mit den reichen Gattinnen und glänzenden Automobilen, die Chemiker mit den Aufsichtsratstellen in der Industrie, die Philosophen mit den hohen Buchauflagen und den hinreißenden Vorträgen in überfüllten Sälen mit Blumengaben und Applaus – alle diese Figuren verschwanden und sind bis heute nicht wiedergekommen. Wohl gab es noch junge Talente genug, welchen diese Figuren beneidete Vorbilder waren, aber die Wege zur öffentlichen Ehrung, zum Reichtum und Luxus führten nicht mehr durch die Hörsäle und Seminare, die tiefgesunkenen geistigen Berufe hatten in der Welt Bankrott gemacht und hatten dafür durch eine beinahe büßerisch-fanatische Selbsthingabe den Geist wieder erobert.
Während diese, uns allen aus der Geschichte wohlbekannten Umwälzungen sich vollzogen, erlebte das Glasperlenspiel, von den Mathematikern ins Geistige hinüber gerettet, nochmals einen entscheidenden Aufschwung und neuen Antrieb, durch seine Verbindung mit der Musik. Ein Schweizer Musikhistoriker, zugleich fanatischer Liebhaber der Mathematik, gab dem Glasperlenspiel, das schon damals aus der Bürgerlichkeit und Öffentlichkeit verschwunden und eine esoterische Übung

geworden war, die Möglichkeit zu seiner höchsten Entfaltung. Sein bürgerlicher Name ist nicht mehr zu ermitteln, seine Zeit kannte den Kult der Person auf den geistigen Gebieten nicht mehr, in der Geschichte lebt er als Ignotus Basiliensis fort. Er erfand für das Glasperlenspiel eine neue Sprache, eine Zeichen- und Formelsprache, an welcher die Mathematik und die Musik gleichen Anteil hatten, in welcher es möglich wurde, eine astronomische und eine musikalische Formel zu vereinigen, Mathematik und Musik gewissermaßen auf einen gemeinsamen Nenner zu bringen. Wenn auch die Entwicklung damit keineswegs abgeschlossen war, wenn auch später die Spielsprache sich die Gebiete der Chemie und Physik, der Philosophie und beinahe aller Wissenschaften hinzu eroberte, den Grund zu dem allem hat, in der Zeit um 2030, der Ignotus Basiliensis gelegt.

Seit dieser Großtat hat das Glasperlenspiel sich rasch vollends zu dem entwickelt, was es heute ist: zum Inbegriff des Geistigen, zum sublimen Kult und Dienst, zur Verwirklichung der universitas litterarum. Seine Rolle im Geistesleben entspricht etwa der Rolle, welche in früheren Epochen die Kunst gespielt hat. Wenigstens wurde das Spiel nicht selten mit einem Ausdruck bezeichnet, der aus der Dichtung der Klaiber-Zeit stammt und für jene Zeit das Sehnsuchtsziel manches vorahnenden Geistes benannte, mit dem Ausdruck: Magisches Theater.

Längst vorüber aber, und für uns halb lächerlich, halb rührend geworden ist die Zeit, in welcher das Glasperlenspiel, oder sein primitiver Vorfahr, in bürgerlichen Salons von Herren und Damen als Abendbelustigung gespielt wurde. Heute spielen es, unter andächtigem Horchen der Eingeladenen, die paar Dutzend auserwählten Geister der Erde, manches dieser Spiele hat eine Dauer von Monaten, und während es zelebriert wird, leben die Mitspieler sowohl wie die Zuhörer und Zuschauer nach strengsten Regeln ein selbstloses und enthaltsames Leben, vergleichbar dem genau geregelten, büßerischen Leben, welches die Teilnehmer der Übungen des hl. Ignatius während ihrer Buß- und Meditationszeit führen.

(ca. Mai/Juni 1932)

Die zweite Fassung der Einleitung unterscheidet sich nur geringfügig von der dritten, zu Beginn dieses Bandes gedruckten Version »Vom Wesen und von der Herkunft des Glasperlenspiels«.

5mal wird X geboren [*der Name Josef Knecht wird noch nicht verwendet*].

I
Regenmacher bei Müttern?

II
Wiedergeburt als Enkel oder Urenkel, Held. Gründet Reich der Welt.

III
Christ, Ritter, Mönch.

IV
Wiedergeburt als jetziger X, der die Geschichte erzählt:
Die Sage von X.
Ende in Mechanei. Wird (will) *nicht* wiedergeboren werden.
Deshalb stirbt aber Reich und Erde nicht aus. In die Körper seiner Enkel wird nicht Er mehr einkehren, sondern andre Wesen, Dämonen, vielleicht werden diese fremden Enkel einst eine neue Weltjugend schaffen.

V
Zukunft. Noch weniger Wirklichkeit, noch mehr Phantasie. Höchste Kultur: Das Perlenspiel in vielen Kategorien, umfaßt Musik, Geschichte, Weltraum, *Mathematik*. X ist jetzt höchster Perlenspieler, spielt die Weltsymphonie, wandelt sie nach Plato, nach Bach, nach Mozart, drückt das Komplizierteste in 10 Zeilen Perlen aus, wird von 3 oder 4 ganz, von 1000en halb verstanden.
Aber die Notleidenden und Kulturlosen haben genug, sie schlagen (mit Recht) alles zusammen, die Perlenspieler sind ihnen lächerlich und verhaßt.
Die Geistigen haben aufgehört Bücher zu schreiben, statt dessen Perlenspiel. Sie haben ebenso auf Wohlleben und Erfolg verzichtet, und leben höchst genügsam und bedürfnislos ihrem schönen lebenslangen Spiel.
Schilderung des Spiels: »nicht leicht anschaulich zu beschreiben, da so kompliziert und außerdem ja noch gar nicht erfunden.«

Knecht erklärt u. a.:

»Spielen« hat mehrere Bedeutungen, vor allem aber bedeutet es etwas, was der damit Beschäftigte ganz besonders wichtig und ernst nimmt. Das Spiel des Kindes wird mit größtem Ernst gespielt. Das Spiel der Musiker wird wie Gottesdienst zelebriert. Jedes Karten- oder Gesellschaftsspiel noch zeichnet sich dadurch aus, daß man es zwar als minder ernsthaft vom »Leben« unterscheidet, daß es aber ganz feste Regeln hat, und daß jeder Spieler diese Regeln viel genauer einhält und sich ihrem Sinn viel mehr unterwirft als die meisten Menschen im »wirklichen« Leben es mit den Regeln der Vernunft, der Hygiene, der Sozialität etc. tun.

Darum ist jedes Spiel eine gute Schule des Gehorsams, des Dienens, des Ernstnehmens, und das wird dadurch nicht entwertet sondern erhöht, daß die wachsten und klügsten Spieler genau darum wissen, ihr Spiel sei bloß Bild, Gleichnis, eben Spiel. Grade die, die das Spiel ohne Ehrgeiz, ohne Gewinnenwollen spielen, halten die Regeln am besten. Und grade die, die auch im Leben handeln als sei es Spiel, dienen dem Leben am besten.

Zu diesem Spielsinn nun steht der Ernst der politischen Überzeugungen, Bestrebungen etc. im Gegensatz. Es fehlt hier die Demut des Wissens, daß man eben doch nur spielt und ein Kind ist, und Gott über sich hat. Statt dessen handelt, denkt, spricht man mit einem übersteigerten, blinden, andre vergewaltigenden Ernst. Und darum ist die Spielschule keine Vorbereitung für Politik, solang Politik im heutigen Geist betrieben wird.

Drama innerhalb eines *Sonaten*satzes: Zuerst Streben zur Dominante und Gewinnung der Dominante, dann Mittelteil: Kampf um das Behaupten der erreichten Dominante, was aber vergeblich ist und tragische Spannung bringt, nun Suchen und Getriebenwerden durch fremde Tonarten hindurch, bis bei Beginn des 3. Teiles der Reprise die Haupttonart wieder gewonnen wird. Die Reprise wiederholt den ganzen ersten Teil, steuert aber nicht wie jener nach der Dominante, sondern nach der Haupttonart.
Sequenz-Wiederholung eines Motivs auf tieferer oder höherer Tonstufe, meistens geht diese Verschiebung in Sekunden, kann aber auch z. B. in Terzen wie in Terassen herabfallen.
»Schusterfleck« alter Ausdruck für allzu billige harmonische Sequenzen.

Harmonik der ältern und neuern Musik.
Im 16. und weit bis ins 17. Jahrhundert herrschten die Akkorde auf dem Grundton vor, die der Musik etwas Festes, Statisches geben (noch bei Händel sehr zu spüren), und Dissonanzen sind selten. Kommt ein dissonierender Ton vor, so wird er meist zuerst in konsonanter Funktion eingeführt.
alte Musik: fester, statischer
neuere: leichter, schwebender, fließender.

Beispiel für eine Improvisationsübung:

Von Händel gibt es Sätze von Orgelkonzerten, in denen einzelne Orgel-Soli nur angesponnen sind, d. h. es stehen nur einige erste Takte da, in denen das motivische Material für die folgenden gegeben ist (diese sind meist sequenzenartig auszuspinnen), außerdem steht nur die Klausel oder die Überleitung zum nächsten Tutti ausgeschrieben. Der Organist muß die Leere zwischen jenen Anfangstakten und der Klausel durch eigene Improvisation füllen. Es kommt dabei darauf an, ein harmonisches Schema zu finden, das in den Zielpunkt einmündet, und es virtuos durch mannigfache Brechung virtuos auszuschmükken.

Eine andre wichtige Improvisationsübung ist die Kolorierung des Adagio. Der Komponist hat nur das Gerippe der Adagio-Kantilene vorgeschrieben, dieses muß der Improvisierende durch Synkopierung, Durchgangs- und Wechselnoten, durch melismatische Ausweitungen aller Art sowie durch kleine Verzierungen (Manieren) ausschmücken. So kann es vorkommen, daß er das Vielfache an Noten spielt als in der Partitur steht. Hätte er, in der Art etwa heutiger Solisten, ein Adagio von Händel oder Corelli notengetreu abgespielt, so wäre er von den Hörern oder dem Lehrer sehr verspottet worden.
Auf der selben Technik beruht die Kunst, ein koloriertes Choral-Vorspiel zu improvisieren.
Bei den Alten erwartete man z. B. auch vom Solisten, daß er eine Arie beim da capo nicht nur wiederholt, sondern sie auch leicht variiert und bereichert.
Dritte Improvisationsübung: die Technik der Kadenz erstens in ihrer Funktion als Überleitung (Passagen oder gebrochene Akkorde), zweitens als Ausschmückung und Krönung der Schlußkadenz, z. B. in der Mozartzeit die große Kadenz auf dem Quart-Sextakkord.
Weitere wichtige Übungen: Fuge und Präludium.
Fünfte Improvisationsübung: Variationen über ein gegebenes Thema. Dabei wichtig: die Technik der Diminution, d. h. Zerschlafung der Melodielinie in kleine Notenwerte: etwa in der Folge: Viertel, Achtel, Achteltriolen, Sechzehntel, Sechzehntelsextolen, Zweiunddreißigstel. Ferner (auch bei der Fuge stets zu üben) die Technik, die Sopranmelodie in die Alt-Tenor-Baßlage zu verlegen und mit neuen Gegenstimmen zu umspielen. Ferner: Variierung durch mannigfache Brechung der Grund-Harmonie.

Designori:

Mein Großvater besitzt eine große Bibliothek, darunter einige Schränke voll Bücher aus der feuilletonistischen Epoche, zerfallende alte Bände mit braun und brüchig gewordenem Papier. Ich habe manche von diesen Schmökern, einer davon handelte von zwei Freunden, die in einem Kloster lebten. Der eine von ihnen, er hieß Goldmund, sagte in der Stunde seines Todes zum andern: »Du hast nie eine Mutter gehabt. Ohne Mutter kann man nicht lieben, ohne Mutter kann man nicht sterben.« Die Worte sind wohl das einzige, was mir von der Geschichte geblieben ist, und ich glaube, ein wenig passen sie auch auf Dich und auf alle Kastalier. Ihr alle habt zwar Väter, Väter im Überfluß, ihr lebt in einer Väter- und Lehrerwelt. Aber eine Mutter hast Du nicht.

Knecht:

Auch ich habe eine gehabt, denke ich, wenn ich sie auch früh verloren habe. Vielleicht ist das ein Unglück, ich weiß es nicht. Es gibt ja in der Literatur auch jenen Typus, der das umgekehrte Unglück hat, den Typus der Muttersöhnchen, derer, die allzu viel Mutterwärme und Zärtlichkeit abbekommen haben und daran verderben. Aber ob einer seine leibliche Mutter etwas länger behält als ein andrer, ist wohl doch nicht so wichtig; gehabt hat jeder eine. Wichtiger scheint mir, ob er von »den Müttern« weiß, ob er ein Verhältnis zu den Abgründen und Urquellen hat, aus denen das Leben kommt. Wer das hat, der kann die eigene Mutter entbehren, er wird den Müttern und dem Ur-Mütterlichen überall und immer wieder begegnen, auch in der Wissenschaft und gar in der Kunst.

Aus seinem gelehrten Klosterbezirk geht Knecht einigemal im Jahr in eine Stadt, um mit einer Frau zu schlafen. Er wählt sie aus den »Verschl [eierten] «, die mit verhülltem Gesicht gehen. Jede Frau kann, wenn sie will, so gehen. Dann darf jeder Mann sie ansprechen und mitnehmen. Er kennt sie nicht und riskiert, daß sie im Gesicht häßlich ist. Immer geht ein kleiner Teil der Frauen und Mädchen verschleiert,
1. die, die keinen Mann fanden,
2. die zeitweise aus Bindung und Kultur ins Chaos der Triebe zurück müssen.
Sie tun es zuweilen mit Wissen ihrer Männer.
(Auf der Rückseite eines Briefes des S. Fischer Verlags vom 19. 11. 1932)

Meister Jakobus hat einmal gesagt:
Wie wird unsre Generation Probe halten? Es können Zeiten des Schreckens und tiefsten Elends kommen. Wenn aber beim Elend noch ein Glück sein soll, so kann es nur ein geistiges sein, rückwärts gewandt zur Rettung der Bildung früherer Zeit, vorwärts gewandt zur heitern und unverdrossenen Vertretung des Geistes in einer Zeit, die sonst gänzlich dem Stoff anheimfallen könnte.

Das Leben, das physische, wie das geistige, ist ein dynamisches Phänomen, von dem das Glasperlenspiel im Grunde nur die ästhetische Seite erfaßt, und zwar erfaßt es sie vorwiegend im Bild rhythmischer Vorgänge.

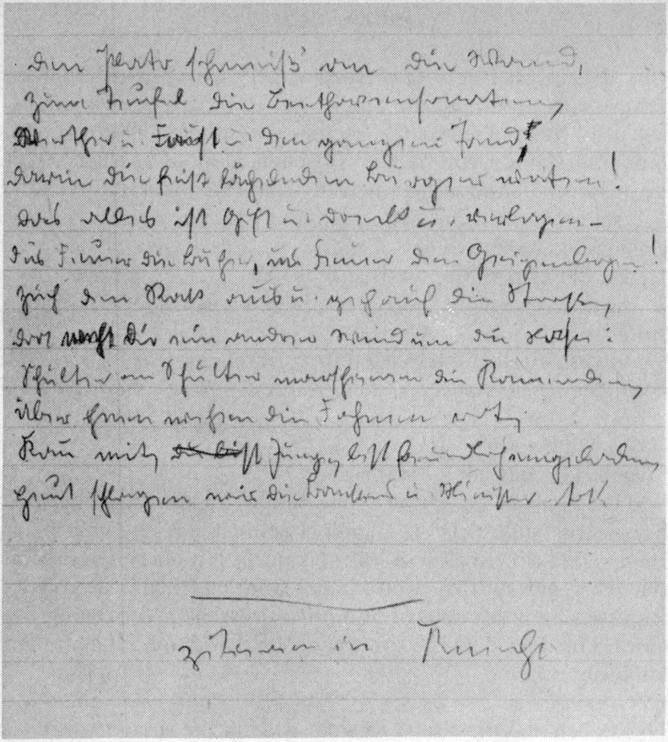

Den Plato schmeiß an die Wand,
Zum Teufel die Beethovensonaten,
Werther und Faust und den ganzen Tand,
Darin die feist lächelnden Bürger waten!
Das alles ist Gift und Dreck und verlogen –
Ins Feuer die Bücher, ins Feuer den Geigenbogen!
Zieh den Rock aus und geh auf die Straße,
Dort weht Dir ein andrer Wind um die Nase:
Schulter an Schulter marschieren die Kameraden,
Über ihnen wehen die Fahnen rot,
Komm mit Junge, bist freundlich eingeladen,
Heut schlagen wir die Bankiers und Minister tot!

zitieren in Knecht.

Zu Knecht's letztem Glasperlenspiel:
Er beginnt, wie das bei feierlichen Spielen Sitte ist, mit einem Satz aus dem klassischen Schatz an älteren Glasperlenspielen, einer Formel aus der Zeit vor etwa 200 Jahren. Sie wirkt, da das Spiel ja inzwischen komplizierter und reicher geworden ist, etwas archaisch und einfach, aber in ihrer Beschränkung und klassischen Haltung doppelt würdevoll.

Ende des Ludi Magister:
Knecht bereitet das große Jahresspiel vor und führt es durch, auf der Höhe seiner Besonnenheit, er allein weiß, daß es sein letztes ist. Nach Vollendung des Spiels legt er sein Amt als Magister nieder und bittet den Erziehungsrat, ihn zu entlassen. Er will in die »Welt«, er will nicht mehr weiter in dieser Vollkommenheit und Ordnung leben, er will nicht hier weiter dienen, wo alles so vollkommen ist, sondern draußen unter den Fremden. Er will unter sie gehen, dienend, vielleicht als kleiner Musikant, er will versuchen, dort etwas von dem auszustrahlen, was er von hier mitbringt:
Die Bereitschaft zum Dienen, zum Gutmachen seiner Sache. Hier, bei den Geistigen, ist das leicht. Dort, in der Welt, auf dem Markt der Leidenschaften, ist es schwerer.
Gespräche mit den Obern, die ihn endlich entlassen müssen.
Er geht namenlos, man hört nie mehr von ihm.

Das Schreiben bespricht Knecht vorher und nachher mit Tegularius. Knecht weiß, daß es abschlägig beschieden wird. Sein Entschluß steht ohnehin fest. Wenn er gegangen sein wird, wird das Schreiben schon nachwirken.

Tegularius fragt: Warum hast Du Dein Anliegen diesem Schreiben anvertraut, das nun ohne Erfolg geblieben ist? Du weißt doch: hättest Du die Mitglieder der Behörde einen um den andern aufgesucht und ihn Deinem persönlichen Einfluß ausgesetzt, so hätte mehr als die Hälfte für Dich gestimmt und Dein Gesuch bewilligt.
Knecht: Das ist wohl möglich, Freund. Aber mein Gesuch war

nur ein Anpochen, eine erste Mahnung. Sie sollten nicht mir zustimmen, die Kollegen, sondern die Augen aufmachen. Ich wollte sie wecken helfen. Das Persönliche ist gleichgiltig.

Tegularius: Aber wirst Du Dich nun mit der Antwort der Behörde begnügen?

Knecht: Ach, ich nehme sie nicht so sehr ernst. Was ich werde zu tun haben, wird sich zeigen, das kommt mir nicht von außen. Und es ist besser, daß ich alsdann für mein Tun ganz alleine die Verantwortung trage.

Die erste handschriftliche Fassung des »Schreibens des Magister Ludi an die Erziehungsbehörde« weicht nur geringfügig von der letztgültigen, im Buch abgedruckten Version ab. Die einzige größere Auslassung im letzten Viertel des Schreibens betrifft diese Textpassage:

In früheren Epochen verlangte man bei aufgeregten sogenannten »großen« Zeiten, bei Krieg und Umsturz von den Geistigen, sie sollten sich politisieren. Namentlich im spät-feuilletonistischen Zeitalter war dies der Fall.

[Zu den berauschenden Schlagworten jener Zeit gehörte, nachdem man eben erst vom »Gesamtkunstwerk« geträumt hatte, das Schlagwort »Totalität«. Unser Historiker Ziegenhalß schüttelt den Kopf zu diesem »Pars pro toto«, wie er es nennt, man findet die Stelle in der Schlußbetrachtung seines Buches: »Die Generäle sprachen vom totalen Krieg, die Techniker von der totalen Motorisierung, die Finanzminister von der totalen Wirtschaft. Kurz, jedes Teilgebiet des Lebens konnte sich unter Umständen diesen Anspruch aneignen. Wir verstehen wohl, daß einseitig gebildete Militärs und politische Emporkömmlinge ahnungslos solche Sprachtorheiten und Denkfehler produzierten; was wir nicht verstehen, ist, daß solche Worte tatsächlich und auch bei Völkern mit guter Bildung und differenzierter Sprache, in allem Ernst sich durchsetzen und eine Weile herrschen konnten. Nun ist ja allerdings die Entartung der Sprache, das Erkranken von Syntax, die Verarmung der grammatischen Formeln und die Überschwemmung der Sprache mit neuen, unorganischen, zu Propagandazwecken erfundenen Wörtern ein Charakteristikum solcher Zeitläufe.« So Ziegenhalß.]

Zu jener Totalitätsforderung gehört nun auch die nach der Politisierung oder Militarisierung des Geistes. So wie die Kirchenglocken zum Guß von Kanonenrohren, wie die noch unreife Schuljugend zum Nachfüllen der dezimierten Truppen, so soll der Geist als Kriegsmittel beschlagnahmt und verbraucht werden.

Das halbamtliche Schreiben des Glasperlenspielmeisters hat die Behörde empfangen, sie hat es gelesen und spricht dem Glasperlenspielmeister für die in seinem Schreiben enthaltenen Anregungen und Gedanken ihren Dank aus. Einigen seiner Darlegungen kann die Behörde ohne Einschränkung zustimmen, über andere wäre vielleicht ein kollegiales Gespräch mit diesem und jenem der Magister erwünscht und wird sich ja wohl auch bei Gelegenheit ergeben. Von den Gefahren für unsre Institutionen, welche besagtes Schreiben erwähnt, haben wir dem Leiter unserer Verwaltung Mitteilung gemacht. Über die Größe dieser Gefahren sowohl wie über deren vermutliche Nähe ist der Verwaltungsleiter wesentlich anderer Ansicht als der Glasperlenspielmeister und wir neigen, alles in allem mehr der Auffassung des Verwaltungsleiters zu, ohne indessen bei sich bietender Gelegenheit eine mündliche Unterhaltung auch über dieses Thema von der Hand zu weisen. Vorläufig möge der Glasperlenspielmeister seinen Schülern und Mitarbeitern gegenüber mit Äußerungen über die von der Weltpolitik her etwa drohenden Gefahren äußerst vorsichtig sein. Selbst wenn die uns übertrieben scheinenden Befürchtungen des Magisters in vollem Umfang der Wirklichkeit entsprächen, wäre ein Hineinziehen der Jugendlichen und Unreifen in politische Gedanken und Gespräche ein Fehler. Daß dagegen der Magister im Umgang mit Schülern die Grundsätze der Verwaltung Kastaliens und die Abhängigkeit unsrer Provinz und des Ordens von den Subventionen und dem guten Willen des Landes gelegentlich in sachlicher Weise bespreche, scheint uns richtig und opportun.
Es erübrigt noch unsre Antwort auf das Gesuch, mit welchem der Glasperlenspielmeister uns am Schlusse seines Schreibens überrascht. Die Antwort kann nicht anders als ablehnend sein. Wir haben den Magister zum oberen Leiter des Glasperlenspiels ernannt und erwarten von ihm, daß er an dieser Stelle seinen Dienst weiter in der vorbildlichen Weise versehe wie bisher.

(Die Obere Erziehungsbehörde an den Magister Ludi)

Wenn wir von Knecht's Schriften sprechen, meinen wir die »Lebensläufe«, deren letzter er als etwa 30jähriger schrieb, und seine wenigen Gedichte. Sie sind als Manuskript aufbewahrt. Im Druck erschien einzig seine gelehrte Schrift »Mutmaßliches über die vor-konfuzianischen Kommentare zum I Ging«.

Aus einer Schrift Josef Knecht's:
Merkwürdig ist es ja, wie jede anscheinend neue Kulturperiode, jedes beginnende Schöpfertum zugleich eine Rückkehr ist, eine Renaissance, daß es für jede beginnende Kultur eine Antike gibt, welche wieder entdeckt werden muß. Wir erinnern uns z. B. an die Anfänge der jetzigen japanischen Musik, im 21. Jahrhundert, und wie diese Bewegung, die (hier folgt das japanische Wort), welche anfangs so sehr asiatisch und europafremd aussah, geradezu zusammenfiel mit einer Entdeckung der klassischen abendländischen Musik durch die Japaner.

Ideen streben nach Verwirklichung (lat. Zitat »Uns treibt der Durst nach Sein«.[1])
Wenn Kastalien vielleicht in Wirklichkeit nie erstehen wird, so hat es doch in diesen 2 Bänden[2] eine Vorstufe der Verwirklichung erreicht. Mich hat das Glasperlenspiel zwölf Jahre lang begleitet und ist mir mehr gewesen als ein Buch. Möge es auch einigen seiner Leser Dienste tun.

1 Vgl. das Gedicht Josef Knechts »Klage«.
2 Die Erstausgabe des Glasperlenspiels erschien zweibändig.

Schluß[1]:

Das große Gespräch über Geist und Politik zwischen Knecht und dem Führer der Diktatur, der ihn dafür gewinnen will, das Glasperlenspiel in den Dienst des neuen Staates zu stellen, andernfalls muß seine Partei gegen die Glasperlenspieler ebenso rigoros vorgehen wie gegen alles ihr reaktionär scheinende, die Bünde auflösen, das Spiel verbieten und zerstören, seine paar Führer und Wissenden töten.

Der Versucher spricht recht klug und beinah geistig, Knecht gibt höflich und bescheiden Auskunft, macht keinerlei Versuch sich zu retten. Er weigert sich, auf den Vorschlag einzugehen, d. h. sein Institut dem Staat zu unterstellen und die ihm vom Staat überwiesenen jungen Leute im Spiel auszubilden, damit so der Geist mit der Politik und Aktion verbunden werde. Er sagt: es wäre auch ganz wertlos, wenn er aus irgendwelchen Gründen sich bereit erklären würde Ja zu sagen: denn wer sich gewissenhaft und nach allen Regeln jahrelang dem Erlernen des Spiels widme, und dabei etwas erreiche, der sei für immer verdorben und verloren für jedes Ausüben von Macht, für jedes materielle Streben. Es würden also, selbst wenn er den Versuch machen wollte, doch nur jene Schüler, die zum Spiel untauglich sind, nach der Ausbildung zum Staatsdienst zurückkehren.

Also: er sagt Nein, und willigt in den Untergang. Doch erbittet er Erlaubnis und Frist zu einem letzten Spiel. Das bereitet er sorgfältig vor und endet mit ihm sein Tun und Leben, es ist sein Abschied. Thema dieses letzten Spieles ist: Kampf der unreinen, streberischen Mächte gegen den reinen Geist, scheinbare Fortschritte der Macht, Politik etc., die sich aber langsam als lauter Auflösungen erweisen, und zuletzt, wo das ursprüngliche Geist-Thema sich zum Machtthema umgekehrt hat, erweist sich Alles als vom Geist verwandelt und durchsetzt.

1 Auf der Rückseite eines Briefes der Neuen Rundschau an Hesse vom 22. 6. 1931.

Schluß:

Das große Gespräch über Geist u. Politik zwischen Knecht und em Führer der Diktatur, der ihm dafür gewinnen will, das Gl.Spiel in den Dienst des neuen Staates zu stellen, andernfalls muß seine Partei gegen die Glspieler ebenso rigoros vorgehen wie gegen alles ihr reaktionär scheinende, die Bünde auflösen, das Spiel verbieten und zersören, seine paar Führer und Wissenden töten.

Der Versucher spricht recht klug und beinah geistig, Knecht gibt höflich und bescheiden Auskunft, macht keinerlei Versuch sich zu retten. Er weigert sich, auf den Vorschlag einzugehen, d.h. sein Institut dem Staat zu unterstellen und die ihm vom Staat überwiesenen jungen Leute im Spiel auszubilden, damit so der Geist mit der Politik und Aktion verbunden werde. Er sagt: es wäre auch ganz wertlos, wenn er aus irgend w. Gründen sich bereit erklären würde Ja zu sagen : denn wer sich gewissenhaft und nach allen Regeln jahrelang dem Erlernen des Spiels widme, und dabei etwas erreiche, der sei für immer verdorben und verloren für jedes Ausüben von Macht, für jedes materielle Streben. Es würden also, selbst wenn er den Versuch machen wollte, doch nur jene Schüler, die zum Spiel untauglich sind, nach der Ausbildung zum Staatsdienst zurückkehren.

Also: er sagt Nein, und willigt in den Untergang. Doch erbittet er Erlaubnis und Frist zu einem letzten Spiel. Das bereitet er sorgfältig vor und endet mit ihm sein Tun und Leben, es ist sein Abschied. Thema dieses letzten Spieles ist: Kampf der unreinen, streberischen Mächte gegen den reinen Geist, scheinbare Fortschritte der Macht, Politik etc, die sich aber langsam als lauter Auflösungen erweisen, und zuletzt, wo das ursprüngliche Geist-Thema sich zum Machtthema umgekehrt hat, erweist sich Alles als vom Geist verwende und durchsetzt.

Orgelspiel[1]

Seufzend durchs Gewölbe zieht, und wieder dröhnend,
Orgelspiel. Andächtige Gläubige hören,
Wie vielstimmig in verschlungenen Chören,
Sehnsucht, Trauer, Engelsfreude tönend,
Sich Musik aufbaut zu geistigen Räumen,
Sich verloren wiegt in seligen Träumen,
Firmamente baut aus tönenden Sternen,
Deren goldene Kugeln sich umkreisen,
Sich umwerben, nähern und entfernen,
Immer weiter schwingend sonnwärts reisen,
Bis es scheint, es sei die Welt durchlichtet,
Ein Kristall, in dessen klaren Netzen
Hundertfach nach reinlichsten Gesetzen
Gottes lichter Geist sich selber dichtet.

Daß aus Blättern voll von Notenzeichen
Solche weitgeschwungenen, geistdurchsonnten,
Solche Welt- und Sternenchöre werden konnten,
Daß ein Orgelpfeifenchor sie in sich banne,
Ist es nicht ein Wunder ohnegleichen?
Daß ein Musikant am Manuale
Sie mit Eines Menschen Kraft umspanne?
Daß ein Volk von Hörern sie verstehe,
Mit erschwinge, töne, mit erstrahle,
Mit hinauf ins tönende Weltall wehe?
Arbeit war's und Ernte langer Zeiten,
Zehn Geschlechter mußten daran bauen,
Hundert Meister fromm es zubereiten,
Viele tausend Schüler sie begleiten.

Und nun spielt der Organist, es lauschen
Im Gewölb die Seelen hingegangener

1 In dem von Hesse zum 2. 7. 1937 als Privatdruck herausgegebenen Erstdruck des Gedichtes wird das »Orgelspiel« als ein Gedicht Josef Knechts bezeichnet.

Frommer Meister, mit vom Bau umfangener,
Den sie gründen halfen und errichten.
(Denn derselbe Geist, der in den Fugen
Und Toccaten atmet, hat einst die besessen,
Die des Münsters Maße ausgemessen,
Heiligenfiguren aus den Steinen schlugen.
Und noch vor den Bau- und Steinmetz-Zeiten
Lebten, dachten, litten viele Fromme,
Halfen Volk und Tempel zubereiten,
Daß der Geist herab auf Erden komme.)
Wille von Jahrhunderten gestaltet
In der klaren Töneströme Rauschen
Sich, im Bau der Fugen und Sequenzen
Wo der schöpferische Geist der Grenzen
Zwischen Tun und Leiden,
Zwischen Leib und Seele waltet.
In den geistbeherrschten Takten dichten
Tausend Menschenträume sich zu Ende,
Träume, deren Ziel war: Gott zu werden,
Träume, deren keiner je auf Erden
Sich erfüllen darf, doch deren dringliche Einheit
Stufe war, darauf das Menschenwesen
Sich enthob aus Notdurft und Gemeinheit
Nahe bis zum Göttlichen, bis zum Genesen.
Auf dem Zauberpfad der Notenzeichen,
Dem Geäst der Schlüssel, Signaturen,
Auf dem Tastwerk, das die Füß' und Hände
Eines Organisten bändigen, entweichen
Gottwärts, geistwärts alle höchsten Strebungen,
Strahlen, was an Leid sie je erfuhren,
Aus im Ton. In wohlgezählten Bebungen
Löst der Drang sich, steigt die Himmelsleiter,
Menschheit bricht die Not, wird Geist, wird heiter.
Denn zur Sonne zielen alle Erden,
Und des Dunkels Traum ist: Licht zu werden.

Spielend sitzt der Organist, die Hörer
Folgen willig, in befreiter Rührung,
Der Gesetze englisch sichrer Führung,
Schwingen glühend, heilige Verschwörer,

Mit empor, zum Tempel sich erbauend,
Mit dem Blick der Ehrfurcht Gott erschauend,
Am Dreieinigen kindhaft beteiligt.
So befreit im Klang, so eint und heiligt
Sich im Sakramente die Gemeinde,
Die entkörperte, dem Gott vereinte.

Das Vollkommene aber ist hienieden
Ohne Dauer, Krieg wohnt jedem Frieden
Heimlich inne, und Verfall dem Schönen.
Orgel tönt, Gewölbe hallt, es treten
Neue Gäste ein, verlockt vom Tönen,
Eine Frist zu rasten und zu beten.
Doch indes die alten Klanggebäude
Weiter aus dem Pfeifenwalde streben,
Voll von Frömmigkeit, von Geist, von Freude,
Hat sich draußen dies und das begeben,
Was die Welt verändert und die Seelen.
Andre Menschen sind es, die jetzt kommen,
Eine andre Jugend wächst, ihr sind die frommen
Und verschlungenen Stimmen dieser Weisen
Nur noch halb vertraut, ihr klingt veraltet
Und verschnörkelt, was noch eben heilig
War und schön, in ihrer Seele waltet
Neuer Trieb, sie mag sich nicht mehr quälen
Mit den strengen Regeln dieser greisen
Musikanten, ihr Geschlecht ist eilig,
Krieg ist in der Welt, und Hunger wütet.
Kurz verweilen diese neuen Gäste
Hier beim Orgelklang, zu wohlbehütet
Finden sie, zu priesterlich-gemessen
Die Musik, so schön und tief sie sei, sie wollen
Andre Klänge, feiern andre Feste,
Fühlen auch in halb verschämter Ahnung
Dieser reich gebauten, hoheitsvollen
Orgelchöre unwillkommene Mahnung,
Die so viel verlangt. Kurz ist das Leben
Und es ist nicht Zeit, sich hinzugeben
So geduldig komplizierten Spielen.
Übrig bleibt im Dome von den vielen,

Die hier zugehört und mitgelebt, fast keiner.
Immer wieder einer geht von hinnen,
Geht gebückt, ward älter, müde, kleiner,
Spricht vom jungen Volk wie von Verrätern,
Schweigt enttäuscht und legt sich zu den Vätern.
Und die Jungen, die den Dom betreten,
Fühlen Heiliges zwar, doch weder Beten
Noch Toccatenhören ist mehr Sitte,
Und der Tempel bleibt, der Kern und Mitte
Einst der Stadt gewesen, fast verlassen,
Ragt urweltlich aus geschäftigen Gassen.

Aber immer noch durch seines Baues Rippen
Atmet die Musik in himmlischem Flüstern.
Träumend und ein Lächeln auf den Lippen
Über immer zarteren Registern
Sitzt der greise Musikant, versponnen
In das Rankenwerk der Stimmengänge,
In des Fugenbaus gestufte Pfade.
Immer zarteres Filigrangestänge
Flicht sein Spiel, mit immer dünnerem Faden
Kreuzen sich die kühnen Ornamente
Im phantastisch luftigen Tongewebe,
Immer inniger und süßer werben
Um einander die bewegten Stimmen,
Scheinen Himmelsleitern zu erklimmen,
Halten oben sich in seliger Schwebe,
Um wie Abendrosenwolken hinzusterben.

Nicht bekümmert ihn, daß die Gemeinde,
Schüler, Meister, Gläubige und Freunde
Sich verloren haben, daß die eiligen Jungen
Die Gesetze nicht mehr kennen, der Figuren
Bau und Sinn kaum noch erfühlen mögen,
Daß die Töne nicht Erinnerungen
Mehr des Paradieses ihnen sind und Gottesspuren,
Daß nicht zehn, nicht einer mehr imstande,
Dieser Tongewölbe heilige Bögen
Nachzubau'n im Geist und diesem Weben
Alterworbener Mysterien Sinn zu geben.

Und so fiebert rings in Stadt und Lande
Junges Leben seine stürmischen Bahnen,
Doch im Tempel, einsam im Gestühle,
Waltet fort der geisterhafte Alte,
(Sage halb, halb Spottfigur den Jungen),
Spinnt geheiligte Erinnerungen,
Füllt mit göttlichem Sinn die Ornamente,
Rückt Register immer leiseren Klanges,
Stuft den Fugenschritt zum Sakramente,
Das nur seine Ohren noch erlauschen,
Während andre nichts mehr als das Flüstern
Der Vergangenheit spüren und das leise Rauschen
Brüchiger Vorhangfalten, die im düstern
Steingeklüft der Pfeiler müd sich bauschen.

Niemand weiß, ob noch der alte Meister
Drinnen spiele, ob die zarten, leisen
Tongeflechte, die im Raume kreisen,
Nur noch Spuk sind überbliebener Geister,
Nachhall und Gespenst aus anderen Zeiten.
Manchmal aber bleibt ein Mensch beim Dome
Lauschend stehen, öffnet sacht die Pforte,
Horcht entrückt dem fernen Silberstrome
Der Musik, vernimmt aus Geistermunde
Heiter-ernster Väterweisheit Worte,
Geht davon mit klangberührtem Herzen,
Sucht den Freund auf, gibt ihm flüsternd Kunde
Vom Erlebnis der entrückten Stunde
Dort im Dom beim Duft erloschener Kerzen.
Und so fließt im unterirdisch Dunkeln
Ewig fort der heilige Strom, es funkeln
Aus der Tiefe manchmal seine Töne;
Wer sie hört, spürt ein Geheimnis walten,
Sieht es fliehen, wünscht es festzuhalten,
Brennt vor Heimweh. Denn er ahnt das Schöne.

(1937)

Freund, es ist doch hübsch und im Grunde tröstlich, wie alles, auch das scheinbar ganz und gar Vergangene, der Wiederkehr und neuen Lebens fähig ist. Vor kurzem erst hast du mir davon berichtet, daß neuerdings manche deiner Kollegen sich mit buddhistischer Lektüre beschäftigen, und zwar speziell mit der Literatur des Zen, sei es in der chinesischen oder der japanischen Form. Du neigst, wie es scheint, eher dazu, das für eine bloße Mode und müßige Spielerei zu halten; du selbst bist ja im Grunde entschlossen, dich nicht näher darauf einzulassen. Da du mich darum angehst, sage ich dir gern meine paar Gedanken über das Thema, denn die »Mode« ist auch hier in Waldzell zu spüren, so daß ich veranlaßt war, meine geringen Kenntnisse über die Materie durch Lektüre etwas aufzufrischen. Vor allem las ich in letzter Zeit wieder des öftern in jener »Niederschrift von der smaragdenen Felswand«, dem chinesischen Bi-Yän-Lu.
Meine Liebe zum chinesischen Wesen kennst du längst. Sie hat zunächst mit Buddhismus und mit Zen nichts zu tun, sie galt und gilt dem alten, herrlichen China der Klassiker, das von Buddha noch nicht wußte. Das alte Liederbuch, das I Ging, die Schriften von und über Kung Fu Dsi und Lao Dsi bis Dschuang Dsi gehören ebenso wie Homer, Plato und Aristoteles zu meinen Erziehern, sie haben mich und haben meine Vorstellung vom guten, weisen, vollkommenen Menschen formen helfen. Wort und Begriff Tao war und ist mir teurer als Nirwana, und so geht es mir auch mit der chinesischen Malerei: die traditionelle, gepflegte, zur Kalligraphie neigende ist mir lieber als die heftigere, ungestümere, genialischer anmutende Kunst vieler Zen-Maler. Merkwürdig und ein klein wenig störend war mir manchmal auch, als einem Morgenlandfahrer und Gläubigen des Spruches »Ex Oriente Lux«, die Vorstellung, daß China seinen höchsten geistigen Besitz aus dem Westen, aus dem Abendland Indien, sollte empfangen haben. Nun, das sind kleine geschmäcklerische Launen, nicht ernster zu nehmen als jene flüchtigen Wünsche nach einem Stillstand der Historie, die man sich träumerischerweise gelegentlich erlaubt, etwa den Wunsch, es möchte auf die Ghirlandaio, Piero della Francesca und Lippi kein Michelangelo, auf Beethoven kein Wagner

gefolgt, oder es möchte die Religion des Abendlandes im Zustand des Urchristentums verblieben sein.
Nun, auch China hat nicht bei den alten Kaisern, bei Kung Fu oder Lau Dan haltgemacht, es hat offenbar einige Jahrhunderte nach seiner ersten schönen Hochblüte wieder eines Lichtes bedurft. Und das Licht kam, es möge uns passen oder nicht, nicht von Morgen, sondern mit dem Patriarchen »fern von Westen her«, es kam die Buddhalehre von Indien herüber, und hat zunächst ihre Jünger mit indischer Dogmatik, indischer Spekulation und indischer Scholastik völlig bezaubert und bezwungen. Die ganze riesige Literatur der buddhistischen Schulen wurde übersetzt und kommentiert, in den Klöstern wuchsen gewaltige Bibliotheken an, das Licht aus Westen überstrahlte alle die alten einheimischen Sterne. So war oder schien es eine gute Weile, der Chinese war Asket und fromm geworden, der Drache war gezähmt. Aber eines Tages war, was er da an Fremdem und Betäubendem geschluckt hatte, verarbeitet, der Drache reckte sich und erwachte, und es begann das alte grimmige Spiel zwischen Sieger und Besiegtem, zwischen Vater und Sohn, zwischen dozierendem und spekulierendem Westen und gelassen flutendem Osten. Das Buddhawesen bekam ein neues, ein chinesisches Gesicht. So etwa sehe ich, durchaus als Laie, die Vorgeschichte des Zen.
Es wird dir aber, denke ich, mehr damit gedient sein, wenn ich dir ein paar ganz persönliche Eindrücke mitteile, die mir nach einigem Studieren der »Niederschrift« des Bi-Yän-Lu mit besonderer Zähigkeit im Gedächtnis hängen geblieben sind. Ob ich dir empfehlen soll, dich selbst auf die Lektüre einzulassen, weiß ich nicht. Das Buch steckt voll von Entzückendem und auch Erschütterndem, aber die Kerne stecken in sehr dicken und harten Schalen, und für einen wie du, der schon sehr genau seine Ziele vor sich sieht, ist wohl das Leben schon zu kurz, als daß er Tage und Wochen an das Entziffern solcher Hieroglyphen wenden möchte. Bei mir steht es anders, ich bin noch nicht so exakt auf bestimmte Aufgaben konzentriert und schweife nach Repetentenart mit Appetit und gutem Gewissen in den unendlichen Weidegründen der Geschichte des Menschengeistes umher.
Wie du weißt, besteht der Kern der berühmten »Niederschrift« in kurzen Anekdoten (im Buch heißen sie »Beispiele«), die teils

Aussprüche, teils erzieherische Handlungen und Praktiken bekannter Zen-Meister der Vorzeit berichten. Die Aussprüche nun sind für unsereinen – und waren es schon für die Chinesen des elften Jahrhunderts – fast alle unverständlich, ihr Sinn ist nur mit Hilfe eingehender Kommentare mehr oder weniger erschließbar. Ich setze dir zwei beliebige Beispiele her:

Tsui-yän, zum Beschluß der sommerlichen Übungszeit, unterwies seine Hörer mit folgenden Worten:
Den ganzen Sommer über habe ich euch Brüdern zuliebe geredet und geredet. Seht her, ob Tsui-yän noch seine Augenbrauen hat!
Bau-fu sagte: Bei Leuten, die das Diebsgewerbe treiben, ist im Herzen alles hohl.
Tschang-tjing sagte: Gewachsen sind sie!
Yün-men sagte: Sperre!

oder dies:

Ein Mönch fragte Hsiang-lin: Was ist der Sinn davon, daß fern vom Westen her der Patriarch gekommen ist? Hsiang-lin erwiderte: Vom langen Sitzen müde.

Du siehst, das ist eine Art von Hexen-Einmaleins. Man ahnt dahinter Anspielungen, Bedeutungen, ja Beschwörungen, es scheinen magische Formeln zu sein, sind es aber nicht, sondern Hinweise auf genaue Ziele, nur muß man den Schlüssel dazu haben, und ihn zu finden, genügen uns nicht einmal die Umschreibungen und Erklärungen der »Niederschrift«, wir brauchen dazu noch einen sinologisch und buddhologisch geschulten Führer.
Und doch sind auch einige wenige dieser überlieferten Meisterworte einfach und gehen einem ohne weiteres ein. Eines von ihnen, es ist gleich das erste im Buch, hat mich wie eine Offenbarung getroffen; ich glaube nicht, daß ich es je vergessen werde. Ein Kaiser trifft mit dem Urpatriarchen Bodhidharma zusammen. Mit der Wichtigtuerei und Ahnungslosigkeit des Laien und Weltmanns fragt er ihn: »Welches ist der höchste Sinn der heiligen Wahrheit?« Der Patriarch antwortet: »Offene Weite – nichts von heilig.« Die nüchterne Größe dieser

Antwort, Carlo, wehte mich an wie ein Hauch aus dem Weltraum, ich empfand ein Entzücken und zugleich Erschrekken wie in jenen seltenen Augenblicken der unmittelbaren Erkenntnis oder Erfahrung, die ich »Erwachen« nenne und über die wir einst, in einer sehr ernsten Stunde, gesprochen haben. Das Erreichen dieses Erwachens, das nicht ergrübelte, sondern an Seele und Leib als Wirklichkeit erlebte Einswerden mit dem Ganzen, das Innewerden der Einheit ist ja das Ziel, nach dem alle Jünger des Zen streben.

Es gibt nun zu diesem Ziel so viele Wege, als es Menschen gibt, und so viele Führer, als es Zen-Meister gibt. Von den Schülern wie von den Meistern kann man sagen: es sind alle Typen und Spielarten des chinesischen Menschentums unter ihnen zu finden. Die Schülertypen werden in den Anekdoten meistens nicht so genau sichtbar wie die Charaktere der Meister, doch gelingt der große Wurf, so scheint mir, ähnlich wie in unsern Märchen eher den Unscheinbaren und Einfältigen als den Glänzenden und Wendigen. Unter den Meistern aber gibt es die Strengen wie die Sanften, die Wortmächtigen wie die Schweiger, die Bescheidenen wie die Würdebewußten, es gibt auch Zornige, Kämpferische, ja Gewalttätige. Einen Spruch von der Großartigkeit jener »Offenen Weite« habe ich bisher nicht mehr entdeckt, dafür aber eine Anzahl von Erweckungen ohne Worte, Erweckungen durch eine Maulschelle, durch einen Stockhieb, durch einen Streich mit dem Yakschweif, durch das Anzünden und sofortige Wiederausblasen einer Kerze. Und dann gab es einen Meister, einen von den Schweigern, der auf die Fragen seiner Jünger nicht mit dem Munde Antwort gab, sondern mit dem Zeigefinger, den er mit so sprechender Gebärde zu heben wußte, daß die dafür empfänglichen und reifen Schüler im Anblick des Fingers das Unaussprechliche erlebten. Es gibt da Geschichten, die beim ersten Lesen gar nichts hergeben wollen; sie klingen wie Geschwätz oder Gezänk in der Sprache irgendeiner völlig fremden Menschen- oder Tierart – und bei einem späteren Wiederbetrachten tun sie auf einmal Türen und Fenster zu allen Himmeln auf.

Da ich dir schon von meiner Art des »Erwachens« gesprochen habe, lang ehe wir beide etwas von Zen gehört hatten, muß ich noch etwas erwähnen, was mir an den Erwachten des chinesischen Buddhismus auffällt und zu knacken gibt. Das Erlebnis

selbst kenne ich ja, das Vom-Blitz-des-Innewerdens-getroffen-Sein, es ist mir einige Male widerfahren. Es war ja auch bei uns im Abendland nichts Unbekanntes, alle Mystiker und unzählige ihrer großen und kleinen Schüler haben es erfahren, ich erinnere dich etwa an die erste Erleuchtung Jakob Böhmes. Aber bei diesen Chinesen scheint das Wachgewordensein lebenslang fortzudauern, zumindest bei den Meistern; sie scheinen den Blitz zur Sonne gemacht, den Augenblick festgenagelt zu haben. Da hat mein Verstehen eine Lücke: vorstellbar ist mir ein ewiges Erleuchtetbleiben, eine zur dauernden Daseinsform gewordene Ekstase nicht. Vermutlich bringe ich doch zuviel abendländische Haltung mit in die östliche Welt. Vorstellen kann ich mir nur, daß der einmal Erweckte einem zweiten, dritten, zehnten Erwecktwerden erreichbarer ist als andere Menschen, daß er zwar natürlicherweise immer wieder in Schlaf und Unbewußtsein zurücksinkt, nie aber so tief, daß nicht ein nächster Lichtblitz ihn wecken könnte.
Zum guten Schluß will ich dir noch eine merkwürdige und lehrreiche Geschichte aus dem Bi-Yän-Lu erzählen. Da war im zehnten Jahrhundert ein Meister namens Yün-men; es werden von ihm viele und erstaunliche Dinge berichtet. Sein Sitz war der »Wolkentorberg«, im Süden von China, in der Provinz Kwangtung. Zu ihm kam einmal von weit her ein Suchender gepilgert, ein einfaches Männlein mit Namen Yüan. Er war schon lange unterwegs, hatte halb China durchpilgert und da und dort in Klöstern angeklopft, bis er hier am Wolkentorberg landete. Er wurde aufgenommen, und Yün-men stellte ihn als Famulus in seinen persönlichen Dienst. Offenbar spürte der große Menschenkenner in dem schlichten, jungen Pilger wertvolle Kräfte verborgen, von denen dieser selbst nichts wußte; denn er hat mit ihm, der nicht rasch im Verstehen war, unendlich lange Geduld gehabt. Ich höre dich fragen: »Wie lange denn?« Ich antworte: »Achtzehn Jahre.« Tag für Tag rief er ihn ein oder mehrere Male an: »Aufwärter Yüan!« Jedesmal antwortete Yüan ergeben und gehorsam: »Ja.« Und jedesmal stellte der Meister ihn zur Rede: »Ja, sagst du. Aber was meinst du damit?« Betroffen und verlegen suchte der Aufwärter sich immer und immer wieder zu erklären und herauszureden, denn mit der Zeit merkte er instinktiv doch, daß mit dem Anruf und mit der barschen Kritik an seiner Antwort etwas gemeint sei. Er

strengte sich, um sein »Ja« zu rechtfertigen, oft mächtig an; vermutlich grübelte er schon die halben Tage daran herum, was er morgen dem Meister antworten solle. Die Frage des Gewaltigen, was er mit seinem »Ja« meine, war eine Nuß, an der Yüan die Tage und Wochen und schließlich ganze achtzehn Jahre zu knacken hatte. Dann kam wieder ein Tag, scheinbar einer wie alle anderen, wieder hörte der Famulus sich vom Meister beim Namen rufen – aber diesmal hatte das »Yüan« einen ganz anderen Klang. Es war sein Name, es war er, er selbst, er allein, der da angeredet, gestellt, befohlen, erwählt, berufen wurde! Wie aus Himmelsweiten der Blitz, wie aus Weltenweiten der Donner klang es ihm: »Yüan!« Und siehe, der Bann war gebrochen, der Schleier gefallen, Yüan war hörend und sehend geworden, er erblickte die Welt in ihrer wahren Gestalt und sich inmitten, und das große Licht ging ihm auf. Diesmal rief er nicht »Ja« zurück. Leise stammelte er: »Ich habe begriffen.«

Es ist eine wunderschöne Geschichte. Sie ist aber noch nicht zu Ende. Der Aufwärter Yüan war nicht nur zur Erleuchtung berufen, wenn er auch lange genug auf sie hatte warten müssen. Es war noch mehr mit ihm gemeint, das scheint er gespürt zu haben, und noch gewisser spürte es Meister Yün-men, denn er behielt ihn noch drei Jahre in seiner nächsten Nähe und hatte ein besonderes Auge auf ihn. Dann wurde der gewesene Aufwärter, reif zur Meisterschaft, entlassen, durchpilgerte auf dem Rückweg in seine Heimat abermals das halbe Reich, übernahm die Leitung eines Klosters und wirkte dort unter dem Namen Hsiang-lin vierzig Jahre lang. Manche erklärten ihn für den größten unter Yün-mens Schülern. Achtzig oder mehr Jahre alt, als er sein Ende nahe fühlte, begab er sich zum Fürsten Sung, dem Präfekten des Bezirks, der sein Verehrer und ein Gönner des Klosters war, um ihm zu danken und Abschied von ihm zu nehmen, denn, sagte er, er habe sich entschlossen, wieder auf Pilgerschaft zu gehen. Darüber spöttelte einer von den Beamten des Fürsten und meinte, der Herr Abt sei wohl altersblöde geworden; wie sollte er denn, uralt und hinfällig, noch auf Wanderung gehen können? Der Fürst aber nahm den Meister in Schutz, enthielt sich eines Urteils, nahm höflich Abschied von ihm und begleitete ihn persönlich hinaus. Der Alte kehrte ins Kloster zurück, ließ alle seine Mönche zusammenrufen, setzte sich nieder und sagte zur schweigenden

Versammlung: »Der alte Mönch hier – vierzig Jahre nun schlägt er zu Einem Blatt zusammen.« Und damit ging er schmerzlos und friedlich in die Verwandlung ein.
Addio, Carlo.

Dein J. K.
(1960)

Der erhobene Finger

Meister Djü-dschi war, wie man uns berichtet,
Von stiller, sanfter Art und so bescheiden,
Daß er auf Wort und Lehre ganz verzichtet,
Denn Wort ist Schein, und jeden Schein zu meiden
War er gewissenhaft bedacht.
Wo manche Schüler, Mönche und Novizen
Vom Sinn der Welt, vom höchsten Gut
In edler Rede und in Geistesblitzen
Gern sich ergingen, hielt er schweigend Wacht,
Vor jedem Überschwange auf der Hut.
Und wenn sie ihm mit ihren Fragen kamen,
Den eitlen wie den ernsten, nach dem Sinn
Der alten Schriften, nach den Buddha-Namen,
Nach der Erleuchtung, nach der Welt Beginn
Und Untergang, verblieb er schweigend,
Nur leise mit dem Finger aufwärts zeigend.
Und dieses Fingers stumm-beredtes Zeigen
Ward immer inniger und mahnender: es sprach,
Es lehrte, lobte, strafte, wies so eigen
Ins Herz der Welt und Wahrheit, daß hernach
So mancher Jünger dieses Fingers sachte
Hebung verstand, erbebte und erwachte.

(1961)

Erinnerung an Hans[1]

Zu den unvergeßlichen Augenblicken eines Lebens gehören jene seltenen, in welchen der Mensch sich selber wie von außen sieht und plötzlich Züge an sich erkennt, welche gestern noch nicht da oder ihm doch unbekannt waren: mit einem Zusammenzucken und leisen Erschrecken nehmen wir wahr, daß wir nicht das immer gleiche festgeprägte und ewige Wesen sind, als das der Mensch sich meistens fühlt, wir erwachen aus diesem süß lügenden Traum für einen Augenblick, sehen uns verändert, gewachsen oder geschwunden, entwickelt oder verkümmert, sehen und wissen uns für einen Augenblick, sei es entsetzt oder beseligt, mit in dem unendlichen Strom der Entwicklung, der Veränderungen, der rastlos zehrenden Vergänglichkeit schwimmen, von welchem wir zwar wohl wissen, von welchem wir aber gewöhnlich uns selber und etwa einige unsrer Ideale ausnehmen. Denn wären wir wach, dehnten jene Sekunden oder Stunden des Erwachens sich zu Monaten und Jahren, so vermöchten wir nicht zu leben, wir ertrügen es auf keine Weise, und vermutlich kennen die meisten Menschen auch jene kurzen Blicke, jene Sekunden des Wachwerdens nicht, sondern wohnen zeitlebens im Turm ihres scheinbar unveränderlichen Ich wie Noah in der Arche, sehen den Lebensstrom, den Todesstrom an sich vorübertosen, sehen Fremde und Freunde von ihm fortgerissen, rufen ihnen nach, beweinen sie, und glauben selbst immerzu festzustehen und vom Ufer her zuzuschauen, nicht mitzuströmen und mitzusterben. Jeder Mensch ist Mittelpunkt der Welt, um jeden scheint sie sich willig zu drehen, und jeder Mensch und jedes Menschen Lebenstag ist der End- und Höhepunkt der Weltgeschichte: hinter ihm die Jahrtausende und Völker sind abgewelkt und dahingesunken, und vor ihm ist nichts, einzig dem Augenblick, dem Scheitelpunkt der Gegenwart scheint der ganze riesige Apparat der Weltgeschichte zu dienen. Der primitive Mensch empfindet jede Störung dieses Gefühls, daß er Mittelpunkt sei, daß er am Ufer stehe, während die andern vom Strom hinabgerissen werden, als Bedrohung, er lehnt es ab, erweckt und belehrt zu werden, er empfindet das Erwachen, das Berührtwerden von der Wirklichkeit, er empfin-

1 Dies ist eines der wenigen während der Entstehungszeit des Glasperlenspiels entstandenen Prosastücke.

det den Geist als feindlich und hassenswert, und wendet sich mit erbittertem Instinkt von jenen ab, die er von Zuständen des Wachwerdens befallen sieht, von den Sehern, Problematikern, Genies, Propheten, Besessenen.
Von jenen Augenblicken eines Erwachens oder Sehendwerdens, so scheint es mir heute, habe auch ich nicht sehr viele gehabt, und manche von ihnen hat mein Gedächtnis durch lange Strecken meines Lebens hin verleugnet und immer wieder mit Staub zu bedecken gesucht. Die paar Erlebnisse des Wachwerdens, welche in meine jungen Jahre fallen, waren die stärksten. Später freilich, wenn wieder einmal eine Mahnung kam, war ich erfahrener, war klüger, oder war doch weiserer und besser formulierter Reflexionen fähig, aber die Erlebnisse selbst, die Zuckungen jener wachen Momente, waren in der Jugend elementarer und überraschender, sie wurden blutiger und leidenschaftlicher erlebt. Und wenn zu einem Achtzigjährigen ein Erzengel träte und ihn anredete, so würde das greise Herz auch nicht banger und nicht seliger zu schlagen vermögen als einst, da er jung war und zum erstenmal vor einer abendlichen Gartentür auf Lise oder Berta wartete.
Das Erlebnis, dessen ich mich heute erinnere, hat nicht einmal Minuten gedauert, nur Sekunden. Aber in den Sekunden des Erwachens und Sehendwerdens sieht man viel, und das Erinnern und Aufzeichnen braucht, wie bei Träumen, das Vielfache an Zeit als das Erleben selbst.
Es war in unsrem Vaterhaus in Calw, und es war Weihnachtsabend im »schönen Zimmer«, die Kerzen brannten am hohen Baum, und wir hatten das zweite Lied gesungen. Der feierlichste und höchste Augenblick war schon vorüber, der war das Vorlesen des Evangeliums: da stand unser Vater hoch aufgerichtet vor dem Baum, das kleine Testament in der Hand, und halb las er, halb sprach er auswendig mit festlicher Betonung die Geschichte von Jesu Geburt: »und es waren Hirten daselbst auf dem Felde bei den Hürden, die hüteten des Nachts ihre Herde . . .« Dies war das Herz und der Kern unsres Christfestes: das Stehen um den Baum, die bewegte Stimme des Vaters, der Blick in die Ecke des Zimmers, wo auf halbrundem Tisch zwischen Felsen und Moos die Stadt Bethlehem aufgebaut war, die letzte freudige Spannung auf die Bescherung, auf die Geschenke, und bei alledem im Herzen der leise Widerstreit,

der zu allen unsern Festen gehörte, der sie uns ein wenig verdarb und störte und sie zugleich erhöhte und steigerte: der Widerstreit zwischen Welt und Gottesreich, zwischen natürlicher Freude und frommer Freude. War es auch nicht so schlimm wie an Ostern, und war auch am Geburtsfest des Herrn Jesus ohne Zweifel Freude nicht nur erlaubt, sondern geboten, so war doch die Freude über Jesu Geburt im Stalle zu Bethlehem und die Freude am Baum und Kerzenlicht und am Duft der Lebkuchen und Zimmetsterne, und die drängende Spannung im Herzen, ob man wirklich das seit Wochen Gewünschte auf dem Gabentisch finden werde, eine wunderlich unreine Mischung. Indessen das war nun so, zu den Festen gehörte ebenso wie die Kerzen und die Lieder auch die leise Betretenheit und dieser sanftbange kleine Beigeschmack von schlechtem Gewissen. Wenn ein Geburtstag im Hause gefeiert wurde, so begann die Feier stets mit dem Singen eines Liedes, das mit der zweifelnden Frage anhob:

> Ist's auch eine Freude,
> Mensch geboren sein?

Nun, es war eine Freude, trotzdem, und als Kind hatte ich Jahr um Jahr über das Fragezeichen hinweggesungen und war überzeugt gewesen, daß das »Mensch geboren sein« wirklich eine Freude sei, zumal an Geburtstagen. Und so waren wir auch heut, an diesem Christabend, alle von Herzen fröhlich.
Das Evangelium war gesprochen, das zweite Lied war gesungen, ich hatte schon während des Singens die Tischecke erspäht, wo meine Geschenke aufgebaut waren, und jetzt näherte sich jeder seinem Platze, die Mägde wurden von der Mutter an die ihren geführt. Es war im Zimmer schon warm geworden und die Luft ganz überfüllt vom Geflimmer der Kerzen, vom Wachs- und Harzgeruch und vom starken Duft des Backwerks. Die Mägde flüsterten aufgeregt miteinander und zeigten sich und betasteten ihre Sachen, eben hatte meine jüngere Schwester ihre Geschenke entdeckt und stieß einen lauten Jubelruf aus. Ich war damals entweder dreizehn oder vierzehn Jahre alt.
Ich hatte mich, wie wir alle, vom Christbaume weg- und den Tischen zugewendet, wo die Geschenke lagen, ich hatte meinen

Platz mit suchenden Augen entdeckt und strebte jetzt auf ihn zu. Dabei mußte ich meinen kleinen Bruder Hans und ein niedriges Kinder-Spieltischchen umgehen, auf dem seine Bescherung aufgebaut war. Mit einem Blick streifte ich seine Geschenke, ihr Mittelpunkt und Prunkstück war ein Satz von winzig kleinem Tongeschirr; drollig liliputanische Tellerchen, Krügchen, Täßchen standen da beisammen, komisch und rührend in ihrer hübschen Kleinheit, jede Tasse war kleiner als ein Fingerhut. Über dieses tönerne Zwerggeschirr gebeugt, mit vorgestrecktem Kopf, stand mein kleiner Bruder, und im Vorbeigehen sah ich eine Sekunde lang sein Kindergesicht – er war fünf Jahre jünger als ich – und habe es in dem halben Jahrhundert, das seitdem vergangen ist, manche Male in Erinnerung so wiedergesehen, wie es mir in jener Sekunde sich offenbarte: ein still strahlendes, leicht zum Lächeln zusammengenommenes, von Glück und Freude ganz und gar verklärtes und verzaubertes Kindergesicht.
Dies war das ganze Erlebnis. Es war schon vorüber, als ich mit dem nächsten Schritt bei meinen Geschenken angekommen war und von ihnen in Anspruch genommen wurde, Geschenken, von denen ich heute keins mehr mir vorstellen und benennen kann, während ich Hansens Töpfchen noch in genauester Erinnerung habe. Im Herzen blieb das Bild bewahrt, bis heute, und im Herzen geschah alsbald, kaum daß mein Auge das Brudergesicht wahrgenommen hatte, eine mannigfaltige Bewegung und Erschütterung. Die erste Regung im Herzen war die einer starken Zärtlichkeit gegen den kleinen Hans, gemischt jedoch mit einem Gefühl von Abstand und Überlegenheit, denn hübsch und entzückend zwar, aber kindisch erschien mir solche Verklärtheit und Beseligung über diesen kleinen tönernen Kram, den man beim Hafner für ein paar Groschen haben konnte. Indessen widersprach schon die nächste Zuckung des Herzens wieder: sofort nämlich, oder eigentlich schon gleichzeitig empfand ich meine Verachtung für diese Krügelchen und Täßchen als etwas Schmähliches, ja Gemeines, und noch schmählicher war mein Gefühl von Klügersein und von Überlegenheit über den Kleineren, der sich noch so bis zur Entrücktheit zu freuen vermochte und für den die Weihnacht, die Täßchen und das alles noch den vollen Zauberglanz und die Heiligkeit hatten, die sie einst auch für mich gehabt hatten. Das

war der Kern und Sinn dieses Erlebnisses, das Aufweckende und Erschreckende: es gab den Begriff »Einst« für mich! Hans war ein Kind, ich aber wußte plötzlich, daß ich keines mehr sei und nie mehr sein würde! Hans erlebte sein Gabentischchen wie ein Paradies, und ich war nicht nur solchen Glückes nicht mehr fähig, sondern ich fühlte mich ihm mit Stolz entwachsen, mit Stolz und doch auch beinah mit Neid. Ich blickte zu meinem Bruder, der eben noch meinesgleichen gewesen war, aus einer Distanz hinüber, von oben und kritisch, und fühlte zugleich Scham darüber, daß ich ihn und sein Tongeschirr so hatte betrachten können, so zwischen Mitleid und Verachtung, so zwischen Überheblichkeit und Neid. Ein Augenblick hatte diese Distanz geschaffen, hatte diese tiefe Kluft aufgerissen. Ich sah und wußte plötzlich: ich war kein Kind mehr, ich war älter und klüger als Hans, und war auch böser und kälter.

Es war an jenem Christabend nichts geschehen, als daß ein kleines Stück Wachstum in mir drängte und Unbehagen schuf, daß im Prozeß meiner Ichwerdung einer von tausend Ringen sich schloß – aber er tat es nicht, wie fast alle, im Dunkeln, ich war einen Augenblick wach und mit Bewußtsein dabei, und ich wußte zwar nicht, konnte es aber am Widerstreit meiner Empfindungen deutlich spüren, daß es kein Wachstum gibt, das nicht ein Sterben enthält. Es fiel in jenem Augenblick ein Blatt vom Baum, es welkte eine Schuppe von mir ab. Dies geschieht in jeder Stunde unsres Lebens, es ist des Werdens und Welkens kein Ende, aber nur sehr selten sind wir wach und achten einen Augenblick auf das, was in uns vorgeht. Seit der Sekunde, in der ich das Entzücken im Gesicht meines Bruders gesehen, wußte ich über mich und über das Leben eine Menge Dinge, die ich beim Eintritt in dies festlich duftende Zimmer und beim Mitsingen des Weihnachtsliedes noch nicht gewußt hatte.

Bei den vielen späteren Malen, in denen ich mich des Erlebnisses erinnerte, war es mir jedesmal merkwürdig, wie genau in ihm die beiden gegensätzlichen Hälften ausgewogen waren: dem gesteigerten Selbstgefühl entsprach ein dunkles Gefühl von Schuld, dem Gefühl von Erwachsensein ein Gefühl von Verarmung, dem Klugsein und Überlegensein eine Regung von schlechtem Gewissen, der spöttischen Distanz zum kleineren Bruder ein Bedürfnis, ihn dafür um Verzeihung zu bitten und seine Unschuld als den höheren Wert anzuerkennen. Das klingt alles recht unnaiv und kompliziert, aber in den Momenten des Wachseins sind wir eben keineswegs naiv; in den Momenten, in denen wir nackt der Wahrheit gegenüberstehen, fehlt uns stets die Sicherheit eines guten Gewissens und das Behagen des unbedingten Glaubens an uns selber. Im Augenblick des Wachseins könnte möglicherweise ein Mensch sich töten, niemals aber einen andern. Im Augenblick des Wachseins ist der Mensch stets sehr gefährdet, denn er steht nun offen und muß die Wahrheit in sich einlassen, und die Wahrheit lieben zu lernen und als Lebenselement zu empfinden, dazu gehört viel, denn zunächst einmal ist der Mensch Kreatur und steht der Wahrheit durchaus als Feind gegenüber. Und in der Tat ist ja die Wahrheit niemals so, wie man sie sich wünschen und wählen würde, aber immer ist sie unerbittlich.

Und so hatte auch mich in der Sekunde des Wachseins die Wahrheit angeblickt. Man konnte sie gleich nachher wieder zu vergessen suchen, man konnte sie nachträglich mildern und beschönigen, und das tat man denn auch, jedesmal tat man es. Dennoch blieb von jedem Erwachen ein Blitz zurück, ein Sprung in der glatten Oberfläche des Lebens, ein Schreck, eine Mahnung. Und sooft man sich eines Erwachens später erinnert, sind es nicht die Reflexionen und Beschönigungen, deren man wieder innewird, sondern das Erlebnis selbst: der Blitz, der Schreck.

Ich hatte, selbst beinah noch Kind, plötzlich die von mir abgewelkte Kindheit leibhaftig vor mir gesehen, im Gesicht des Brüderchens, und die Betrachtungen und Erkenntnisse, die sich mir daraus in den folgenden Stunden und Tagen ergaben, waren nur abblätternde Schalen, sie lagen schon alle im Erlebnis selber. Das meine war eigentlich ein hübsches und freundliches gewesen; was ich gesehen hatte und wofür mir für einen Moment die Augen geöffnet worden waren, war ein liebenswertes, sanftes und holdes Bild. Die Seligkeit auf einem Kindergesicht hatte ich gesehen. Trotzdem war es Blitz und Schreck, denn der Inhalt eines jeden Wachwerdens ist der gleiche, es gibt Millionen Gesichter der Wahrheit, aber nur *eine* Wahrheit. Mir war gezeigt worden, daß der kleine Hans etwas besaß, etwas sehr Schönes und Kostbares. Ich aber hatte es verloren, ich besaß es nicht mehr, und vielleicht hatte ich damit

das Allerbeste, das einzige wirklich Wertvolle verloren, denn selig werden ja die Kinder gepriesen, und zu den Erwachsenen wird gesagt, wenn sie ins Reich Gottes wollen: »Wahrlich, so ihr nicht werdet wie dieser Kinder eines...« Ich hatte das Glück und die Unschuld verloren, und hatte es nur daran gemerkt, daß ich es mit Augen, außerhalb meiner, auf dem Gesicht eines andern gesehen hatte. Auch diese Einsicht gehörte zur Frucht des Erlebnisses: Was man besitzt, das sieht man nicht und davon weiß man kaum. Auch ich war ein Kind gewesen und hatte nichts davon gewußt. Jetzt hatte ich Augen bekommen und sah. In Gestalt eines Lächelns und Augenschimmers, in Gestalt eines zarten Leuchtens hatte ich das Glück zu sehen bekommen, das Glück, das man nur besitzen kann, solange man es nicht sieht. Es sah wunderbar strahlend und herzgewinnend aus, das Glück. Aber es hatte auch etwas, worüber man lächeln und dem man sich überlegen fühlen konnte, es war kindlich, und ich war sogar geneigt, es etwas kindisch zu finden, etwas dümmlich. Es forderte zum Neid heraus, aber auch zum Spott, und wenn ich schon des Glücks nicht mehr fähig war, so war ich dafür des Spottes fähig und der Kritik. Und wahrscheinlich hatten die Jünger des Heilands einst genau so auf die seliggepriesenen Kinder geblickt wie ich auf Hans, mit Neid nämlich und zugleich mit etwas Spottlust. Sie wußten sich erwachsen, wußten sich klüger, erfahrener, wissender, sie waren überlegen. Nur daß eben die Erwachsenheit, Klugheit und Überlegenheit kein Glück war und nicht seliggepriesen wurde und keinen ins Reich Gottes führen konnte.
Dies war das Bittere und Anklagende, das mir der Blitz des Wachwerdens gebracht hatte. Aber es war noch etwas anderes Bitteres in der Wahrheit enthalten. Das erste ging nur mich selber an und war moralisch, es war eine Beschämung und Lektion für mich. Das andere aber war allgemeiner, tat im Augenblick weniger weh und ging am Ende doch tiefer – es war nun einmal so mit der Wahrheit, sie war unangenehm und unerbittlich. Nämlich: auch das Glück, das Bruder Hans besaß und von dem sein Gesicht so leuchtend gewesen war, auch dieses Glück war nichts Zuverlässiges, es konnte welken, es konnte verlorengehen, auch ich hatte es ja gehabt und hatte es verloren, und auch Hans, der es noch hatte, würde es einmal verlieren. Davon, daß ich dies wußte, kam es, daß ich außer

dem Neid und außer der Spottlust auch noch etwas andres gegen Hans empfand, nämlich Mitleid. Nicht ein brennendes und heftiges Mitleid, sondern ein sanftes, aber herzbewegendes, dasselbe Mitleid, das man mit den Blumen einer Wiese haben konnte, die schon der Schnitter zu mähen begonnen hat.
Ich sage es nochmals: natürlich standen die Begriffe, mit welchen ich jenen seelischen Vorgang darzustellen und zu deuten versuche, mir damals noch nicht zur Verfügung. Ich konnte damals mein Erlebnis nicht analysieren, begann aber allerdings die Versuche dazu noch am selben Abend, und habe sie je und je wieder fortgesetzt, bis heute, wo ich zum erstenmal etwas davon niederschreibe. Von manchen meiner heutigen Gedanken weiß ich nicht, ob ich sie auch damals schon hatte oder ob sie erst viel später hinzugekommen sind, wie zum Beispiel der Gedanke an den Tod, den ich damals bestimmt nicht gehabt habe. Ich fühlte mich zwar durch den Anblick meines lächelnden Bruders an die Vergänglichkeit gemahnt, sogar ungemein stark, aber Vergänglichkeit und Tod sind für ein Kind noch weit auseinander. Daß meine Kindheit im Verwelken begriffen sei, daß ich das Beste von ihr schon hinter mir und verloren hätte, dies sagte mein Erwachen mir deutlich, und es sagte mir sogar: auch er, auch dein Brüderchen wird es verlieren, auch er unterliegt dem Gesetz. Daß dies Gesetz aber Tod heiße, das wurde mir von keiner Stimme gesagt, denn ich wußte damals nichts vom Tod und glaubte nicht an ihn. Um die Vergänglichkeit aber wußte ich schon genau, sie war mir aus der Natur und aus den Dichtern sehr wohl bekannt, ich hatte das Fallen der Blätter schon oft genug gesehen. Daß jedes »Erwachen«, jede Berührung mit der Wirklichkeit und den Gesetzen unter andrem auch eine Berührung mit dem Tod bedeute, davon wußten meine Gedanken nichts, wenn auch das innerste Empfinden in mir mit Schauern davon wissen mochte.

Als ich diese Aufzeichnung begann, hatte ich nichts im Sinn, als mir jenen Augenblick in der heimatlichen Weihnachtsstube einmal wieder vor Augen zu rufen, schriftlich dieses Mal, denn manchmal nimmt ein Erlebnis oder Gedanke beim Versuch des Aufschreibens ein etwas anderes Gesicht an, zeigt neue Seiten und geht neue Verbindungen ein. Nun sehe ich aber, daß ich zwar jenes kleine Erlebnis selbst noch mit aller Deutlichkeit vor Augen habe, als sei es von gestern, daß es aber so für sich allein kein volles Leben hat, ja eigentlich nicht einmal recht mitteilbar ist. Auch wenn ich ein großer Dichter wäre, könnte ich den Schein von Glück und Unschuld über dem lieben Kindergesicht meines Bruders nicht so darstellen, daß es einem andern, einem Leser ernstlich etwas bedeuten könnte. Gibt auch das Erlebnis Gelegenheit, allerlei zu erzählen und zu sagen, so handelt dies alles doch nur von mir; nicht auf dem strahlenden Hansgesicht ging das vor, worauf es hier ankommt, sondern einzig in mir selbst. Durch sein Strahlen wurde der kleine Hans mir, ohne davon zu wissen und es je zu erfahren, Anlaß zu einem Erlebnis, zu einer Erweckung und Erschütterung. Und hier stoße ich, überrascht, auf einen kleinen Fund: nicht bloß dieses eine Mal hat Bruder Hans mir, ohne es zu ahnen, den Anstoß zu Erlebnis und Erschütterung gegeben, sondern mehrmals. Wenn ich dem Erlebnis vom Weihnachtsbaum gerecht werden will, darf ich es nicht isolieren und abschnüren, ich muß – auf die Gefahr hin, auch hier wieder mehr von mir selbst zu sprechen als von ihm – die Gestalt und das Leben meines Bruders im ganzen betrachten. Ich bin nicht Künstler genug, um ein einheitliches Bildnis von ihm zu zeichnen – das hieße, mir selbst den Glauben zu suggerieren, daß ich Hans wirklich und ganz gekannt und verstanden habe. Aber ich habe einige Erlebnisse und Begegnungen mit ihm gehabt, und wir hatten das gleiche Blut und manche Familienähnlichkeiten, und obwohl ich ihm niemals ganz nahegekommen bin, habe ich ihn doch sehr geliebt. Ich versuche also von seinem Leben so viel mitzuteilen, als ich verstehend miterleben konnte. Das ist nur ein ganz kleiner Teil seiner wirklichen Biographie, die ich nicht sehr genau kenne, aber er muß Wesentliches von ihm enthalten, denn merkwürdigerweise und obwohl wir vom Ende der Kindheit an nie mehr intim miteinander gewesen sind, haben unsre Lebensläufe sich mehrmals an wichtigen Punkten einander genähert, und so sehr verschieden sein Leben von dem meinen war, hat es doch immer wieder für das meine Bedeutung gehabt, und einige Male erschien es mir wie ein ganz leicht verzeichnetes Spiegelbild des meinen.

Hans war nicht auf den Namen Hans getauft, er hieß nach unsrem Vater Johannes. Niemals hätte ein Mensch den Einfall haben können, unsern Vater Hans zu nennen; für ihn war Johannes genau der richtige Name, ein Name, welcher Autorität und Würde hat und dennoch nicht einer großen Zärtlichkeit entbehrt: Johannes hieß der »gnostische« Evangelist, und der Lieblingsjünger des Herrn. Der Name war zugleich vornehm, zart und geistig. Hingegen kam niemand auf den Einfall, unsern Hans Johannes zu nennen. Er war Hans, er war eine nahe, vertraute, liebe und harmlose Gestalt, an ihm schien nichts Fremdes und Geheimnisvolles zu sein wie an Johannes, seinem Vater, er wurde darum vertraulich und bürgerlich Hans genannt, sein ganzes Leben lang. Und doch war er nicht so ganz eins mit seinem behaglichen Namen, und war gar nicht so geheimnislos wie es schien. Auch er hatte sein Geheimnis, und auch er hatte Teil an der Vornehmheit seines Vaters, hatte manche Anlagen sowohl zum Ritter wie zum Don Quichotte.

Als jüngstes meiner Geschwister wuchs er zwischen uns auf, von allen als der Jüngste geliebt, befürsorgt und zuweilen gehänselt, und hat in den Kinderjahren unsern Eltern nur einmal ernste Sorge gemacht, da er als etwa Vierjähriger eines Tages verlorenging. Wir wohnten damals am äußersten Rande der Stadt Basel, da wo jenseits des Spalenrings und der alten Elsässer Bahnlinie die Stadt sich ins Ländliche auflöste. Einmal nun spazierte der Kleine allein von Hause weg, über die Bahnlinie und stadteinwärts, wo er sich schon nach der ersten Straßenbiegung in einer unbekannten und interessanten Welt befand, in welche er neugierig eindrang. Irgendwo traf er auf spielende Kinder seines Alters, schloß sich ihnen an und spielte ihre Spiele mit, lehrte sie vermutlich auch neue, denn das Spielen war seine eigentliche Begabung, sie ist ihm sein Leben lang treu geblieben. Er gefiel seinen neuen Spielkameraden und hat sie wahrscheinlich dazu verführt, auch ihrerseits ganz im Spiel aufzugehen und die lästigen Ordnungen der Welt zu vergessen; sie spielten bis es dunkelte und die Kinder von ihren Eltern heimgeholt wurden, und da ging Hans mit, und weil die Kinder nicht von ihm lassen wollten und er auch den Eltern gefiel, behielt man ihn da, vorerst beim Abendessen, und weil er zwar seinen Namen, nicht aber die Adresse seiner Eltern sagen konnte, auch über die Nacht. Wir verbrachten diese Nacht ohne Hans, er fehlte, war verschwunden, vielleicht in den Rhein geraten, vielleicht geraubt worden, es war ein großes

Abenteuer, und den Eltern war recht bange. Am Morgen dann meldeten Hansens freundliche Gastgeber die Anwesenheit des fremden Kindes der Polizei, und da Hans dort schon als vermißt gemeldet war, konnte er abgeholt werden. Seine Wirte rühmten sein Betragen und namentlich sein andächtiges Beten bei Tisch und beim Schlafengehen, er schien sie ungern zu verlassen. Wir aber freuten uns sehr, ihn wieder zu haben, und erzählten die Geschichte von unsrem interessanten verlorengegangenen Bruder oft und mit Stolz.

Viel später erst, wir waren inzwischen nach Calw zum Großvater übersiedelt und Hans war in die Lateinschule eingetreten, wurde er je und je wieder zum Sorgenkinde. Die Lateinschule, welche auch mir viele Konflikte gebracht hatte, wurde für ihn mit der Zeit zur Tragödie, auf andere Weise und aus anderen Gründen als für mich, und wenn ich später als junger Schriftsteller in der Erzählung »Unterm Rad« nicht ohne Erbitterung mit jener Art von Schulen abrechnete, so war das leidensschwere Schülertum meines Bruders dazu beinah ebensosehr Ursache wie mein eigenes. Hans war durchaus gutwillig, folgsam und zum Anerkennen der Autorität bereit, aber er war kein guter Lerner, mehrere Lehrfächer fielen ihm sehr schwer, und da er weder das naive Phlegma besaß, die Plagereien und Strafen an sich ablaufen zu lassen, noch die Gerissenheit des Sich-Durchschwindelns, wurde er zu einem jener Schüler, von denen die Lehrer, namentlich die schlechten Lehrer, gar nicht loskommen können, welche sie nie in Ruhe lassen können, sondern immer wieder plagen, höhnen und strafen müssen. Es sind mehrere recht schlechte Lehrer dagewesen, und einer von ihnen, ein richtiger kleiner Teufel, hat ihn bis zur Verzweiflung gequält. Dieser Mann hatte unter andern bösen Gewohnheiten die, daß er sich beim Abfragen dicht und drohend vor dem Schüler aufstellte, ihn mit schrecklichem Richtergesicht anbrüllte und dann, wenn der verängstigte Schüler natürlich versagte und ins Stottern geriet, seine Frage viele Male wiederholte, in einem rhythmischen Singsang, und dazu im Takt mit seinem eisernen Hausschlüssel auf des Schülers Kopf losschlug. Ich weiß aus späteren Erzählungen meines Bruders, daß dieser böse kleine Tyrann mit seinem Hausschlüssel zwei Jahre lang den kleinen Hans nicht nur Tag für Tag, sondern oft auch bis in die Angstträume der Nacht hinein gepeinigt hat. Oft kam er

in einem hoffnungslosen Krampf von Kopfweh und Todesangst aus der Schule nach Hause. Ich war in jener schlimmsten Zeit seines Schulelendes schon fort von zu Hause, und machte, auch ich, den Eltern zeitweise Sorge genug.
Viele Jahre später hat Hans mir versichert, er sei von unsrem Vater strenger erzogen worden als ich. Vielleicht täuschte er sich, ich glaube aber, daß er recht hatte, und zwar waren es ohne Zweifel die schlechten Erfahrungen, die man mit mir gemacht hatte, welche der Jüngere hat büßen müssen. Übrigens war auch mir meine Erziehung nicht leicht und sanft erschienen, trotz der unerschöpflichen Liebeskraft der Mutter und dem ritterlichen, delikaten und zarten Wesen des Vaters. Streng und hart waren nicht sie, sondern das Prinzip. Es war das pietistisch-christliche Prinzip, daß des Menschen Wille von Natur und Grund aus böse sei und daß dieser Wille also erst gebrochen werden müsse, ehe der Mensch in Gottes Liebe und in der christlichen Gemeinschaft das Heil erlangen könne. So wurden wir – denn unsre Eltern liebten uns sehr und waren beide nichts weniger als hart – zwar nicht spartanisch erzogen und wurden körperlich weniger oft und weniger schwer gezüchtigt als viele unsrer Schulkameraden, deren Väter weder Christen waren noch Ideale hatten, jedoch mit Prügeln und Einsperren schnell bei der Hand waren; aber wir lebten unter einem strengen Gesetz, das vom jugendlichen Menschen, seinen natürlichen Neigungen, Anlagen, Bedürfnissen und Entwicklungen sehr mißtrauisch dachte und unsre angeborenen Gaben, Talente und Besonderheiten keineswegs zu fördern oder gar ihnen zu schmeicheln bereit war. Indessen war der Raum, in welchem wir diesem harten Gesetz unterstellt wurden, nicht ein Kerker oder eine nüchtern strenge Erziehungsanstalt, sondern ein mit Liebe, mit Bildung und Geistigkeit und mancherlei Kultur gesättigtes Elternhaus, in dem es außer jenem Gesetz auch eine Menge schöner, lebendiger, liebenswerter und interessanter Gewohnheiten, Übungen, Spiele und Tätigkeiten gab; Singen und Musizieren, Märchenerzählen und Bücherlesen, einen Blumengarten, abendliche Spiele, an welchen die ganze Familie teilnahm und deren manche der Vater selbst ersonnen hatte, Spaziergänge und Freude an Landschaft, Bäumen und Blumen, geschmückte Zimmer an festlichen Tagen. Und vor allem waren da die Eltern, verehrte Vorbilder

zwar der christlichen Lebensführung, aber nicht Heiligenfiguren, sondern lebendige, begabte, originelle, warme Menschen, mancher schönen und liebenswürdigen Künste kundig, beide hervorragende Erzähler und Briefschreiber, die Mutter zuzeiten Dichterin, der Vater ein Gelehrter und großer Freund der Sprache und Sprachen, Erfinder von Schreibspielen, Improvisator von Rätseln und Wortspielen. Trotz des Gesetzes, trotz des stets gespannten Zwiespaltes zwischen Unschuld und Gewissen, war das Leben in diesem Hause reich und mannigfaltig und war weder düster noch langweilig. Es gab Konflikte und Bangigkeiten, man stand unter dem Gesetz, aber es gab auch Fröhlichkeit und Feste, an Besuchen und Gästen war niemals Mangel.
Aus dem Reichtum dieses Lebens, in dem jeder Tag mit Bibelwort, Gesang und Gebet begann und endete, nahm von uns Kindern jedes das Seine. Ich nehme an, daß Bruder Hans, ohnehin von der Schule her mit dem Geistigen auf gespanntem Fuß und im Selbstvertrauen geschwächt, von der starken und vielseitig angeregten Geistigkeit des Hauses gelegentlich sich bedrückt fühlte. Ich könnte mir denken, daß er zuzeiten den Vater und den Großvater, der über seiner indischen Gelehrsamkeit saß und etwa einen jungen Indologen dadurch erschrecken und entzücken konnte, daß er ihn in Sanskrit anredete, sowie manchen ihrer Gäste und Hausfreunde als mahnende Vorbilder empfand, als Leute, welche allzuviel Latein, Griechisch und Hebräisch konnten, als daß man hätte hoffen können, sie jemals zu erreichen, da doch schon das Latein und Rechnen in der Schule so mühsam ging. Ich weiß es nicht, ich vermute es nur. Dafür streckte seine bedrängte und gefährdete Natur die Wurzeln nach andrer Nahrung im Elternhause aus, es gab ihrer genug, und vor allem war es die Hausmusik und das gesellige Spielen, worin er Freude fand und keine Bestätigungen seiner Minderwertigkeitsgefühle zu fürchten brauchte. Beim Singen konnte er ganz und gar dabei sein, sich hingeben und ausströmen, und dieses Glück ist ihm bis in seine letzten Zeiten geblieben. Und im Spielen erschien er oft wie ein Besessener und oft wie ein Künstler. Es waren nicht jene seßhaften bürgerlichen Spiele, in welchen es gilt, den Spielgegner an Wachsamkeit, Aufmerksamkeit, Ausdauer und Kombinationskraft zu übertreffen und ihn am Ende beschämt und besiegt zu

sehen, nicht jene Brett- und Figurenspiele, bei welchen man einander mit meditierenden oder vom Denken überanstrengten Stirnen gegenübersitzt – nicht diese Spiele waren es, die Hans liebte und in denen er zum Meister wurde. Er bevorzugte die Spiele, die man selber erfindet. Beim Spielen konnte der ruhige und zuweilen ängstliche Knabe sich ganz und gar vergessen, vielmehr ganz und gar er selbst werden und die Welt und Schule vergessen, aufblühen und sich steigern bis zum Genialen. Die Welt der ihm aufgenötigten, halb oder gar nicht verstandenen Zwecke und Regeln zu verlassen und sich in eine selbstgeschaffene Welt sinnvoller, von ihm ersonnener und mit Sinn gefüllter Zwecke und Gesetze zu begeben, ist jedem begabten Kind Bedürfnis, und bei Hans handelte es sich zu manchen Zeiten um mehr, es ging ums Leben; um gegen eine von den Erwachsenen ausgesonnene oder von einem unverständlichen Gott geschaffene Weltordnung aufzukommen und nicht von ihr hoffnungslos totgewalzt zu werden, mußte man sich selber seine Welt und Ordnung schaffen.
Es gab Spiele, zu deren Zustandekommen es der Freiheit und Freizeit bedurfte, wie es Spiele gab, die man nicht ohne Apparate, Figuren, Bälle und so weiter spielen konnte. Es gab aber auch Spiele, welche sich nur im Spieler selbst abspielten, welche man überall und zu jeder Zeit und noch mitten unter der Aufsicht ahnungsloser Lehrer oder Eltern spielen konnte. Man ging seinen Weg in die Schule, wenn man nicht gerade verspätet war, nicht selten in einem bestimmten Rhythmus, nach einer ungeschriebenen Musik, und komplizierte und ornamentierte diesen Marsch noch durch besondere Regeln und Verbote, man durfte bestimmte Steine oder Lagen des Straßenpflasters nicht betreten, es gab erlaubte und verbotene Passagen. Manchmal wurde aus dem Schulweg ein solenner Tanz oder eine geometrische Figur. Während der Lektion in der Schule ließ der Tanz sich mit den Fingern auf der Bank, das Takthalten sich mit rhythmischem Atmen weiterspielen. Oder man verabredete mit einem Kameraden vor der Schulstunde: Sobald der Lehrer dies oder jenes Wort sagt, so bedeutet es: ich bin ein Affe. Dann, wenn das Wort fiel und der Lehrer sich als Affen bekannt hatte, brauchte man nur einander einen Blick zuzuschicken, und man hatte mitten in der ödesten Schulstunde eine Sensation, einen Spaß, ein Gefühl von Freude und Triumph.

Am liebsten aber spielten wir Scharade und Theater. Wir haben nie eine Bühne gehabt und niemals Stücke auswendig gelernt, aber wir haben viele Rollen gespielt, machmal vor den Geschwistern und Kameraden, häufiger allein. Manchmal begaben wir uns in Rollen, die wir tage- und wochenlang nicht wieder losließen. War die Schule, das Gebet, die Mahlzeit zu Ende, war ich wieder mit Hans allein, so waren wir alsbald wieder Räuber, Indianer, Zauberer, Walfischjäger, Geisterbeschwörer. Wenn sich ein paar Zuschauer fanden, spielten wir am liebsten Zauberer. Ich war der Hexenmeister, Hans war der Adept und Famulus. Doch konnten wir diese Vorführungen nur am Abend richtig und wirkungsvoll bewerkstelligen, teils weil wir selber und unsre Zuschauer erst am Abend in die richtige Stimmung kamen, teils weil bei den Zauberstücken das Dunkel unser bester Bundesgenosse und Helfer war. Es gab in unsrem großen alten Hause einen Saal; in dem spielten wir, er war im vorigen Jahrhundert ein Tanzsaal gewesen, mit einer hohen balkonartigen Galerie für die Tanzmusik. Die Zuschauer, Kinder und Mägde, saßen im Dunkeln hinten gekauert auf einer Bank und ein paar Truhen, ich als Zauberer stand am andern Ende des Saales neben einem Tischchen, auf dem meine Zauberwerkzeuge lagen und eine Erdöllampe stand. Hans war mein Schüler und Gehilfe, mußte meine Befehle ausführen und mir bei meinen heimlichen Manipulationen behilflich sein. Wir verfügten über lange, feierliche Zauber- und Beschwörungsformeln, die ich beständig weiter ausbaute, und welche für uns beide eigentlich die Hauptsache waren; das Murmeln oder Brüllen dieser Formeln und Anrufungen erzeugte in uns die Stimmung von gewagten nächtlichen und magischen Unternehmungen und hätte uns an sich schon genügt. Die Zuschauer allerdings wollten uns nicht nur deklamieren, psalmodieren oder schauerlich flüstern hören, obwohl manche kleine Base oder Nachbarstochter auch dabei schon in Ekstase oder Todesangst geriet; wir mußten auch den Augen etwas bieten. Wenn ich, im kleinen Lichtkreis der Lampe stehend, phantastisch gekleidet und mit einer spitzen Papiermütze auf dem Kopf, meine Beschwörungen und Evokationen in die finstere Tiefe des Saales richtete, etwa einen Geist oder Teufel beschwor, und wenn sich dann endlich, zögernd, in kleinen Rucken und Stößen dort hinten im Finstern etwas zu regen begann und etwa

ein Stuhl oder Schemel mit leisem Scharren sich zu nähern anschickte (er wurde von Hans an einem Faden gezogen), dann waren wir alle verzaubert, und mancher Zuschauer brach in einen Angstschrei aus. Einmal, als ich tief im Deklamieren war und mich ganz als Magier fühlte, schrie ich den Famulus Hans an, er solle mir leuchten. Er packte die schwere Petroleumlampe, balancierte sie etwas zögernd und hielt wieder inne. Ich, ungeduldig, rief ihm mit Donnerstimme zu: »Ha, du zögerst? Hierher, sag' ich dir, hierher, sterblicher Wurm!« Dieser Anruf wirkte so stark, daß Hans die Lampe fallen ließ und um ein Haar wir alle samt Saal und Haus verbrannt wären.
Alles in allem war damals mein brüderliches Verhältnis zu Hans das natürliche und normale, ich habe mich seiner nicht zu schämen. Es ging nicht immer fein und lieblich zu, es gab auch Streit und Balgerei und Schimpfreden; ich war der viel Ältere, der Große, Starke, und Hans war mir gegenüber der Kleine und Schwache, daran war nichts zu ändern. Nun aber steht mir, sobald ich an Hans und an jene Jahre denke, jedesmal ein Bild vor Augen, das diese angenehmen Erinnerungen Lügen straft.
Es ist ein Bild, ebenso scharf und überdeutlich und mir für Lebenszeit eingeprägt wie jenes etwas frühere Bild des entzückten kleinen Hans unterm Weihnachtsbaum. Ich sehe Hans vor mir stehen, den Kopf geduckt und zwischen die Schultern gezogen, denn ich war wütend und wollte ihm eben einen Schlag versetzen. Nun wendet er mir wortlos ein ergebenes und leidendes Gesicht zu, mit einem Vorwurf in den Augen. Wieder ein Erlebnis und ein Erwachen! Jener Blick mit seinem Vorwurf traf mich tief, obwohl er zu spät kam, um mich am Schlagen zu verhindern. Ich ließ die Faust niederfallen, auf eine seiner Schultern, dann lief ich weg, verstört, plötzlich erwacht. Voll Selbstgefühl und Sicherheit, voll Herrengefühl und gerechter Empörung über irgendein Versagen, irgendeine Gehorsamsverweigerung hatte ich die Faust geballt und erhoben, ganz Zorn, ganz Krieger, ganz eins mit mir – und fallen ließ ich sie schon mit Widerwillen und schlechtem Gewissen, uneins mit mir, mich meines Zornes und meiner Gewalttätigkeit schämend, mich andrer Schläge, andrer Mißbräuche meiner Kraft und meines Altersranges erinnernd. Aus den Augen meines Bruders Hans, aus diesem Blick, den ich so gern wieder

vergessen hätte und nie mehr vergessen konnte, hatte mich wieder einmal die Wirklichkeit angeblickt, es hatte mich alles Leiden und alle Wehrlosigkeit angeblickt und angeklagt, und meine schöne Wut und Sicherheit war dahin und in einem schrecklichen Erwachen untergegangen: zum erstenmal im Leben hatte ich beim Schlagen den Schmerz und die Beleidigung des Geschlagenen mitgefühlt, und hatte im Grund des Herzens gewünscht, er möge nicht so stumm dulden und mir dann verzeihen, sondern aufflammen und Rache an mir nehmen.

Dies sind die beiden Bildnisse meines Bruders, die mir aus der Zeit seiner Kindheit eingebrannt blieben, sie allein von tausend andern sind übriggeblieben: das Kind Hans, über seine irdenen Weihnachtstöpfchen entzückt und wie ein Engel strahlend, und der Knabe Hans, meinen Schlag erwartend und durch seinen stumm anklagenden Blick auf mich zurückwerfend. In manchen Stunden, wenn ich dazu neigte, mein Leben als verfehlt und wertlos anzusehen, stiegen die beiden Bilder auf: der kindlich Strahlende und der kindlich Leidende, und beiden stand ich gegenüber als der scheinbar Überlegene, Ältere, Starke, heimlich aber Beschämte und Gerichtete.

Ich glaube nicht, daß ich nachher Hans je wieder geschlagen habe. Es waren ja jene mit Erlebnis überladenen Augenblicke nur Augenblicke gewesen, im übrigen lebten wir ja gut und freundlich miteinander, besser als viele andere Brüder miteinander lebten. Aber trotz allem schien jenes Augenblicksbild vom geschlagenen Hans mehr Wahrheit zu enthalten als alle die Monate und Jahre. Ich war nicht böser und nicht schuldiger als jedermann, ich kannte viele, die mit weit größeren Sünden unbeschwert dahinlebten; aber ich war wissend geworden, jene Augenblicke hatten mir gezeigt, wie es ist, wie es zugeht, wie wir Menschen leben, wie immer der Größere und Stärkere dem Schwächeren Gewalt antut, wie immerzu die Schwachen unterliegen und dulden müssen, und wie dennoch alle Überlegenheiten und Vorrechte dahinfallen, wie dennoch immer wieder das Recht bei den Duldenden ist, wie stumpf und leichthin man das Unrecht begeht, wie es aber aus einem Augenblick, aus dem einzigen Blick eines Auges auf uns zurückstrahlen und uns strafen kann.

Inzwischen waren die Zeiten schon vorüber, in denen ich in

meines Bruders täglichem Leben eine Rolle spielte. Ich war fort und kehrte nur für Ferienwochen oder Festtage zurück. Ich wußte wenig mehr von Hans, ich hatte Freunde meines Alters, und noch lieber solche, die mir im Alter voraus waren; und Hans selber hatte seine Schulsorgen, und hatte selber seine Freunde, und eines Tages bekam er, da ich keinen Musikunterricht mehr nahm, meine Violine und wurde ein eifriger Musikschüler. Von seinen schweren Schulsorgen wußte ich damals kaum, erst viel später hat er mir davon erzählt. Für mich war er noch ein Kind und bedeutete mir eine Mahnung an meine eigene Kindheit, auch als er längst im Schatten der Sorge und des Leides ging. In jenen Ferienzeiten, die an sich schon jedesmal eine Art freundlicher Rückkehr in meine Kinderwelt waren, suchte ich auch je und je aus einem dunklen Bedürfnis die Freuden und Spiele der Knabenzeit wieder auf, und dann war Hans mein Spielkamerad, und es war an manchen Tagen, als wären Jahre wieder ausgelöscht. Dann spielten wir die Knabenspiele wieder, die allgemein üblichen mit Murmeln oder Schlagball und auch unsre privaten, von uns selbst erdachten. Und je mehr ich ein Erwachsener wurde und meine Ziele in der Zukunft und Ferne sah, desto mehr lernte ich Hans als einen ungewöhnlichen Spielkünstler schätzen. Noch immer konnte er sich dem Spiel ganz hingeben; es war, wenn er spielte, nicht ein Teil von ihm doch dem Spiel entwachsen, es war nicht ein Teil seiner Gedanken oder Träume anderswo, bei »ernsteren« oder »wichtigeren« Dingen, sondern er war mit ganzer Seele und mit vollem Ernst beim Spiel.

Der Hans, den ich damals kannte und mit dem ich in den Ferien halbe Tage spielte, schien mir rund und ganz, aber ich sah und kannte nur die Hälfte von ihm, nur die freundliche Seite seines Lebens, das schon damals sehr viel schwerer war als ich wußte. Daß er in der Schule schwer mitkam und viel geplagt wurde, war mir zwar nicht unbekannt, aber ich hatte es nicht mit angesehen und konnte mich da nicht recht hineindenken, fühlte auch keinen Antrieb dazu, ich war von meinen eigenen, zuzeiten recht verworrenen und bedrängenden Nöten, Wünschen und Hoffnungen genug in Atem gehalten.

Die Schulzeit meines Bruders ging zu Ende, er freute sich sehr darauf und die Eltern nicht minder. Es war nun die Frage, was aus ihm werden solle. Bei seiner Schulmüdigkeit und ausge-

sprochenen Ablehnung aller Studien und verstandesmäßigen Bildung schien eine Handwerkslehre vielleicht angezeigt, aber seine Freude an Musik und anderen schönen Dingen, und schon seine Herkunft aus einem Geschlecht von Gebildeten und Gelehrten schien es doch zu verbieten, ihn so früh in einen Beruf und Lebenskreis abwandern zu lassen, der ihm vielleicht später doch nicht genügen mochte. Man war in Verlegenheit, es zeigte sich schon damals, daß unser Hans es sehr schwer damit haben werde, einen Weg und Platz im Leben zu finden; vermutlich hat unsre Mutter manches Gebet gesprochen und manchen sorglichen Brief geschrieben und hat die Familie manche Beratung abgehalten, bis der Entschluß gefaßt wurde, den Knaben einem Kaufmann in die Lehre zu geben. Das war, wie mein Vater sich ausdrückte, ein »praktischer« Beruf, man konnte ihn ausüben wie ein Handwerk, nämlich im Kaufladen, während doch in seinen Hintergründen auch etwas wie eine Theorie und Wissenschaft vorhanden war, mit Kanzleien, Archiven, Büros, aus welchen eine Hierarchie von Dienern und Priestern Merkurs sich emporstufte bis zu den ehrwürdigen Ministern und Königen des Welthandels. Vorläufig begann es mit der Handarbeit und dem Laden, Hans wurde Lehrling in einem Laden und lernte Ballen schleppen, Kisten öffnen und zunageln, auf der Leiter turnen und mit der Waage umgehen.
Jetzt schien auch für ihn die Kindheit gründlich zu Ende gegangen zu sein. Zwar hatte die Lateinschule ihn entlassen, aber er hatte sich dafür in ein neues Joch begeben müssen, das sich mit der Zeit als nicht weniger drückend erwies und das er bis zum letzten Tag seines Lebens tragen mußte. Er war in einen Beruf hineingeraten, an dem er keine Freude, zu dem er keine Berufung und wenig Geschick hatte, dem er sich immer wieder einzupassen bemüht war, ohne daß es richtig glückte, und in den er sich schließlich als in ein bittres und unentrinnbares Los ergab.
Ich kenne nicht alle Stationen dieses Weges, obwohl wir die Verbindung nie ganz verloren. Ich versuche, diesen Weg vereinfacht nachzuzeichnen, so wie er mir erscheint, so wie ich ihn abzulesen und zu deuten versuchte. Es gab auf diesem Wege manche Ortsveränderung und manchen Wechsel in der Arbeit, es gab manches Versagen oder unwillige Abbrechen und manche immer neue Anläufe und Versuche. Nach der Lehrzeit

versuchte er es wieder in einem Laden, in einem alten gediegenen Hause in der nächsten großen Stadt; dann erschien es ihm notwendig, die formalen Methoden seines Berufes und namentlich der Buchführung gründlich zu erlernen, es gab Kurse auf Handelsschulen, dann neue Anstellungen, Kurse in Stenographie und Englisch, und schließlich blieb er Sekretär und Korrespondent, meistens in industriellen Betrieben. Nirgends war ihm wohl, nirgends vermochte die Arbeit, so ernst und gewissenhaft er sie nahm, ihn tiefer zu interessieren und ihm Freude zu machen, oft genug mag er an sich und an seinem Leben verzweifelt sein. Aber er hatte die Musik, er spielte Violine, fand manchmal Kameraden zum Singen, und viele Jahre hatte er einen Herzensfreund, seinen Vetter, mit dem er fleißig Briefe wechselte und sich in den Ferien traf. Einmal, Hans war noch in den Zwanzigern und in einer Fabrik im Schwarzwald beschäftigt, überkam ihn Elend und Überdruß allzusehr, er schmiß die Arbeit hin und lief davon, wir waren alle erschrocken und in Sorge. Ich war seit kurzem verheiratet und lebte in einem kleinen Dorf am Bodensee, ich lud ihn ein, sich bei mir zu erholen. Er kam und war mitgenommener und geplagter, als er zugeben wollte, ich half ihm sein Köfferchen auspacken, da kam auch ein Revolver zum Vorschein. Er lachte verlegen, ich auch, dann nahm ich das Ding an mich, um es aufzubewahren, bis er wieder reise. Wir hatten damals eine gute brüderliche Kameradschaft miteinander, er war mehrere Wochen mein Gast, wurde kräftiger und heiterer, und begann allmählich sich wieder nach einer Arbeit umzusehen. Aber es scheint mir heute, als sei schon damals etwas nicht ganz Geklärtes in unsrem brüderlichen Verhältnis zueinander gewesen und als habe ich schon damals etwas von der Verschiebung und Entfremdung gespürt, welche dies Verhältnis dann mit den Jahren erfuhr, ohne daß einer von uns es wissentlich verschuldet hätte.

Meine Laufbahn war ebensowenig glatt und ungebrochen gewesen wie die des Bruders, es hatte eine Schultragödie gegeben, auch bei mir, wennschon aus andern Gründen, ich war ungeduldig und gewaltsam aus der Bahn gebrochen, hatte die Eltern schwer bekümmert, und war überhaupt dem Bruder darin ähnlich, daß ich mir selber das Leben erschwerte und daß ich zur Bewunderung anderer Charaktere und Leistungen und zum Zweifel an meinen eigenen leicht bereit war. Outsiders waren wir beide. Dagegen hatte ich, anfangs unklar und nur mit halbem Glauben, dann immer energischer und konzentrierter mich auf die Zukunft hin bewegt, von der ich seit Knabenzeiten träumte. Auch als ich, nach schweren Kämpfen, den Eltern nachgab und mich einem Beruf und einer Lehrzeit unterzog, als Buchhändler, hatte ich es im Blick auf mein Ziel getan, es war eine Anpassung, ein vorläufiger Kompromiß gewesen. Ich war Buchhändler geworden, um zunächst einmal von den Eltern unabhängig zu werden, auch um ihnen zu zeigen, daß ich im Notfall mich beherrschen und etwas im bürgerlichen Leben leisten könne, aber es war für mich von Anfang an nur ein Sprungbrett und Umweg zu meinem Ziel gewesen. Und schließlich hatte ich das Ziel erreicht, hatte mich erst vom Vaterhaus, dann vom vorläufigen Beruf befreit, war Schriftsteller geworden, konnte davon leben, hatte mich mit dem Vaterhaus und der bürgerlichen Welt versöhnt und war von ihnen anerkannt. Ich hatte geheiratet, mich fern von allen Städten in einer schönen Landschaft niedergelassen, lebte nach meinem Geschmack, ein Freund der Natur und ein Freund der Bücher, und die Konflikte und Schwierigkeiten, deren auch dies frei gewählte Leben genug enthielt, waren noch nicht ernsthaft, und waren mir damals noch kaum bewußt geworden. Für Hans, der damals mein Gast war, mit mir spazierenging oder Ruderfahrten auf dem See unternahm, für Hans war ich ein arrivierter Mann, dem seine Sache geglückt war. Er, so fühlte er, würde niemals arrivieren, ihm würde seine Sache niemals glücken. In einen Beruf verirrt, in dem er es nie weit bringen würde, von der eigenen Unzulänglichkeit überzeugt, ohne Selbstvertrauen, den Frauen gegenüber hoffnungslos schüchtern, ohne einen Traum im Herzen, an dessen Verwirklichung er hätte glauben können, sah er zwischen sich und mir eine Kluft, die für mich kaum sichtbar war, die sich nun aber mit den Jahren vergrößerte und später auch mir immer fühlbarer wurde.

Natürlich hatte er auch seinen Traum in der Seele, seine Vorstellung von Glück und wahrem Leben, aber das Wunschbild ließ sich nicht nach vorn ins Leben projizieren, es wies zurück ins Paradies, in die Kindheit. Als Jüngster war er daran gewöhnt, der Kleinere und Unwissendere zu sein, die Schule hatte ihn noch kleiner gemacht, im Beruf sah er andre ihn über-

holen, die ihm nur durch Härte und Selbstvertrauen überlegen waren. Und so ist er, während er nach außen allmählich lernte, sich dem Notwendigen zu fügen und wenigstens sein Brot zu verdienen, in seinem inneren Leben immer nach rückwärts gewendet geblieben, zur Kindheit hin, zu jener unschuldigen, seelenhaften, aber kampflosen Welt der Träume und Spiele, des Singens, des Lachens um nichts, des Wanderns ohne Ziel.
Er fand wieder eine Anstellung, trieb wieder Englisch, spielte Violine, sang in einem Chor mit. Und außer der Musik gab es noch etwas, worin er atmen und schwimmen und sich entfalten und aufblühen konnte, das war der Umgang mit Kindern. Wohnte in erreichbarer Nähe seiner jeweiligen Arbeitsstätte eine befreundete oder verwandte Familie mit Kindern, so brachte er unfehlbar dort seine Sonntage zu, ein immer spielfroher, alle Kinderlaunen und Kinderwünsche verstehender Kamerad und Onkel. Er wurde sehr geliebt, und die Kinder und jungen Leute, mit denen er musizierte oder Scharaden aufführte und die er in seine wahrhaft dichterische Spielwelt einführte, waren ihm für immer zugetan und wußten nichts davon, daß ihr Onkel und Freund ein enttäuschter und oft schwermütiger Mann war. Selbst Kinder zu haben, hat er sich sehnlich gewünscht. Aber da war vieles im Wege. Wovon eine Frau ernähren und kleiden, eine Wohnungsmiete bezahlen? Um das zu können, mußte man zu denen gehören, welche vorwärtskommen und von Stelle zu Stelle nach oben aufrücken. Und dann waren die Frauen so unnahbar, oder so enttäuschend, und wie sollte man es denn auf sich nehmen, fürs ganze Leben einer Frau das Brot und das Glück zu versprechen, wo man sich selbst so wenig trauen konnte?
Manche Jahre lang sahen wir uns nur noch sehr selten, wir wohnten weit voneinander entfernt, schrieben einander zu den Geburtstagen, sonst selten. Wenn ein Buch von mir erschien, schickte ich es ihm, er bedankte sich jedesmal, hat sich aber nie über eines geäußert, ich erfuhr nie, ob eines von ihnen ihm gefallen hat. Drei Jahre vor dem großen Krieg probierte er es noch einmal mit einem Ortswechsel, seinem letzten. Er fand Arbeit in einem Städtchen im Aargau, und ich zog ein Jahr später nach Bern, nun waren wir näher beieinander, ein paarmal kam er über einen Sonntag auf dem Fahrrad zu uns, saß mit uns in der Laube, spielte mit unsern Knaben, man

sprach von Basel und Calw, vom Vaterhaus. Hans arbeitete jetzt in einer großen Fabrik, da saß er als Korrespondent in einem der vielen Büros, klagte hie und da ein wenig über die Öde der langen Tage, erzählte von Verwandten in Zürich, bei denen er viele Sonntage mit den Kindern verbrachte. Als der Krieg ausbrach, sprach ich einmal über die Weltpolitik mit ihm, er hörte zu und schüttelte den Kopf, er las selten eine Zeitung und nahm nirgends Partei. Es war merkwürdig mit ihm, halb war er ein Knabe, der Knabe Hans, den ich einmal am Christabend in der Verklärung der Freude gesehen, mit dem ich gespielt und der mich einmal, als ich wütend war und ihn schlug, so stumm mit anklagenden Augen angeblickt hatte, halb war er ein bescheiden kleinbürgerlich aussehender Mann mit einer tiefen Stimme, der den Kopf etwas vorneigte und resigniert einer Arbeit oblag, die ihm nur eben das Brot brachte, ein geduldiger Arbeiter und kleiner Angestellter.
Immerhin hatte er, außer seiner Violine und seinen Sonntagen, die er mit den Neffen in Zürich verspielte oder verwanderte, andre Reserven, aus denen seine Seele sich erneuerte, aus denen er lebte und immer wieder Mut schöpfte. Er war nicht nur im Herzen ein Kind, er war auch fromm geblieben, fromm im doppelten Sinn der Herzensreinheit und der Pietät gegen die Menschen und gegen die Weltordnung, und fromm auch als Christ und Mitglied einer Gemeinde. Er nahm es auf sich, daß er schlecht in die Welt der Geschäfte und Arbeit paßte, daß er auf kleinen und untergeordneten Posten blieb, er anerkannte sein Schicksal, und in den Zeiten, wo es ihm schwer zu ertragen schien, haderte er mehr mit sich selber als mit Gott und der Welt, den Einrichtungen, den Vorgesetzten. Er blieb vollkommen unpolitisch und erlaubte sich keine Kritik, er lebte zwar nicht asketisch oder abstinent, aber äußerst bescheiden, war auch sparsam, denn seine Groschen waren mühsam verdient. Einen Abend oder zwei in der Woche war er im Kirchenchor seiner Gemeinde, übte Choräle und studierte neue Lieder, ein brauchbarer und zuverlässiger Sänger.
Mit dem Weltkrieg kam eine Zeit, in der es Hans besser zu gehen schien als mir. Das Politische berührte ihn nicht, seine Existenz war bescheiden, aber gesichert, und die Welt, wie er sie sah, wurde nicht von den Ministern und Generälen, sondern von Gott regiert. Einmal während des Krieges fanden wir

Geschwister uns alle noch einmal zusammen, um unsern Vater zu begraben. Da waren wir alle versammelt, nicht im einstigen Vaterhaus mehr, aber doch um den Vater, sprachen uns aus und waren im Schmerz dieser Tage wieder eins wie in der Kindheit, aufeinander angewiesen, um gemeinsam Leid zu tragen und zugleich das Glück der Zusammengehörigkeit zu fühlen.
In der letzten Zeit des Krieges war von der Freiheit und Sorglosigkeit, in der ich früher gelebt hatte, nichts mehr übriggeblieben. Mein Arbeitszimmer war längst ein Büro geworden, mein Wohlstand dahin, meine bald arbeitsame, bald genießerische Zurückgezogenheit von der Welt zu Ende, ich war dem Krampf und Leid der Welt verflochten und hingegeben, und auch das, was sonst noch mein letzter und innigster Trost gewesen war, die Musik, konnte ich nicht mehr ertragen. Und jetzt wurde meine Frau schwerkrank, ich mußte die Kinder weggeben, es schien alles zusammenbrechen zu wollen, in einem verödeten Hause und Leben saß ich und sah Schlimmes kommen. Gerade in dieser Zeit nun, im Herbst 1918, kam der Brief von Hans, in dem er mich bat, zu seiner Hochzeit zu kommen. Er hatte sich verlobt, ein Strahl Licht war in sein Leben gefallen, er wollte es noch einmal versuchen, sich ein Glück aufzubauen.
Mir nun fiel die Aufgabe zu, bei seiner Hochzeit unsre Familie zu vertreten, die andern waren alle in Deutschland drüben, die Grenze gesperrt, das trennte mehr als zwanzig Breitengrade. Es fiel mir sehr schwer, diesem Ruf zu folgen, ich war in der Arbeitslast, in der Hetze und Seelennot der Kriegsjahre ein scheuer und verzweifelnder Mensch geworden, zur Not noch fähig, sich Tag um Tag mit lästiger Pflichtarbeit zu beladen und zu betäuben, aber schon seit langer Zeit nicht mehr fähig, irgendwo mitzuschwingen, sich zu freuen oder gar ein Fest zu feiern. Auch das hätte man ja für einen Tag hinunterwürgen können, aber es war mir vor dieser Hochzeit nicht nur meinetwegen bange. Mein eigenes Eheglück war eben erst endgültig gescheitert; mir schien, es wäre tausendmal besser gewesen, wenn ich nie geheiratet hätte, heftig erinnerte ich mich jetzt der inneren Widerstände, mit welchen ich vor vierzehn Jahren mich zur Heirat entschlossen und meine Hochzeit gefeiert hatte. Nein, meine Anwesenheit bei Hansens Hochzeit konnte kein Glück bringen. Es konnte ja doch nichts Gutes daraus werden, wenn unsereiner heiratete und den Bürger spielte, wir taugten

dazu nicht, wir taugten zu Einsiedlern, zu Gelehrten oder Künstlern, meinetwegen zu Wüstenheiligen, aber nicht zu Gatten und Vätern. Man hatte sich, als wir Kinder waren, viele Mühe damit gegeben, uns den »Willen zu brechen«, wie die fromme Pädagogik das damals nannte, und man hatte in der Tat allerlei in uns gebrochen und zerstört, aber gerade nicht den Willen, gerade nicht das Einmalige und mit uns Geborene, nicht jenen Funken, der uns zu Outsiders und Sonderlingen machte.

Indessen war an Absage und Ausrede gar nicht zu denken. Ich spürte selbst, wie nervös und in mein eigenes Unglück versponnen ich war, und wie töricht und unrecht es wäre, dem Bruder das endlich gefundene Glück nicht von Herzen zu gönnen oder es durch mein Fernbleiben von seinem Fest zu trüben, ihm Teilnahme und Segen gewissermaßen zu versagen. Es war mir auch von frühern Beispielen her bekannt, wie wenig angenehm es für einen Hochzeiter ist, völlig allein ohne Familie und Anhang dem Aufgebot der Brautverwandtschaft gegenüberzustehen. Ich fuhr also schwarz gekleidet ins Aargau zu Hans und schämte mich meiner Hypochondrie, denn es war ein schöner und rührender Anblick, den Bruder still, glücklich und etwas befangen neben seiner freundlich-ernsten Braut zu sehen, und dazu fanden sich ihre Schwestern und Schwäger ein, die mich alle sehr artig aufnahmen und mir alle gefielen, es war eine rüstige und hochgewachsene Rasse, und noch ehe wir zum Festmahl ins Haus des Brautvaters in ein nahegelegenes Dorf hinaus fuhren, zwischen herbstlichen Wäldern und Weinbergen bergan, hatte ich schon den Eindruck gewonnen, es stehe gut mit Hans und seiner Zukunft. Es war seit geraumer Zeit die erste Freude, die ich erlebte, und die ganze ländliche, gesunde und friedliche Welt, bei welcher ich da zu Gast war, schien tausend Meilen weit von allen Kriegen, Revolutionen und Weltuntergängen zu liegen. Es war ein schönes und heiteres Fest, ich wurde nicht nur beruhigt, sondern vergnügt, und das Gefühl, den Bruder nach so langem Suchen und Darben versorgt und eingereiht zu wissen, tat mir gründlich wohl. Das einzige, was mir nicht gefiel und was ich nur der Höflichkeit wegen loben half, war die Stadtwohnung des neuen Paares, im Erdgeschoß an einer lärmigen Straße.

Für mich kam nun eine Zeit, in der ich an Hans wenig denken

konnte. Es kam das Ende des Kriegs, und die Revolution, ein sorgenvoll durchfrorener Winter in meinem gespenstisch gewordenen Hause, und der Zusammenbruch meiner damaligen Existenz. Im Frühling erst war es so weit, daß ich meine Bücher, meinen alten Schreibtisch und ein paar Andenken zusammenpacken und den Versuch zu einem neuen Lebensbeginn machen konnte. Hans aber war zufrieden, ein guter Ehemann, der am Abend nach seinem grauen Arbeitstag eine kleine Heimat auf sich warten wußte. Es wurden ihm zwei Söhne geboren, und nun besaß er in seiner kleinen Wohnung alles das, was er viele Jahre lang nur als Gast und an Sonntagen in fremden Häusern gefunden hatte.

Vier oder fünf Jahre nach jenem Hochzeitsfest fügte es sich, daß ich mich einige Zeit in der Stadt aufhalten mußte, wo Hans wohnte, er war nun schon ein Dutzend Jahre am selben Ort und in derselben Fabrik tätig, ist auch vollends dort geblieben, die Jahre der Unrast waren vorüber. Ich fand Hans mit seiner kleinen Familie in einer anderen Wohnung als jener, die mir so mißfallen hatte, er schien mir ruhiger geworden und etwas gealtert, es gab natürlich auch Sorgen. Nach seiner Verheiratung – das erzählte er mir aber nicht, ich erfuhr es erst viel später – hatte der Vorstand seines Büros ihn einmal zu sich bestellt und ihm freundlich auseinandergesetzt, er sei ja nun schon manches Jahr hier angestellt, habe sich auch als fleißig und zuverlässig erwiesen, doch sei seine Tätigkeit ja nur eine subalterne, und da er jetzt Familie habe, müsse er sich klarmachen, daß die Beamtenschaft der Fabrik eine Hierarchie bilde, in welcher er sich bisher mit seinem Platz auf einer der untersten Stufen begnügt habe. Wer aber guten Willen und einige Gaben besitze, der strebe nach oben, wo man nicht nur zu gehorchen, sondern auch zu befehlen lernen müsse, wo man nicht mehr nur beaufsichtigt werde, sondern auch Aufsicht über andre zu führen habe. Man wolle einem Angestellten, der sich brav gehalten und jetzt geheiratet habe, den Weg zu den höheren Stufen nicht versperren, wenn er strebsam sei und sich zutraue, mehr und Wichtigeres als bisher zu leisten, es werde dann auch an einem entsprechend höheren Lohn nicht fehlen. Und so biete man ihm also an, für eine gewisse Probezeit es mit einer etwas verantwortungsvolleren und besser bezahlten Arbeit zu versuchen. Man hoffe, er freue sich über dies Anerbieten und werde sich in der Probezeit bewähren. Der gute Hans hörte dieses ehrerbietig an, stellte auch einige schüchterne Fragen, und bat dann um eine Bedenkzeit. Der Vorgesetzte, ein wenig verwundert, daß er nicht sofort zugriff, ließ ihm die gewünschte Frist, und Hans ging an seine Arbeit zurück. Dann war er einige Tage sorgenvoll und in sich gekehrt und kämpfte um seinen Entschluß. Nach abgelaufener Frist meldete er sich und bat, man möge ihn auf seinem bisherigen Posten lassen. Nun erzählte er es auch seiner Frau und hatte einige Mühe, sie davon zu überzeugen, daß er nicht anders habe handeln können. Von da an blieb er, ohne mit weitern Vorschlägen behelligt zu werden, für immer auf seinem bescheidenen Posten an der Schreibmaschine sitzen.

Davon wußte ich damals noch nichts. Ich besuchte Hans ein paarmal, machte mit ihm und den Seinigen einen Sonntagsausflug, hatte ihn einen Abend zum Plaudern und Essen bei mir im Hotel, und jetzt wollte ich auch einmal die Stätte seiner Arbeit sehen. Aber da war kein Zutritt möglich. Hans wehrte erschrocken ab, und der Portier der Fabrik, den ich dann aufsuchte, konnte es mir auch nicht gestatten. So stellte ich mich denn, um wenigstens irgendeine Vorstellung von meines Bruders geheimnisvollem Alltagsleben zu bekommen, eines Tages kurz vor der Mittagsstunde am Eingang zur Fabrik auf, um ihn herauskommen zu sehen und abzuholen. Es war ein gewaltiger Eingang wie zu einer Festung, dahinter saß im Fenster seines Wärterhäuschens der Pförtner und bewachte die Straße. Eine dreifache Straße führte vom Eingangstor zur Fabrik, welche weit hinten lag, eine kleine Stadt von Gebäuden, Höfen und Schloten. In der Mitte lief eine Fahrstraße, rechts und links je ein breiter Gehsteig. Außen vor dem Tore stand ich und wartete, blickte die leere breite Straße hinauf gegen die Gebäude und stellte mir vor, daß in einem von ihnen Tag um Tag und Jahr um Jahr mein Bruder in einem Saal mit vielen Schreibmaschinen sitze und Briefe schreibe. Es war eine sehr ernste, strenge und etwas düstere Welt, in welche ich da blickte, und wenn ich mir dachte, ich müsse mein Leben lang jeden Morgen und jeden Nachmittag pünktlich hier erscheinen, durch dieses Tor die breite Straße hinan und in eines der großen kahlen Gebäude gehen und dort in einem Büro Befehle und Diktate entgegennehmen und Briefe und Rechnungen schreiben, so mußte ich mir gestehen, daß ich das nicht vermöchte. Gewiß, als Besitzer oder Leiter oder Ingenieur oder Werkmeister hier zu arbeiten, als einer, der das Ganze dieser großen Maschinerie übersah und sich ihm gewachsen fühlte, das war mir vorstellbar. Aber als kleiner Angestellter auf einer der niederen Stufen, als Arbeiter, der nie etwas Ganzes zu machen bekommt, der immer die gleichen Handgriffe zu tun hat oder die gleichen Briefe diktiert bekommt – das war ein Angsttraum. Ich blickte angestrengt durch das Fabriktor hinein, dachte an Hans und sah einen Augenblick sein still verklärtes, leuchtendes Kindergesicht an jenem unendlich fernen Christabend wieder, und das Herz zog sich mir zusammen.

Jetzt sah ich weit hinten zwischen den Gebäuden sich etwas regen, es kamen ein paar Menschen heraus, dann mehr, dann viele, die bewegten sich dem Tore und mir entgegen, und als die ersten schon an mir vorübergegangen waren und sich in die Straßen nach der Stadt hin verloren, quoll von dort innen ein dichter, ununterbrochener Menschenstrom heraus, dunkel floß er in gleichmäßigem Trott heran und an mir vorbei, viele Dutzende, viele Hunderte, auf beiden Gehsteigen kamen sie geströmt, und auf der breiten Straße dazwischen hundert Fahrräder, Motorräder und je und je ein Automobil. Es waren Männer und Frauen, aber viel mehr Männer, manche junge Leute mit bloßen Köpfen, forsch und vergnügt, manche plaudernd, die meisten aber ernst, schweigend, etwas müde, vorwärts getrieben im Tempo, das ihnen der große Strom aufzwang. Ich hatte bei den ersten Dutzend mir die Gesichter angesehen, ob Hans unter ihnen sei, aber da es auf allen drei Straßen quoll und quoll und in dem Strom der Gesichter längst nicht mehr die einzelnen zu fassen möglich war, ließ ich die Ströme vorüberziehen und mußte darauf verzichten, den Bruder herauszufinden. Ich stand und schaute zu, wohl eine gute Viertelstunde lang, bis die Flut versiegte und ein Ende nahm und Straßen und Höfe wieder öde lagen, die Rückkehr der Scharen erwartend.

Später habe ich bei jedem Besuche in jener Stadt einige Male diese mittägliche Anabasis abgewartet, manchmal gelang es mir, Hans abzufangen, manchmal war er es, der mich entdeckte und anrief, manchmal auch mußte ich wie jenes erste Mal weggehen, ohne ihn gesehen zu haben. Es war jedesmal eine

Qual und eine Lektion für mich. Wenn ich meinen Bruder in der Menge entdeckte und ihn zwischen den andern trotten sah, den Kopf etwas gesenkt, fühlte ich jedesmal ein bittres, nutzloses Mitleid, und wenn er mich dann erblickte und mit einem kleinen, freundlichen Lächeln sein stilles Gesicht erhob und mir die Hand entgegenstreckte, kam ich mir jedesmal einen Augenblick wie der Jüngere und Unfertigere von uns vor. Seine Zugehörigkeit zu diesen tausend Männern, sein geduldiger Schritt und das etwas müde, aber freundliche, so geduldig gewordene Gesicht gaben ihm, den ich bis in seine Mannesjahre immer ein wenig wie ein Kind betrachtet hatte, eine traurige Würde, einen Stempel von Ergebenheit und Geprüftsein, der mich rührte und beschämte.

Obwohl ich jetzt sein Leben besser kannte, das aus den Tagen in der Fabrik und den Abenden in seiner Familie bestand, habe ich doch noch ein paarmal den Versuch gemacht, ihm auch ein Stück von meinem Leben zu zeigen und ihn einmal in meine Kreise zu bringen. Er war ja ein Freund der Musik und selber ein wenig Musikant, und wenn er von Literatur und Philosophie, auch von Politik nichts wissen wollte, so wollte ich doch einmal mit ihm gute Musik hören, ihn für einen Abend oder Sonntag aus seinem Kleinbürgerleben zu uns Künstlern herüberholen, ihn mit nach Zürich in eine Oper, zu einem Oratorium oder Symphoniekonzert nehmen, und nachher zu ein paar geselligen und musikalischen Stunden mit meinen Freunden, den Musikern. Ich habe den Versuch damals gemacht und habe ihn bei meinen späteren Besuchen drei-, viermal wiederholt, habe ihn herzlich und dringlich eingeladen und ihm zugeredet, aber es ist mir nicht geglückt, und am Ende gab ich es auf und war enttäuscht. Hans mochte nicht, es lag ihm nichts an der Oper und dem Konzert, nichts an dem Zusammenkommen mit meinen Freunden. Ich aber hatte schon wieder vergessen, wie mir damals, im dritten und vierten Jahr des Krieges, die Musik und die Geselligkeit und jedes Erinnertwerden an die Welt der Kunst unerträglich geworden war, denn das Leben war für mich damals nur noch zu ertragen, wenn man diese köstlichen Dinge vollkommen vergaß und verdrängte; schon bei ein paar Takten Schubert oder Mozart, die einem in einem müßigen Augenblick einfielen, war man ja nah am Weinen. Ich hatte das wieder vergessen, oder sah und spürte doch nicht, daß es vermutlich meinem Bruder nicht anders erging als damals mir, daß sein ganzes tapferes Durchhalten in der Tretmühle des Berufs vielleicht in Frage gestellt und gefährdet worden wäre durch ein rauschhaftes Kunsterlebnis, eine Hingabe an »Die Zauberflöte« oder »Das Oboenquartett«. Ich war enttäuscht, daß Hans allen meinen Einladungen sich zu entziehen wußte, es schien mir schade um ihn, daß er der Verlockung nicht folgte, daß er mit seinem kleinen engen Leben zufrieden war, das späte Nachhausekommen fürchtete und sich offenbar vor den Leuten, zu denen ich ihn da bringen wollte, genierte. Es wurde nicht mehr davon gesprochen. Allmählich erfuhr und merkte ich dann auch, daß Hans es nicht gern hörte, wenn ihn jemand aus seiner Bekanntschaft nach seinem Bruder, dem Dichter, fragte. Er hatte mich gern und ist in diesen Jahren nie anders als lieb und freundlich mit mir gewesen, aber meine Schriftstellerei, meine Künstlerfreundschaften, meine geistigen, artistischen, historischen Interessen, das alles war ihm lästig, er wollte damit verschont sein, er lehnte es mit freundlicher Beharrlichkeit ab, daran teilzunehmen.

Ich habe mir darüber manchmal Gedanken gemacht, denn unser Umgang litt darunter; nicht selten, wenn wir uns nach einer Pause von einem oder zwei Jahren wiedersahen, hatten wir nach den Erkundigungen über Gesundheit und Familie nichts Rechtes mehr miteinander zu sprechen. Ich weiß heute über die Gründe dieses Mißverhältnisses nicht genau Bescheid, wenn ich auch manche Vermutungen darüber anstellte. Mir gegenüber war mein Bruder, daran war nicht zu zweifeln, schwer gehemmt, und er zeigte sich mir interesseloser und philiströser, als er wirklich war. Denn in seinem eigenen Kreise war er, wie ich gelegentlich erfuhr, durchaus kein Langweiler, galt vielmehr für einen guten und interessanten Kameraden, der durch Laune, Phantasie und Witz überraschen konnte. Es scheint, daß ich für ihn zeitlebens der ältere Bruder geblieben bin, der fortgeschrittnere und für klüger gehaltene, und daß ich für ihn immer etwas von der Geistigkeit darstellte, mit welcher er im Vaterhaus und in der Schule in Konflikt gekommen war. Es war in ihm wie in mir eine Anlage zum Künstlertum und zum Fabulieren; diese Anlage sah er bei mir zum anerkannten Beruf ausgebildet, ich war ein Artist und Fachmann geworden, während sie bei ihm ein freies und gelegentliches Spiel geblieben war und die Unschuld und Unverantwortlichkeit des Kinderspiels behalten hatte. Aber die psychologische Erklärung will mir nicht genügen. Es war im Leben des Bruders noch eine andre Macht vorhanden, die religiöse. Sie war auch bei mir vorhanden, und sie hatte bei uns beiden dieselbe Wurzel und Herkunft. Aber während ich in der Jugend erst Freidenker, dann Pantheist geworden war und mir manche alte und fremde Theologie und Mythologie angeeignet hatte, und auch bei meiner langsam sich entwickelnden Versöhnung mit der christlichen Frömmigkeit immer kontemplativ und einsam geblieben war, hatte Hans den Glauben der Eltern behalten oder nach einer Zeit der Entfremdung wiedergewonnen, und zwar nicht nur in Gedanken und im Herzen fromm, sondern war es auch in der Gemeinschaft. Ich weiß, daß er auch dort zuzeiten Zweifel hatte und sich gelegentlich mit einer privaten und manchmal eher abenteuerlichen Theologie befaßte; aber er praktizierte seinen Glauben, er war viele Jahre lang und bis zu seinem Ende ein treues Gemeindeglied und ging regelmäßig zu Gottesdienst und Abendmahl.

Diese Frömmigkeit, zusammen mit dem Verantwortungsgefühl für Frau und Kinder, hat ihm die Kraft gegegeben, auf seinem so sehr verfehlten und freudlosen Platz im praktischen Leben auszuharren. Und diese beiden Mächte bewahrten ihn auch davor, verbittert zu werden. So wenig er über die Automobile und Villen der Fabrikdirektoren und das Verhältnis ihrer Gehälter zu seinem nachgrübelte, so wenig verlor er die Freundlichkeit und Achtung gegen die Mitmenschen. Seine Arbeit tat er ungern, aber folgsam und sorgfältig, und wenn er abends mit dem großen Menschenstrom die Fabrik verlassen hatte, ließ er diese Arbeit und die Gedanken an sie ebenfalls hinter sich, er sprach zu Hause nie von ihr. Da gab es andere Sorgen, Krankheit, Geldsorgen, Schulfragen, und es gab Singen und Musizieren, Abendgebet, den Gottesdienst am Sonntag und den Ausflug mit seinen Knaben, wobei er stets ein kleines Liederbuch in der Tasche mit sich trug. Gelegentlich klagte er mir, wenn wir uns wiedersahen, über Veränderungen in seinem Büro, einmal über einen harten Vorgesetzten; damals war es mir mit Hilfe von Freunden möglich, die Spannung auszugleichen. Es schien ihm jahrelang recht gut zu gehen. Nur wenn ich bei meinen gelegentlichen Besuchen in jener Stadt mich zur

Mittagszeit am Fabriktor aufstellte und ihn abholte, schien er mir zuweilen etwas allzu alt und erloschen, allzu ergeben und müde. Und als es in der Fabrik anfing an Arbeit zu mangeln, als immer wieder Leute entlassen und die Gehälter kleiner wurden, als seine Augen empfindlich zu werden begannen und im Winter das vielstündige Arbeiten bei künstlichem Licht oft nur schwer ertrugen, fand ich ihn einige Male sehr niedergedrückt.

Und nun komme ich in meinem Bericht zu den Tagen unsres letzten Wiedersehens.

Ich war wieder für kurze Zeit in die Stadt gekommen, es war im November; ich wohnte im selben Hotel, wo ich im Lauf der Jahre manchen Aufenthalt genommen und manchen Abend mit Hans verbracht hatte. Es ging mir wenig gut, und als ich den Weg zur Fabrik einschlug und am Tor auf den Bruder wartete, wollte es mir scheinen, ich sei nun oft genug an dieser Einfahrt gestanden und habe oft genug dem guten Hans aufgelauert und ihn aus dem grauen Strome gefischt, sei oft genug hierher in diese Stadt und dann wieder heim in mein Haus im Tessin gefahren, es wäre nicht schade, wenn das alles sich nicht immer wiederholte, sondern einmal ein Ende nehme. Ob ich nun noch fünfmal oder noch zehnmal in meinen Geschäften hierher gereist käme, ob ich noch ein Buch oder zwei schriebe oder keines mehr, das schien mir belanglos, ich war müde und krank und hatte in diesem Jahr nicht viel Freude an meinem Leben gehabt. Ich besann mich, ob es denn recht sei, in dieser Stimmung von Unlust und Schwäche meinen Bruder zu begrüßen, ob ich nicht eine bessere Stunde dafür abwarten sollte. Aber da schickte der mittägliche Menschenstrom schon seine ersten Wellen heraus, ich blieb, ich fand Hans und nickte ihm zu, er kam wie immer und schüttelte mir die Hand, und wir gingen miteinander stadteinwärts, suchten eine ruhige Seitengasse und gingen da ein wenig auf und ab. Hans wollte hören, wie es mir gehe, aber ich kam nicht recht zum Berichten, ich wußte, wie kurz seine Mittagszeit war und daß seine Frau und sein Essen auf ihn warteten. Wir verabredeten uns für einen Abend ins Hotel und trennten uns bald.

Pünktlich fand Hans sich in meinem Hotelzimmer ein, und nach einigem Zögern und Herumreden fing er plötzlich mit gepreßter Stimme an, mir zu schildern, wie er es jetzt in seinem

Büro habe, es sei oft kaum zu ertragen, die Augen machten ihm zu schaffen, es ginge bergab mit ihm, und es sei ihm dort auch niemand wohlgesinnt, es seien jetzt so viele junge Angestellte da, die machten hinter seinem Rücken Bemerkungen über ihn, es werde wohl nächstens dazu kommen, daß man ihn entlasse. Ich erschrak, ich hatte ihn in diesem Ton seit Jahren nicht mehr sprechen hören. Ich fragte, ob etwas Besondres vorgefallen sei. Ja, gab er zu, es sei etwas passiert, er habe eine kleine Dummheit begangen. Es sei da ein Augenblick gekommen, da habe ein Kollege ihn unfreundlich behandelt, und er habe deutlich gemerkt, daß sie alle gegen ihn wären, und da habe er für einen Augenblick die Gewalt über sich verloren und habe zornig gesagt, man solle ihm nur kündigen, er habe ohnehin von allem genug.
Er blickte düster vor sich hin. »Aber Hans«, sagte ich, »das ist doch wahrhaftig nicht so schlimm! Wann war es denn, gestern, oder heute?«
Nein, sagte er leise, es sei schon vor ein paar Wochen gewesen. Ich erschrak nochmals. Ich sah, es stand gar nicht gut mit Hans. Daß er sich so beargwöhnt und verfolgt fühlte! Und daß er sich wochenlang mit der Furcht vor den Folgen eines unbeherrschten Augenblicks schleppen konnte! Ich erklärte ihm: wenn seine Vorgesetzten damals seine paar Worte wirklich ernst genommen und ihn hätten entlassen wollen, so hätten sie das inzwischen längst getan. Ich redete ihm eine Weile zu. Daß ihm die jungen Angestellten keinen Respekt zeigten, nun das sei eben so, er solle sich doch nur erinnern, wie auch wir als junge Burschen uns oft über ältere Leute lustig gemacht und sie komisch gefunden hätten mit ihrem Ernst und ihrer Pedanterie. Mir gehe das, wenn ich unter jüngere Leute komme, manchmal ebenso, man komme sich eingerostet und langweilig vor, und sobald die Jungen das spüren, spielen sie sich gern auf und lassen einen merken, daß wir Alten ihnen nicht imponieren könnten. Und so weiter; ich hielt ihm eine richtige Ermunterungs- und Trostrede. Und Hans ging darauf ein. Er gab zu, das mit den jungen Kollegen sei vielleicht nicht ganz so schlimm, aber er fühle sich seiner Arbeit oft nicht mehr gewachsen, sie mache ihm oft so große Mühe, und Freude habe er ja ohnehin nie an ihr gehabt. Ob ich es nicht für möglich halte, fragte er, daß er an einem anderen Ort Arbeit finde, und ob ich ihm nicht

dabei helfen würde, etwas zu finden, ich habe doch manche Freunde und Beziehungen.
Auch das gab mir einen Stich. So gern ich bereit war, ihm jeden Dienst zu tun, und so lieb es mir hätte sein müssen, von ihm darum gebeten zu werden – ich wußte allzu gut, wie schwer er eine solche Bitte aussprach. Er mußte in großer Seelennot sein, wenn er sich so an mich wandte. Offenbar wollte er um jeden Preis fort, es war ihm hier alles entleidet und unerträglich geworden – aber warum hatte er dann doch wieder diese Furcht vor dem Entlassenwerden?
Ich suchte ihn nochmals zu beruhigen. Vor allem versprach ich ihm, daß er auf mich rechnen könne, und wenn er wirklich seinen Posten durchaus nicht behalten wolle, dann müßten wir eben einen andern suchen; aber ich erinnerte ihn auch daran, daß das heute nicht so leicht sei, überall würden Leute entlassen. Jedenfalls möge er doch ja seine Stelle nicht aufgeben, ehe ihm eine andre gewiß sei, er habe doch Frau und Kinder. Darauf ging er ein, ja er war plötzlich von diesem Gedanken wie eingeschüchtert, und schien alles wieder ungesagt zu wünschen. Aber ich bestand darauf, daß er sich ausspreche und mir sage, was er sich denn eigentlich wünsche. Jetzt gestand er, er wünsche nichts andres als hier herauszukommen, aus diesem Büro, einerlei wohin, nur fort. Er wisse, wie schwer es jetzt sei, eine Stelle zu finden, aber er würde auch mit einem geringeren Lohn und einer geringeren Arbeit zufrieden sein. Er würde zum Beispiel auf eine Stelle als Korrespondent oder Sekretär keinen Wert legen, er würde ebenso gern, ober viel lieber, etwa ein Warenlager beaufsichtigen oder Bürodiener sein, den Boden reinhalten, die Pulte aufräumen, Post wegtragen und dergleichen.
Es läutete zum Abendessen. Seine Not war mir zu Herzen gegangen, ich tröstete ihn nochmals, erinnerte ihn an frühere Male, wo ihm auch alle Wege verbaut schienen und sich dennoch wieder einer geöffnet hatte. Ich schlug ihm vor, wir wollten, solang ich hier in der Stadt sei, seine Sache weiter beraten und durchsprechen, und wenn wir einen Plan fänden, könne er auf meine Hilfe zählen. Sein Gesicht erhellte sich, er war einverstanden. Wir gingen zu Tisch, tranken ein Glas Wein zum Abendessen und sprachen von alten Zeiten, Hans wurde heiterer, beinah vergnügt. In der Halle fanden wir ein Brett-

spiel, damit setzten wir uns in bequeme Stühle und probierten die alten Spiele einmal wieder, Mühleziehen, Dame, Wolf und Schaf. Wir hatten beide die Übung in diesen Spielen verloren, aber wunderlich versetzten mich der Anblick der Spielfelder und Steine, die Handbewegungen beim Ziehen, das Rückbesinnen auf die Spielregeln in die Kindheit zurück; es fielen mir Dinge ein, an die ich in Jahrzehnten nicht mehr gedacht hatte: der Geruch unsres eichenen Eß- und Spieltisches in Basel, die starken eisernen Scharniere, um die man ihn zusammenklappen konnte, das weiße Lamm im Innern einer Glaskugel, die ich damals besaß, und auf dem Deckelinnern von Mutters Harmonium die Inschrift »Strasbourg – Rue des enfants«, über welche ich als Kind eine Zeitlang viel nachgedacht und phantasiert hatte, und die für mich etwa »Ruhe des Infanten« bedeutete. O ferne, lebensprühende Welt, Urwald der Kindheit! Und wenn ich meines Bruders Gesicht ansah, das sich bei der Entdeckung, daß seine Partie verloren sei, zu einem knabenhaften, bedauernden Lachen zusammenzog, dann spürte ich, daß auch er ein wenig unter dem Zauber stand. Wie duftete es aus den verschollenen Zeiten herüber! Und wie war es möglich, daß aus uns beiden, denen einst das Paradies geblüht hatte, diese beiden alternden Männer geworden waren, welche da in einer Hotelhalle beim Brettspiel saßen und nicht aus ihren Sorgen herausfanden!

Früh wie immer sagte Hans Gutnacht, ich stieg zu meinem Zimmer hinauf, und noch ehe ich im Bett war, hatte der Schimmer von Heiterkeit und Harmlosigkeit, den die letzte Stunde gehabt hatte, sich verloren. Ich vergaß unser Brettspiel und unser Abendessen, und hörte nur noch die gepreßte Stimme, mit der mir Hans seine Not und Angst geklagt hatte. So hatte ich ihn seit vielen Jahren nicht mehr sprechen hören. Es war Ernst, das hatte ich sofort gespürt, das Leben meines Bruders stand in einer schweren Krise. Und wie zugleich bitter und furchtsam er von den jungen Leuten im Büro gesprochen hatte – als hätten sie wirklich Macht über ihn! Da war ein Schatten von angstvoller Unvernunft, von Verfolgungswahn zu spüren. Und dieses Hin und Her zwischen seiner Furcht vor einer Kündigung und der Lust, selber zu kündigen und sich davonzumachen! Daß er daran dachte, statt Briefschreiber lieber Bürodiener zu werden, konnte ich verstehen, auch ich hätte wohl lieber den Boden gefegt und die Post weggetragen als Geschäftsbriefe oder Lohnlisten geschrieben. Dieser Wunsch, so schien es mir, war nicht krankhaft, er war in Hansens Geständnis das Positive und Brauchbare. Ich fing an, nachzusinnen, bei welchem meiner Bekannten ich ihm vielleicht einen Platz würde verschaffen können. Aber da war keiner, der nicht seit geraumer Zeit Leute hatte entlassen müssen, keiner, dem nicht das Halten seiner alten Angestellten, besonders der verheirateten, eine ernste Sorge war. Und wenn es wider alles Erwarten gelänge, ihn an einen andern Posten zu bringen, wie lang würde er sich dort halten, wo man ihn nicht kannte, wo er sich nicht, wie hier, auf mehr als zwanzig Dienstjahre berufen konnte? Aber, ob er nun blieb oder wegging, ich wußte ihn seinem alten Feind verfallen, dem Zweifel an sich selber, der ratlosen Furcht vor der Kompliziertheit und Grausamkeit der Welt. Ich lag und plagte mich die halbe Nacht, dann wurde ich des Nachdenkens müde, und jetzt sah ich nur noch das zu mir erhobene Kindergesicht des Bruders, damals als ich ihn geschlagen hatte. Das ging mit mir bis in den Schlaf hinein.

Der nächste Tag brachte mir unerwartete Aufgaben und Arbeiten, ich hatte den ganzen Tag mit Post und Telefon zu tun, und so ging es einige Tage, und als ich Hans kurz wiedersah, waren wir nicht allein, auch fand ich ihn nicht mehr so gedrückt und erregt wie an jenem Abend. Meine Tage waren ausgefüllt, Besuche kamen und gingen. Hinter allem blieb die Beunruhigung um Hans bestehen; ich war entschlossen, keinesfalls wieder abzureisen, ehe ich seine Sache mit ihm zu Ende besprochen und womöglich geklärt hatte. Vielleicht hätte die Stimmung von Krisis und Gefahr, die ich bei Hans empfand, mich weniger offen und aufmerksam gefunden, wäre sie nicht mit einer ähnlichen Stimmung in meinem eigenen Leben zusammengetroffen. Bedrohungen meiner Existenz von außen und von innen her trafen zusammen, um mir den Blick für ähnliche Konstellationen auch bei andern zu öffnen, und daß der seit Jahren gegen mich so schweigsam gewordene Bruder sich mir jetzt mitgeteilt und erschlossen hatte, beruhte wohl auch auf einer Witterung für das Verwandte in meiner eigenen augenblicklichen Lage.

Es kam nun für mich eine freundliche Unterbrechung in diese schwierigen Tage; zwei meiner Söhne kamen, wie es seit einer

Weile schon verabredet war, über einen Sonntag zu mir auf Besuch. Sie kamen am Sonnabend, und ich bat sie, mit mir am Nachmittag ihren Onkel aufzusuchen, ich dachte, es würde ihm eine freundliche und vielleicht wohltuende und aufmunternde Überraschung sein. Wir wurden in der guten Stube empfangen, es waren alle zu Hause, Hans und seine Frau, einer seiner Knaben und, statt des zweiten, ein Pensionär, ein Schüler aus der welschen Schweiz, der zum Deutschlernen hier war und dessen Eltern dafür den zweiten Sohn meines Bruders eingetauscht hatten. Meine Söhne unterhielten sich mit den Jünglingen, und ich saß neben Hans auf dem Kanapee. Hans saß da und hörte auf seine freundliche Art allem zu, was wir erzählten und schwatzten, war aber sichtlich sehr müde nach seiner Arbeitswoche, ich sah ihn des öftern verstohlen gähnen. Er sah sehr friedlich aus, müde und gedankenlos, aber nicht geplagt oder unzufrieden, er fröstelte ein wenig, stand ein paarmal auf, ging zum erlöschenden Ofen und hielt eine Weile beide Hände an die Röhre, um sie zu wärmen. Auch als wir nach einer Stunde wieder aufstanden und uns empfahlen, stand er während unsrer Abschiedsreden beim Ofen, beide Hände um die Röhre gelegt, etwas vornübergebeugt mit seinem müden, aber freundlichen Gesicht. Dann gaben wir uns die Hände. So sehe ich ihn noch, beim Ofen stehend, müde und etwas fröstelnd, offenbar mit seinen Wünschen den Abend und das Bett erwartend.

Keine Ahnung sagte mir, daß ich ihn nie mehr wiedersehen werde. Vielmehr hatte diese Stunde, in der wir nichts als Alltägliches gesprochen hatten und die nichts war als ein artiger Besuch bei Verwandten, meine Sorge um Hans merkwürdig eingeschläfert. Seine gutartige Müdigkeit, sein Gähnen, sein stilles Stehen an der Ofenröhre, seine feierabendliche Dösigkeit hatte mich wie angesteckt, ich sah an diesem Abend weder den Hans mit dem anklagend erhobenen Kinderblick, noch den Hans im grauen Strom der Fabrikleute, noch den Hans, der kürzlich bei mir mit so gepreßter Stimme und so unheimlich verworrene Dinge geklagt hatte, ich sah heute nur den Hans des Alltags, vielmehr des Sonnabends, den auf seinem Kanapee etwas dösenden Familienvater, der einen unerwarteten Besuch zwar artig empfängt, aber doch eher durch ihn geniert ist; ich wußte das Bett und dann den Sonntag auf ihn warten, auf den

er sich freute, wie ich mich auf den morgigen Tag mit meinen Söhnen freute. Nichts warnte mich, keine Unruhe trieb mich dazu, ihn schon für übermorgen zu mir zu bitten, um seine Sorgen weiterzubesprechen. Wir drei gingen vergnügt und hatten einen heiteren Abend und Sonntag miteinander.
Wenige Tage darauf saß ich am kleinen Schreibtisch meines Hotelzimmers, nach dem Bade noch in Hausschuhen und Schlafrock, und schrieb Briefe, da klopfte es, und man meldete, es sitze unten ein Herr, ein Pfarrer, der mich sprechen wolle. Es störte mich ein wenig, aber an den Briefen konnte ich ja nachher weiterschreiben. Ich zog mich an und ging hinunter. Im Lesezimmer saß ein graubärtiger Herr, und ich sah beim ersten Blick, daß das kein Höflichkeitsbesuch sei. Er stellte sich vor, es war der Pfarrer, dessen Gemeinde mein Bruder angehörte. Er fragte, ob etwa Hans heute bei mir gewesen sei, und nun wußte ich sofort Bescheid und spürte, während wir uns setzten, ein kaltes Unbehagen, eine einschnürende Bangigkeit im Innern. Hans war heut morgen, etwas früher als sonst, von Hause fortgegangen, trotz der Kühle ohne Mantel, und eine Stunde darauf hatte sein Büro nach ihm fragen lassen, er war dort ausgeblieben. Ich sagte dem Pfarrer, was Hans mir neulich erzählt hatte. Er wußte das alles und wußte mehr als ich. Die Furcht, man werde ihn wegen jener unbeherrschten Worte entlassen, war ein Wahn: längst war Hans, noch ehe er mir von der Sache erzählt hatte, zu seinem Vorgesetzten gegangen und hatte die Versicherung erhalten, man denke nicht daran, ihm zu kündigen. Das hatte er also, als er bei mir war, wieder vergessen oder nicht wahrhaben wollen. Ich erzählte dem Pfarrer einiges aus meines Bruders Jugendzeit, er nickte dazu, er kannte ihn sehr gut, er sah die Sache nicht anders an als ich. Wir waren beide in großer Sorge, aber wir ließen nicht sofort den schlimmsten Vermutungen Raum, und vor allem dachten wir an meines Bruders Frau. Wir nahmen vorläufig an, Hans laufe draußen in den Wäldern herum, kämpfe mit seinen Anfechtungen, protestiere durch seine Flucht gegen das Büro, und werde, wenn er sich tüchtig müde gelaufen, wiederkommen. Dahin kamen wir überein, und nun lief ich schnell zu Hansens Frau. Ich weiß nicht, ob es die Kraft meines Vorsatzes war, es war wohl eher ein listiger Instinkt, der es mir möglich machte, für diesen ersten Tag nicht nur der tapfern Frau Hoffnung einzureden, sondern

selber an die Rückkehr des Vermißten zu glauben. Ich vertraute auf das Kindliche und Gläubige in Hans; so wie er die politischen und sozialen Zustände und Ordnungen hinnahm und anerkannte, auch wo er ihr Opfer war, so anerkannte er auch Gottes Ordnungen, und würde sein Leben nicht selbst auslöschen. Er würde seine Mutlosigkeit und Verzweiflung draußen auf den Landstraßen und Waldwegen herumtragen, sich tüchtig müde laufen, einen Tag oder auch zwei Tage lang, dann würde er zurückkommen, vielleicht klein und beschämt und trostbedürftig, aber heil. Heil am Leibe wenigstens, denn daß er am Gemüt nicht mehr heil war, wußten wir beide, seine Frau noch besser als ich. Sie erzählte mir mehrere beklemmende Vorkommnisse aus der letzten Zeit, die es bestätigten. Kürzlich hatte er sich aus einem nächtlichen Angsttraum mit einem so furchtbaren Schrei losgerissen, daß das ganze Haus aufwachte. Und einmal hatte er aus der Nachbarschaft eine klagende oder weinende Stimme vernommen oder zu vernehmen gemeint, hatte in die Richtung gedeutet, aus der sie ihm zu kommen schien, und zu seiner Frau gesagt: »Siehst du, das ist Frau B., die so schrecklich weint. Sie weint aus Mitleid mit uns, sie weiß, daß ich bald entlassen werde und wir unser Brot verlieren.« – Und sie bestätigte mir, daß die Versicherung seiner Vorgesetzten, man sei mit ihm zufrieden und werde ihn nicht entlassen, ihn damals nur für Augenblicke beruhigt habe. Er habe sie nicht geglaubt.

Und gestern abend beim Zubettgehen habe er das Nachtgebet nicht selbst sprechen wollen, sondern habe sie gebeten, es zu tun. Nur das Amen habe er laut mitgesprochen. Heut früh sei er etwas zeitiger als sonst aufgestanden und sei fortgegangen, als sie noch zu Bett war. Nachher habe sie gesehen, daß er seinen Mantel dagelassen habe. Es sei gar nicht zu begreifen, daß er ihr diesen Schrecken habe antun können, er müsse verwirrt gewesen sein, er sei gegen sie immer die Rücksicht selbst gewesen.

Als ich später wiederkam und noch keine Nachricht von Hans da war, mußte besprochen werden, ob man sein Verschwinden der Polizei melden solle. Am Ende entschlossen wir uns dazu. Tagsüber hatte sein Sohn schon weitherum auf dem Fahrrad die Gegend durchstreift und nach ihm gesucht und gerufen. Es war nach laufeuchten Tagen heute sehr kühl geworden. Am

Abend, als ich ins Gasthaus zurückkehrte, hatte es sachte zu schneien begonnen, dünn und zögernd sanken die Flocken durch das Abendgrau. Mir war kalt, und ich dachte mit beklommenem Herzen an Hans; es stand ihm und uns eine böse Nacht bevor. In meines Bruders Wohnung blieb in dieser Nacht bis zum Morgen das Licht brennen, damit er es sähe, wenn er draußen irrte, und immer saß jemand wach im erwärmten Zimmer, falls er etwa käme. Seiner Frau stand jetzt eine ihrer Schwestern bei, sie hielt sich in all ihrer Not aufrecht und tapfer.

Die Nacht war hingegangen, das Licht gelöscht, der graue kalte Tag gekommen, der zweite Tag ohne Hans. Ich war wieder in seinem Hause gewesen, meine Frau war hergekommen, wir saßen im Hotel und versuchten, etwas zu arbeiten. Da kam ein Besuch, ein junger Dichter fand sich ein, mit dem ich dieser Tage Briefe gewechselt hatte, nun wollte er mich kennenlernen. Es war keine günstige Stunde, seit dreißig Stunden warteten wir, liefen herum und telefonierten, ich hatte keine Hoffnung mehr. Wir gingen in die Halle hinab, und so wenig es uns um Gespräch und Geselligkeit zu tun war, tat es uns doch wohl, das Warten unterbrochen und einen Mann bei uns zu sehen, dessen Gedichte wir vor kurzem erst mit Freude gelesen hatten. Er hatte das Manuskript eines Buches bei sich, das eben gedruckt werden sollte, er kam aus Zürich mit Grüßen von einem gemeinsamen Bekannten, und wie seine Gedichte uns beiden gefallen hatten, so gefiel uns nun auch er selbst. Aber wir waren noch keine halbe Stunde beisammengesessen, da sah ich durch die Glastür jemand sich nähern, einen ehrwürdig und bekümmert aussehenden Mann mit grauem Bart, es war der Pfarrer. Ich ging ihm rasch entgegen, er gab mir die Hand und sagte: »Jetzt ist Nachricht da. Man hat Ihren Bruder gefunden.« Ich blickte ihn an, ich wußte schon. »Er ist nicht mehr am Leben«, sagte er. Die Polizei hatte ihn im Felde draußen gefunden, etwas abseits der Straße, nicht sehr weit von Hause. Den Revolver von einstmals hatte er längst nicht mehr besessen, sein Taschenmesser hatte ihm genügt.

Als Hans sich vor siebzehn Jahren verheiratet hatte, war es mir zugefallen, dem Entfremdetsten und Familienfernsten der Geschwister, dabeizusein und als einziger die Familie zu vertreten. Ungern war ich zu jenem Fest gekommen, mit tiefem

Mißtrauen gegen alles, was Familie, Ehe und bürgerliches Glück heißt, aber doch hatte ich an jenem Tage meine Zugehörigkeit zu Hans und unsre Blutsverwandtschaft als eine starke Macht im Herzen empfunden und war am Abend von der Hochzeit zurückgekommen voll Freude über Hansens Glück, und für mein eigenes Leben gestärkt. Alles dieses wiederholte sich nun bei seinem Begräbnis. Auch dieses Mal war es keinem andern der Geschwister möglich, dabeizusein, auch dieses Mal schien niemand in der Welt mir ungeeigneter als ich, an diesem Sarg zu stehen, Bruder und Schwager und Vertreter einer Sippe zu sein. Auch dieses Mal nahm ich die Aufgabe mit Widerstreben auf mich, und auch dieses Mal war alles ganz anders, als ich gedacht hatte.

Es war der letzte Tag des November. Der Schnee war schon wieder vergangen, es regnete leise in den graukühlen Morgen hinein, naß glänzte um das Grab her die lehmige Erde. In seinem Sarge lag Hans, und er hatte ein Lächeln auf dem Gesicht. Nun war der Sarg geschlossen und wurde ins Grab hinabgeseilt. Wir standen unter Regenschirmen auf dem zertretenen Rasen, es war ein großes Trauergeleite mit auf den ländlichen Friedhof gekommen. Der Kirchenchor, in dem Hans so viele Jahre mitgesungen hatte, war da und sang ihm den Abschiedschoral, und jetzt trat der graubärtige Pfarrer vor das Grab, und war der Choral schön gewesen, so war das Abschiedswort des Pfarrers noch schöner, und daß ich seinen und meines Bruders Glauben nicht so völlig teilte, war jetzt von keiner Bedeutung. Es war ein trauriges Fest, aber doch ein Fest, ein warmer und würdiger Abschied. Da waren viele Menschen, manche weinten; sie alle, die ich nicht kannte, hatten Hans gekannt und hatten ihn gern gehabt, manche von ihnen waren ihm seit Jahren nähergewesen und hatten ihm mehr bedeutet als ich, und doch war ich der einzige, der von seinem Geschlecht war und der sich in seinem Gedächtnis frühe Kinderbildnisse dieses Toten bewahrte und seinen Weg bis in die gemeinsamen Herkünfte zurück kannte und verstand. Je weiter zurück, desto besser verstand ich ihn. Auch unsre Base aus Zürich war gekommen, in deren Hause Hans einst manche Jahre lang seine Sonntage zugebracht hatte, und von den Kindern, deren Onkel und geliebter Spielkamerad er damals gewesen war, standen zwei mit mir beim Grabe, längst erwachsene Männer. Auch nach dem Amen des Pfarrers blieben wir noch lange stehen, ich hörte von manchem Mund einen Nachklang der Liebe, die Hans erweckt und genossen, und des kindlichen Zaubers, den er für viele gehabt hatte. Da war mehr gewesen, als ich gewußt hatte, und wenn mir das Glück geworden war, meinen Beruf mehr zu lieben und im Dienst einer edleren Arbeit zu stehen als mein Bruder, so hatte ich das doch mit einem guten Stück Leben bezahlt, mit einem allzu großen vielleicht, und ich durfte nicht hoffen, daß um mein Grab her einst so viel Strahlung und Liebeswärme walten werde wie um dieses Grab, in das ich jetzt, Abschied nehmend, noch einmal blickte. Diese Stunde auf dem Friedhof, die ich ein wenig gefürchtet hatte, war merkwürdig schnell hingegangen und merkwürdig schön gewesen. Ich hatte zu dem Sarg anfangs nicht ohne jenen Neid hinabgeblickt, mit welchem man im Altern manchmal den betrachtet, der die Ruhe schon gefunden hat. Auch dies Gefühl war jetzt erloschen. Ich war einverstanden, ich wußte mein Brüderchen geborgen, und wußte auch mich nicht am falschen Ort: Ich hätte viel versäumt, wenn ich nicht diese bangen Tage mitgelebt und mit an diesem Grabe gestanden hätte.

(1936)

Rückblick

Wer im Herbst eines mühsamen,
Doch nicht glücklosen Lebens
Sich, von der Jugend belächelt, der einstigen
Wege erinnert und Pilgerfahrten,
Deren gemeinsames Ziel ihm damals
Stets durch andre, nähere Ziele verdeckt war,
Dem liegt fern der Gedanke an Feste und Feiern,
Fern auch die Lust an Ruhm und ehrendem Beifall.
Ihm liegt näher, die Stille zu suchen, sich selbst
Auszulöschen und in die Wälder zu gehen,
Wie jener indische König es tat,
Um in Einfalt und Ehrfurcht sich den Gesetzen,
Sich den Göttern zu stellen . . .
Doch auch dies Letzte ist Gnade und menschlichem Willen
Nicht erreichbar wie alle Erfüllung.

Magst du es treu erstreben,
Magst du in Arbeit, in Opfer, in Zucht und Askese
Dich bemühen, nie bringt dich der bloße
Wille über den Kampf hinaus und die Plage,
Und so ist Frommsein, ist innre Bereitschaft,
Ist Ergebung allein die echte
Kindesgebärde des Menschen zu Gott hin.

Euch, ihr Freunde, euch wenigen,
Die aus der Jugend her mir geblieben,
Euch, Geschwistern, euch Freunden,
Die noch den Garten meiner Kindheit gekannt,
Und euch andern, wenigen, die
Innrer Geschwisterschaft Ahnung zu mir gezogen,
Schreib' ich, dankbar für Unaussprechliches,
Diesen herbstlichen Gruß. Ich *schreib'* ihn,
Rufe ihn nicht an bekränzter Tafel von Mund zu Ohr,
Send' ihn nicht Aug in Auge, denn so sind
Mir die Lose gefallen, daß Umweg
Mir statt Weges sich bot, Schreiben
Mir die Rede ersetzt, und das Leben
Nicht im traulichen Kreis mir oder
Im Gewühle blutigen Nahkampfs
Seine zeugenden Blicke ins Herz wirft,
Sondern daß ich der Einsamkeit,
Daß ich der Trennung und Ferne bedarf
Und der frommen Betrachtung,
Um des Erlebten froh, des Erlebten
Herr zu werden. Ich weiß:
Mehr als jemals ist solches Verhalten
Heut der Menge verhaßt oder lächerlich.
Lächerlich: weil wir ihr scheu erscheinen, ja feige,
Weil sie Denken verachtet und Flucht schimpft.
Und verhaßt: denn wir setzen germanischem Blutkult
Unsern Glauben entgegen und dienen dem Geiste.
Nun, ihr Freunde lasset mich sein wie ich bin,
Duldet mich, weil uns Liebe verbindet,
Und ihr findet in meinem bedächtig Geschriebnen
Das lebendige Wort, das liebende,
Wisset die Rune zum Ruf,

Fern in Nah, und Gedichte
Rückzuverwandeln in Herzschlag.
Geht denn mit mir die einst so wirren,
Nun so klaren Linien
Meines Weges zurück, meines Umwegs,
Seid mit mir eine Stunde
Beim Gewesenen still betrachtend zu Gast.

Wie meine Eltern aus weit entfernten Gebieten
Deutscher Zunge sich fanden, er Balte, sie Schwäbin,
Beide aber, im Blute
Fremd sich, dem Geist nach Geschwister,
Beide mehr dem Reich Gottes
Als der irdischen Herkunft gehörend,
So auch hat meine Kindheit, damit ich
Fremdling werde auf Erden und dennoch
Dieser Erde werbend Liebender,
Mich zwei Heimaten eingepflanzt,
Mich mit zweier Länder Duft und zweier
Mundarten schlichter Musik beschenkt und gebildet.
Heimat war mir Schwaben und war mir Basel am Rheine.
Doch meiner Eltern Land, das Reich dem sie dienten,
War das Reich Gottes, ihr Volk
War die Christenheit, schon von Kind auf
Wußten sie sich zu Boten Gottes,
Zu Missionaren berufen, wie denn die Mutter
Schon im fernen Indien zur Welt kam,
Früh ihres Vaters Gehilfin ward und zum Teil auch
Erbin seiner indischen Sprachen und Weisheit.
Mich aber hat sie in Schwaben geboren,
Und erst spät (kein Gottesbote,
Ein Ungläubiger, ruhlos Suchender)
Habe auch ich des Ostens Sonne geschmeckt,
Stand verarmt, seiner Sprachen nicht mächtig,
Auf dem indischen Boden, wo
Ahne einst und Eltern als Lehrer und Priester gewirkt.
In den Jahren der Kindheit aber
Atmet' ich mit den frommen
Lehren und Liedern der Eltern, und mit den
Schwäbischen, baltischen, alemanischen Lauten

Auch vom Morgenland, auch von Indien
Manche Bilder, Klänge und lebende Keime ein:
Tonfall buddhistischer Beter, Tonfall
Kanaresischer Ammenlieder
Traf mein Ohr. Und in Schränken, duftenden,
Hielt die Mutter für festliche Stunden
Kostbarkeiten bewahrt an indischen Stoffen,
Weißen und bunten Kleidern aus Mangalur,
Sandelholzbüchsen,
Kleinen gleißenden Bronzen,
Und die Truhen rochen nach Morgenland.

Wie die Mutter vor meiner Geburt schon
Es bezeugt, und wie ich ja selber
Es beschämend weiß, war ich ein wildes,
Heißes, unbändiges Kind
Voll Gelüsten und Ehrgeiz,
Leidenschaftlich, brennend in Liebe und Zorn,
Leicht zu rühren und leicht zu erbosen,
Und es mußten die Eltern
Mich zu Gehorsam und Sitte
Oftmals zwingen und standen oft ratlos,
Wenn auch Härte und Strafen dem Knaben
Nicht den Willen brach noch den Stolz nahm.
Ach es war, für sie wie für mich,
Oft ein bitterer Kampf, manche Träne,
Manches einsame Gebet sah die Nacht,
Und der frommen Erziehung (sie war
Grausam zuweilen, für mich wie die Eltern)
Ist's am Ende mißglückt, jenen Christen
Aus mir zu machen, der doch ich selbst
Oft so ernstlich wünschte und hoffte zu werden.
Eins aber blieb, ein Wunder: wir haben
Beide, Eltern und ich, einander
Jahr um Jahr gequält und gestraft,
Aber dennoch ist niemals die Liebe
Uns erkaltet, im Innern
Aller Mißklänge schritt siegreich die Melodie
Unsrer Liebe; es war des Verzeihens,
War der Unschuld stets mehr als der Qual.

Und mich umhegte der Zauber
Gläubiger Kindheit, es sprachen
Garten und Bach, Himmel und Tierwelt den kleinen
Bruder brüderlich an, es rauschten
Wald und Brunnen, Mundart und Kirchenlied
Ihre alten heiligen Melodien
Mir ins Ohr und Herz, es umfing mich
Freundliche Heimat, kreatürliche Welt.
Mägde liebten und straften uns,
Nachbarkinder wußten verbotne Geschichten,
Feste erglänzten im rhythmischen Gang des Jahres,
Rätsel und Lieder, Sprüche und Heidenglaube
Ferner Ahnen wurzelten traulich
Mitten im christlichen Garten, dem Kinde
Nah und teuer wie Dom und Choral.
Weit von jener vertraulichen Unschuld
Bin ich heute entfernt, es welkten
Viele Blumen mir hin, und vereinsamt
Trieb ich entlegene Künste
Manches Jahrzehnt, aber heut noch
Findet Natur und Volk meine Sinne
Dankbar und brüderlich offen, es rührt
Der unendlichen, ewig erneuten
Schöpfung Schauspiel mir täglich das Herz . . .

(Ein Fragment aus der Zeit um 1937)

Namenregister

Hermann Hesse auf Schallplatten

Hermann Hesse-Sprechplatte
»Über das Glück« und Gedichte
Gert Westphal liest:
Aus einem Brief des 15jährigen an seine Eltern
Prosa aus »Klingsors letzter Sommer« und Gedichte
Best.-Nr. 9508, DM 22,–

Hermann Hesse liest:
»Über das Alter«, »Zwischen Sommer und Herbst«,
»Über das Wort ›Brot‹«
Gert Westphal liest Hermann Hesse,
»Autorenabend«, »Die Fremdenstadt im Süden«.
Best.-Nr. 9110, DM 24,–
Suhrkamp Verlag

Sprechplatten der Deutschen Grammophon Gesellschaft

Aus dem »Tractat vom Steppenwolf«,
gesprochen von Helmut Griem
Die Stadt und satirische Gedichte aus dem Nachlaß,
gesprochen von Gert Westphal
Heliodor Bibliothek Nr. 2571009

Aus dem »Kurzgefaßten Lebenslauf«,
gesprochen von Gert Westphal
Haßbriefe und »Brief an einen Kommunisten«,
gesprochen von Peter Lühr
Heliodor Bibliothek Nr. 2571031

Musikplatten nach Texten von Hermann Hesse

Lieder nach Gedichten von Hermann Hesse,
vertont von Othmar Schoeck und Gottfried von Einem,
gesungen von Dietrich Fischer-Dieskau
Deutsche Grammophon Gesellschaft LP 25308777

Hesse Between Music
Ein aktuelles Mosaik von Hesse-Texten mit moderner
Musik von Peter Hamel u. a.
Rezitation von Gert Westphal,
vorgestellt von Joachim Ernst Berendt
dergo-spectrum SM 1015

»Und alle Zeit ward Gegenwart«
Arthur Rubinstein spielt Lieblingskompositionen
von Hermann Hesse (Beethoven, Schumann, Chopin)
RCA-Langspielplatte RL-42352

Alphabetisches Gesamtverzeichnis der suhrkamp taschenbücher